RODRIGO CÓRDULA

JAVA

DIRETO AO PONTO

EDITORA CIÊNCIA MODERNA

Java - Direto ao Ponto

Editor: Paulo André P. Marques
Produção Editorial: Dilene Sandes Pessanha
Capa: Daniel Jara
Diagramação: Daniel Jara
Copidesque: Equipe Ciência Moderna

FICHA CATALOGRAFICA

CÓRDULA, Rodrigo Beltrão de Lucena.

Java - Direto ao Ponto

Rio de Janeiro: Editora Ciência Moderna Ltda., 2023.

1. Linguagem de Programação 2. Java
I — Título

ISBN: 978-65-5842-276-1 CDD 005

Editora Ciência Moderna Ltda.
R. Alice Figueiredo, 46 – Riachuelo
Rio de Janeiro, RJ – Brasil CEP: 20.950-150
Tel: (21) 2201-6662/ Fax: (21) 2201-6896
E-MAIL: LCM@LCM.COM.BR
WWW.LCM.COM.BR

06/23

Dedicatória

Este livro é dedicado aos meus amados pais Leonardo e Bernadete, que me ajudaram em minha jornada do jeitinho deles e até hoje têm me ajudado. Agradeço a Deus por ainda tê-los em vida e com saúde; minha dedicatória é uma reafirmação de agradecimento e de amor por eles.

Um aviso importante

Durante o decorrer do livro serão utilizadas citações retiradas de sites como "pensador.com", por exemplo. Me antecipo e peço desculpas as personalidades ou familiares, caso alguma citação não for da autoria do autor; já que os sites de citações não são 100% confiáveis. Estou me utilizando destas frases, só para se ter algo de interessante a ser trabalhado nos exemplos. E estas citações me agradam ou me motivam; por isso que as utilizo, pela admiração em relação às personalidades. Também me antecipo e agradeço pelas frases que tanto me inspiraram, seja no refletir ou em incentivar a alcançar horizontes mais distantes.

Sumário

Capítulo 1

Java

Bem-vindo ao Java (IDE, Exercícios e Jshell)

O Java é uma linguagem de programação criada pela Sun Microsystems em 1995, e, em 2008, foi adquirido pela empresa Oracle Corporation, a qual pertence atualmente.

É uma linguagem de programação orientada a objetos, por conseguinte é baseada em classes e métodos, que possibilita o desenvolvimento de aplicações pelos programadores da linguagem. Seu uso pode se dar em diversos sistemas operacionais e dispositivos, inclusive em sistemas de gerenciamento de veículos.

Praticamente todo o material foi construído consultando a documentação Java presente no site da Oracle: https://docs.oracle.com/en/

Mais precisamente na versão 18 do Java.

Por que Eclipse ao invés de IntelliJ?
Dentre as IDEs* mais utilizadas no mercado temos a IntelliJ e o Eclipse. Apesar de o IntelliJ ser a ferramenta mais ampla, na minha opinião, optei pelo Eclipse por possuir uma estrutura mais intuitiva e fácil de trabalhar, o que é perfeito para quem está começando a aprender a linguagem Java.

No IntelliJ você poderá encontrar cursos gratuitos de como manusear esta ferramenta pelo Udemy, por exemplo. Além disso, o IntelliJ lida com outros recursos como Groovy e Kotlin; que não estão inclusos neste livro.

*IDE: É um ambiente de desenvolvimento integrado; mais precisamente uma ferramenta de apoio no desenvolvimento de software de uma determinada linguagem.

Exercícios
Muitos capítulos, não todos, terão sugestão de exercícios para você tentar resolver, mesmo que não saiba como fazê-los recomendo que consulte as respostas, como uma forma de ampliar a sua visão de como um determinado exercício poderia ter sido feito.

A falta de visão muitas vezes ocorre por não estar habituado ou seguro ainda com a linguagem, ou por ter pulado os assuntos básicos como lógica de programação e algoritmo, que é o alicerce que todo programador deve estudar; pois ajuda e muito o estudante em obter uma visão de como aplicar determinados recursos de uma linguagem para se obter o resultado solicitado ou no intuito de ser um facilitador de pensamento lógico.

Jshell
Introduzido a partir do Java 9, é um grande facilitador, pois com ele é possível testar pequenos comandos do Java sem a necessidade de criar uma estrutura completa da linguagem como classes ou métodos, por exemplo. Este novo recurso veio com o intuito de facilitar a prática e entendimento da linguagem, e por isso, os primeiros tópicos se utilizarão deste recurso no intuito de facilitar o seu aprendizado.

Recomendo fortemente que leia o apêndice que trata como configurar a variável de ambiente para que o comando jshell seja reconhecido pelo prompt de comando.

Entendendo a POO e conceitos básicos

Quando você inicia a programação, vê lógica de programação e algoritmo; além de fluxogramas. Tudo inicialmente envolto em uma estrutura PE (programa estruturado), esta estrutura segue uma sequência linear, onde as linhas de código estão conectadas umas com as outras.

Por esta linguagem seguir uma sequência, acaba tornando a sua estrutura mais limpa e fácil de entendimento e o aluno inicialmente lida com este tipo de estrutura antes de mergulhar na linguagem POO (programação orientada a objeto); acredite há programadores que até hoje não a dominam com segurança; pois seus conceitos são de difícil compreensão se comparados aos conceitos da programação estruturada. Então, por que não continuar com este tipo de estrutura?

Linguagens PE pecam em segurança, pois não há encapsulamento de dados; além de dificultar o reaproveitamento de código por não possuir herança, polimorfismo, por exemplo, e outros recursos que só estão presentes na POO.

Linguagens que se utilizam da estrutura em PE, como: C, COBOL, Fortran, Perl, etc. São comumente chamados de sistemas legados, pois possuem uma estrutura considerada obsoleta.

Mas afinal o que seria um POO?
Uma POO (programa orientado a objetos) possui como principal estrutura as classes, que representam os objetos no mundo real, estas classes possuem seus dados que podem ser protegidos e manipulados por métodos; e estes métodos podem ser manipulados por outras classes, se permitido; ao invés de dados soltos como ocorre com o PE. O que contribui para segurança e no reuso do código na mesma aplicação ou aplicações distintas.

Uma classe não é nada mais do que estados e comportamentos, variáveis e métodos, respectivamente. Um método é uma função, mas deixa de ser remetido a uma função, quando esta pertence a uma classe e por isso passa a chamar de método. Há o termo função lambda, mas isso não passa mais de uma definição adotada pela Oracle, do que um termo. Esta expressão não pode ser na realidade definida categoricamente como função; e a sua estrutura estar voltada para SAM (Single Abstract Method), métodos abstratos simples. Mas, não desejo entrar em detalhes neste presente momento.

Sei que para você, iniciante, vai parecer confuso no início, mas acredite no que vou lhe falar, quanto mais você ler este livro, mais claro ficarão as coisas, ao ponto de você enxergar o Java de forma objetiva ao invés de subjetiva e anárquica; vai perceber que determinadas estruturas, só são mal interpretadas por alguns programadores e não complicadas.

Java é uma das três linguagens mais procurada por empresas e a mais odiada por desenvolvedores, literalmente fazem bullying sobre a linguagem, falam que por ter próximo de 30 anos deveria ser chamada de legado, o que é um completo absurdo; ao contrário, ela é extremamente ampla e sofre atualizações, de seis em seis meses, prazo estabelecido pela Oracle, e está longe de ser deixada de lado devido a sua segurança e de sua vasta estrutura que tem se ampliado ao longo dos anos.

Definição de variáveis e conversões

Aviso

Antes de iniciar este tópico, recomendo que leia os apêndices A e B para instalação do Eclipse e em sequência a configuração da variável de ambiente para que o JShell funcione no seu prompt de comando. Quando for iniciar o assunto relacionado a sistema de módulo, deixaremos de lado a utilização do JShell para nos voltarmos à utilização do Eclipse; mas até lá toda linha de código apresentado será executada em JShell, por isso recomendo a leitura dos apêndices, se deseja realizar os exercícios.

No Java há as variáveis básicas que são:

Tipo	Primitivo	Classe	Tamanho	Valores Válidos
Números inteiros	byte	Byte	1 byte	-128 até 127
	short	Short	2 bytes	-32.768 até 32.767
	int	Integer	4 bytes	-2.147.483.648 até 2.147.483.647
	long	Long	8 bytes	≈-9,223 x 10^{18} até ≈9,223 x 10^{18}
Números reais	float	Float	4 bytes	≈-3,403 x 10^{38} até ≈3,403 x 10^{38}
	double	Double	8 bytes	≈-1,793 x 10^{308} até ≈1,793 x 10^{308}
Booleanos	boolean	-	1 byte	true ou false
Caractere	char	Character	2 bytes	Um caractere por vez em aspas simples.
Texto	-	String	Variável	Um ou mais caracteres em aspas duplas.

Como pode ver, na tabela há alguns tipos de variáveis que podem ser declarados de duas formas; mas, independente da forma adotada, a regra básica de declaração de uma variável é:
<tipo de variável><identificador>
Por exemplo, poderíamos declarar uma variável do tipo inteiro da seguinte forma:
int total;
ou
Integer total;

O Integer é uma classe e por isso não pode ser considerado uma variável do tipo primitivo. E com ele poderemos declarar um objeto de classe; que possui um método construtor; no caso dos objetos acima citados, o objeto construtor exige-se que um dado seja passado ao mesmo. Ex:
Integer n3 = **new Integer**(42);

Porém, desde a versão do Java SE 9, o construtor destas classes, com exceção de String, está sendo descontinuado; por isso a alternativa desta declaração pode ser dada da seguinte forma:
Integer n3 = Integer.**valueOf**(42);

Mas não se atente muito a estes detalhes relacionados à classe, vamos nos focar inicialmente como declarar e se utilizar das variáveis.

Durante a declaração poderemos criar várias variáveis de um mesmo tipo, com a utilização de um separador de vírgula. Ex:
<tipo de variável><identificador 1>[,<identificador 2>,<identificador N>];
int idade, fila, rifa;
O que se encontra entre colchetes define-se como algo opcional. Em outras palavras, para declarar uma variável eu só preciso definir o seu tipo de dado e o seu identificador (nome). Ex:

int soma;

Podemos ainda declarar as variáveis com valores predeterminados. Ex:
<tipo de variável><identificador>[= <dado inicial>];
Exemplo da declaração de cada tipo de dado:

```
jshell> byte b=100;
   ...> short s=247;
   ...> int i=44;
   ...> long l=11;
   ...> float f=11.44f;
   ...> double d=23.19;
   ...> boolean bool=true;
   ...> char c='r';
   ...> String t="testando 1, 2, 3...";

b ==> 100
s ==> 247
i ==> 44
l ==> 11
f ==> 11.44
d ==> 23.19
bool ==> true
c ==> 'r'
t ==> "testando 1, 2, 3..."
```

Quando você só declara uma variável sem atribuir nenhum dado, estas variáveis acabam assumindo os seus valores padrões, que são:

Tipo de variável	Valor padrão
byte	0
short	0
int	0
long	0L
float	0.0f
double	0.0d
char	'\u0000'
String ou qualquer objeto	null
boolean	false

Com isso deixo algumas observações:

1. Variáveis do tipo float, se tiver alguma fração, deverá vir acompanhada da letra f.
2. A letra atribuída a variáveis do tipo char, devem estar contidas entre aspas simples ('') e não duplas ("").
3. Variáveis do tipo String devem estar obrigatoriamente entre aspas duplas ("").

Lembrando que:

- Toda variável Java é de tipagem forte, significa que se a variável for inteira, ela só aceitará números inteiros e nem um outro tipo de dado.

- O Java é case sensitive, isso quer dizer que o Java difere letras maiúsculas de minúsculas, por isso que declarar uma variável maiúscula e tentar acessá-la digitando em minúscula, um erro será retornado. Ex:

```
jshell> int VALOR=100;
VALOR ==> 100
jshell> System.out.print(valor);
|  Error:
|  cannot find symbol
|  symbol:   variable valor
|  System.out.print(x);
|                   ^
```

Lembrando que uma variável só poderá armazenar um determinado dado por vez. Se eu declaro uma variável inteira com o valor dez:
int n=10;

Ao solicitar a impressão deste dado será demonstrado o valor 10. Ex:
System.out.**println**("Valor de n: " + n);
A saída do programa será:
```
Valor de n: 10
```

Contudo se eu atribuir outro tipo de número em "n", este novo valor irá substituir o valor que estava anteriormente armazenado. Ex:
int n=10;
System.out.**println**("Valor de n: " + n);
int n=42;
System.out.**println**("Valor de n: " + n);

A saída do programa será:
```
Valor de n: 10
Valor de n: 42
```

Isso é o que comumente ocorre com as variáveis. Porém, no Java, assim como em outras linguagens é possível declarar uma variável constante, que ao assumir um determinado dado, fique impedido de modificá-lo com o uso da palavra final da seguinte forma:
```
jshell> final int CONST=100;
   ...> CONST=200;
|  Error:
|  cannot assign a value to final variable CONST
|      CONST=200;
|      ^---^
```

O erro ocorre devido ao fato de declarar a constante CONST com valor 100:
final int CONST=100;

E depois tento modificar este valor:
CONST=200;

O que acaba gerando um erro, como podemos ver no exemplo acima, relatando que não se pode atribuir um novo valor à variável final CONST. Quando se declara uma variável do tipo constante ela só poderá armazenar um dado uma única vez; se fosse declarado a constante e depois atribuído um valor 200 a mesma não teria problema. Ex:

```
jshell> final int CONST;
   ...>     CONST=200;
```

Contudo, tentar atribuir um novo valor nesta constante irá causar o mesmo erro que vimos no exemplo anterior.

Recomenda-se, independente da linguagem de programação, que variáveis do tipo constante sejam declaradas em maiúsculo. E nomes compostos sejam separados por underline ou traço baixo. Ex: PAGAMENTO_ANUAL, SALDO_BRUTO, VALOR_MAX, etc.

Vamos a um outro exemplo:

```
01 int n1=10, n2=5, total;
02 total=n1+n2;
03 System.out.print("Valor total: " + total);
```

Nota: As numerações apresentadas à esquerda não fazem parte do código, aqui elas só foram colocadas para poder identificar cada linha do código e desta forma poder comentá-las durante a explicação do código.

Na linha 01, foram declaradas três variáveis do tipo inteiro, sendo n1 e n2 já com valores predeterminados. Na linha 02, foi realizada a soma entre as duas variáveis e atribuída a variável total; onde a linha 03 é um comando de saída que imprime o texto junto com o valor contido na variável total, o símbolo de mais, neste caso, serve para concatenar (somar) o texto junto com o valor contido na variável total.

Importante

O comando System.out.print() deve ser escrito exatamente como está, ou seja, com o "S" em maiúsculo. Como já foi falado, o Java é case sensitive, não só para declaração de variáveis, mas também de métodos e classes em geral. Em outras palavras, se digitar um "s" em minúsculo, um erro seria retornado. Ex:

```
jshell> system.out.print("Teste");
|  Error:
|  package system does not exist
|  system.out.print("Teste");
|  ^--------^
```

O erro alerta que o pacote system simplesmente não existe. Tome nota quando for declarar classes, métodos ou variáveis. Ou se utilizar de linhas de comando em que pode vir a existir letras maiúsculas em seu contexto.

Conversão implícita

Conversões implícitas são aquelas que convertem automaticamente um tipo de dado em outro sem a necessidade de declarar a conversão; há formas de se utilizar a conversão implícita para alguns tipos de variáveis:

1. Variáveis double podem receber variáveis do tipo float.
2. Variáveis reais (double, float) podem receber variáveis inteiras.
3. Variáveis inteiras podem receber outras variáveis do tipo inteira de tamanho inferior.

Exemplos:

```
jshell> double d1, d2;
```

...> **float** f1=12.34f, f2;
...> **int** n1=42, n2=27, n3;
...> **byte** b=112;
...> d1=n1; //variável double recebe o valor da variável integer
...> d2=f1; //variável double recebe o valor da variável float
...> f2=n2; //variável float recebe o valor da variável integer
...> n3=b; //variável integer recebe o valor da variável byte

Se você rodar o exemplo verá que nenhum erro será retornado. Isso só é possível, porque não há perda de dados, e os dados são compatíveis. A variável double por ser maior do que uma variável float, recebe o seu dado sem nenhum problema, da mesma forma como ocorre com ambas as variáveis do tipo real, ao receber dados da variável do tipo inteiro. E por fim, a variável int por ser maior que uma variável do tipo byte, recebe o seu dado sem problema algum.

Com base nisso, os seguintes tipos de variáveis inteiras que poderão receber dados de outros tipos de inteiros são:

- short: byte. (short pode receber variáveis inteiras do tipo byte).
- int: short e byte. (int pode receber variáveis short e byte).
- long: int, short e byte. (long, todas as demais variáveis inteiras).

No código você deve ter percebido as linhas de comentário. Ex:
//Isto é uma linha de comentário
Toda linha de comentário se inicia obrigatoriamente por barras duplas; ela não é exibida durante a execução do código; só serve para fornecer algum tipo de informação em determinados trechos do código, com o intuito de ajudar ao programador na explicação do que exatamente aquela linha de comando faz, método, classe, enfim; em alguma parte do código.

Quando há necessidade de comentários de várias linhas, nos utilizamos do comentário de bloco, que se inicia com barra e asterisco (/*) e se encerra com asterisco barra (*/). Ex:

/*
Ano: 2022/2023
Programador: Rodrigo Córdula
Programa responsável...
*/

Tudo presente neste trecho será ignorando pelo Java. Além disso, poderemos nos utilizar de ambos para desativar partes de um código. Ex:
//float f=2.34f;

Com isso a variável "f" nunca será criada, já que o comando em questão está presente em um comentário.

Voltando ao assunto... como foi dito, variáveis maiores podem abrigar dados de variáveis menores como double que é do tipo real, pode armazenar dados de uma variável int, por exemplo. Nesta hora você deve estar se perguntando: então quer dizer que uma variável String, que armazena texto, poderia comportar uma variável do tipo char, sem problema algum? Infelizmente não, por mais incrível que pareça, char e String são dados completamente diferentes e por isso um erro de conversão é retornado. Ex:

```
jshell> String texto;
   ...> char c='t';
   ...> texto=c;
|  Error:
```

```
|  incompatible types: char cannot be converted to java.lang.String
|  texto=c;
|             ^
```

Na prática, um char é um inteiro de 16-bits sem sinal. A atribuição
char c = 65;
É perfeitamente legal e nos resulta como saída um caractere "A" maiúsculo.

```
jshell> char c=65;
c ==> 'A'
```

Por isso é válido uma variável inteira poder receber uma variável do tipo char. Ex:

```
jshell> int n=c;
n ==> 65
```

Inclusive variáveis do tipo short e long. Contudo, o inverso não é permitido. Ex:

```
jshell> char c=1002;
   ...> int n=65;
c ==> '?'
n ==> 65
jshell> c=n;

|  Error:
|  incompatible types: possible lossy conversion from int to char
|  c=n;
|    ^
```

Quando algo não pode ser aceito, entramos na questão da conversão explícita.

Conversão explícita
No quesito anterior percebemos que quando há possível perda ou incompatibilidade de dados a conversão implícita não poderá ser aplicada. Daí entra a conversão explícita, onde convertemos explicitamente um dado em outro. A tabela abaixo demonstra alguns exemplos de conversões:

Nº	Conversão	Exemplo	Resultado
1	Texto para inteiro	int n = Integer.parseInt("33");	33
2	Inteiro para texto	String t = String.valueOf(45);	"45"
3	Texto para inteiro longo	long l = Long.parseLong("347");	347
4	Texto para real	float f = Float.parseFloat("42.27");	42.27
5	Texto para duplo real	double d=Double.parseDouble("3.62");	3.62
6	Texto para caractere	String t="One Punch Man"; char c = t.charAt(2);	'e'

No exemplo da conversão de texto para caractere. O texto One Punch Man possui ao total doze caracteres, pois o espaço em branco também é contado. A conversão de texto para caractere exige que indique qual caractere presente no texto será convertido em uma variável do tipo caractere. Entenda que cada letra, inclusive os espaços em branco, estão numerados de zero (0) a doze (12); onde o zero representa o primeiro caractere, então se eu desejo converter a letra "e" deste texto em um dado do tipo caractere, terei que passar o valor dois (2); já que a primeira letra ocupa a posição zero (0), em outras palavras, o texto se comporta como um array de doze posições. Este tipo de assunto veremos mais a frente.

O termo String.valueOf() não só se limita na conversão de valores numéricos do tipo inteiro; ele faz a conversão de dados numéricos, de um modo geral, assim como dado do tipo caractere para texto. Ex:

```
jshell> float f=12.34f;
   ...> double d=27.42;
   ...> char c='Y';

jshell> String t = String.valueOf(f);
t ==> "12.34"

jshell> String t = String.valueOf(d);
t ==> "27.42"

jshell> String t = String.valueOf(c);
t ==> "Y"
```

Double por padrão

Todo valor fracionado que seja atribuído a uma variável qualquer do tipo real é considerado tipo double. Caso você deseje que este valor seja considerável um dado do tipo float, você deverá realizar uma conversão explícita ou simplesmente vir acompanhado com a letra "f". Ex:

```
jshell> float f = (float)1.34;
```

ou

```
jshell> float f = 1.34f;
```

Se não vir com um destes termos, um erro será retornado:

```
jshell> float f2=44.52;
|  Error:
|  incompatible types: possible lossy conversion from double to float
|  float f2=44.52;
|           ^---^
```

O erro acima relata que há uma possível perda de dados de double para float. Se a variável fosse do tipo double, não haveria necessidade de qualquer tipo de conversão ou indicação de que é um dado do tipo double. Ex:

```
jshell> double dd=23.567;
dd ==> 23.567
```

E como havia falado e aqui reforço, se o número não fosse uma fração e sim um simples número inteiro, não haveria necessidade de nenhum tipo de sinalização para atribuir este número. Ex:

```
jshell> float f2=42;
```

Para terminar, você pode declarar uma variável, cujo tipo de dado que a mesma poderá armazenar é indefinido com o uso do termo "var". Ex:

```
jshell> var n=32;
   ...> var t=" "De todos os homens maus, os maus e religiosos são os piores.
(C.S. Lewis)";
   ...> var f=17f;
```

Contudo, tem um porém, quando se declara uma variável do tipo "var", você obrigatoriamente tem que atribuir um dado a esta variável, do contrário um erro será retornado:

```
jshell> var t;
|  Error:
```

```
| cannot infer type for local variable t
|   (cannot use 'var' on variable without initializer)
| var t;
| ^----^
```

Onde o erro acima alerta que variável do tipo "var" não poderá ser utilizada sem ser inicializada.

Definição dos operadores

Voltando ao nosso exemplo, vimos a soma entre duas variáveis, um dos diversos operadores do Java. A tabela abaixo mostra mais alguns dos operadores possíveis:

Operador	Nome	Descrição	Exemplo
+	Soma	Realiza a soma	x + y
-	Subtração	Realiza a subtração	x - y
*	Multiplicação	Realiza a multiplicação	x * y
/	Divisão	Realiza a divisão	x / y
%	Resto da divisão	Resulta no resto de uma divisão inteira	x % y
++	Incremento	Realiza pós ou pré-incremento da variável em um	x++ ou ++x
--	Decremento	Realiza pós ou pré-decremento da variável em um	x-- ou --x

A diferença entre pré ou pós-incremento ou decremento é que o pré realiza a operação na mesma hora, enquanto o pós, só atualiza o valor da variável após uma linha de comando. Ex:

```
int n1=13, n2=5, restoDaDivisao;
restoDaDivisao = n1 % n2;
System.out.println("Resultado a divisão inteira: " + restoDaDivisao);
float f1=3, f2=5;
System.out.println("Pré-incremento de f1: " + (++f1));
System.out.println("Pós-incremento f2: " + (f2++));
System.out.println("Novo valor atribuído de f2, após uma linha de comando: " + f2);
```

No exemplo acima, optei em criar um arquivo de nome Ex.java pelo Notepad++ e para executá-lo foi utilizado o comando /open em que informamos o caminho de onde se encontra o nosso arquivo. Ex:

```
jshell> /open d:\Rodrigo\Java\Jshell\Ex.java
Resultado a divisão inteira: 3
Pré-incremento de f1: 4.0
Pós-incremento f2: 5.0
Novo valor atribuído de f2, após uma linha de comando: 6.0
```

E como pode ver o valor de f2 só foi incrementado após uma linha de comando, passando a ser o valor seis (6.0). O resto da divisão inteira (%), que foi utilizado em nosso exemplo, torna-se bastante útil quando se deseja saber se o número é par ou ímpar, por exemplo; dependendo do valor obtido ser zero ou não em uma divisão por dois; já no nosso caso a divisão inteira foi entre 5 e 13, o que nos resultou em 3 o resto da divisão inteira, a saber:

```
13 |_5_
10   2
(3)
```

A divisão inteira também é utilizada para descobrir se o número é primo ou não, através de um laço de repetição, que veremos mais a frente.

Recebimento de dados e formatação de saída

A classe Scanner é a responsável em receber dados provindos do usuário, para utilizá-la o programador deverá importá-la pelo comando:
import java.util.Scanner;

Ao importá-la o programador precisa criar um objeto da classe para utilizá-la. Ex:
Scanner sr = **new Scanner**(System.in);
O objeto que eu nomeei como "sr" possui o System.in passado como argumento para o método construtor da classe Scanner, ela serve para informar que a entrada do sistema será fornecida por meio do console (teclado).

Vamos a um exemplo de como poderia ser utilizado; recomendo que se utilize do Notepad++ para digitar o exemplo abaixo, conforme explicado no apêndice de JShell.

```
01 import java.util.Scanner;
02 void mostraIdade(){
03    Scanner sr = new Scanner(System.in);
04    System.out.print("Digite a sua idade: ");
05    int idade = sr.nextInt();
06    System.out.printf("você possui %d anos de idade", idade);
07 }
```

Na linha 01 foi importada a classe Scanner do módulo Java.base, do pacote Java.util. Onde foi criado um método mostraIdade(), linha 02, sem retorno; no mesmo há a declaração do objeto "sr", conforme já explicado da classe Scanner; na linha 04 exibimos uma mensagem alertando ao usuário qual informação é solicitada.

Na linha 05 foi criada uma variável do tipo inteira, onde o método nextInt() presente no objeto "sr" da classe Scanner nos retornou o dado inserido do usuário na forma de um número inteiro, onde atribuímos esta entrada à variável idade. E por fim, na linha 06 imprimimos a saída. Ex:

```
jshell> /open d:/rodrigo/java/Jshell/Ex2.java
jshell> mostraIdade()
Digite a sua idade: 41
você possui 41 anos de idade
```

O d:/rodrigo/Java/Jshell é o caminho onde salvei o arquivo; e o Ex2.java é o nome do arquivo e sua extensão. Por estar dentro do método mostraIdade() o mesmo deve ser chamado.

O termo next**Int**() não é por acaso, serve para informar que o dado recebido pelo usuário será tratado como um número inteiro, o que não terá problema algum; já que a variável idade, que irá receber este dado é do tipo inteiro. Mas como tratar os demais dados? Simplesmente seguirão o mesmo critério next + o tipo de dado, com exceção de entradas do tipo texto que será utilizado o nextLine() e não nextString(). Ex:
Scanner sc = **new Scanner**(System.in);
float f = sc.**nextFloat**();
int n = sc.**nextInt**();

```
byte b = sc.nextByte();
long l = sc.nextLong();
boolean bool = sc.nextBoolean();
double d = sc.nextDouble();
String t = sc.nextLine();
```

Formatação de saída

O System.out.printf(), que foi utilizado no exemplo anterior, é um comando de saída formatado, que fornece suporte para alinhamento e justificação de layout, formatos para dados numéricos, de string e de data/hora.

Esse tipo de formatação também está presente em C, mas há suas diferenças; além do mais se a conversão passada for incompatível, uma exceção é lançada, diferente em C onde este tipo de erro é simplesmente ignorado.

Formato	Descrição	Tipo de dado
's', 'S'	Texto.	Todos
'c', 'C'	Caractere Unicode	char, Character, byte, Byte, short, and Short.
'd'	Inteiro decimal	byte, Byte, short, Short, int and Integer, long, Long, and BigInteger
'o'	Inteiro octal	
'x', 'X'	Inteiro hexadecimal	
'e', 'E'	Número real de notação científica.	float, Float, double, Double
'f'	Número real.	
'g', 'G'	Notação científica ou real, dependendo da precisão do valor.	
'a', 'A'	Número real hexadecimal com expoente.	
't', 'T'	Prefixo para conversão de data e hora.	data/hora
'n'	Pulo de linha.	-
'%'	Entrada de formato	-

%[index][modificador][largura][.precisão]formato

- %: Permite a inclusão da especificação de formato.
- Index (opcional): determina a ordem das variáveis listadas.
- Modificador (opcional): modificador de formado de saída.
- Largura (opcional): determina o número mínimo de caracteres a serem gravados na saída.
- Precisão (opcional): precisão do formato de saída.
- Formato: qual tipo de formato específico de saída a ser aplicado.

Entre todos os parâmetros, só dois são obrigatórios:
%formato

Baseando-se ainda na tabela, se eu quiser exibir o conteúdo de uma variável de texto, eu utilizaria de %s, se fosse um número inteiro %d, um número real %f. Vejamos um exemplo de como fica:

```
String t="Goblin Slayer";
int ep=12;
```

```
System.out.printf("O anime %s, possui %d episódios.", t, ep);
```

No exemplo acima foram colocados dois especificadores de formato, %s (texto) e %d (números inteiros); com isso precisarei passar obrigatoriamente duas variáveis exatamente no formato especificado. A separação entre o texto e as variáveis sempre se dará com o uso da vírgula; onde na saída os especificadores de formato serão substituídos pelo conteúdo das variáveis passadas. A saída do programa será:

```
O anime Goblin Slayer, possui 12 episódios.
```

Index

Vamos criar um exemplo simples, com dois números inteiros e apresentar os seus valores com System.out.printf(). O código seria algo como:

```
int i1=44, i2=17;
System.out.printf("Resultado: %d e %d", i1, i2);
```

Saída do programa:

```
Resultado: 44 e 17
```

Já que desejo exibir as duas variáveis inteiras i1 e i2 devo passar duas vezes o especificador de formato (%d). Se você desejasse mudar a ordem destes dados poderia utilizar o primeiro parâmetro opcional, o index, da seguinte forma:

```
System.out.printf("Resultado: %2$d e %1$d", i1, i2);
```

Saída do programa:

```
Resultado: 17 e 44
```

O 2$, presente em %2$d, significa pegar a segunda variável da lista de variáveis; enquanto o %1$d, significa pegar a primeira variável da lista de variáveis, e com isso invertemos a apresentação dos valores; a mesma coisa poderia ser obtida invertendo a ordem das variáveis na lista:

```
System.out.printf("Números inteiros: %d e %d", i2, i1);
```

Saída do programa:

```
Números inteiros: 17 e 44
```

Modificador

As possíveis possibilidades para o mesmo são:

Nº	Modificador	Geral	Char	Inteiro	Real	Descrição
1	'-'	-	-	-	-	Justificado à esquerda.
2	'#'	1	-	2	-	Depende do formato aplicado.
3	'+'	-	-	3	-	Sempre será incluso o sinal
4	' '	-	-	3	-	O resultado incluirá um espaço para valores positivos
5	'0'	-	-	-	-	O resultado será preenchido com zeros
6	','	-	-	4	5	Incluirá separadores específicos de localidade
7	'('	-	-	3	5	Números negativos ficarão em parênteses

[1] Depende da definição de Formattable.

[2] Apenas para 'o', 'x' e 'X'.
[3] Para 'd', 'o', 'x' e 'X'; conversões aplicadas a BigInteger ou aplicadas a byte, short, int e long.
[4] Apenas para 'd'.
[5] Para 'e', 'E', 'f', 'g' e 'G'

Se eu utilizo de tralha (#) em um número inteiro e sabendo, pela tabela, que é apenas para 'o', 'x' e 'X'. Poderia utilizar da seguinte forma:

```
int i1=44;
System.out.printf("Resultado: %#x%n", i1);
System.out.printf("Resultado: %x%n", i1);
```

A saída será:

```
Resultado: 0x2c
Resultado: 2c
```

Lembrando que o 'x' é relacionado a número hexadecimal. E %n realiza um pulo de linha, com a ausência do mesmo na primeira linha de comando a saída seria da seguinte forma:

```
Resultado: 0x2cResultado: 2c
```

Se eu desejar que o símbolo de + seja apresentado na saída em relação a números positivos, utilizaria da seguinte forma:

```
int i1=-44, i2=77;
System.out.printf("Resultado: %+d e %+d %n", i1, i2);
System.out.printf("Resultado: %d e %d %n", i1, i2); //sem o uso do +
```

A saída será:

```
Resultado: -44 e +77
Resultado: -44 e 77
```

Se eu desejar o separador específico da minha localidade em relação a milhar e fração, se houver, faria da seguinte forma:

```
int i1=3217, i2=87, i3=1270000;
System.out.printf("Resultado: %,d, %,d e %,d %n", i1, i2, i3);
```

A saída do programa será:

```
Resultado: 3.217, 87 e 1.270.000
```

Se eu desejar que números negativos fiquem entre parênteses, faria da seguinte forma:

```
int i1=-17, i2=-77, i3=347;
System.out.printf("Resultado: %(d, %(d e %(d %n", i1, i2, i3);
```

Sabendo que as variáveis i1 e i2 são negativas, a saída do programa será:

```
Resultado: (17), (77) e 347
```

Largura

Este é acompanhado de um número, o valor numérico define qual a quantidade mínima de caracteres que deverá acompanhar a saída da formatação específica, se a quantidade de caracteres for inferior ao que foi estabelecido, o restante é preenchido por espaços em branco. Ex:

```
int i1=1817, i2=99, i3=-209;
```

System.out.**printf**("Resultado: %n %,+8d %n %,+8d %n %,+8d %n %,+8d %n", i1, i2, i3, i1+i2+i3);

Lembrando que %n pula uma linha e %,+8d significa:
(,) - separação específica de localidade em relação a milhar e fração
(+) - Aparecimento do símbolo de mais (+), para valores positivos.
(8) - A saída obrigatória deste número se dará com oito espaços, se o número em questão não for suficiente, será preenchido por espaços em branco.

A saída do programa será:
```
Resultado:
  +1.817
     +99
    -209
  +1.707
```

Perceba que neste exemplo eu juntei diversos critérios ao mesmo tempo, isso é possível, sem nenhum problema, contando que se respeite a ordem.

Preenchimento por zero(0)
Lembra do zero (0) na tabela de modificador? Eu poderia utilizá-lo para preencher estes espaços em branco por zero. Ex:
System.out.**printf**("Resultado: %n %,+06d %n %,+06d %n %,+06d %n %,+06d %n", i1, i2, i3, i1+i2+i3);

Desta forma a nova saída do programa ficará:
```
Resultado:
+1.817
+00099
-00209
+1.707
```

Precisão
O mesmo nos serve para definir a quantidade de números fracionados em um número real ou a quantidade de caracteres de saída de um texto; ele não se aplica na formatação de inteiros.

Sem o uso da formatação de precisão, os números reais sairiam da seguinte forma:
double d=2789.19;
float f=1187.08f;
System.out.**printf**("Resultado: %f e %f %n", d, f);

A saída do programa será:
```
Resultado: 2789,190000 e 1187,079956
```

Com o uso de precisão, que é a utilização de um ponto (.), mais um número que define a quantidade de casas decimais após a vírgula; poderíamos obter o seguinte resultado. Ex:
System.out.**printf**("Resultado: %,.2f e %,.2f %n", d, f);

A saída do programa será:
```
Resultado: 2.789,19 e 1.187,08
```

Perceba que além da precisão foi utilizado em conjunto o separador de milhar, isso é a formatação comumente utilizada para números reais.

Se utilizo esta mesma precisão em um texto, a saída poderia ficar da seguinte forma. Ex:
System.out.**printf**("Mangá %.4s", "Solo Leveling");

A saída do programa será:
```
Mangá Solo
```

Já que na precisão só permite que os quatro primeiros caracteres do texto que foi passado sejam impressos na saída do programa, que neste caso será Solo ou invés de Solo Leveling.

Se eu desejasse exibir uma lista de compras de forma alinhada poderia fazer da seguinte forma:
System.out.**printf**("%-40s%02d%n%-40s%02d%n%-40s%02d%n","Molho de Tomate:",12, "Arroz:", 3, "Comida em lata para o Cachorro:", 5);

A saída do programa será:
```
Molho de Tomate:                            12
Arroz:                                                    03
Comida em lata para o Cachorro:     05
```

O formato é %-40s%02d%n, isso se repetindo três vezes; basicamente fala que o primeiro conteúdo é um texto (s), alinhado à esquerda (-), com 40 caracteres de preenchimento, se a quantidade de caracteres for inferior ao que foi estabelecido, o restante é preenchido por espaços em branco; da mesma forma ocorre com o número (d), que vem acompanhando, com até dois zeros (02), se o valor apresentado for inferior a duas casas decimais. E por fim um pulo de linha (%n).

Se eu desejasse que este espaço em branco fosse preenchido por ponto, poderia utilizar da seguinte estrutura:

System.out.**println**(String.**format**("%-40s", "Molho de Tomate").**replace**(' ', '.') + String.**format**("%02d", 12));

System.out.**println**(String.**format**("%-40s", "Arroz").**replace**(' ', '.') + String.**format**("%02d", 3));

System.out.**println**(String.**format**("%-40s", "Comida em lata para o Cachorro").**replace**(' ', '.') + String.**format**("%02d", 5));

O String format() apresentado no exemplo acima possui os seguintes parâmetros:
String.format(<formatação>, <conteúdo da formatação>)

<formatação>: É a mesma regra aplicada em System.out.printf().
<conteúdo da formatação>: São os dados ou variáveis que serão apresentados, com base na formatação.

A ideia não mudou, o texto será alinhado à esquerda (-) e com 40 caracteres de preenchimento, se a quantidade de caracteres for inferior ao que foi estabelecido, o restante é preenchido por espaços em branco. Porém, foi utilizado em conjunto o replace, que significa substituir; o mesmo substitui tudo que encontrar referente ao primeiro argumento pelo segundo. Neste caso, irá substituir o espaço em branco por ponto. A saída será:

Molho.de.Tomate.. 12
Arroz 03
Comida.em.lata.para.o.Cachorro 05

Como pode perceber, até o espaço em branco entre as palavras foi substituído por ponto. Se você decide colocar o replace() na busca de espaço duplo, para substituir por dois pontos, resolveria em partes, pois se houvesse 21 espaços, um número ímpar, o último espaço não seria substituído pelo ponto; já que a substituição se dá por espaços duplos; só se jogasse um novo replace para lidar com este detalhe. Ex:
System.out.**println**(String.**format**("%-35s", "Molho de Tomate").**replace**(" ", "..").**replaceAll**(" $", ".") + String.**format**("%02d", 12));

System.out.**println**(String.**format**("%-35s", "Arroz").**replace**(" ", "..").**replaceAll**(" $", ".") + String.**format**("%02d", 3));

System.out.**println**(String.**format**("%-35s", "Comida em lata para o Cachorro").**replace**(" ", "..").**replaceAll**(" $", ".") + String.**format**("%02d", 5));

Saída será:
Molho de Tomate 12
Arroz 03
Comida em lata para o Cachorro 05

O primeiro replace substitui espaços duplos por pontos
replace(" ", "..")
Enquanto o segundo faz a substituição do último ($) espaço em branco por ponto, se houver:
replaceAll(" $", ".")

O cifrão ($) é um meta caractere que realiza a busca no final, neste caso a existência de um espaço no final, quando a quantidade de caracteres de espaço for ímpar, ele irá localizar e substituir pelo ponto. Mais detalhes sobre conteúdo utilizando de replace() e replaceAll() você verá no tópico que trata de expressões regulares.

Definição de métodos e sobrecarga de métodos

Como havia falado métodos são funções que fazem parte de uma classe. Um método pode ter zero ou mais parâmetros; além disso, um método poderá nos retornar nada ou um determinado dado, dependendo do seu sistema de retorno. Há ainda a sobrecarga de métodos, parâmetros indefinidos e por fim o tipo de acesso ao método, ao qual deixarei para outro tópico.

O método se baseia na seguinte estrutura
[Acesso][modificador]<tipo de retorno><nome>([parâmetros])

- Acesso: poderá ser público, protegido ou privado, na sua ausência o Java assume default, o que o torna visível para todas as classes dentro de um mesmo pacote, fora dele não haverá como ter acesso ao método ou variável, que não seja explicitamente declarada como pública.
- Modificador: Permite que um método seja estático, abstrato ou de interface.

- Tipo de Retorno: Dependendo do tipo de método poderá ter a especificação do retorno do dado com base no tipo de dado declarado, nenhum com a declaração void ou até mesmo a ausência deste; como ocorre com método do tipo construtor, que veremos mais a frente.
- Nome: O identificador do método, ao qual é utilizado para chamá-lo.
- Parâmetros: Um método poderá ter zero ou mais parâmetros ou um número indeterminado de parâmetros.

Vamos ignorar a princípio o acesso e o modificador. Vamos tentar entender o conceito mais simples do método que é o tipo de retorno e seus parâmetros.

Como citado um método do tipo void não possui retorno. Ex:

```
public void msg()
{
    System.out.println("Bem-vindo ao Java");
}
```

Apesar de possuir um texto de saída, este método não retorna nenhum tipo de dado, ele exibe na realidade uma informação, neste caso o texto: Bem-vindo ao Java. Mas como seria então um método de retorno?

```
public String anime()
{
    return "Mieruko-chan";
}
```

O método anime informa que seu tipo de retorno é um texto (String), o termo return irá retornar o texto em questão. Com isso poderia resgatar este valor e atribuir em uma variável ou imprimir diretamente sua saída, por exemplo.

```
String nome = anime();
System.out.printf("O anime %s é do gênero comédia-terror. %n", anime());
```

Um método sem ou com retorno, poderá possuir parâmetros, que são dados que o mesmo poderá exigir ao ser chamado o método, por exemplo, poderia criar um método que exigisse que dois argumentos do tipo inteiro fossem passados ao mesmo. Ex:

```
int total;
public void setSoma(int n1, int n2)
{
    total = n1 + n2;
}
```

Desta forma, se eu fosse chamar este método, eu obrigatoriamente devo passar dois valores, do tipo inteiro, ao mesmo. Ex:

```
setSoma(5,37);
```

Poderia até criar um outro método, para nos retornar o valor de total. Ex:

```
public int getSoma()
{
    return total;
```

```
}
```

Os prefixos set e get que foram utilizados não são obrigatórios, porém recomendados como boa prática na programação, quando você cria um método que atribui algum dado a uma variável, por exemplo, utilizamos set; quando criamos um método que nos retorna um dado, utilizamos get.

Poderíamos criar um único método, que recebe os dados e nos retorna o valor já calculado. Ex:

```
public float getMutiplo(float f1, float f2)
{
    return (f1*f2);
}
```

No C#, por exemplo, há possibilidade de criar parâmetros opcionais; e como o termo já diz é um parâmetro que não é obrigatório passar nenhum tipo de argumento, porém o Java não possui este tipo de suporte, mas se criar um método sobrecarregado, poderá funcionar de forma similar. Antes de continuarmos, vou definir um pouco melhor o termo argumento e parâmetro.

Diferença entre argumento e parâmetro

Quando passo algum dado ao método estou argumentando, fornecendo algum tipo de informação. Quando crio o método, onde defino algum tipo de dado que este deverá receber, eu estou criando um parâmetro. Percebeu a diferença?

Passando informação eu estou argumentando com o método; definindo o método e seus valores que o mesmo deverá receber, eu estou definindo os parâmetros que aquele método possuirá. Muitos livros definem as duas coisas como uma só: parâmetro. Contudo passar valores e criar padrões de valores a um método são coisas completamente diferentes.

Esta explicação se faz necessária para que você entenda que quando eu falar em parâmetro, estarei me referindo a estrutura e quando falar em argumento estarei me referindo ao valor passado ao método.

Continuando...

No Java não há como criar parâmetros opcionais como C#. Contudo poderíamos criar a sobrecarga de métodos, o que nos permite criar parâmetros opcionais, por assim dizer, e com diferentes formas de lidar com os dados passados.

Sobrecarga de métodos

A sobrecarga de métodos não é nada mais do que a criação de vários métodos de mesmo nome, mas com diferentes tipos de parâmetros. Ex:

```
public void multi()
{
    System.out.println("Nenhum dado foi passado ao método.");
    System.out.println("Resultado: Nulo");
}

public void multi(float f)
{
    System.out.println("Com um valor passado o padrão será a multiplicação por dois.");
    System.out.printf("Resultado: %.2f%n", f*2);
```

```
}

public void multi(float f1, float f2)
{
    System.out.printf("A multiplicação de %.2f x %.2f = %.2f%n", f1, f2, f1*f2);
}
```

Com isso eu posso chamar o método com nenhum argumento:

```
Jshell> multi();
Nenhum dado foi passado ao método.
Resultado: Nulo
```

Ou passar um único valor, com isso o segundo método de mesmo nome será chamado. Ex:

```
Jshell> multi(8f);
Com um valor passado o padrão será a multiplicação por dois.
Resultado: 16,00
```

Ou passar dois valores e assim entrar no terceiro e último método, resultando na seguinte saída:

```
Jshell> multi(6f,5f);
A multiplicação de 6,00 x 5,00 = 30,00
```

Métodos sobrecarregados podem ter quantidade de parâmetros diferentes, como vimos acima; assim como tipos de dados diferentes para cada método. O método em questão que será chamado, será aquele que atende a quantidade de argumentos passados e o tipo de dado especificado. Ex:

```
public class Cinema{
  public void filme(String filme1, String filme2)
  {
    System.out.printf("1-%s%n2-%s%n", filme1, filme2);
  }

  public void filme(String filme1, int ano1, String filme2, int ano2)
  {
    System.out.printf("1-%s. (%d)%n2-%s. (%d)%n", filme1, ano1, filme2, ano2);
  }
  public void filme(String nome, int ano, int oscar)
  {
    System.out.printf("%s.%nAno de lançamento: %d.%nGanhador de %d oscas.%n", nome, ano, oscar);
  }
}
```

Realizei o salvamento deste exemplo no notepad++ com o nome Cinema.java. E como pode ver a quantidade de parâmetros e os tipos de dados são diferentes de um método para outro. Você poderia criar métodos sobrecarregados só para lidar com tipos de dados diferentes, como números inteiros, números reais ou matrizes de números; de qualquer forma isso depende do que o programador quer ou precisa criar.

Já que o conjunto de métodos está contido numa classe devo então, além de solicitar a abertura do arquivo, criar um objeto de classe e assim pode se utilizar do método sobrecarregado presente no mesmo. Ex:

```
jshell> /open d:/rodrigo/java/Jshell/Cinema.java
jshell> Cinema cine = new Cinema();

jshell> cine.filme("efeito borboleta", 2004, "Melhor Impossível", 1998);
1-efeito borboleta. (2004)
2-Melhor Impossível. (1998)

jshell> cine.filme("Amadeus", 1984, 8);
Amadeus.
Ano de lançamento: 1984.
Ganhador de 8 oscas.
```

Classe, construtores e variáveis (local e global)

Acredito que está na hora de incluirmos a classe. Contudo, eu ainda quero que se abstraia de módulos, pacotes ou qualquer outro tipo de assunto, por enquanto.

Metaforicamente, vou parar de lhe dar "lanchinhos" e apresentar um PF (prato feito) para você; já que o Java lida em conjunto com classes e métodos e não de forma isolada. Digamos que seja o básico do básico; depois apresentarei um assunto mais aprofundado e outros que serão incluídos; quando chegarmos a este ponto lhe entregarei o bife, que pode ser difícil de ser mastigado por alguns, mas não se preocupe, estarei lhe entregando todo cortadinho, como tenho feito ao longo do livro.

Como havia mencionado, todo conteúdo Java está contido em classes que representam objetos e em toda classe há métodos, que são os comportamentos deste objeto. Uma classe com uma simples mensagem teria a seguinte estrutura:

```
01 public class Ex1 {
02   public static void main(String[] args) {
03       System.out.print("Meu primeiro exemplo");
04   }
05 }
```

Lembrando uma última vez. A numeração não faz parte do código é só uma forma de referenciar cada linha do código. Na linha 01 temos uma classe pública de nome Ex1 e a abertura do seu limitador de bloco ({). Quando você abre um limitador de bloco, deverá fechá-lo em algum momento, isso ocorre na linha 05 (}); com isso percebemos que da linha 02 a 04, são linhas de código que fazem parte da classe Ex1.

Mas, por que a chave de fechamento da linha 04 não pertence a da linha 01? Perceba que na linha 01 o limitador de bloco foi aberto ({) e na linha seguinte, linha 02, outro limitador de bloco foi aberto ({), quando iniciamos o fechamento dos limitadores de bloco a ordem sempre será da chave mais interna para a mais externa, por isso que a última chave representa o fechamento da classe Ex1 e não a penúltima; esta por sinal, pertence ao fechamento do método principal main.

O método main é especial, responsável em definir o ponto inicial da execução do código, ou seja, todo programa Java possui o método main.

Importante

Como boa prática da programação recomenda que classes se iniciem com letra maiúscula e métodos com letra minúscula; palavras compostas deverão iniciar a segunda palavra em diante com letra maiúscula. Ex:
Métodos: **t**otalDespesas(), **g**astoEntradaAlmoxarifado(), **s**alBruto()
Classes: **C**alculaDespesas(), **E**ntradaSaidaProdutos()

Como explicado em livro de algoritmos, não utilize caracteres especiais; o único caractere especial aceito é o traço baixo ou underline (_); além disso, não utilize palavras reservadas da linguagem, como declarar uma variável com o mesmo nome de sua especificação. Ex:

```
jshell> float float;
|  Error:
|  '.class' expected
|  float float;
|        ^
|  Error:
|  unexpected type
|    required: value
|    found:    class
|  float float;
|  ^----^
```

Variável local e global

A declaração de variáveis poderá ser feita dentro da classe, a qual chamamos de variável global ou dentro de métodos, chamamos de variável local. A variável global ela está presente em toda a classe, por isso poderá ser manipulada por qualquer método que a classe tiver; enquanto a variável local, só estará presente no método em que foi criado.

Abra o seu notepad++ e crie a seguinte estrutura:

```
public class Ex6 {
    int n1=100, n2=-55;
    public void soma1()
    {
        int n3=20, total;
        total = n3 + n1;
        System.out.print("Total: "+total);
    }
    public void soma2()
    {
        int n=200, n1=10;
        n=n+n2;
        System.out.printf("n: %d e n1: %d", n, n1);
    }
}
```

Lembrando que para abrir o JShell pelo prompt de comando, você deverá ter definido a variável de ambiente e digitar o nome JShell no prompt de comando. Ex:

```
C:\Users\rodri>jshell
|  Welcome to JShell -- Version 18.0.1
|  For an introduction type: /help intro
```

Nota: Lembrando uma última vez, que para isso ocorrer você deverá ter configurado a variável de ambiente, conforme explicado no apêndice do JShell.

Para abrir o arquivo você deverá digitar /open e o caminho de onde está localizado o arquivo. Ex:

```
jshell> /open d:/rodrigo/java/Jshell/ex6.java
```

Para executarmos a nossa classe Ex6 que foi criada, deveremos criar um objeto de classe antes de manipular a mesma, vamos criar um objeto de nome "ex", conforme o exemplo:

```
jshell> Ex6 ex = new Ex6();
ex6 ==> Ex6@1593948d
```

Agora vamos executar um de seus métodos, utilizando-se do objeto da classe criada, mais o nome do método. Ex:

```
jshell> ex6.soma1()
Total: 120
```

Conforme vemos no método soma1(), a variável local total foi atribuída à soma da variável local n3 e a variável global n1, resultando no valor 120. Agora execute o outro método:

```
jshell> ex.soma2();
n: 145 e n1: 10
```

A soma da variável local "n", que vale 200, com a variável global n2, que vale -55 nos resultou em 145. Já que:
n=200+(-55)
n=200-55
n=145
Conforme o princípio matemático, menos (-) com mais (+) dá menos (-). O mesmo cálculo poderia ser feito da seguinte forma:
n+=n2

Toda vez que você utiliza da própria variável como atribuição em um cálculo, você poderá abreviar desta forma sem problema algum. Vamos dar uma olhada em mais alguns exemplos de abreviação:
n-=2 mesmo que **n = n - 2**
n/=2 mesmo que **n = n / 2**
n*=2 mesmo que **n = n * 2**
n%=2 mesmo que **n = n % 2**

Em relação ao n1 você deve estar se perguntando por que 10 e não 100? No caso de n1 ter se apresentado com o valor 10, se dá ao fato que há uma variável local de mesmo nome que a global, linha 11 do código; variáveis locais têm preferência maior, por isso que o valor da variável local n1 foi mostrado ao invés do valor 100 da variável global n1; para mostrar o valor de n1 global, devo acrescentar a cláusula this. Ex:
System.out.**printf**("n: %d e n1: %d", n, **this**.n1);

Já que *this* aponta para variável global de mesmo nome porque *this* é uma referência da classe; neste caso está referenciando a variável que foi declarada na classe e não no método.

Por fim, se você tentar utilizar uma variável local fora do método em que foi criado, um erro será retornado. Como exemplo, vamos alterar o método soma2() e tentar utilizar total, que é uma variável local criada no método soma1(). Ex:

```
public void soma2()
{
    int n=200, n1=10;
    total=n+n2;
    System.out.printf("total: %d e n1: %d", total, this.n1);
}
```

Uma mensagem como esta será mostrada:
modified class Ex6, however, it cannot be referenced until variable total is declared

Notificando que a classe Ex6 não pode ser referenciada enquanto a variável total não for declarada; já que total só existirá dentro do método em que foi criado, no caso dentro do método soma1().

Construtor

São métodos especiais que possuem o mesmo nome da classe, com isso você poderá declarar um objeto de classe e passar algum tipo de argumento no momento da criação deste objeto. Em construtores não há definição do tipo de retorno. Vejamos um exemplo:

```
01 class Somas{
02   int n1, n2;
03   public Somas(int n1, int n2){
04      this.n1 = n1;
05      this.n2 = n2;
06   }
07   public int getSoma()
08   {
09      return n1+n2;
10   }
11 }
```

Na linha 01, temos a classe soma e na linha 02 duas variáveis globais; lembrando que na ausência do tipo de acesso, sejam métodos, classes ou variáveis, o Java entenderá que será do tipo package-private, o que significa que todos os membros são visíveis dentro do mesmo pacote, mas não fora dele.

Já na linha 03 temos o construtor, que possui o mesmo nome de classe e que não há sua especificação de retorno, ele simplesmente pega os dados passados durante a construção de um objeto desta classe e atribui estes dados às variáveis globais; que por terem o mesmo nome que os parâmetros deste construtor, se faz necessário utilizar o termo this, para se referir as variáveis globais n1 e n2.

E ainda nesta classe temos um método de retorno do tipo inteiro, o getSoma(), que retorna a soma dos valores. A execução desta classe poderá ser feita da seguinte forma:

```
jshell> /open d:/rodrigo/java/Jshell/Somas.java
jshell> Somas soma = new Somas(5, 17);
soma ==> Somas@4f7d0008
jshell> soma.getSoma();
$9 ==> 22
```

Já que o construtor possui dois parâmetros, você deverá passar dois argumentos na criação do objeto da classe, obrigatoriamente; do contrário, um erro será retornado. Entretanto, construtores, assim como métodos, poderão também ser sobrecarregados e desta forma ter diversos construtores criados, com quantidade de parâmetros diferentes. Ex:

```
public class Soma {
	private int total;
	public Soma(int n1, int n2, int n3, int n4)
	{
		total = n1 + n2 + n3 + n4;
	}
	public Soma(int n1, int n2, int n3)
	{
		total = n1 + n2 + n3;
	}
	public Soma(int n1, int n2)
	{
		total = n1 + n2;
	}
	public int getSoma()
	{
		return total;
	}
}
```

Dependendo da quantidade de argumentos que for passada na criação de um objeto da classe, estes dados serão direcionados para o construtor correspondente. Da mesma forma vale para métodos, como vimos em exemplos.

Com base nos construtores apresentados, você poderá declarar um objeto desta classe de diversas formas. Ex:

```
jshell> /open d:/rodrigo/java/Jshell/Somas.java
jshell> Somas soma = new Soma(1, 21, 44, 34);
soma --> Somas@523884b2
jshell> soma.getSoma();
$19 ==> 100

jshell> Somas soma = new Soma(33, 50, 27);
soma ==> Somas@27efef64
jshell> soma.getSoma();
$21 ==> 110

jshell> Somas soma = new Soma(11, 31);
soma ==> Somas@47c62251
jshell> soma.getSoma();
$23 ==> 42
```

Estruturas condicionais, operador ternário e estudo de caso

Uma estrutura condicional é um estudo de lógica; que nos permite estudar uma condição, avaliá-la e determinar se é verdadeira ou falsa. Se for verdadeira, entra-se na condição, se falsa, ignora todo o conteúdo presente na condição. Estruturas condicionais podem possuir um se (if), senão, se (else if) e do contrário (else); aqueles mesmos assuntos que você viu ao estudar lógica de programação e algoritmo; e como sabemos, uma condição não trabalha só, ela precisa realizar comparações lógicas; estas comparações poderão ser obtidas com o uso dos seguintes operadores:

Operadores de igualdade es relacionais

Operador	Significado
==	Igual a
!=	Diferente de
!	Negação
>	Maior que
<	Menor que
>=	Maior ou igual a
<=	Menor ou igual a

Agora você sabe ou lembra que precisamos da condição e de um dos operadores acima, eu lhe pergunto: isso seria o suficiente? Não. Quando estudamos uma condição, precisamos que esta avaliação venha acompanhada de algum dado, seja ele puro, como um número, por exemplo, ou provindo do conteúdo de uma variável; normalmente comparamos este dado com outro, que venha a atender os nossos requisitos. Se quisermos informar que o aluno passou em uma prova, deveremos analisar a nota, ou seja, impor alguma condição que avalie a sua nota e informe se ele está aprovado se possuir, por exemplo, uma nota maior ou igual a sete. Ex:

```
01 float nota = 7;
02 if(nota>=7)
03     System.out.println("Aprovado");
```

Na linha 01 foi criada uma variável nota de valor sete (7), que seria a suposta nota do aluno e na linha seguinte é avaliado se (if) a nota é maior ou igual (>=) a sete (7). Caso esta condição seja verdadeira; fazendo com que entre no if e execute a linha de comando na linha 03, que pertencente a esta condição; onde exibirá uma simples palavra: Aprovado.

Se você mudar a nota do aluno na linha 01, para algo inferior a sete e executar o programa nenhuma mensagem será exibida, já que a condição imposta no if será falso. Faça o teste.

Nota: Quando as linhas de código pertencem a uma classe damos um pequeno recuo, normalmente com o uso de tabulação, da mesma forma quando pertencer a um método, no caso acima há o recuo na linha 03 por esta linha pertencer a condição do if da linha 02. Isto é uma forma de organização do código, assunto relativo à lógica de programação e algoritmo; editores de código normalmente já fazem esses recuos automaticamente.

E se eu quiser inserir mais uma linha de comando no if? Neste caso, você terá que acrescentar os limitadores de bloco ({}); na sua ausência, só a primeira linha de comando fará parte do if, se eu acrescentar uma linha ou mais, o Java entenderá que aquela(s) linha(s) não faz(em) parte da condição e será executada normalmente, independente da condição do if. Ex:

```
01 float nota = 7;
02 if(nota>=7)
03     System.out.println("Aprovado");
```

```
System.out.println("Parabéns. Você está apto para o próximo ano letivo.");
```

A saída deste programa será:

```
Aprovado
Parabéns. Você está apto para o próximo ano letivo.
```

Talvez, a princípio, você não esteja vendo o problema que isso irá ocasionar, mas se você mudar a nota do aluno, para algo inferior a sete, perceberá na hora o problema. Ex:

```
float nota = 2;
if(nota>=7)
  System.out.println("Aprovado");
System.out.println("Parabéns. Você está apto para o próximo ano letivo.");
```

A saída deste programa será:

```
Parabéns. Você está apto para o próximo ano letivo.
```

Ou seja, o programa está parabenizando um aluno que está reprovado; mas como havia falado, se você incluir os limitadores de bloco no if, a segunda mensagem fará também parte da condição do if e só será exibida se a condição presente no mesmo for satisfeita. Ex:

```
float nota = 2;
if(nota>=7)
{
  System.out.println("Aprovado");
  System.out.println("Parabéns. Você está apto para o próximo ano letivo.");
}
```

Este tipo de problema que ocorreu é comumente chamado de bug de lógica. Há outros tipos de bugs; resolvi deixar aqui os que considero principais:

- **Bug de sintaxe**: É apresentado durante a depuração do programa. A depuração é o processo de tentar fazer o programa rodar; na solicitação de depuração, diversas análises são realizadas, identificando e apontando os erros de sintaxe provindos do programador.

- **Bug aritmético**: Quando há uma divisão por zero, realização de cálculos errados, perda de precisão aritmética, como arredondamentos de frações de forma indesejada, etc.

- **Bug de lógica**: Quando a resposta dada não condiz com a esperada, como digitar 10 no campo de idade e o programa responder que a criança está apta a tirar a carteira de habilitação, ou até mesmo na ausência de resposta; devido a presença de um loop infinito por existir um laço ou recursão mal elaborada, por exemplo.

- **Bug de segurança**: Quando o programador não se apregoa em prever certas brechas que podem vir a comprometer a segurança do software.

- **Bug de incompatibilidade de dados**: Quando o usuário insere um valor fora dos limites do campo ou uma informação incompatível, como inserir um texto em um campo numérico. Neste caso você deverá ter o programa pronto para contornar estes possíveis problemas que o usuário final pode vir trazer.

- **Bug de desempenho**: Quando há demora de resposta na realização de uma tarefa. Normalmente há a presença de código duplicado, morto ou mal elaborado.

- **Bug de interface***: O uso incorreto da API, hardware, sistemas incompatíveis ou operando em determinadas configurações de rede que pode causar algum tipo de problema.

  * Elemento que proporciona uma ligação física ou lógica entre dois sistemas ou partes de um sistema que não poderiam ser conectados diretamente.

Há ainda o critério de perigo de um bug:

- Crítico:
  - ✓ Perda de dados.
  - ✓ Falhas graves de segurança.
  - ✓ Features (funcionalidades) não respondem.
  - ✓ Bloqueia o release (liberação de serviço), crash.
- Grave
  - ✓ Respostas com consultas nulas, mesmo na presença de dados, ou indesejadas; com resultados não esperados.
  - ✓ Demora considerável de resposta, possibilidade de crash.
  - ✓ Salvamento do campo de formulário em formato incorreto, por exemplo, um número real, sendo salvo como um inteiro; podendo ocasionar perda de dados. Dependendo do caso pode ser considerado como crítico.
- Moderada
  - ✓ A consulta aparece de forma incompleta, não puxando todos os campos desejados ou com a resposta indevidamente filtrada.
  - ✓ Mensagens de erro ou de sucesso não aparecem.
  - ✓ Links quebrados.
- Pequena
  - ✓ A consulta não está organizada.
  - ✓ Há erros ortográficos.
  - ✓ Pequenos desalinhamentos de imagens, tabelas ou algum outro componente.

Eu poderia me estender mais sobre este tipo de assunto, mas eu estaria fugindo do tópico principal proposto. No exemplo que estamos criando, você deve ter percebido que quando o aluno tira uma nota inferior a sete, nenhuma mensagem é exibida; o ideal seria informar que o aluno reprovou na matéria, por isso no próximo exemplo iremos acrescentar o contrário (else). Ex:

```
01 float nota = 4;
02 if(nota>=7)
03 {
04    System.out.println("Aprovado");
05    System.out.println("Parabéns. Você está apto para o próximo ano letivo.");
06 } else
07    System.out.println("Infelizmente você está reprovado");
```

Neste caso se a nota for inferior a sete, todo o conteúdo pertencente a if será ignorado, linhas 03 a 06, mas o else, que não impõe nenhuma condição será executada, imprimindo a seguinte mensagem:

```
Infelizmente você está reprovado
```

Na realidade o else só precisa de uma condição, que a condição ou condições anteriores sejam falsas para este ser executado.

Importante

Exclusivamente no JShell quando há uma condição em conjunto, ou seja, uma condição que está integrada ao if, como no exemplo acima; o if terá que vir acompanhado obrigatoriamente com os limitadores de bloco ({}); mesmo que o if só tenha uma linha de comando; pois a condição else, que estávamos nos utilizando no último exemplo, deverá acompanhar o fechamento de bloco deste if, conforme demonstrado no exemplo acima na linha 06; para que o JShell perceba que aquele else pertence ao if que foi criado.

Se você criar algo como:

```
jshell> int n=10;
n ==> 10

jshell> if(n<0)
   ...> System.out.println("negativo");

jshell> else
|  Error:
|  reached end of file while parsing
|  else
|      ^
|  Error:
|  reached end of file while parsing
|  else
|      ^
```

O JShell entenderá que aquele else está solto, e um else só poderá ser criado se estiver obrigatoriamente acompanhado de um if.

As possíveis soluções para que o JShell entenda que o else faz parte da condição do if é a primeira como vimos:

```
jshell> int n=10;
n ==> 10

jshell> if(n<0){
   ...>     System.out.println("Negativo");
   ...> }else
   ...>     System.out.println("positivo");
positivo
```

Ou na criação deste exemplo dentro de um método; pois todo método há limitadores de bloco ({}), o que fará que o JShell entenda que tudo que está contido no método, pertence a um conjunto único e, por isso, ele entenderá que o else irá fazer parte do if. Ex:

```
jshell> public static void main(String[] args) {
   ...>     int n=10;
   ...>     if(n<0)
   ...>         System.out.println("negativo");
   ...>     else
   ...>         System.out.println("positivo");
```

```
   ...> }

jshell> main(null);
positivo
```

Outra forma seria utilizar a tecla <ENTER> em conjunto com a tecla control (CTRL + ENTER), pois evita o fechamento de bloco do JShell. Ex:

```
jshell> int n=10;
n ==> 10

jshell> if(n<0)
   ...>        System.out.println("negativo"); // foi utilizado (CTRL + ENTER) pra pular para próxima linha
   ...> else
   ...>        System.out.println("positivo");
positivo
```

É um detalhe que você não precisará se preocupar quando estiver trabalhando com Eclipse.

Importante

Quando temos um if e um else, dizemos que temos um conjunto ou estrutura de condições; toda estrutura de condições tem que obrigatoriamente se iniciar com um if e poderá ter um único else que fecha este conjunto de condições a serem analisadas, que estará sempre no final. Entre os dois, entretanto, poderá haver quantos else e ifs o programador desejar. Você nunca poderá iniciar uma condição com else ou if else; eles só podem ser inseridos na presença primeiramente de um if; ou seja, else e if else são condições complementares de análise de uma condição if. Tome nota.

Vamos agora a um terceiro exemplo que englobe um if else. Digamos que eu aperfeiçoe este programa para informar se o aluno reprovado precisa fazer um pequeno trabalho para completar a nota, se for maior do que cinco ou fazer a prova de recuperação, caso contrário, dependendo da nota obtida. Neste caso teremos três condições a serem analisadas. Ex:

```
01 float nota = 6;
02 if(nota>=7)
03 {
04    System.out.println("Aprovado");
05    System.out.println("Parabéns. Você está apto para o próximo ano letivo.");
06 } else if(nota>=5){
07    System.out.printf("Com a nota %.2f, será necessário fazer um pequeno trabalho.%n", nota);
08 } else
09    System.out.printf("Com a nota %.2f, você terá que fazer a prova de recuperação.%n", nota);
```

Saída do programa será:

```
Com a nota 6,00, será necessário fazer um pequeno trabalho.
```

A saída foi da linha 07, devido a nota ser inferior a sete, o que satisfaz a condição do else if. Já que a nota seis não atende ao primeiro if da linha 02, todo o seu conteúdo será ignorado; mas o valor seis atende a condição do else if da linha 06, onde entra nesta condição exibindo a mensagem e encerrando assim o estudo das condições.

Em outras palavras, em um conjunto de condições, aquela que for satisfeita será executada e as demais condições presentes, se houver, serão ignoradas; no nosso exemplo o else da linha 08 nem chegou a ser analisado, já que a condição else if da linha 06 satisfez a condição.

Poderíamos criar cada uma das condições de forma individual, para que o programa analise cada uma delas, independente da primeira já satisfazer a condição? Sim. Para isso teremos que deixar todas as condições com if. Ex:

```
01 float nota = 8;
02 if(nota>=7)
03 {
04    System.out.println("Aprovado");
05    System.out.println("Parabéns. Você está apto para o próximo ano letivo.");
06 }
07 if(nota>=5)
08    System.out.printf("Com a nota %.2f, será necessário fazer um pequeno trabalho.%n", nota);
09 if(nota<5)
10    System.out.printf("Com a nota %.2f, você terá que fazer a prova de recuperação.%n", nota);
```

Desta forma todas as condições serão analisadas, independentemente do primeiro if ser válido. A saída do programa será:

```
Aprovado
Parabéns. Você está apto para o próximo ano letivo.
Com a nota 8,00, será necessário fazer um pequeno trabalho.
```

O if é a abertura de um estudo individual de uma condição lógica; por isso é que todos os if serão analisados individualmente, independente do primeiro if, satisfazer ou não a condição. Por isso que a saída ocorre desta forma; já que oito é maior ou igual a sete, linha 02, a mensagem:

```
Aprovado
Parabéns. Você está apto para o próximo ano letivo.
```

Será exibida, como também a mensagem da condição da linha 07 e 08, já que oito é maior ou igual a cinco; e por isso que a mensagem de realizar um pequeno trabalho para complementar a nota também é exibido; mesmo se o aluno já for aprovado:

```
Com a nota 8,00, será necessário fazer um pequeno trabalho.
```

Se as condições trabalhassem em conjunto, atreladas, como vimos no exemplo anterior, entraria no primeiro if e ignoraria as demais condições, evitando assim este erro de lógica.

Dando uma pincelada em outros operadores

Dentre os operadores há o de igualdade em que verifica se os dados avaliados são iguais. Ex:

```
String t1="gato", t2="gato", t3="Gato";

if(t1==t2)
   System.out.println("As palavras de t1 e t2 são iguais");
if(t1==t3)
{
   System.out.println("As palavras de t1 e t3 são iguais");
}else
```

```
    System.out.println("As palavras de t1 e t3 são diferentes.");
```

A saída será:

```
As palavras de t1 e t2 são iguais
As palavras de t1 e t3 são diferentes.
```

O Java considera t1 e t3 diferentes, devido à presença de um "G" maiúsculo. Além de igualdade temos o de diferença. Ex:

```
if(7!=8)
    System.out.println("Verdadeiro");
```

Já que sete (7) é diferente (!=) de oito (8) o resultado é verdadeiro. Toda e qualquer condição sendo verdadeira, ela irá executar a linha de comando do if; o resultado será a palavra:
Verdadeiro

O operador de negação pode também inverter uma condição de falsa para verdadeira ou vice-versa, com o uso da exclamação. Para entender melhor, vou utilizar um exemplo simples com o uso de variáveis booleanas, que só aceitam valores true (verdadeiro) ou false (falso). Examine o código abaixo:

```
01 boolean A=true, B;
02 if(A)
03     System.out.println("A verdadeiro");
04 if(!B)
05     System.out.println("B verdadeiro");
06 if(!(5>9))
07     System.out.println("Condição 5>9, convertida para verdadeiro.");
```

A saída do programa será:

```
A verdadeiro
B verdadeiro
Condição 5>9, convertida para verdadeiro.
```

Isso se dá ao fato que a variável A é true e por isso a linha 03 do primeiro if será executado; já o segundo if analisa o conteúdo da variável booleana B, que quando nenhum dado é declarado em uma variável do tipo booleana, ela assumirá o valor falso (false) por padrão; mas com a presença da exclamação, o falso passa a ser verdadeiro e por isso que o texto da linha 05 é impresso. Da mesma forma ocorre com a linha 06, cinco nunca será maior do que nove, por isso que o resultado desta comparação é falsa, mas com o uso da exclamação ele inverte a condição falsa para verdadeira, fazendo com que entre no if e imprima a resposta da linha 07.

Operador ternário

O operador ternário é similar ao conjunto if/else; porém ele consegue resumir estas duas análises em uma única linha. Sua sintaxe é:

(análise da condição)? <resposta para verdadeiro> : <resposta para falso>;

Digamos que você quer um programa que analise a altura do candidato para ingressar no exército; e que este venha a exigir uma altura mínima de 1,70. Poderíamos fazer da seguinte forma:

```
import java.util.Scanner;
class Ex11{
    public static void main(String[] args)
```

```
04  {
05      Scanner sc = new Scanner(System.in);
06      System.out.print("Digite a altura do candidato: ");
07      float altura = sc.nextFloat();
08      if(altura >=1.7){
09              System.out.println("Você está apto para ingressar no exército.");
10      } else
11              System.out.println("Você não está apto para ingressar no exército.");
12  }
13 }
```

Como já sabemos a importação de Scanner, linha 01, serve para criar um objeto da classe, linha 05, que nos servirá para capturar o dado provindo do usuário, linha 07; mas sempre lembre-se de informar qual dado você deseja do usuário; como ocorre na linha 06.

É verificado na linha 08 se a altura é maior do que 1.7 ou igual, caso seja verdadeiro, a condição exibirá como apto, do contrário, se a condição for falsa entrará no else e exibirá a informação de que não está apto para o exército.

Poderíamos substituir as linhas 08 a 11 se utilizando do operador ternário da seguinte forma:

```
01 String cond = (altura >=1.7) ? " ":" não ";
02 System.out.printf("Você%sestá apto a ingressar no exército.", cond);
```

Na linha 01 será feita a análise do dado capturado do usuário, se este dado for igual ou maior que 1.7 o retorno será um espaço em branco que será atribuído a variável textual "cond". Do contrário, se a condição for falsa, será atribuída a palavra não com espaços no início e no final da palavra.

Perceba que o %s está entre a palavra você e está; que poderá inserir um simples espaço em branco ou o não espaçado; dependendo do retorno na análise do operador ternário da linha 01.

Na realidade você poderia ser até mais direto, escrevendo o operador diretamente no comando de saída. Ex:

```
System.out.printf("Você%sestá apto a ingressar no exército.", (altura >=1.7) ? " ":" não ");
```

Em relação a testar nosso programinha, mais uma vez optei em me utilizar do notepad++, que em um dado momento iremos nos despedir para entrar no eclipse:

```
C:\Users\rodri>jshell
|  Welcome to JShell -- Version 18.0.1
|  For an introduction type: /help intro

jshell> /open d:/rodrigo/java/Jshell/ex11.java
```

Lembrando que haverá a necessidade de criar um objeto de nossa classe Ex11. Ex:

```
jshell> Ex11 ex11 = new Ex11();
```

E se utilizar deste objeto para executar o método main, pertencente à mesma; passando como argumento ao array de String um valor nulo (null).

```
jshell> c.main(null);
Digite a altura do candidato: 1,45
```

```
Você não está apto a ingressar no exército.
```

Você poderá também adicionar operadores ternários dentro de operadores ternários. Lembra daquele exemplo em que o aluno estaria aprovado se tirasse uma nota sete ou superior, mas se tivesse uma nota inferior, que fosse até cinco pontos poderia fazer um pequeno trabalho para complementar a nota; do contrário, teria que fazer a prova de recuperação. Podemos fazer a análise destas condições com o operador ternário dentro de outro da seguinte forma:

```
01 import java.util.Scanner;
02 class Ex12{
03   public static void main(String[] args)
04   {
05      Scanner sc = new Scanner(System.in);
06      System.out.print("Digite a nota do aluno: ");
07      float nota = sc.nextFloat();
08      String cond = (nota>=7f)?"Você está aprovado": (nota>=5f)? "Você está precisando fazer um trabalho complementar": "Você terá que fazer a prova de recuperação.";
09      System.out.print(cond);
10   }
11 }
```

O que importa aqui é a linha 08, o restante já foi deveras explicado. Se a nota for maior ou igual a sete ele retorna a frase: Você está aprovado. Do contrário, na condição falsa, ele entra em outro operador ternário que analisa se a nota então é maior ou igual a cinco, se verdadeiro ele retorna a frase: Você está precisando fazer um trabalho complementar; do contrário irá retornar a frase da condição falsa, ou seja, quando a nota for inferior a cinco, que será: Você terá que fazer a prova de recuperação; onde na linha 09 exibe o conteúdo que foi retornado e atribuído a variável "cond".

Operadores condicionais "e" e "ou"

Para complicar um pouco mais a situação há ainda os operadores condicionais "e" e "ou" que são eles.

Operador	Significado
&&	e
||	Ou

O operador condicional && é um acréscimo de condição, com ele poderemos testar duas condições ou mais em uma única condição. Ex:

```
01 if(9>=5 && 9<=10)
02 {
03   System.out.println("Condição verdadeira");
04 }
```

Na linha 01 estão sendo testadas duas condições, se nove é maior ou igual a cinco e se nove é menor ou igual a dez; estando ambas as condições verdadeiras a mensagem da linha 03 será exibida, que é o nosso caso. Como havia dito o && é um acréscimo de condições se houvesse três condições a serem testadas, todas as três terão que ser verdadeiras para entrar no if, se uma única condição falhar o resultado da comparação será falso. Ex:

```
01 if((9>=5) && (9<=10) && (9>100))
02 {
```

```
03   System.out.println("A condição é verdadeira");
04 }else
05   System.out.println("A condição não foi satisfeita por isso é falsa.");
```

No exemplo acima a linha 05 é que será executada, já que dentre as três condições de verificação para entrar no if, uma delas é falsa; já que nove nunca será maior do que 100 (9>100).

Já o ou (||) ela estuda duas ou mais condições, porém sendo uma das condições verdadeira, o resultado será verdadeiro. Ex:

```
01 if((7>=15) || (7<=3) || (7<10))
02 {
03   System.out.println("A condição é verdadeira");
04 }else
05   System.out.println("A condição não foi satisfeita por isso é falsa.");
```

No exemplo acima a saída será a linha 03, já que uma das condições é verdadeira; que é o sete ser menor do que dez (7<10).

Você já viu a nota de alunos em escolas americanas? Eles costumam dar letras nas avaliações das provas da seguinte forma:

Nota	Equivalente
A	9,0 – 10,0
B	8,0 – 8,9
C	7,0 – 7,9
D	6,0 – 6,9
F	< 6,0

Com base nisso, poderíamos criar a seguinte estrutura:

```
import java.util.Scanner;

class Ex13{
  public static void main(String[] args)
  {
     Scanner sc = new Scanner(System.in);
     System.out.print("Digite a nota do aluno: ");
     float nota = sc.nextFloat();
     if(nota>=9f)
     {
             System.out.print("O aluno tirou uma nota A.");
     }else if(nota>=8f && nota <9f){
             System.out.print("O aluno tirou uma nota B.");
     }else if(nota>=7f && nota <8f){
             System.out.print("O aluno tirou uma nota C.");
     }else if(nota>=6f && nota <7f){
             System.out.print("O aluno tirou uma nota D.");
     }else
             System.out.print("O aluno tirou uma nota F.");
```

```
20  }
21 }
```

Importamos a classe Scanner, linha 01, criamos a classe notas, linha 03; onde temos o método principal main, linha 04; para se utilizar de Scanner foi criado um objeto de classe do mesmo, linha 06, de nome sc; onde se utilizou o argumento System.in para entender que o objeto em questão será responsável pela captura de dados provindos do console (teclado).

Passamos uma mensagem informando o que se deseja, linha 07, e na linha seguinte capturamos este dado; foi utilizado nextFloat() por tratar o dado recebido como um numeral de ponto flutuante que será atribuído a variável float de nome nota; onde da linha 09 a 19, serão feitos alguns testes de condições.

Se nota for maior ou igual a nove, linha 09, irá informar que o aluno tirou um A, linha 11; do contrário, se for uma nota entre oito e menor do que nove, linha 12, será informado que tirou um B, linha 13; do contrário se a nota for entre 7 e menor do que oito, linha 14, informará que tirou um C; do contrário, se a nota foi entre seis e menor do que sete, linha 16, será uma nota D, linha 17; se nenhum dos critérios for atendido, então entrará no else, linha 18, informando que o aluno tirou uma nota F, linha 19. Faça o teste.

Este exemplo foi criado no notepad++ e utilizado o JShell para executá-lo, ex:

```
C:\Users\rodri>jshell
|  Welcome to JShell -- Version 18.0.1
|  For an introduction type: /help intro

jshell> /open d:/rodrigo/java/Jshell/ex13.java

jshell> Notas n = new Notas();
n ==> Notas@1593948d

jshell> n.main(null)
Digite a nota do aluno: 5
O aluno tirou uma nota F.
```

Estudo de caso

O estudo de switch era uma instrução de fluxo simples, mas ele foi aperfeiçoado com o Java SE 12; que foi lançado em março de 2019, se tornando uma expressão de estudo de caso. Mas o que seria isso? Antes desta atualização, você só poderia inserir uma opção de análise de cada caso.

Digamos que eu pegue uma palavra armazenada em uma variável para dizer ao usuário se aquilo é uma fruta ou verdura. No antigo sistema funcionava da seguinte forma:

Antes:

```
String produto="Maçã";
String resultado;
switch(produto)
{
   case "Manga":
      resultado = "Fruta";
   break;
   case "Banana":
      resultado = "Fruta";
   break;
   case "Maçã":
```

```
12         resultado = "Fruta";
13    break;
14
15    case "Repolho":
16         resultado = "Verdura";
17    break;
18    case "Alface":
19         resultado = "Verdura";
20    break;
21    case "Coentro":
22         resultado = "Verdura";
23    break;
24    default:
25         resultado = "não reconhecido";
26 };
27 System.out.printf("Produto identificado como: %s\n", resultado);
```

Na linha 01 temos o produto a ser analisado e na linha seguinte a variável que armazenará a resposta obtida deste estudo de caso. Da linha 03 a 26 temos o estudo de caso; onde o switch, linha 03, analisa o conteúdo da variável produto.

Caso seja a palavra manga, linha 05, ele atribui a variável resultado, linha 06, o nome fruta e encerra o caso com break, linha 07. Da mesma forma vai sendo os demais estudos de caso, até que bata naquele que corresponda ao conteúdo da variável produto; encerrando assim o estudo de caso. E se nenhum dos casos atender, ele irá entrar em default, linha 24, que deverá vir no final. O default não é obrigatório, você colocá lo ou não depende unicamente de seu critério, onde na linha 27 exibe o resultado:

```
Produto identificado como: Fruta
```

Entenda o default como um else, numa estrutura If/else que será sempre executado se nenhum dos critérios for atendido.

Contudo, agora você poderá listar vários itens para um único caso, se desejar. Vamos a um novo exemplo com base agora na expressão de estudo de caso ao invés do uso de fluxo simples.

```
int contFrutas=0, contVerduras=0;
public void contador(String produto)
{
      switch(produto){
               case "Manga", "Banana", "Maçã":
                        ++contFrutas;
               break;
               case "Repolho", "Alface", "Coentro": ++contVerduras;
      }
}
public void resultado()
{
      System.out.println("Total de frutas contabilizadas..: "+ contFrutas);
      System.out.println("Total de verduras contabilizadas: "+ contVerduras);
}
```

```
16 contador("Maçã");
17 contador("Banana");
18 contador("Maçã");
19 contador("Coentro");
20 contador("Coentro");
21 resultado();
```

Este exemplo foi criado e salvo pelo notepad++ como Switch.java. Na linha 01 foram criadas algumas variáveis para contabilizar a quantidade de frutas e a quantidade de verduras encontradas. Para isso o nosso estudo de caso foi incluído em um método, linha 02, que possui um parâmetro, o argumento passado a este parâmetro será analisado pelo switch, linha 04; onde tudo que é relacionado as frutas que foram criadas no exemplo anterior, foram listados em um único caso, linha 05; da mesma forma ocorre com verduras, linha 08. Caso alguma das palavras seja encontrada no caso que lista as frutas, a variável inteira "contFrutas" será pré-incrementada em um, linha 06; encerrando o caso com break, linha 07.

Caso nenhuma das palavras listadas atenda, será então analisado o segundo caso, linha 08; que caso bata com alguma palavra listada neste caso, então a variável inteira "contVerduras", será pré-incrementada. Temos também um método sem parâmetro de nome resultado, linha 11, que só exibirá a quantidade de frutas e verduras contabilizadas, através de nossas variáveis, linhas 13 e 14.

Das linhas 16 a 21 é só chamando o método com dados diferentes. Das linhas 16 a 17 foram chamados três vezes o método contador, passando um nome de uma fruta que está presente na lista e as linhas 19 e 20 foi passado o mesmo método nome de uma verdura que se encontra na lista relacionada a verduras; que ao chamar o método resultado, a saída do programa será:

```
jshell> /open D:/rodrigo/java/Jshell/Switch.java
Total de frutas contabilizadas..: 3
Total de verduras contabilizadas: 2
```

Mas o que seria o break? Break, é parar em inglês, nos serve para interromper o caso; sem a presença do break na linha 07, faria com que invadisse o segundo caso e este seria também executado, mesmo quando o produto é uma fruta. Ocasionando na seguinte resposta:

```
jshell> /open d:/rodrigo/java/jshell/Switch2.java
Total de frutas contabilizadas..: 3
Total de verduras contabilizadas: 5
```

Por isso numa estrutura switch() como esta é recomendada a utilização do break no final de cada caso, contudo a inclusão ou não do break no último caso é irrelevante e por isso que não foi colocado no segundo caso; já que não há nenhum caso a mais depois deste a ser analisado. Porém, em algumas situações você desejará que um caso invada o outro; criarei, mais à frente, algum exemplo que ilustre isso.

Poderemos também nos utilizar da função lambda junto com witch; para analisar o estudo de caso e associar o resultado diretamente a uma variável. Ex:

```
String produto="Maçã";
String resultado = switch(produto){
   case "Manga", "Banana", "Maçã" -> "Fruta";
   case "Repolho", "Alface", "Coentro" -> "Verdura";
   default -> "não reconhecido";
```

```
06 };
07 System.out.printf("Produto identificado como: %s", resultado);
```

Você verá mais à frente o assunto referente a funções lambda. Porém, aqui gostaria de colocar algumas ressalvas, quanto ao seu uso:

1. A abertura de limitador de bloco ({) tem de estar na mesma linha que o comando switch, conforme demonstrado na linha 02; pular uma linha e abrir o limitador de bloco ocasionará um erro. Contudo esta ressalva é referente à utilização do JShell e não na IDE, como o Eclipse; o JShell obriga que a abertura do bloco ocorra na mesma linha e não na linha seguinte; do contrário ele entenderá de forma separada em relação ao switch.
2. O fechamento do limitador de bloco (}), tem que estar acompanhado por ponto e vírgula, conforme demonstrado na linha 06.
3. Nestas condições o termo default torna-se obrigatório, para que haja a possibilidade de que retorne algo à variável resultado.

Como sempre o switch analisa a variável e o primeiro caso analisa uma lista de possibilidades, que se for correspondido retornará a palavra fruta; do contrário será analisado no próximo caso, se for correspondido retornará a palavra verdura. E se nenhum caso atender a análise, então retornará uma frase: não reconhecido. Por haver retorno nas análises, a utilização de break é desnecessária.

Exercícios para praticar

1. Preencha a tabela abaixo corretamente, sabendo que T é relacionado a true e F é relacionado a false, com relação as duas variáveis booleanas A e B:

A	B	A && B	A || B	!A	!B
T	T				
F	F				
T	F				
F	T				

2. Escreva T (true) ou F (false) para o resultado das seguintes operações; sabendo que A é true e B false.
   a) (A && B) || (B || B)

   b) (B || A) && (!A || A)

   c) (B && A) || (A && !B)

   d) !((B || A) && (!B && A))

   e) (!B && (A && !B) && !(B && A)

3. Faça um programa que o usuário digite o valor do produto e o número de parcelas. Dependendo da quantidade de parcelas haverá ou não juros, com base na tabela:

Parcelas até	Juros
X3	0%

X6	10%
X12	15%

Veja o exemplo:
Digite o valor do produto ....: 200
Digite o número de parcelas ....: 5
Juros...: 10%
Valor final do produto ....: R$ 220.0
Valor das parcelas...: R$ 44.0

O que está negritado são as informações inseridas pelo usuário, o restante são as informações fornecidas pelo programa.

4. Escreva um programa que leia o número de horas trabalhadas **em um mês** e o valor da hora trabalhada. No final informe a quantidade de horas extras, o valor da hora extra e o salário mensal final.

   Salário mensal
   Serão as horas trabalhadas X o valor da hora. Se não houver horas extras.

   Horas Extras
   Se um funcionário trabalha em média 40 horas semanais, então por mês são 160 horas. Já que um mês tem a duração média de quatro semanas: 40 x 4 = 160. O que passar disso será considerado hora extra, que terá um acréscimo de 50% do valor hora.

   Veja o exemplo:
   Digite a quantidade de horas trabalhadas em um mês .....: 190
   Digite o valor da hora trabalhada ....: 10
   <u>Quantidade de horas extras ....: 30</u>
   <u>Valor das horas extras ....: R$ 450</u>
   Salário mensal final ....: 2050.0

   O que está negritado foram as informações inseridas pelo usuário, o restante são as informações fornecidas pelo programa. O que está sublinhado é para aparecer, se houver horas extras a serem calculadas; do contrário só o salário mensal final é que deverá ser mostrado.

Laços de repetição e recursão

Como o próprio nome já diz é a repetição das linhas de comando que se encontra presente dentro de um laço. Dependendo da condição imposta e do laço de repetição, um laço pode executar nenhuma vez, um número específico de vezes ou até mesmo uma quantidade indefinida de vezes. Vamos conhecer alguns deles:

While
É um laço indefinido, o mesmo só inicia se a condição imposta no while for verdadeira e continua repetindo os comandos presentes no laço, até que a condição em algum dado momento se torne falsa, se isso não ocorrer, ele entra em loop infinito, por isso tome cuidado ao utilizá-lo.

Vamos a um exemplo, eu quero um laço que mostre a potência de três, até que se chegue a um valor igual ou menor do que cem mil. Como não sabemos quantas vezes teremos que realizar a multiplicação, irei me utilizar do while da seguinte forma:

```
01 int n=3, limite=100000;
02 while(n<=limite){
03   System.out.printf("%d%s", n, (n<limite) ? ", " : ".");
04   n*=3;
05 }
```

Na linha 01 foi criada a variável "n" com o valor inicial três e a variável limite com o valor de cem mil. Na linha 02 há o laço while que analisa se a condição inicial é verdadeira; como sabemos que "n" é menor do que a variável limite ele entra no laço, exibe o valor de "n", linha 03, e depois realiza a multiplicação por três, linha 04.

No comando de impressão foi utilizado %d para a exibição do valor da variável inteira "n", acrescido de um texto %s. Este texto será uma vírgula com espaço (,) ou um ponto (.); dependendo da condição do nosso operador ternário (n<limite) ser verdadeiro ou não. Enquanto o valor de "n" for inferior ao valor da variável limite será acrescido ao comando de impressão uma vírgula com espaço (,); quando esta condição torna-se falsa então será acrescido o ponto ao invés disso. Isso é uma forma de separar os números por vírgula e quanto for o último acrescentar um ponto.

Após a multiplicação por três, na linha 04, onde terminam as linhas de comando presente no laço, é avaliado o valor de "n" em relação ao valor da variável limite, linha 02; se a condição ainda for verdadeira, o laço se repete, exibindo o valor de "n", linha 03, e multiplicando o valor de "n" por três, linha 04; ao término da linha 04 é retornado a condição de while e verificado novamente (n<=limite) e este laço vai se repetindo até que a condição torne-se em algum momento falso. A saída do programa será:

```
3, 9, 27, 81, 243, 729, 2187, 6561, 19683, 59049.
```

For

É um laço controlado por contador, sua sintaxe é:

For(<valor inicial do contador>; <condição>; <cálculo>)

O contador é nada mais do que uma variável, em que será analisada uma condição normalmente atrelada ao contador e o cálculo que poderá ser um simples pré ou pós incremente ou decremento deste contador; dependendo do que o programador procura demonstrar através do laço.

Vamos criar um exemplo simples, que é a tabuada de dez; onde pedimos ao usuário para digitar algum número e o laço exibir a tabuada deste número de um até dez. Este laço é perfeito para este exemplo, pois além de sabermos a quantidade exata de vezes que o laço poderá se repetir, poderemos também utilizar o contador para demonstrar o cálculo da tabuada; da seguinte forma:

```
import java.util.Scanner;
class Ex14{
  public static void main(String[] args)
  {
     Scanner sc = new Scanner(System.in);
     System.out.print("Digite algum número para a tabuada: ");
     int n = sc.nextInt();
```

```
08        for(int i=1; i<=10; i++)
09        {
10                    System.out.printf("%d x %d = %d%n", n, i, n*i);
11        }
12    }
13 }
```

Se, focando no laço, foi criado um contador "i" de valor inicial um, a condição do laço é que o contador "i" seja menor ou igual a dez; sendo esta condição verdadeira, ele entra no laço e executa o comando na linha 10 a cada laço.

A linha 10 exibe o valor de "n" que é o número capturado pelo usuário acompanhado do caractere "x" mais o contador "i"; depois disso há o caractere "=" onde o último número apresentado é o cálculo de multiplicação de n*i; se o usuário digitar cinco a apresentação ficará:
5 x 1 = 5
Isso ocorre porque o contador "i" no início do laço vale um, e a cada novo início do laço é avaliado a condição for, após o incremento do contador "i" (i++); este tipo de avalição a cada repetição do laço sempre irá ocorrer; sabendo que "i" passa a valer dois, a condição 2<=10 ainda é verdadeira e por isso novamente é executada a linha 10. Já que "i" agora vale dois no segundo laço, a saída será:
5 x 2 = 10
Isso vai sendo repetido até que o contador "i" supere o valor de dez, tornando a condição do laço for falsa e assim encerrando o laço. Faça o teste:

```
C:\Users\rodri>jshell
|  Welcome to JShell -- Version 18.0.1
|  For an introduction type: /help intro

jshell> /open d:/rodrigo/java/Jshell/ex14.java
jshell> Ex14 ex = new Ex14();
jshell> ex.main(null);
Digite algum número para a tabuada: 7
7 x 1 = 7
7 x 2 = 14
7 x 3 = 21
7 x 4 = 28
7 x 5 = 35
7 x 6 = 42
7 x 7 = 49
7 x 8 = 56
7 x 9 = 63
7 x 10 = 70
```

Do..while
O do..while é idêntico ao while, a única diferença é que sua condição é avaliada no final do laço, em outras palavras, é o único laço que executa pelo menos uma única vez, mesmo que a condição imposta no laço seja falsa. Ex:

```
int n=-10;
do{
  System.out.println(n);
  n-=5;
}while(n>=0);
```

Avaliando de baixo para cima a condição de repetição deste laço é que a variável "n" seja maior do que zero; o que não ocorre, já que o mesmo é declarado com valor -10, linha 01; mas como foi dito, por só avaliar a condição no final do laço o programa irá executar as linhas de comando presente no laço. A saída será:
-10
Se você tentar fazer com o while nada será apresentado, já que a condição é avaliada no início do laço, que sendo falso, todo conteúdo presente no while será ignorado.

Break
O comando break permite que um laço seja interrompido abruptamente, vejamos um exemplo:

```
01 for(int i=1; i<=10; i++)
02 {
03   System.out.printf("%02d ", i);
04   if(i==5)
05       break;
06 }
```

O laço for, a princípio, iria imprimir valores de um a dez, com o comando presente na linha 03, porém, a exibição destes numerais será interrompida abruptamente quando o contador "i" for igual a cinco, linha 04; pois o comando de interrupção (break) será executado. A saída do programa será:

```
01 02 03 04 05
```

Continue
Já o comando continue faz com que todos os comandos sejam pulados. Depois disso, o laço prossegue normalmente. Ex:

```
01 for(int i=1; i<=10; i++)
02 {
03   if(i==6)
04       continue;
05   System.out.printf("%02d ", i);
06 }
```

Quando o valor do contador "i" for seis, o comando continue será executado, fazendo com que todas as linhas de comando presente no laço, após o comando continue, sejam puladas; neste caso, a linha 05 será ignorada; depois disso, o contador "i" é novamente incrementado e verificada a sua condição i<=10. A saída deste exemplo ficará:

01 02 03 04 **05 07** 08 09 10

Repare que o número seis foi pulado a sua saída de impressão, devido ao comando continue.

Recursão
Recursão é como um laço de repetição, sendo que neste caso não se utiliza nenhum laço aqui apresentado e sim a utilização de um método que chama a si mesmo; como se fosse um laço indefinido como o while; por isso devo lembrá-lo que o mesmo deverá ter alguma condição que faça com que esta recursão seja interrompida, para não entrar em um loop infinito.

Os exemplos acima mostraram a exibição de números de 01 a 10, com a recursão poderia ser feito da seguinte forma:

```
01 public void conta(int inicial, int limite)
02 {
03    System.out.printf("%02d ", inicial);
04    if(inicial < limite)
05    {
06        conta(inicial+1, limite);
07    }
08 }
```

Na linha 01 foi criado um método público e sem retorno de nome conta, que possui dois parâmetros, o primeiro determina o número inicial a ser exibido e o segundo é o limite que este número inicial poderá percorrer.

Na linha 03 é impresso o valor da variável inicial, depois é utilizado um operador condicional, linha 04, para verificar se a inicial é ainda menor do que o limite; caso afirmativo, é chamado o próprio método, que por possuir dois parâmetros deverão ser passados dois argumentos ao mesmo; neste caso passamos os mesmos argumentos resgatados do método, com a diferença de que inicial é acrescido em mais um; desta forma se eu desejar que este método recursivo mostre valores de um até dez, faria da seguinte forma:

```
jshell> conta(1, 10);
01 02 03 04 05 06 07 08 09 10
```

Com isso exibe o valor um, depois verifica a condição na linha 04, como uma forma de tornar este laço recursivo finito; já que ao chamar novamente o método com os mesmos argumentos, acrescentamos +1 à variável inicial, fazendo com que se exiba o valor dois. Depois é acrescido +1 à variável inicial novamente, linha 06, exibindo assim o valor três e assim por diante. Até que a condição imposta na linha 04 seja falsa.

Vamos a outro exemplo, que é calcular o fatorial de um número. Como explicado na matemática o fatorial de um número natural é representado pelo seu número acrescido de exclamação. Ex: 5!
O fatorial de cinco seria a multiplicação de todos os números inteiros positivos menores ou iguais a cinco. Ficando da seguinte forma:
5x4x3x2x1 = 120

```
01 public int fatorial(int n)
02 {
03    if(n==0)
04        return 1;
05    return n * fatorial(n-1);
06 }
```

O método fatorial é um método público de retorno de valores inteiros. Na linha 03 verifica se o valor de "n" é zero, caso afirmativo, o método retornará o valor um; já que o fatorial de zero é um.

Caso seja um número maior, então será o número atual de "n" multiplicado por n-1; ao mesmo tempo que é chamado novamente o método de retorno de nome fatorial; resumidamente as chamadas seriam para uma fatoração do número cinco:

Fatorial (5) = 5 * fatorial (5-1)

Fatorial (4) = 4 * fatorial (4-1)

Fatorial (3) = 3 * fatorial (3-1)

Fatorial (2) = 2 * fatorial (2-1)

Fatorial (1) = 1 * fatorial (0)

Fatorial (0) = 1

A chamada recursiva do método vai guardando cada cálculo até que a recursão seja encerrada; é como se existisse, por exemplo, uma variável que guardasse estes cálculos a cada recursão antes de retornar o seu valor final; os cálculos a serem realizados vão sendo meio que empilhados um por cima do outro até que a recursão encerre e não haja mais retorno; onde finalmente teremos a resolução do problema, começando do último para o primeiro, e assim retornado o resultado. Ex:
1 * 1 * 2 * 3 * 4 * 5 = 120

Exercícios para praticar

1. Faça um programa para aparecer um pequeno menu de texto que o usuário escolha para exibir um triângulo ou quadrado. E que o mesmo informe a altura da forma escolhida. Digamos que o usuário digite o valor (4), a saída deverá ser com caracteres de zeros (0), que poderá variar, conforme a forma escolhida:

Triângulo	**Quadrado**
0 00 000 0000	0000 0000 0000 0000

2. Faça um programa que o usuário digite as idades, que ao digitar a entrada flag zero (0), o programa informe a quantidade de idades inseridas e a média das idades.

3. Faça um programa que o usuário escolha determinados produtos numa lista; a lista e os preços ficam por sua conta, e vá somando os gastos. Crie uma entrada flag para encerrar o laço. E que exiba a quantidade de cada produto e o valor total do gasto do usuário.

4. Faça um programa que o usuário digite um número e mostre quantos números primos podem ser encontrados no intervalo deste número.

Dicas e dúvidas dos exercícios

02

É recomendado que se crie um laço indefinido (while), que irá encerrar quando a idade digitada for zero; por isso é aconselhado que a idade já inicie com um valor qualquer diferente de zero. Lembre-se de criar variáveis para contar a quantidade de idades e outra para somar as idades que estão sendo inseridas; pois através desta você obterá a média das idades.

03

A questão quatro também é um laço por while() ou do..while(), já que as opções ficaram se repetindo indefinitivamente até que o usuário entre com a entrada flag; a entrada flag neste caso poderia ser uma outra opção. Ex:
1 – Teclado R$ 70,00
2 – Mouse R$ 50,00
3 - Headset Gamer R$ 190,00
4 – Sair do programa
Ou seja, quando o usuário digitar quatro (4), o programa deverá ser encerrado e exibido o resultado.

04

Neste caso é um laço for dentro de outro laço for; pegamos no primeiro laço o seu contador, que inicia em um, e utilizamos este dentro do segundo laço para percorrer de um até o número do contador do primeiro laço, realizando as divisões. É bem semelhante ao quesito quatro, com a diferença que haverá um laço a mais para fazer as verificações das divisões e que estas se basearão no valor do contador do primeiro laço. Por exemplo:

Se o usuário digitar 15 e o contador do primeiro laço quando chegar no valor cinco (5), por exemplo, o laço mais interno realizará a divisão de um a cinco para saber se cinco é um número primo; quando o contador do primeiro laço valer seis será novamente verificado de um a seis para determinar se é primo ou não este número e assim por diante.

Array e método varargs

Arrays são variáveis que podem armazenar um ou mais dados de mesmo tipo. Cada dado estará presente no array com base em sua posição; você poderá criar um array definindo a quantidade de dados que o mesmo poderá armazenar da seguinte forma:

```
int[] n1 = new int[10];
```

No exemplo acima foi criado um array unidimensional ou vetor de dez posições do tipo inteiro. Em outras palavras, este array poderá armazenar até dez números inteiros. Para atribuir um número inteiro a este array devemos sempre informar a posição que deverá estar entre colchetes e o valor a ser atribuído a esta posição. Ex:

```
n1[0] = 100;
```

No exemplo acima está sendo armazenado na posição zero (0) o valor 100. Entenda que todo primeiro elemento no array ocupa a posição zero (0), em consequência disso o segundo elemento no array irá ocupar a posição um (1), enquanto o terceiro elemento, a segunda (2) posição no array e assim por diante. Com base nisso, se eu quiser atribuir algum número na quinta posição do array eu faria da seguinte forma. Ex:

```
n1[4] = 302;
```

Para preencher todo o array irei utilizar o laço for da seguinte forma:

```
for(int i=0;i<n1.length; i++)
{
	n1[i] = i + 1;
}
```

Neste exemplo, o contador "i" vale inicialmente zero (0) e vai sendo incrementado a cada laço (i++); na condição de repetição do laço enquanto o valor de "i" for inferior a n1.length. O length é responsável em retornar à quantidade de elementos que o array n1 possui, neste caso 10; já que o array n1 possui dez posições; mas como sabemos que o primeiro elemento ocupa a posição zero deste vetor, então para andar sobre todos os elementos teremos que ir da posição zero (0) até a posição nove (9); por isso a condição i<n1.length, que equivale a i<10, neste exemplo.

Se você extrapolar o intervalor de um array, uma exceção será lançada; digamos que eu deseje que o valor for vá até a posição dez; para isso basta mudar a condição de menor (<) para menor ou igual a (<=), por exemplo:

```
for(int i=0;i<=n1.length; i++)
{
	n1[i] = i + 1;
}
```

Ao executar pelo JShell a seguinte mensagem de erro será exibida:

Exception java.lang.ArrayIndexOutOfBoundsException: Index 10 out of bounds for length 10

Basicamente informa que o índice 10 está fora dos limites para comprimento 10 do array. Já que um array de dez elementos se inicia na posição zero (0) e vai até a posição nove (9). Lembre-se deste detalhe ao manusear arrays.

O cálculo n1[i] = i + 1; irá variar já que o contador "i" varia de valor a cada laço, inicialmente vale zero, então o cálculo será:

n1[0] = 0 + 1; //valor 1 armazenado na primeira posição

No próximo laço a variável "i" é incrementada em um, então o cálculo passa a ser:

n1[1] = 1 + 1; // valor 2 armazenado na segunda posição

Quando o contador "i" valer nove (9), então o cálculo será:

n1[9] = 9 + 1; // valor 10 armazenado na décima posição

Depois disso o contador "i" será novamente incrementado passando a valer dez; o que faz com que a condição presente no for seja falso; encerrando assim o laço. O array então terá a seguinte estrutura:

Posição	0	1	2	3	4	5	6	7	8	9
Valor	1	2	3	4	5	6	7	8	9	10

Para exibir os valores de um array, poderei utilizar a estrutura for da seguinte forma:

```
for(int i=0;i<n1.length; i++)
{
	System.out.println(" "+n1[i]);
}
```

A saída do programa será:

1 2 3 4 5 6 7 8 9 10

Porém, há uma forma resumida do for para se obter os dados de um array, do seguinte modo:

```
for (int x : n1) {
	System.out.print(" "+x);
}
```

Em que cada elemento do array n1 é atribuído à variável "x" e exibido o seu valor na linha seguinte do código. Em outras palavras, a cada laço o for resgata o valor dos elementos presentes em n1, começando na primeira posição e atribuindo este valor resgatado à variável inteira "x"; onde é exibido este valor com o uso de:

```
System.out.print(" "+x);
```

No próximo laço resgata o valor do elemento na segunda posição do array n1 e atribui a variável inteira "x", exibindo novamente o seu valor e assim por diante, até percorrer todo o array. A saída deste programa será a mesma que a anterior:
1 2 3 4 5 6 7 8 9 10

Com relação à declaração de um array, eu posso declarar o mesmo, sem definir o seu tamanho, da seguinte forma:

```
int[] n2;
```

Contudo, posteriormente, em algum momento do código deverei declarar quantas posições este array terá, para eu poder utilizar o mesmo:

```
n2 = new int[20];
```

Ou se desejar, pode determinar o array n2 com base em um array já existente. Ex:

```
n2 = n1;
```

Posso também declarar um array já com valores predeterminados. Ex:

```
int[] idades = {21,37,44,65,8,26,56,89,17};
```

Com isso temos três formas de declarar um array:

1. Declarar um array especificando o seu tamanho.
2. Declarar um array sem especificar o seu tamanho
3. Declarar um array já com valores predeterminados

Como também podemos declarar tudo isso em uma única linha:

```
int[] nVet1 = new int[12], nVet2 = new int[20], nVet3 = {22,44,108, 214}, nVet4;
```

Isso se todos os vetores (arrays) forem de mesmo tipo, no exemplo acima todos são do tipo inteiro (int). Lembrando que o último array o nVet4, ainda não foi definido; isso deverá ser feito em algum dado momento do código antes de manusear o mesmo. Ex:

```
nVet4 = new int[100];
```

Ordenando um array

Com uso de Arrays.sort(), podemos ordenar alfabeticamente ou numericamente um array, com base no seu conteúdo, da seguinte forma. Ex:

```
int[] idades = {21,37,44,65,8,26,56,89,17};
Arrays.sort(idades);
```

```
for (int idade : idades) {
	System.out.print(" "+idade);
}
```

A saída deste programa será:
8 17 21 26 37 44 56 65 89

Se você desejar que só uma parte deste array seja ordenada, você deverá informar a posição em que deseja ordenar este array e a quantidade de elementos que deseja ordenar a partir da posição inicial informada. Se eu desejasse que fossem ordenados só os cinco primeiros elementos de um array, ficaria da seguinte forma:

```
int[] nVet = {10, 9, 8, 7, 6, 5, 4, 3, 2, 1};
Arrays.sort(nVet, 0, 5);
for (int n : nVet) {
	System.out.print(" "+n);
}
```

A saída deste programa será:
6 7 8 9 10 5 4 3 2 1

Se eu desejasse que ignorasse os três primeiros elementos de um array e pegasse a partir desta posição quatro elementos para ordenar, o Array.sort() ficaria da seguinte forma:

```
Arrays.sort(nVet, 3, 7);
```

Com isso o array ignora os três primeiros números e pega desta posição, subtraído da posição final desejada: 7-3 = 4 elementos para ordenar a partir da posição inicial informada. A saída do programa será:
10 9 8 **4 5 6 7** 3 2 1

Como havia dito, o mesmo Arrays.sort() serve para ordenação de elementos do tipo texto. Ex:

```
String[] animes = { "Overlord", "Knights of Sidonia", " Chainsaw Man", "Jujutsu Kaisen"};
Arrays.sort(animes);
for (String anime : animes) {
	System.out.print(" - "+anime);
}
```

A saída do programa será:
- Chainsaw Man - Jujutsu Kaisen - Knights of Sidonia - Overlord

Também é possível ordenar só uma parte deste array; da mesma forma que foi feita com array do tipo numérico.

Criando cópia com Arrays de tamanhos diferentes

A cópia de determinados itens de um array para outro pode ser feita por meio de laço; contudo há uma estrutura específica para isso; que é o uso de System.arraycopy(). A sua sintaxe é:
System.arraycopy(<Array original>, <Posição Inicial 1>, <Array Cópia>, <Posição Inicial 2>, <Quantidade>);

- **Array Original**: O array que iremos copiar.
- **Posição Inicial 1**: A posição inicial que iremos pegar os elementos do array original.
- **Array Cópia**: O array que receberá os elementos do array original.
- **Posição Inicial 2**: A posição inicial que se dará a realização da cópia.

- **Quantidade**: A quantidade de elementos que serão copiados.

Vamos a um exemplo, digamos que eu tenha dois arrays, um com três elementos e outro com quatro elementos. Ex:

```
String[] livros1 = {"Guia do Mochileiro das Galáxias", "Uma Breve História do Tempo", "O Universo numa Casca de Noz"};
String[] livros2 = {"Dom Quixote", "O nome da Rosa", "Pappilon", "A divina comédia"};
```

Digamos que eu queira copiar os livros do array livros2, para livros1; contudo o array livros1 é menor do que o array livros2, por isso será feito da seguinte forma:

```
System.out.printf("%nCópia de livros2 para livros1:%n");
System.arraycopy(livros2, 0, livros1, 0, livros1.length);
```

O arraycopy pega o conteúdo de livros2, em sua posição inicial (0), e pega o array livros1; também em sua posição inicial (0); onde no último argumento informamos quantos elementos desejamos; utilizei livros1.length, para respeitar o limite de elementos que livros1 pode armazenar; crie um laço para a exibição do array livros1 e teste a aplicação. Ex:

```
for (String livro: livros1) {
    System.out.print(" - "+livro);
}
```

A saída do programa será:

```
Cópia de livros2 para livros1:
 - Dom Quixote - O nome da Rosa - Pappilon
```

Como pode perceber o conteúdo do array livros1 foi substituído pelo conteúdo do array livros2.

Criando parâmetro do tipo Varargs

É um parâmetro do tipo array, mas a sua quantidade é indefinida, ou seja, este parâmetro poderá receber de zero a um número indefinido de argumentos. A sua declaração é composta pelo tipo de variável, acompanhado de reticências, mais o identificador deste tipo de variável. Ex:

public void dados(int...valores)

Um Varargs é comumente definido como lista de argumentos de comprimento variável. E por se comportar como um array é que este assunto só foi apresentado neste tópico. Há duas regras para poder utilizá-lo:

1. Só pode haver um por método.
2. Este parâmetro deverá estar sempre no final, numa lista de parâmetros presente no método.

Vamos criar um método em que espera-se dois argumentos, um caractere e um varargs do tipo inteiro; com base no caractere será realizada a soma dos valores contidos no varargs ou uma multiplicação. Se o caractere for 's' será considerado soma, mas se for 'm' será considerado uma multiplicação. Ex:

```
public void calcula(char tipo, int...valores)
{
```

```
03  int total=0;
04  for(int valor:valores)
05  {
06      if(tipo=='s'){
07              total+=valor;
08      }else if(tipo=='m')
09                  total=total==0?valor:total*valor;
10  }
11  System.out.println("Total obtido: "+total);
12 }
13
14 calcula('m', 1, 4, 8, 2);
15 calcula('s', 3, 5, 4, 10, 27, 49, 22, 20);
16 calcula('s', 17, 11);
```

Dentro do nosso laço for, da linha 04, pegamos cada valor e vamos somando ou multiplicando dependendo do caractere passado; se for um caractere 's', linha 06, será uma soma, linha 07; do contrário, se for um caractere 'm', linha 08, será uma multiplicação.

No caso de ser uma multiplicação é utilizado um operador ternário. Pois se for multiplicando diretamente, como foi feito com soma. Ex:
total*=valor;

O resultado será sempre zero. Já que na matemática afirma que qualquer número multiplicado por zero será sempre zero, por isso o uso do operador ternário, para caso total seja zero atribuir o valor a total, do contrário, multiplicar este valor com o valor contido em total.

Como podes perceber o método é chamado especificando 's' ou 'm', mais uma quantidade variável de números, linhas 14 a 16; já que um parâmetro varargs, nos permite fazê-lo. A saída deste programa será:

```
Total obtido: 64
Total obtido: 140
Total obtido: 28
```

Exercícios para praticar

1. Faça um programa que o usuário determine o tamanho do array e armazene neste array múltiplos de dois. Exiba os seus múltiplos.
2. Faça um programa que o usuário insira cinco números e que sejam armazenados em um array e no final haja a opção para exibir estes números de forma crescente ou decrescente.

Dicas e dúvidas dos exercícios

01

Como você viu, você poderá declarar um array e depois quantos elementos poderá ter este array, então é simples, capturar o dado do usuário e assim determinar a quantidade de elementos do array com este dado capturado; o resto são contas.

02

Neste caso precisamos de duas etapas para este array:
1 – Ordenar o array.

2 – Utilizar de um laço comum for por contador, incrementado ou decrementado, dependendo da ordem que o usuário deseja que os dados sejam exibidos.

Array bidimensional

Podemos criar arrays bidimensionais na forma de uma matriz, composta de linhas e colunas. A diferença de um vetor para matriz é a presença adicional de um conjunto de colchetes. Ex:

```
int[][] matriz = new int[3][5];
```

Onde o primeiro colchete representa a quantidade de linhas desta matriz e o segundo colchete a quantidade de colunas.

Para preencher uma matriz precisaremos da inclusão de dois laços, um responsável por andar pelas linhas e um outro laço responsável por andar pelas colunas de cada linha. A denotação se dará em um laço dentro de outro laço. Ex:

```
for(int l=0; l<3; l++)
{
        for(int c=0; c<5; c++)
        {
            matriz[l][c]=l+1;
        }
}
```

O primeiro laço irá cuidar de andar pelas linhas, onde o valor inicial de "l" é zero, pegando assim a primeira linha; dentro do segundo laço for temos o "c" que também vale inicialmente zero, pegando assim o primeiro elemento da coluna da primeira linha da matriz; dentro deste for tem um cálculo simples do contador "l" somado com um (1). Ao final desta execução o nosso contador "c" é incrementado em um e verificado novamente a condição, se verdadeiro ele repete a operação:

```
matriz[l][c]=l+1;
```

E isso vai se repetindo até que o valor do contador "c" torne a condição do laço falsa, preenchendo assim a primeira coluna da matriz. E desta forma retornando para o primeiro laço, fazendo que o contador "l" seja incrementado em um; se a condição do laço for verdadeira, então mais uma vez entra no segundo laço e se inicia todo o processo novamente, sendo que desta vez preenchendo as colunas da segunda linha da tabela.

Para exibir o conteúdo desta matriz, teremos que realizar um procedimento equivalente; lembrando que ao final da exibição de todos os valores das colunas de cada linha, deveremos pular uma linha, para que desta forma inicie a exibição dos valores da próxima coluna na outra linha:

```
for(int l=0; l<3; l++)
{
        for(int c=0; c<5; c++)
        {
            System.out.print(matriz[l][c]+" ");
```

```
        }
        System.out.println();
}
```

Por isso quando exibimos todos os dados da coluna, antes de retornar para o laço mais externo é realizado um pulo de linha com System.out.println(); a saída do programa será:

1 1 1 1 1
2 2 2 2 2
3 3 3 3 3

Assim como vetores, podemos criar matrizes já com valores predeterminados. Sua sintaxe é:
<matriz> = {{<dados da coluna1>}, {<dados da coluna2}, {<dados da coluna n>}}

Uma matriz, assim como um vetor, abre-se chaves para iniciar a inserção de dados, porém cada linha precisará de um novo conjunto de chaves para iniciá-la. A quantidade de elementos presentes nestas chaves mais internas são os dados da coluna daquela linha. Vamos a um exemplo de como isso poderia ser aplicado. Ex:

```
String[][] livros = {{"Hamlet", "A menina que roubava livros"},{"Médico de homens e de Almas", "Os miseráveis"}, {"Maus",""}};
```

No exemplo acima temos três linhas; onde cada linha possui dois elementos, resultando numa matriz 3x2. Ao invés de colocarmos um número limitador para até onde pode passear pelas linhas e colunas de uma matriz, vamos nos utilizar desta vez de length, de uma forma um pouco diferente. Ex:

```
for(int l=0; l< livros.length; l++)
{
        for(int c=0; c< livros[0].length; c++)
        {
           System.out.printf("%s%s", livros[l][c], (c==livros[0].length-1)?".":", ");
        }
        System.out.println();
}
```

O primeiro laço foi utilizado livros.length, que irá retornar a quantidade de linhas desta matriz, onde "l" tem que ser menor do que este valor; respeitando assim o limite da matriz e evitando qualquer tipo de erro durante a execução.

Já o segundo for foi utilizado livros[0].length, para pegar a quantidade de elementos que a primeira coluna possui, já que para ser uma matriz, o mesmo precisa possuir pelo menos uma coluna.

O System.out.printf() tem um operador ternário, determinando se o contador "c" já está no último elemento da coluna, caso afirmativo, será adicionado um ponto (.) no final, do contrário, uma vírgula com espaço (,). E sempre que exibe todos os elementos de uma coluna, pula-se uma linha com:

System.out.println();

Isso para iniciar os próximos dados da próxima coluna na outra linha. A saída do programa será:

```
Hamlet, A menina que roubava livros.
Médico de homens e de Almas, Os miseráveis.
Maus, .
```

Ordenando uma matriz

A forma mais prática seria pegar toda matriz, atribuir a um vetor que comporte todos os elementos desta matriz e depois utilizar Arrays.sort() neste vetor, para depois voltar a atribuir os dados ordenados na matriz. Isso se você quiser ordenar toda a matriz e não uma ordenação por linha.

Uma ordenação por linha se daria da seguinte forma, ex:

```
01 int[][] matN = {{33,12,67}, {200,5, 44}, {512,88,17}};
02 for(int i=0; i<matN.length; i++)
03 Arrays.sort(matN[i]);
04
05 for(int l=0; l<matN.length; l++)
06 {
07   for(int c=0; c<matN[0].length; c++)
08   {
09         System.out.print(matN[l][c]+" ");
10   }
11   System.out.println();
12 }
```

Na linha um foi criada uma matriz já populada com dados, do tipo 3x3. No primeiro laço for irá andar em todas as linhas da matriz e realizar a ordenação por linha, linha 03. Das linhas 05 a 12 é para exibir o resultado, que ficará:

```
12 33 67
5 44 200
17 88 512
```

Mas digamos que eu tenha uma lista de nomes, livros, animes, enfim. E que precise que toda a matriz, não só por linha, seja ordenada alfabeticamente, por exemplo, teríamos que realizar algumas etapas:

Teríamos que ter a matriz, como podemos ver no exemplo abaixo na linha 01, e ter o tamanho total desta matriz, para isso teríamos que realizar uma multiplicação de linha x coluna, como ocorre na linha 02 do exemplo abaixo.

```
01 String[][] animes = {{"Ousama Ranking", "Seirei Gensouki", "Deca-Dence"}, {"Claymore", "Dungeon Ni
Deai", "Goblin Slayer"}};
02 int tamAnimes = animes.length * animes[0].length;
03 String[] ordenaAnimes = new String[tamAnimes];
04 int n;
05 for(int l=0; l<animes.length; l++)
06 {
07   for(int c=0; c<animes[0].length; c++)
08   {
09     ordenaAnimes[n]=animes[l][c];
10     ++n;
```

```
11   }
12 }
```

Na linha 03 temos um vetor que pode armazenar todos os elementos de nossa matriz; porém, ele ainda se encontra vazio, por isso teríamos que pegar cada elemento da matriz e atribuir a uma posição do vetor, para isso que foram criados dois laços, onde o primeiro laço representa as linhas e o segundo as colunas, como já fizemos anteriormente, e utilizamos a variável "n" como referência para o vetor; incrementando sempre ao final de cada atribuição, linha 10.

Com o vetor tendo todos os elementos de nossa matriz, poderemos agora aplicar a ordenação; como ocorre com a linha 14 do nosso exemplo a seguir, e para atribuir esta ordenação a nossa matriz utilizaríamos o mesmo esquema; com variável "n" valendo zero (0), linha 15, e sendo incrementado em um, linha 21, a cada atribuição do conteúdo do vetor à matriz, linha 20.

```
14 Arrays.sort(ordenaAnimes);
15 n=0;
16 for(int l=0; l<animes.length; l++)
17 {
18     for(int c=0; c<animes[0].length; c++)
19     {
20         animes[l][c]=ordenaAnimes[n];
21         ++n;
22     }
23 }
24
25 for(int l=0; l<animes.length; l++)
26 {
27     for(int c=0; c<animes[0].length; c++)
28     {
29         System.out.print(" - "+animes[l][c]);
30     }
31     System.out.println();
32 }
```

E para exibir o resultado desta ordenada na matriz teria que criar mais dois laços, linhas 25 a 32. A saída do programa será:

- Claymore - Deca-Dence - Dungeon Ni Deai
- Goblin Slayer - Ousama Ranking - Seirei Gensouki

Perceba que não está se repetindo demais os laços para se fazer praticamente a mesma coisa? Por isso o ideal é criar um método que trate de toda e qualquer matriz para exibir, ordenar ou ordenar e exibir ao mesmo tempo uma matriz do tipo texto. Neste caso o método deverá ter dois parâmetros; um responsável pelo recebimento da matriz e um outro parâmetro que fosse responsável em fazer uma das três opções acima citadas; os argumentos passados para este segundo parâmetro poderiam ser:

- **Exibe**: Para exibir o conteúdo da matriz.
- **Ordena**: para ordenar a matriz.
- **Exbord**: Exibe de forma ordenada da matriz

A análise deste tipo de código é válida para entender um pouco mais a lógica que pode ser aplicada. O código ficaria da seguinte forma:

```
01 public void matriz(String[][] mat, String cond)
02 {
03   int tamArray = mat.length * mat[0].length;
04   String[] ordenaArray = new String[tamArray];
05   int n1=0, n2=0;
06   while(cond=="exibe" || cond=="ordena" || cond=="exbord")
07   {
08      for(int l=0; l<mat.length; l++)
09      {
10              for(int c=0; c<mat[0].length; c++)
11              {
12                      if(cond=="exibe"){
13                              System.out.print(" - "+mat[l][c]);
14                      }else if(cond=="ordena" || cond=="exbord"){
15                              if(n1<tamArray){
16                                      ordenaArray[n1]=mat[l][c];
17                                      ++n1;
18                              }else{
19                                      mat[l][c]=ordenaArray[n2];
20                                      ++n2;
21                              }
22                      }
23              }
24              if(cond=="exibe")
25                      System.out.println();
26      }
27      if(cond=="exibe"){
28              cond="exit";
29      }else if((cond=="ordena" || cond=="exbord") && n2<tamArray){
30              Arrays.sort(ordenaArray);
31      }else
32              cond=(cond=="ordena")?"exit":"exibe";
33   }
34 }
```

Na linha 01, temos o método matriz com dois parâmetros; um que recebe a própria matriz e outro que é condição a ser realizada sobre a matriz passada como argumento ao método. Na linha 03 pega-se o tamanho da matriz e na linha 04 cria-se um vetor de mesmo tamanho para armazenar todos os elementos da matriz; na linha 05 cria-se duas variáveis do tipo inteiro, para auxiliar quando for manipular os elementos deste vetor.

O laço da linha 06 só entrará se um dos termos for válido, conforme já explicado. Depois disso há um laço dentro de outro, para manusear o array bidimensional. Se o conteúdo da variável "cond" for exibe, linha 12, só irá imprimir os dados da matriz, linha 13; do contrário, se o conteúdo textual passado ao segundo parâmetro "cond", do nosso método for ordena ou exobord entra então no else if da linha 14 ao invés da linha 12.

Primeiro verifica se o valor da variável "n1" é menor do que a variável "tamArray", linha 15, que como sabemos a variável "tamArray", possui o total de elementos da nossa matriz; caso a condição seja verdadeira ele entra neste if e vai inserindo item por item da matriz para o vetor, linha 16, com base no valor de n1; que será incrementado no final da cada atribuição, linha 17.

Do contrário, linha 18, este procedimento já foi realizado, e por isso que o vetor irá lançar seus elementos na matriz, linha 19, com base no valor de n2, que será incrementado no final, linha 20. E ao término do laço for mais interno pulamos uma linha se o argumento presente na variável "cond" for exibe, linha 24; para a exibição da matriz, linha 25.

Ao término do laço, temos que fazer com que a condição do while se torne falsa, do contrário um laço infinito será gerado, por isso se o conteúdo da variável "cond" for exibe, linha 27; o conteúdo desta variável passa a ser exit; poderia ser qualquer outro tipo de texto que não esteja listado no while da linha 06, e com isso o laço será encerrado.

Contudo se a condição for ordena ou exbord é que a variável "n2" não foi ainda utilizada para percorrer o nosso vetor, ou seja, seu valor é inferior a tamArray, linha 29; então vamos ordenar o conteúdo do vetor, linha 30. Com isso a condição do while ainda é verdadeira e entra novamente no laço while, em que se repetirão os dois laços por contador for.

Ao entrar novamente no laço a condição if da linha 15 será falsa, já que n1 foi utilizado na primeira vez e seu valor não é mais inferior ao valor de tamArray, com isso ele entra na condição do else, linha 18; que pegará o vetor ordenado e atribuirá a matriz; incrementando no final a variável n2.

Quando termina os laços novamente é verificado o conjunto de operadores condicionais das linhas 27 e 31; neste caso o else if da linha 29 é falso; já que n2 foi utilizado e a condição n2<tamArray não é mais satisfeita; entrando neste caso no else da linha 31; se o método foi chamado com o argumento só foi para ordenar a matriz sem exibi-la; então a variável "cond" passa a assumir o valor exit, para encerrar o laço; do contrário, a condição passada foi o exbord; faz com que este operador ternário na linha 32, entre na condição falsa, fazendo com que a variável "cond" assuma a palavra exibe.

Como sabemos exibe é um padrão válido para o while, então novamente é executado; sendo que desta vez exibindo a matriz, agora de forma ordenada, linhas 12 e 13; ao final da execução dos laços, vai cair no if da linha 27, mudando a palavra "cond" para "exit" e desta forma encerrando finalmente o laço.

Se você criar uma matriz, por exemplo:
String[][] animes = {{"Ousama Ranking", "Seirei Gensouki", "Deca-Dence"}, {"Claymore", "Dungeon Ni Deai", "Goblin Slayer"}};

E chamar o método matriz para exibição:
System.out.**printf**("%nMatriz não ordenada:%n");
matriz(animes, "exibe");

E logo em seguida pedir que a mesma matriz agora seja exibida de forma ordenada:

```
System.out.printf("%nMatriz ordenada:%n");
matriz(animes, "exbord");
```

A saída do programa será:
Matriz não ordenada:
- Ousama Ranking - Seirei Gensouki - Deca-Dence
- Claymore - Dungeon Ni Deai - Goblin Slayer

Matriz ordenada:
- Claymore - Deca-Dence - Dungeon Ni Deai
- Goblin Slayer - Ousama Ranking - Seirei Gensouki

Copiando uma matriz
A cópia poderá ser feita por uma simples atribuição. Ex:

```
String[][] prog = {{"C", "C++"}, {"C#", "Java"}, {"Python", "Javascript"}}
String[][] prog2 = prog;
```

Já com um array bidimensional preenchido com valores, você poderia utilizar System.arraycopy() dentro de um laço; digamos que eu tenha uma outra matriz de nome "edit": String[][] edit = {{"Notepad++", "Eclipse"}, {"IntelliJ", "Visual Studio code"}, {"Visual Studio 2019", "Netbeans"}}

Mas por alguma razão eu desejo substituir todo o conteúdo da matriz "edit" pelo conteúdo da matriz "prog". A estrutura ficaria da seguinte forma:

```
for(int i=0; i<prog.length; i++)
{
	System.arraycopy(prog[i], 0, edit[i], 0, edit[i].length);
}
```

O laço for possui com contador "i" que irá ser incrementado a cada laço, no primeiro laço o "i" vale zero (0), com isso o System.arraycopy() pega as colunas da primeira linha da matriz "prog" e atribui este conteúdo à primeira linha da matriz "edit", respeitando os limites de "edit". No próximo laço o contador "i" vai vale um (1), pegando assim a segunda linha de "prog" e atribuindo a "edit", isso vai ocorrendo até que a condição prog.length se torne falso.

Para confirmar a alteração, crie a estrutura de laço sobre laço para apresentação do conteúdo da matriz como já vimos:

```
for(int l=0; l<edit.length; l++)
{
	for(int c=0; c<edit[0].length; c++)
	{
		System.out.print(" - "+edit[l][c]);
	}
	System.out.println();
}
```

A saída do programa será:
- C - C++

- C# - Java
- Python - Javascript

Exercícios para praticar

1. Faça uma matriz 3x3, para receber números digitados pelo usuário, que ao final informe a quantidade de números pares, ímpares e a posição onde se encontra o maior número digitado nesta matriz.

2. Crie uma matriz 5x5 populada com valor dois e exiba a soma dos valores vizinhos desta matriz, isso inclui somar o valor das linhas e colunas adjacentes, se tiver. Ex:

Matriz original

2	**2**	2	2	2
2	2	2	2	2
2	2	2	2	2
2	2	2	**2**	2
2	2	2	2	2

Matriz final

06	**08**	08	08	06
08	10	10	10	08
08	10	10	10	08
08	10	10	**10**	08
06	08	08	08	06

Dicas e dúvidas dos exercícios

01

Lembre-se de utilizar a divisão inteira (%), como uma forma de saber se é um número par ou ímpar.

02

A questão dois já se explica por meio de imagens, tente pensar uma forma de como obter os mesmos tipos de dados.

Trabalhando com Strings

Normalmente o programador trabalha com manipulação de textos de forma ampla, por isso há um tópico exclusivo para este assunto, veremos alguns recursos possíveis de se trabalhar com strings para se obter determinados tipos de dados.

A String inicia com o "S" maiúsculo não por acaso, já que em Java é uma classe e você poderá declarar um objeto String como uma instância da classe, por sinal ele é útil quando se deseja converter todo um vetor de dados do tipo caractere. Ex:

```
char[] c = {'O',' ','F', 'i', 'o', ' ', 'd', 'a', ' ', 'N', 'a', 'v', 'a', 'l', 'h', 'a'};
String livro = new String(c);
System.out.println(livro);
```

A saída do programa será:

```
O Fio da Navalha
```

A String se assemelha com um array, mas não pode ser considerada como um em Java; ele possui recursos como length, para retorno do tamanho do texto. Ex:

```
System.out.println(livro.length());
```

O retorno será 16, já que o texto possui 16 caracteres, incluindo os espaços em branco. A concatenação de textos pode ser feita com um simples sinal de mais (+) ou com o uso de concat. Da seguinte forma:

```
String anime1 = "Attack on Titan";
String anime2 = "Shingeki no Kyojin";
String anime3 = anime1 + " ou " + anime2;
System.out.println(anime3);
```

A saída será:
Attack on Titan ou Shingeki no Kyojin

```
String amazon1 = "The Legend of ";
String amazon2 = "Vox Machina";
amazon1 = amazon1.concat(amazon2);
System.out.println(amazon1);
```

A saída será:

```
The Legend of Vox Machina
```

Substring()

Serve para pegar uma parte do texto, você deve determinar o ponto inicial e opcionalmente o ponto final; se este não for determinado então substring() pegará o texto no ponto inicial determinado em diante. Ex:

```
String anime = "Akame ga kill";
String trecho = anime.substring(6);
System.out.println(trecho);
```

O substring(), ele pula os seis primeiros caracteres e pega o restante do texto, nos resultando como saída:

```
ga kill
```

```
String netflix = "Love Death + Robots";
String trecho2 = netflix.substring(5, 12);
System.out.println(trecho2);
```

Você deve estar agora se perguntando são 12 caracteres? A resposta é não. Na realidade é uma subtração do ponto inicial menos o ponto final, resultando em sete caracteres: 12-5 = 7. resultando como saída:

```
Death +
```

Split

O split ele divide um texto em partes conforme a expressão regular adotada, ainda neste tópico você verá com mais detalhes o que seria uma expressão regular; o split ainda há um segundo parâmetro opcional, que você poderá passar como argumento a quantidade máxima de partes que você deseja de um texto, o restante que sobrar será atrelado em uma única parte. Vamos a alguns exemplos:

```
String frase1 = "\"Nem tudo que se enfrenta pode ser modificado, mas nada pode ser modificado até que seja enfrentado.\" Albert Einstein";
String[] partes1 = frase1.split(" ");
System.out.println("Quantidade de partes: " + partes1.length);
for(String t1: partes1)
    System.out.print(t1+"-");
```

Na linha 02 o split foi utilizado na String da linha 01, onde será separado o texto por cada espaço em branco encontrado, porém este espaço em branco não entrará na divisão do texto. Perceba que foi declarado ainda na linha 02 um array para armazenar cada parte deste texto em uma posição da matriz unidimensional.

A linha 03 nos demonstra quantas partes há no vetor, com o uso de length e na linha 04 há um laço para exibir o conteúdo do array, onde separamos cada palavra com o uso do traço. A saída deste programa será:

```
Quantidade de partes: 19
"Nem-tudo-que-se-enfrenta-pode-ser-modificado,-mas-nada-pode-ser-modificado-até-
que-seja-enfrentado."-Albert-Einstein-
```

Nota: A utilização da contra barra ou barra invertida é um caractere de escape que foi utilizado para que seja possível utilizar as aspas duplas junto com texto; já que a abertura e fechamento de um texto inicia também por aspas duplas.

Vamos a outro exemplo utilizando o segundo parâmetro de split, como argumento irei passar o valor seis, fazendo com que o texto seja dividido em seis partes; desta forma o restante do texto que houver será atrelado na sexta posição do array. Ex:

```
String frase2 = "\"Não importa o quanto você vá devagar desde que não pare.\" Confúcio";
String[] partes2 = frase2.split(" ", 6);
System.out.println("Quantidade de partes: " + partes2.length);
for(String t2: partes2)
   System.out.print(t2+"+");
```

A saída do programa será:

```
Quantidade de partes: 6
"Não+importa+o+quanto+você+vá devagar desde que não pare." Confúcio+
```

Como podemos ver no exemplo a frase vá devagar desde que não pare, mais o nome Confúcio, ocupa uma única posição do array, diferente das palavras anteriores.

Trim

Método que remove qualquer espaço em branco no início e no final de uma String.

```
String t1 = "    \"De absoluto só a Relatividade.\" Albert Einstein     ";
System.out.println("Tamanho original do texto: " + t1.length());
t1 = t1.trim();
System.out.println("Remoção dos espaços no início e do fim, tamanho: " + t1.length());
```

A saída do programa será:

```
Tamanho original do texto: 58
Remoção dos espaços no início e no fim, tamanho: 48
```

toLowerCase e toUpperCase

- toLowerCase(): Torna todos os caracteres em minúsculo.
- toUpperCase(): Torna todos os caracteres em maiúsculo.

```
String t2 = "\"Supere os demônios com uma coisa chamada amor.\" Bob Marley";
System.out.println(t2.toUpperCase());
```

A saída do programa será:
`"SUPERE OS DEMÔNIOS COM UMA COISA CHAMADA AMOR." BOB MARLEY`

Já para dados do tipo caractere o método deverá vir acompanhado por Character, vejamos um pequeno exemplo de como utilizá-lo na prática.

```
01 import java.io.IOException;
02 import java.util.Scanner;
03 public class ClassString {
04     public static void main(String[] args) throws IOException{
05         try (Scanner sc = new Scanner(System.in)) {
06             char op = 0;
07             while(op != 'S')
08             {
09                 System.out.print("Deseja sair do programa (S)im e (N)ão: ");
10                 op = (char)System.in.read();
11                 op = Character.toUpperCase(op);
12                 sc.skip("\\R?");
13                 if (op == 'N')
14                     System.out.println("Programa rodando.");
15                 else if (op == 'S')
16                     System.out.println("Programa Encerrado.");
17                 else
18                     System.out.println("Erro.\nOpção inválida!");
19             }
20         }
21     }
22 }
```

A classe IOException é a classe geral de exceções produzidas por operações que podem produzir algum tipo de exceção, como na linha 10. Da mesma forma o uso de try que é uma recomendação do Eclipse para a utilização do objeto de classe Scanner; que garante que cada recurso seja fechado no final do bloco de instrução, também está relacionado a tratamento de exceções e coleta de lixo, que veremos com mais detalhes em um tópico a parte.

Na linha 06 foi criada uma variável do tipo char, que aceita números ou um caractere, este que deverá estar acompanhado de aspas simples e não duplas. Na linha 07 foi criado um laço que só será interrompido se a variável char "op" for igual a 'S'; enquanto for diferente o laço irá continuar de forma indefinida.

Na linha 09 é pedido que o usuário digite uma opção (S) para sair do programa ou (N) para que o programa continue rodando; na linha 10 o comando System.in.read() lê o próximo byte de dados do fluxo de entrada e retorna em formato de número ao qual é convertido explicitamente em um char. Na linha 11 utilizamos toUpperCase, para tornar o caractere digitado pelo usuário em maiúsculo, acompanhado da classe Character. A linha 12 utiliza-se de Skip que significa ignorar e ela aceita expressões regulares. No caso do "R" se refere a qualquer sequência de quebra de linha Unicode. Expressões regulares você verá com mais detalhes a frente.

Se a opção for 'N', linha 13, aparecerá um aviso que o programa continuará rodando, linha 14; do contrário, se for 'S', linha 15, avisará que o programa foi encerrado, linha 16. E se não for nenhuma das duas opções, linha 17, aparecerá um aviso de opção inválida, linha 18. A saída do programa será:

```
Deseja sair do programa (S)im e (N)ão: d
Erro.
Opção inválida!
Deseja sair do programa (S)im e (N)ão: s
Programa Encerrado.
```

Contornando o problema de captura de textos com objeto Scanner

O problema de capturar o texto é que ele simplesmente captura tudo, inclusive o pressionamento da tecla <ENTER>; por isso na captura de dados provindos do usuário que venha um comando nextLine() para captura de texto ou (char)System.in.read(), para captura de um caractere será ignorado. Ex:

```
01 import java.util.Scanner;
02
03 public class ClassNextLine{
04   public static void main (String[] args)
05   {
06       Scanner sr = new Scanner(System.in);
07       System.out.print("Digite um número: ");
08       int n = sr.nextInt();
09       System.out.print("Digite agora um texto qualquer: ");
10       String texto = sr.nextLine();
11       System.out.println("Texto com número ficou:");
12       System.out.printf("%s %d.", texto, n);
13   }
14 }
```

Em suma criamos um objeto da classe Scanner, linha 06, e utilizamos este objeto de classe para chamar o método correspondente ao dado que gostaríamos de capturar do usuário, seja ele um número inteiro nextInt(), linha 08, ou um texto, nextLine(), linha 10. Mas este último não ocorrerá; faça o teste e comprove por si só:

```
jshell> /open d:/rodrigo/java/Jshell/ClassNextLine.java

jshell> ClassNextLine cl = new ClassNextLine();
cl ==> ClassNextLine@32709393

jshell> cl.main(null);
Digite um número: 2
Digite agora um texto qualquer: Texto com número ficou:
 2.
```

O comando nextLine() da linha 10 foi simplesmente ignorado, mas como contornar isso? Simples basta utilizar o método skip() da classe Scanner antes de nextLine() ser chamado; foi feito algo semelhante no exemplo anterior na captura de um caractere com o uso de (char)System.in.read().

O Skip que é utilizado significa ignorar, pular, propriamente dito. E olha que legal, o método skip() aceita expressões regulares. Lembra do \R que fala em qualquer sequência de quebra de linha Unicode; onde está incluso neste contexto a tecla <ENTER>, junto com o termo Skip() seria o mesmo que pedir que a tecla <ENTER> não seja mais considerada um comando de entrada; corrigindo assim este tipo de problema. Ex:

```
01 import java.util.Scanner;
02
03 public class ClassNextLine{
04   public static void main (String[] args)
05   {
06      Scanner sr = new Scanner(System.in);
07      System.out.print("Digite um número: ");
08      int n = sr.nextInt();
09      System.out.print("Digite agora um texto qualquer: ");
10      sr.skip("\\R?");
11      String texto = sr.nextLine();
12      System.out.println("Texto com número ficou:");
13      System.out.printf("%s %d.", texto, n);
14   }
15 }
```

A nova linha agora, a linha 10; foi utilizado o skip para pular qualquer sequência de quebra de linha Unicode que apareça uma ou nenhuma vez. Já que a interrogação possui como expressão: uma vez ou nunca.

Em outras palavras, se aparecer a tecla <ENTER> para atrapalhar o comando nextLine() será pulada ou se não aparecer, nada será feito. Teste novamente a aplicação e veja o resultado:

```
jshell> /open d:/rodrigo/java/jshell/ClassNextLine.java

jshell> ClassNextLine cl = new ClassNextLine();
cl ==> ClassNextLine@72d818d1

jshell> cl.main(null);
Digite um número: 42
Digite agora um texto qualquer: O resultado para todas as respostas
Texto com número ficou:
O resultado para todas as respostas 42.
```

Lembrando que este exemplo foi feito no notepad++ e executado no prompt de comando com o uso do JShell do Java.

indexOf e lastIndexOf

Realizam a busca de um determinado conteúdo passado como argumento ao método, retornando a posição do mesmo na String. Onde:

indexOf(): Realiza a busca pelo início.

lastIndexOf(): Realiza a busca pelo final.

```
String frase = "\"A vida é para quem topa qualquer parada, e não para quem para em qualquer topada.\" Bob Marley";
System.out.println("Palavra \"para\" com indexOf encontrado em: "+ frase.indexOf("para"));
System.out.println("Palavra \"para\" com lastIndexOf encontrado em: "+ frase.lastIndexOf("para"));
```

A saída do programa será:

```
Palavra "para" com indexOf encontrado em: 10
Palavra "para" com lastIndexOf encontrado em: 58
```

replaceFirst, replace e replaceAll

- **ReplaceFirst**: Cria uma busca com o uso da expressão regular adotada, substituindo a primeira incidência encontrada.
- **Replace**: Cria uma busca com o uso de uma sequência de chars em sua busca, substituindo as incidências encontradas.
- **ReplaceAll**: Cria uma busca com o uso da expressão regular adotada, substituindo as incidências encontradas.

A diferença de replace para replace All é que uma lida com texto puro e a outra poderá se utilizar de uma expressão regular em sua busca.

```
String frase = "\"Quando todos pensam iguais é por que ninguém está pensando.\" Walter Lippmann";
System.out.println("replaceFirst:");
String nfrase = frase.replaceFirst("pensa", "lesa");
System.out.println(nfrase);
```

Neste caso a primeira ocorrência encontrada de pensa, independente se houver outros caracteres a acompanhando ou não, será substituída por lesa. A saída do programa será:

```
replaceFirst:
"Quando todos lesam iguais é por que ninguém está pensando." Walter Lippmann
```

```
System.out.println("Replace:");
String nfrase = frase.replace("pensa", "lesa");
System.out.println(nfrase);
```

Já o replace irá procurar em toda a frase a palavra pensa, estando só ou possuir algum outro caractere a acompanhando. Por isso a saída do programa será:

```
Replace:
"Quando todos lesam iguais é porque ninguém está lesando." Walter Lippmann
```

```
System.out.println("replaceAll:");
String nfrase = frase.replaceAll("pensa", "lesa");
System.out.println(nfrase);
```

Neste quesito replaceAll é idêntico a replace, por isso se for aplicado com os mesmos argumentos a saída será a mesma:

```
replaceAll:
"Quando todos lesam iguais é porque ninguém está lesando." Walter Lippmann
```

Já quando coloco uma expressão regular a coisa muda.

```
System.out.println("replace vs replaceAll com uso de expressão regular:");
String nfrase = frase.replace("pensa+(n|)", "lesa");
System.out.println(nfrase);
nfrase = frase.replaceAll("pensa+(n|)", "lesa");
System.out.println(nfrase);
```

Saída do programa:

```
Replace vs replaceAll com uso de expressão regular:
```

```
"Quando todos pensam iguais é porque ninguém está pensando." Walter Lippmann
"Quando todos lesam iguais é porque ninguém está lesado." Walter Lippmann
```

O replace não reconhece expressão regular, por isso a busca será exatamente ao que está escrito e também o termo pensa+(n|) não será localizado na frase e nada será substituído. Já replaceAll por reconhecer procurará palavras como "pensa" ou "pensam" e irá substituir por lesa. Por isso que a última palavra ficou como lesado e não lesando.

Mas afinal o que seria uma expressão regular que pode ser aplicado em alguns métodos? Vamos entender em detalhes no próximo tópico.

Expressões regulares

A expressão regular é a busca de um determinado termo contido em um texto ou frase, que corresponda às regras aplicadas; mas qual seriam estas regras?

Regra de grupo ou conjunto

Um grupo é um intervalo de valores ou caracteres, que deve estar contido entre colchetes, relatando o valor ou caractere inicial e determinando o valor ou o caractere final através de traço. Ex:
[0-9] Números de zero a nove.
[a-zA-Z] Caractere de A a Z minúsculo e maiúsculo.

```
01 String t1 = "Resposta para o universo a vida e tudo mais é 42";
02 String t2 = t1.replaceAll("[0-9]", "RPG ");
03 System.out.println(t2);
```

A frase na linha 01 é referente ao livro Guia do mochileiro das galáxias, acredito que é o livro de cabeceira de todo nerd; apesar de ser em alguns momentos desconexo. Na linha 02 há um grupo numérico que está entre zero e nove; o número que for encontrado neste intervalo de valores será substituído pelo termo RPG acompanhado de espaço. Devido a isso a saída do programa fica:

```
Resposta para o universo a vida e tudo mais é RPG RPG
```

```
01 String t1 = "\"Pessoas quietas possuem mentes barulhentas.\" Stephen Hawking";
02 String t2 = t1.replaceAll("[a-d]", "*");
03 System.out.println(t2);
```

Só reforçando que a barra invertida serve para permitir inserir aspas duplas em um texto que está em aspas duplas, pois tem a utilidade de delimitar o início e o final de um texto. Todo caractere especial deve vir acompanhado de barra invertida para ser interpretado como texto comum.

No exemplo acima foi aplicado a substituição das letras de "a" a "d" por asterisco nos resultando em:

```
"Pesso*s quiet*s possuem mentes **rulhent*s." Stephen H*wking
```

Podemos utilizar o acento circunflexo dentro de um conjunto como negação. No exemplo acima se fosse utilizado [^a-d], tudo seria substituído menos as letras "a" a "d", nos resultando em:

```
******a*******a*****************ba*******a*************a*****
```

Você poderá adicionar (unir) um conjunto dentro de outro conjunto. Digamos que você queira trocar algumas letras em intervalos específicos, por exemplo, de "a" a "c" e de "q" a "z", Ex:

```
01 String t1 = "\"O sábio nunca diz tudo o que pensa, mas pensa sempre em tudo o que diz.\" Aristóteles";
```

02 String t2 = t1.**replaceAll**("[a-c[q-z]]", "*");
03 System.out.**println**(t2);

A saída do programa ficará:

```
"O *á*io n*n** di* **do o **e pen**, m** pen** *emp*e em **do o **e di*."
A*i**ó*ele*
```

Você pode pegar um conjunto e realizar a remoção de alguns caracteres através do acento circunflexo, junto com o duplo & comercial, como se fosse uma subtração. Ex:
[[a-z]&&[^d-g]]

No exemplo acima seria a busca de letras de "a" a "z", mas removendo deste conjunto as letras de "d" a "g".

Regra dos grupos predefinidos
Como o próprio nome diz, são grupos já definidos e que podem ser resumidos da seguinte forma:

Expressão	Significado
.	Qualquer caractere
\d	Um número
\D	Um não número
\h	Um caractere de espaço em branco horizontal
\H	Um caractere de espaço em branco não horizontal
\s	Um caractere de espaço em branco
\S	Um caractere sem espaço em branco
\v	Um caractere de espaço em branco vertical
\V	Um caractere de espaço em branco não vertical
\w	Um caractere de palavra
\W	Um caractere não palavra

Por exemplo, o \d significa qualquer número, então poderia substituir [0-9] para \d e o resultado seria o mesmo:

01 String t1 = "Resposta para o universo a vida e tudo mais é 42";
02 String t2 = t1.**replaceAll**("\d", "RPG ");
03 System.out.**println**(t2);

Saída do programa:

```
Resposta para o universo a vida e tudo mais é RPG
```

Limitadores
São responsáveis em definir algum tipo de limite na expressão regular. Os mais comumente utilizados são:

Expressão	Descrição
`^`	O início de uma linha
`$`	O fim de uma linha
`\b`	Há um limite de palavras
`\B`	Não há um limite de palavras
`\R`	Qualquer sequência de quebra de linha Unicode; que seria equivalente a `\u000D\u000A|[\u000A\u000B\u000C\u000D\u0085\u2028\u2029]`

As duas primeiras expressões são relacionadas exclusivamente a sua descrição, ou seja, o acento circunflexo (^) remete ao início de uma linha; a busca se dará no início do conteúdo, se este não for encontrado, nada será realizado. Então se eu busco uma determinada palavra, ela obrigatoriamente deverá estar iniciando a frase; já o cifrão, gera uma busca no final de linha. Ex:

```
String texto1="""
A lenda de Vox Machina é baseada em uma campanha de RPG.
Por isso os personagens possuem traços e definições típicas dos livros de RPG""";
System.out.println(texto1.replaceAll("RPG$", "Role Play Game."));
```

A busca se dará pela palavra RPG no final de um texto, que quando localizada, fará com que a palavra seja substituída por Role Play Game. A saída ficará da seguinte forma:

```
A lenda de Vox Machina é baseada em uma campanha de RPG.
Por isso os personagens possuem traços e definições típicos dos livros de Role Play Game.
```

E como se pode ver no exemplo acima só a palavra RPG, contida no final de nosso texto é que foi substituída, deixando intacta a outra palavra RPG.

O uso de triplo de aspas duplas no início e no final de um conteúdo textual é o que chamamos de Text Blocks, que foi inserido no Java 13. O Text Blocks não requer mais a utilização da concatenação do sinal de mais (+), quando tiver pulando uma linha, para prosseguir o conteúdo do texto na próxima linha.

Comumente fazemos isso quando o texto é longo demais e por isso "dividimos" o mesmo; antes era com o uso da concatenação, porém com o uso de Text Blocks isso não é mais necessário; basta, como vimos, utilizar aspas triplas. Ex:

Antes

```
texto =
        "texto1"+
        "texto2"+
        "texto3";
```

Agora

```
texto="""
        texto1
                texto2
                        texto3
        """;
```

Ele também mantém o formato, ficando da mesma forma em que foi inserido o dado durante a saída. Ex:

Saída

```
texto1texto2texto3
```

```
texto1
        texto2
                texto3
```

Quando você cria um texto do tipo Text Blocks, a primeira linha obrigatoriamente deverá ser pulada antes de inserir um conteúdo; já no fechamento, isso não é necessário.

Com base no que foi apresentado na tabela, se quisermos remover o pulo de linha do texto apresentado, bastaríamos utilizar \R. Ex:
System.out.**println**(texto1.**replaceAll**("\\R", " "));

A dupla barra invertida é utilizada devido a barra invertida ser um caractere especial, o acréscimo de uma outra barra invertida funciona como um caractere de escape, permitindo o uso da barra invertida presente na expressão \R possa vir a ser utilizada.

Vamos a um exemplo simples da substituição da palavra Lenda por ficção no início da frase.
String texto2 = "Lenda é uma história fictícia por isso o termo Lenda.";
System.out.**println**(texto2.**replaceAll**("^Lenda", "Ficção"));

A saída será:
```
Ficção é uma história fictícia por isso o termo Lenda.
```

Já o uso das expressões \b e \B são normalmente utilizados no final do termo de busca, para definir se há limite de palavras ou não.
Quando utilizo o \b informo que há um limite de palavras e por isso a busca será pelo termo solto, quando não há acompanhamento de outras letras. Ex:
String texto1="""
A lenda de Vox Machina é baseada em uma campanha de RPG.
Por isso os personagens possuem traços e definições típicas dos livros de RPG""";
System.out.**println**(texto1.**replaceAll**("de\\b", "DO"));

A saída será:
```
A lenda DO Vox Machina é baseada em uma campanha DO RPG.
Por isso os personagens possuem traços e definições típicas dos livros DO RPG
```

Como pode ver no exemplo acima todos os "de" foram substituídos por "DO", com exceção de definições; já que o "de" vem acompanhado de outros caracteres.

Se eu utilizasse o mesmo exemplo e utilizasse a expressão \B ao invés de \b, ele substituiria exatamente aquele "de" que vem acompanhado de outros caracteres:
System.out.**println**(texto1.**replaceAll**("de\\B", "+"));

A saída será:
```
A lenda de Vox Machina é baseada em uma campanha de RPG.
Por isso os personagens possuem traços e +definições típicas dos livros de RPG
```

Ainda temos como expressões regulares:

Quantificadores gananciosos

Expressão	Descrição
X?	X uma vez ou nunca
X*	X zero ou mais vezes
X+	X uma ou mais vezes
Xn {_}	X exatamente n vezes
Xn } {_,	X pelo menos n vezes
Xnm {_ ,_}	X pelo menos n mas não mais que m vezes

Quantificadores relutantes

Expressão	Descrição
X??	X uma vez ou nunca
X*?	X zero ou mais vezes
X+?	X uma ou mais vezes
Xn {_}?	X exatamente n vezes
Xn {_,}?	X pelo menos n vezes
Xnm {_ ,_}?	X pelo menos n mas não mais que m vezes

Quantificadores possessivos

Expressão	Descrição
X?+	X uma vez ou nunca
X*+	X zero ou mais vezes
X++	X uma ou mais vezes
Xn {_}+	X exatamente n vezes
Xn {_,}+	X pelo menos n vezes
Xnm {_ ,_}+	X pelo menos n mas não mais que m vezes

Operadores lógicos

<table>
<tr><th>Expressão</th><th>Descrição</th></tr>
<tr><td>|</td><td>Ou como alternância</td></tr>
<tr><td>(X)</td><td>X como um grupo</td></tr>
</table>

Para entender um pouco melhor como funciona, darei alguns exemplos simples antes de encerrar este tópico.

Digamos que eu tenha um texto e queira trocar o "a", e que este "a" esteja acompanhado de espaços em branco antes e depois; para substituí-lo por um simples asterisco, como também a palavra ar, se encontrada. O exemplo ficaria da seguinte forma:

```
String texto1="""
Não coma a vida com garfo e faca.
LAMBUZE-SE. (Mario Quintana)""";
System.out.println(texto1.replaceAll("( a |ar)", "*"));
```

A saída do exemplo ficaria:

```
Não coma*vida com g*fo e faca.
LAMBUZE-SE. (M*io Quintana)
```

Se eu tenho um texto com quantidades variáveis de "o" para a palavra amor. E por alguma razão gostaria de trocar todas as palavras amor que possuam de três a cinco "o", poderia fazer da seguinte forma:

String texto2="""
O amor é intenso. Haaaa o amooooor; mas pode ser um amoor
imaturo, que se desfaz na primeira dificuldade; perde-se
o amooor que se poderia ter; muitas vezes por falta de comunicação,
falta de consenso; de não levar a sério o amor que se teve.""";
System.out.**println**(texto2.**replaceAll**("(o |um)am(o){3,5}r", "paixão"));

A expressão deve-se iniciar com um "o" acompanhado de espaço ou o "um" acompanhado de espaço (o | um); mais a expressão "am" junto com o "o", que por estar isolado entre parênteses, foi definido exclusivamente a este caractere de que ele terá que aparecer de três a cinco vezes o caractere "o", mais a letra "r". Por isso palavras como:

"o amooor"
"o amoooor"
"o amooooor"
"um amooor"
"um amoooor"
"um amooooor"

Serão substituídas por paixão. A saída da frase ficará:

```
O amor é intenso. Haaaa paixão; mas pode ser paixão
imaturo, que se desfaz na primeira dificuldade; perde-se
o amoor que se poderia ter; muitas vezes por falta de comunicação,
falta de consenso; de não levar a sério o amor que se teve.
```

Se eu desejasse substituir todas as palavras amor, independentemente da quantidade de "o" que os acompanha, pela palavra odor, poderia ser feito da seguinte forma:

System.out.**println**(texto2.**replaceAll**("am(o)++r", "odor"));

A saída do programa ficaria:

```
O odor é intenso. Haaaa o odor; mas pode ser um odor
imaturo, que se desfaz na primeira dificuldade; perde-se
o odor que se poderia ter; muitas vezes por falta de comunicação,
falta de consenso; de não levar a sério o odor que se teve.
```

Já que a expressão de ++ significa uma ou mais vezes, neste caso uma ou mais vezes a aparição do caractere "o".

Matches

Diferente de replaceAl(), que localiza e substitui, ele simplesmente só localiza algo de um texto por uma expressão regular. Vamos ver um exemplo:

01 String texto = "Roberto tem 23 anos e estuda na UFPB a 4 anos";
02 **int** n = 0;
03 **for**(**int** i=0; i<texto.**length**(); i++)

```
{
    String catactere = String.valueOf(texto.charAt(i));
    if(catactere.matches("\\d"))
        ++n;
}
System.out.println("Total de números encontrados: " +n);
```

A saída do programa será o número 3.

Exercícios para praticar

1. Faça um programa que o usuário digite um número e com divisões sucessivas por dois, sempre pegando o resto da divisão, informe o valor binário do mesmo. Ex:

Valor Atual	Dividido por dois Resulta	Resto
125	62	1
62	31	0
31	15	1
15	7	1
7	3	1
3	1*	1

   * Quando a divisão por dois terminar com o valor 1 ou zero, encerre o laço.
   Desta forma 125 ficará representado como 111101, ou seja, a forma invertida do que é obtido com o resto da divisão

2. Faça um programa que ao digitar uma frase informe o número de caracteres e de palavras.

3. Faça um programa que ao digitar uma frase a transforme em uma sigla. Ex:
   Rapadura por um real -> R.P.U.R
   Entre o bem e o mal -> E.B.M

4. Faça um programa que informe quantas vogais e consoantes o texto digitado possui.

Dicas e dúvidas dos exercícios

01

Utilize um laço indefinido, como while e o sistema de resto de divisão (%). Lembre-se de impor uma condição para que o laço se encerre quando o resto chegar a um ou menos.

02 e 03

Lembrando que as palavras são separadas por espaços e que cada palavra deve conter pelo menos dois caracteres ou mais. Utilize split e length.

04

Utilize matches.

Sistema de módulos (Projeto Jigsaw)

Deste ponto em diante recomendo a utilização do Eclipse, vamos tentar nos habituar com esta ferramenta, salvo quando algo simples demais, você poderá executar pelo JShell sem problema algum.

Este sistema do projeto Jigaw tem por objetivo reunir pacotes de Java e códigos em uma única unidade de módulo, o que torna mais fácil para os desenvolvedores construir e manter bibliotecas de grandes aplicativos. O módulo possui um encapsulamento forte, pois os pacotes em um módulo só são acessíveis a outro módulo se forem exportados explicitamente; podendo, neste caso, impedir que determinados pacotes sejam acessados; o que melhora a segurança e manutenibilidade das Implementações da Plataforma Java em geral; podendo ainda dispensar módulos que não serão utilizados, fazendo com que se reduza significativamente o tamanho do tempo de execução (runtime).

Os módulos são especificados no arquivo module-info.java, que pode ser criado automaticamente pelo eclipse, lá poderemos declarar um módulo da seguinte maneira:
module <nome do módulo>{
}

Há algumas diretivas de módulo, a saber:

- **exports:** Define se determinadas classes presentes ao módulo se tornem acessíveis a outros módulos.
- **requires:** Comando de requisição de um módulo; utilizado para poder ter acesso às classes presentes no mesmo.

Descritor de módulo
É o arquivo module-info.java. E como Paul Deitel citou em seu artigo é um nível mais alto de agregação do que os pacotes.

Por existir um módulo, cada classe deve pertencer a um pacote
Se a classe criada não pertencer a um pacote, um erro como este será apresentado na IDE do Eclipse:

```
Error occurred during initialization of boot layer
java.lang.module.FindException: Error reading module: D:\Rodrigo\Documentos\Java\exemplos\Ex\bin
Caused by: java.lang.module.InvalidModuleDescriptorException: Exemplo.class found in top-level directory (unnamed package not allowed in module)
```

Ao final relata: unnamed package not allowed in module, que traduzindo fala que pacote sem nome não é permitido com a utilização de módulo.

A criação de um pacote nos facilita na reutilização de código; vamos a um exemplo básico com todas as etapas de como fazê-lo:

1. Abra o Eclipse.
2. No menu principal vá em file > new > Java Project.
3. Nomeie o projeto como Mensagens e certifique-se de estar marcado o module-info.java.

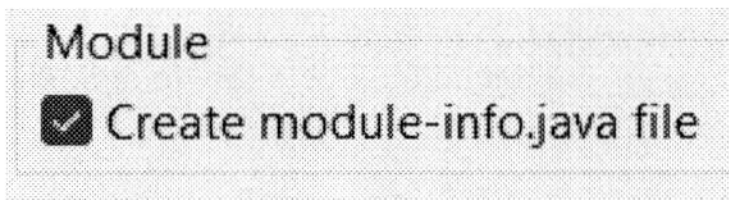

3.1. Caso você tenha criado o projeto e esqueceu de marcar esta caixa, você poderá incluir este arquivo abrindo o menu de contexto sobre o nome do projeto; indo em configure > Create module-info.java, conforme demonstrado na imagem:

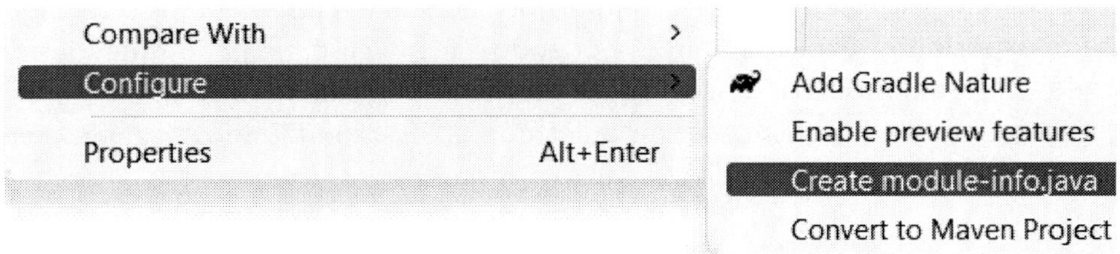

4. Antes de criar uma classe, precisamos criar um pacote para armazenar esta classe; por isso, mais uma vez abra o menu de contexto. Da mesma forma já explicada, mas aqui reforço; clicando sobre o projeto com o botão direito do mouse; você irá escolher new > Package.
5. Você poderá criar um caminho onde ficará a classe; insira o seguinte caminho: com.frase; conforme o exemplo da imagem:

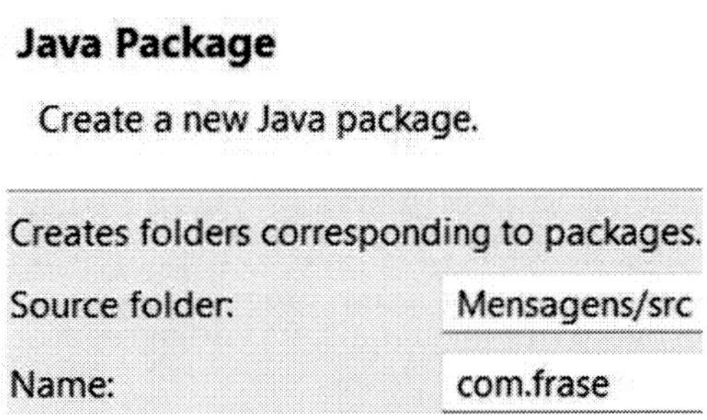

6. Agora vamos criar uma classe, clicando com o botão direito do mouse sobre o nome do pacote recém-criado e escolhendo new > class.

7. Crie uma classe de nome NF. E dentro dela escreva a seguinte estrutura:

```
package com.frase;

public class NF {
  public void fraseNF()
  {
      System.out.println("A sabedoria é um paradoxo. O homem que mais sabe é aquele que mais reconhece a vastidão de sua ignorância. (Friedrich Nietzsche)");
  }
}
```

Um package ou pacote em Java é usado para agrupar classes relacionadas. Ao se criar um pacote de diretórios cada palavra representa uma pasta, e cada ponto representa uma subpasta dentro da primeira pasta raiz criada. Ao abrir a pasta do projeto e expandir as pastas, a configuração apresentada será esta:

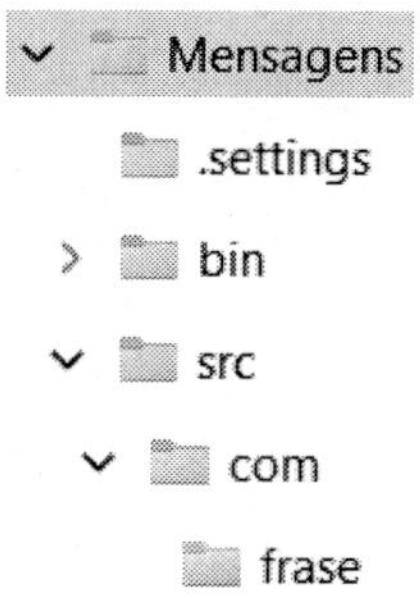

Usamos pacotes para evitar conflitos de nomes e para escrever um código de melhor manutenção. Os pacotes são divididos em duas categorias:

- Pacotes integrados, que são os pacotes da API Java.
- Pacotes definidos pelo usuário

Tanto a classe, quanto o método são públicos; as definições de acesso veremos em detalhes no próximo tópico.

8. Crie agora um outro pacote, abrindo o menu de contexto e escolhendo create > package.
9. Digite o pacote como com.msg.
10. Dentro deste pacote crie uma nova classe, clicando com o botão direito do mouse sobre o pacote recém-criado para abrir o menu de contexto e escolher create > class.
11. Nomeie a classe como AE.java e crie a seguinte estrutura:

```
package com.msg;

public class AE {
  public void frasesAE()
  {
      System.out.println("Não tentes ser bem-sucedido, tenta antes ser um homem de valor.");
      System.out.println("A luta pela verdade deve ter precedência sobre todas as outras.");
      System.out.println("(Albert Einstein)");

  }
}
```

12. Ainda no mesmo pacote crie uma nova classe BM.java, com a seguinte estrutura:

```
package com.msg;

public class BM {
  public void frasesBM()
  {
      System.out.println("Mais vale a lágrima da derrota do que a vergonha de não ter lutado.");
      System.out.println("Se todos dermos as mãos, quem sacará as armas?");
      System.out.println("(Bob Marley)");
  }
}
```

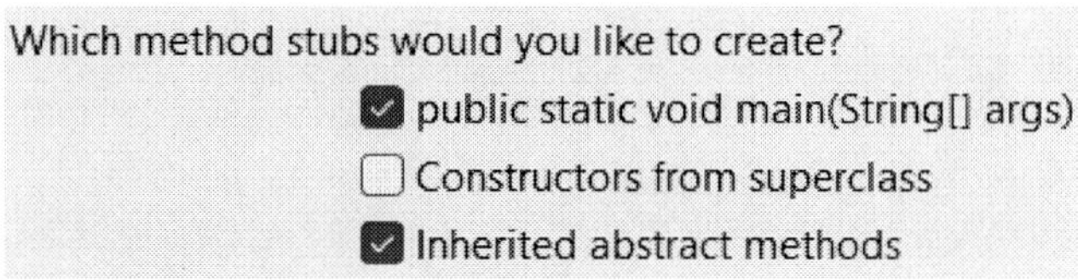

13. Dê um duplo clique para abrir o module-info.java; lá especificaremos quais pacotes poderão ser manuseados por classes externas:

```
01 module Mensagens {
02          exports com.frase;
03          exports com.msg;
04 }
```

Aqui foi especificado que ambos os pacotes poderão ser acessados por classes externas, se eu desejasse que o pacote com.msg, não fosse acessado; bastaria simplesmente excluir a linha 03 do código.

14. A estrutura final do nosso pequeno projeto mensagens ficará da seguinte forma:

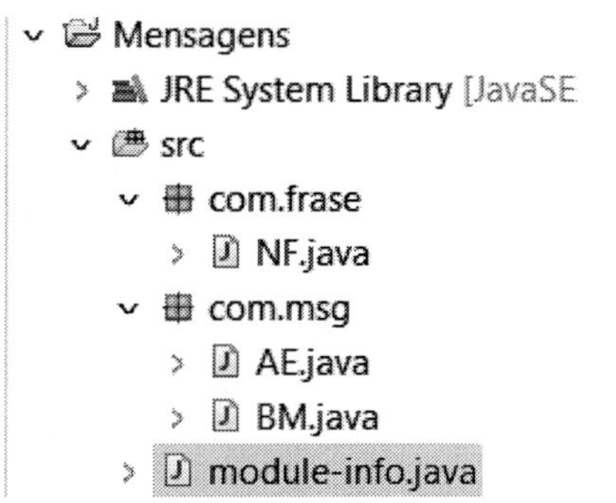

Agora como acessar este módulo? Para entender o procedimento, vamos criar um novo projeto.

1. No menu principal vá em file > new > Java Project.
2. Nomeie o projeto como "TestaMensagens".
3. Crie um pacote como: "testes.classe.externa".
4. Dentro deste crie uma classe de nome "FrasesGerais". E marque na janela de criação a opção public static void main(String[] args), para que seja incluso o método principal.
5. Dentro do module-info.java, adicione o módulo de mensagens, conforme demonstrado na linha 03 do exemplo:

```
01 module TestaMensagens {
02          exports testes.classe.externa;
03          requires Mensagens;
04 }
```

Ao requerer o módulo podemos ter acesso a seus pacotes e as classes que fazem parte. Dentro da classe "FrasesGerais", inclua o seguinte código:

```
package testes.classe.externa;
import java.util.Scanner;
import com.frase.NF;
import com.msg.*;
public class FrasesGerais {
```

```
06  public static void main(String[] args) {
07      int op=0;
08      Scanner sr = new Scanner(System.in);
09      NF nf = new NF();
10      AE ae = new AE();
11      BM bm = new BM();
12      while(op!=4)
13      {
14              System.out.printf("\nEscolha uma das opções abaixo:\n");
15              System.out.println("1 - Frase de Friedrich Nietzsche.");
16              System.out.println("2 - Frases de Albert Einstein.");
17              System.out.println("3 - Frases de Bob Marley.");
18              System.out.println("4 - Sair");
19              op = sr.nextInt();
20              if(op==1) {
21                      nf.fraseNF();
22              }else if(op==2) {
23                      ae.frasesAE();
24              }else if(op==3)
25                      bm.frasesBM();
26      }
27  }
28 }
```

A linha 01 é uma linha padrão criada automaticamente pelo eclipse que faz menção ao pacote que foi criado, na linha 02 foi importada a classe Scanner para inserção de dados pelo usuário; Já na linha 03 estamos importando o pacote junto com o nome da classe:
com.frase(pacote)
NF(classe)

Na linha 04 ao utilizar o asterisco, o famoso coringa, ele importa todas as classes pertencentes a este pacote, por isso não há necessidade de escrever:
import com.msg.AE;
import com.msg.BM;

AS linhas 05 e 06 também são geradas automaticamente que é a classe e o método público principal, respectivamente; dentro deste método foi criada uma variável inteira, linha 07, que armazenará a opção escolhida pelo usuário; na linha 08 um objeto "sr" da classe Scanner e das linhas 09 a 11 a criação de objetos das classes que foram criadas no projeto mensagens.

Enquanto a opção quatro (4) não for inserida, linha 12, o laço irá ficar se repetindo; onde das linhas 14 a 18 temos um pequeno menu informativo. E das linhas 20 a 25, operadores condicionais para verificar qual opção o usuário escolheu e com isso utilizar o objeto de classe e seu o método, respectivamente, daquela opção que foi solicitada.

Fazendo com que um projeto localize o outro

Para que nosso novo projeto possa localizar os pacotes externos recém-criados e suas classes devemos abrir o menu de contexto e escolher properties (propriedades) ir em Java Build Path e escolher a aba projects e selecionar Modulepath. Ex:

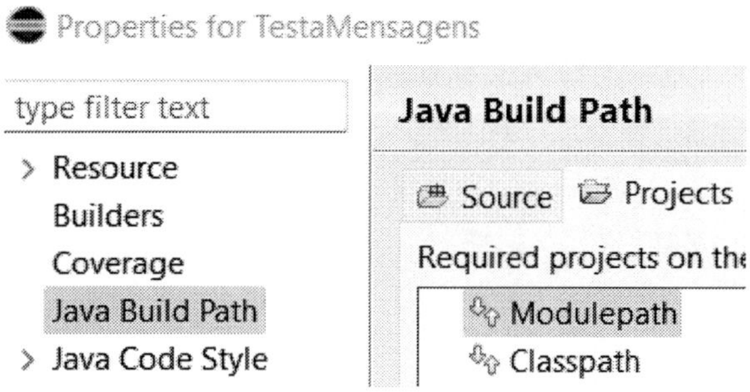

Onde iremos adicionar o caminho do módulo, clicando no botão Add... que fica no canto direito da janela. Isso fará com que se abra uma lista de projetos existentes; lá você deverá selecionar o projeto recém-criado mensagens:

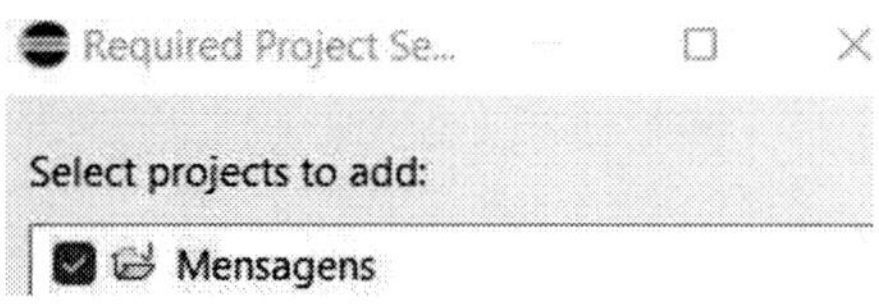

Clique depois em Apply and Close. Ao testar o programa a saída será algo como:

```
Escolha uma das opções abaixo:
1 - Frase de Friedrich Nietzsche.
2 - Frases de Albert Einstein.
3 - Frases de Bob Marley.
4 - Sair
1
A sabedoria é um paradoxo. O homem que mais sabe é aquele que mais reconhece a
vastidão de sua ignorância. (Friedrich Nietzsche)
```

Entendendo o termo static

1. Antes de mais nada Abra o Eclipse e crie um projeto novo.
2. Nomeie o projeto como TesteStatic, referente ao tópico de que estamos tratando.
3. Crie um pacote qualquer, por exemplo, com.exemplos.
4. Dentro deste pacote, crie uma classe de mesmo nome da classe sugerida no exemplo.

Esses quatro passos, são os passos padrões que você deverá sempre adotar ao testar os exemplos do livro; tentarei reforçar estes passos sempre que necessário; mas se não tiver presente tome nota de que você deverá fazer para testar o exemplo.

Manipulando variáveis

Todo método não estático possui uma referência da classe, que é o termo this; por isso quando você cria uma variável na classe (variável global), para diferenciar de uma variável local de mesmo nome, dentro de um método, você usa a referência da classe com o uso de this:

```
00 package com.exemplos;
01 public class Teste {
02      private int total;
03      private void soma(int n1, int n2)
04      {
05              int total=100;
06              this.total= n1 + n2;
07              System.out.println("Variável total local.: " + total);
08              System.out.println("Variável total global: " + this.total);
09      }
10 }
```

No exemplo acima o primeiro comando de impressão, linha 07, irá mostrar o valor da variável local total, que é 100, linha 05; enquanto o outro total, que referencia a variável global da linha 02 será a soma dos dois números passados como argumento ao método, linha 06; onde o resultado será exibido na linha 08.

Métodos estáticos não possuem referência da classe e por isso é necessário criar um objeto da classe para então manipular a variável global que foi criada na classe ou ter pelo menos uma instância da classe. Ex:

```
00 package com.exemplos;
01 public class Teste {
02      private int total;
03      public static void main(String[] args) {
04              Teste teste = new Teste();
05              teste.total=200;
06      }
07 }
```

Na linha 04, temos então um objeto da própria classe, que é utilizada na linha 05, para poder referenciar a variável global total. E como foi dito, poderia ter utilizado uma instância ao invés de um objeto da classe. Ex:

```
00 package com.exemplos;
01 public class Teste {
02      private int total;
03      public static void main(String[] args) {
04              new Teste().total=200;
05      }
06 }
```

A instância criada na linha 04 só existe na linha ao qual foi criada, tome nota.

Se a variável total fosse manipulada dentro de um método não estático, não precisaria utilizar um objeto da classe; da mesma forma ocorreria se total fosse uma variável estática sendo manipulada em um método estático:

```
01 package com.exemplos;
02 public class Teste {
```

```
    private static int total;
    public static void main(String[] args) {
        total=200;
    }
}
```

Contudo se houvesse uma variável local dentro do nosso método estático de mesmo nome, como seria possível manipular as duas variáveis de mesmo nome de forma distinta; já que não há uma referência (this) da classe? Neste caso você utilizará o nome diretamente da classe como referência:

```
01 package com.exemplos;
02 public class Teste {
03     private static int total;
04     public static void main(String[] args) {
05         total=200;
06         int total=500;
07         int novoTotal = total + Teste.total;
08         System.out.println("Soma dos totais: "+ novoTotal);
09     }
10 }
```

Como pode perceber, para utilizar a variável global total linha 03, de mesmo nome que a variável local, linha 06, foi utilizado junto com a variável o nome da classe, linha 07. Resultando em:
int novoTotal = total + **Teste.total**;

A saída deste programa será:

```
Soma dos totais: 700
```

Nota

- Quando utilizamos this, dentro de um método comum, ou nome da classe em uma variável estática, dentro de um método estático; para referenciar variáveis globais de mesmo nome que as variáveis locais, nós estamos utilizando a referência da classe.
- Quando criamos uma instância onde a temos unicamente naquela linha na qual foi criada, chamamos unicamente de instância da classe.
- Quando criamos um objeto de classe, temos este objeto disponível por todo método ou classe ao qual foi criado, definido como instância de objeto de classe ou só objeto de classe.

Acredito que com isso, você terá a noção do que seria referência, instância e objeto de classe. Há livros que citam só a palavra instância, referente à instância de um objeto de classe; mas quando o programador analisa o código, percebe-se de que se trata não de uma instância, mas sim da instância de um objeto de classe, isso fica de forma implícita ao leitor. Da mesma forma pode ocorrer com referência em alguns livros, que poderá se referir de forma implícita sobre um objeto de classe. Aqui fiz questão de desmiuçar para você entender um pouco melhor as diferenças.

Manipulando métodos

Para chamar um método não estático dentro do método estático, você vai precisar de um objeto da classe:

```
package com.exemplos;
public class Teste {
```

```
03      private int total;
04      public static void main(String[] args) {
05              Teste teste = new Teste();
06              teste.soma(10, 20);
07      }
08      private void soma(int n1, int n2)
09      {
10              int total=100;
11              this.total= n1 + n2;
12              System.out.println("Total local.: " + total);
13              System.out.println("Total global: " + this.total);
14      }
15 }
```

Na linha 05 foi criado um objeto da classe e utilizado este objeto para chamar um método não estático, linha 06; onde dentro do método soma, utilizamos de variáveis globais e locais de mesmo nome, linhas 03 e 10; por isso foi utilizando a referência da classe (this), linha 11, para diferenciar uma variável da outra. A saída deste programa será:

```
Total local.: 100
Total global: 30
```

Se fossem ambos os métodos estáticos não precisaria de um objeto de classe, da mesma forma que se fossem ambos os métodos comuns. Ex:

```
package com.exemplos;
public class Teste {
        private int total;
        public void calculos()
        {
                soma();
        }
        public void soma()
        {
                total = 100 + 30;
                System.out.println("Total: "+total);
        }
}
```

A diferença real de uma variável comum de uma estática

Vamos criar uma classe e quando for executá-la, iremos criar vários objetos de classe, para manipulação e com isso entender alguns conceitos. Crie uma classe e escreva o seguinte código:

```
package com.exemplos;
public class Teste {
   public String nome;
   public void chamaMetod(String nome)
   {
      this.nome = nome;
      exibeMg();
   }
```

```
09  public void exibeMg()
10  {
11      System.out.printf("Bem-vindo ao Java %s\n", nome);
12  }
13 }
```

Um exemplo simples que possui dois métodos, um que captura um nome, linha 04, e atribui este nome a uma variável global, linha 06; que por possuírem o mesmo identificador (nome), deve-se utilizar o termo this para diferenciar uma variável da outra. E na linha 07 é chamado o método que exibe uma mensagem com o nome que foi resgatado pelo método chamaMetod(), linha 11. Agora crie uma outra classe e utilize mais um objeto da mesma, conforme o exemplo:

```
01 package com.testes;
02 public class TesteStatic {
03  public static void main(String[] args) {
04      Teste t1 = new Teste();
05      Teste t2 = new Teste();
06      t1.nome = "Van Gogh";
07      t1.exibeMg();
08      t2.exibeMg();
09  }
10 }
```

As linhas 04 e 05 criaram cada ums, um objeto da classe "Teste"; você poderá criar quantos objetos quiser de uma classe. O objeto de classe "t1" referenciou diretamente a variável nome presente na classe "Teste" por ser pública; onde foi atribuído o texto Van Gogh. E na linha seguinte chamamos o método exibeMg() do objeto "t1"; também é chamado o mesmo método do objeto "t2". A saída do programa será:

```
Bem-vindo ao Java Van Gogh
Bem-vindo ao Java null
```

O conteúdo null é o valor padrão para variáveis do tipo texto, isso ocorreu porque nenhum conteúdo foi atribuído a variável nome, presente no objeto de classe "t2".

E se por acaso decidisse colocar a variável nome como estático da classe "Teste", como ficaria? Ex:

```
01 package com.testes;
02 public class Teste {
03  public static String nome;
04  public void chamaMetod(String nome)
05  {
06      Teste.nome = nome;
07      exibeMg();
08  }
09  public void exibeMg()
10  {
11      System.out.printf("Bem-vindo ao Java %s\n", nome);
12  }
13 }
```

Mas qual seria a diferença real de uma variável comum de uma estática? Uma variável estática possui a persistência de dados, em outras palavras, o que estiver atribuído a mesma não será removida da memória; mesmo que se crie outros objetos de classe o último conteúdo atribuído, a variável estática prevalecerá sobre todas as instâncias da classe criada. Ex:

```
package com.testes;
public class ExecutaTesteStatic {
  public static void main(String[] args) {
      Teste t1 = new Teste();
      Teste t2 = new Teste();
      Teste.nome = "Van Gogh";
      t1.exibeMg();
      t2.exibeMg();
  }
}
```

Variáveis estáticas são membros da classe e pertencem à classe; por isso não se pode criar uma variável estática dentro de um método, mesmo que seja um método estático; nem muito menos utilizar em um método um parâmetro do tipo estático. A saída do programa será:

```
Bem-vindo ao Java Van Gogh
Bem-vindo ao Java Van Gogh
```

Variáveis estáticas são independentes do objeto de uma classe para serem manipuladas, por isso foi utilizado diretamente o nome da classe ao invés de um dos objetos: "t1" e "t2". Ao atribuir um valor a uma variável estática de uma classe, ela fará com que essa mudança seja refletida sobre os demais objetos desta classe, como vimos no exemplo acima.

A este termo nós chamamos de persistência de dados. Vamos a outro exemplo para tentar entender melhor.

1. Crie uma classe de nome DadosFunc.
2. Insira o seguinte conteúdo a esta classe:

```
package com.testes;

public class DadosFunc {
  private static String[] nome = new String[10];
  private static float[] sal = new float[10];
  private static int pos=0;
  public DadosFunc(String nome, float sal)
  {
      DadosFunc.nome[pos]=nome;
      DadosFunc.sal[pos]=sal;
      if(pos<DadosFunc.nome.length) {
              pos++;
      }else
              pos=0;
  }
  public void listaFunc()
```

```
17 {
18     System.out.printf("LISTA DE FUNCIONÁRIOS\n");
19     for(int i=0; i<DadosFunc.nome.length; i++)
20     {
21         if(DadosFunc.nome[i]!=null) {
22             System.out.printf("Funcionário: %s - Salário: R$ %,.2f%n", DadosFunc.nome[i], DadosFunc.sal[i]);
23         }else
24             break;
25     }
26 }
27 public void reajustaSal(float sal, int pos)
28 {
29     if(pos<DadosFunc.nome.length)
30     {
31         if(DadosFunc.nome[pos]!=null)
32         {
33             DadosFunc.sal[pos]=sal;
34             System.out.printf("\nValor do(a) funcionário(a) %s, reajustado para R$ %,.2f.\n\n", DadosFunc.nome[pos], DadosFunc.sal[pos]);
35         }else
36             System.out.printf("\nAVISO\nEstá tentando atribuir um novo salário a um registro vazio!");
37     }else
38         System.out.printf("\nAVISO\nCódigo do registro inválido!");
39 }
40 }
```

Temos dois arrays e uma variável inteira, todos do tipo estático, linhas 04 a 06. Na linha 07 temos um construtor da classe; em outras palavras, se for criado um objeto desta classe o mesmo deverá ser passado um texto e um valor. Estes dados passados são atribuídos aos arrays nome e "sal", linhas 09 e 10, respectivamente. E a posição que estes valores ocuparão dependerá do valor da variável "pos".

Após atribuída a variável estática "pos" será incrementada, linha 12; isso se para quando for declarado outro objeto de classe, não atribuir novos dados na mesma posição do array; essa incrementação da variável "pos" será feita se não tiver ultrapassado o tamanho do array, linha 11. Do contrário, linha 13, colocamos "pos" como zero (0), linha 14. O que fará com que novas declarações de objetos de classe apaguem os antigos registros dos arrays de nome e salário (sal).

Há um método para listar os funcionários, que possui um texto, linha 18, e um laço para exibir os dados dos arrays, linha 19. Mas antes de exibir, verificamos se a posição presente no array nome não possui o seu conteúdo padrão que é nulo (null), linha 21. Caso seja diferente de nulo exibimos os dados registrados, linha 22. Do contrário, linha 23, interrompemos o laço, linha 24.

Há um outro método para alterar o salário de um funcionário já cadastrado, linha 27; onde fazemos uma verificação do dado "pos" passado como argumento, linha 29, antes de lidar com este dado. Caso respeite o limite do array, ainda é realizada outra verificação, para saber se está atribuindo um novo salário em um registro que não seja vazio, linha 31.

Caso esteja tudo ok, pegamos o valor de salário passado e atribuímos este novo valor ao array salário, linha 33. E exibimos uma mensagem sobre o sucesso da mudança, linha 34. Do contrário, linha 35, alertamos que está tentando atribuir um novo valor a um registro vazio, linha 36.

Essas verificações são aquilo que havia falado mais cedo. Normalmente não lidamos com variáveis diretamente; pois criamos métodos para validar os dados recebidos antes de atribuí-los a uma variável; como uma forma de garantir a integridade do dado e evitar possíveis erros de execução no código.

Vamos agora criar uma nova classe dentro deste mesmo pacote de nome "TestaDadosFunc" para testar a classe "DadosFunc".

```
01 package com.Testes;
02
03 public class TestaDadosFunc {
04   public static void main(String[] args) {
05       DadosFunc df1 = new DadosFunc("Carlos", 2800.44f);
06       DadosFunc df2 = new DadosFunc("Amanda", 1980.87f);
07       df2.listaFunc();
08       df1.reajustaSal(3412.89f, 1);
09       df1.listaFunc();
10   }
11 }
```

A saída deste programa será:

```
LISTA DE FUNCIONÁRIOS
Funcionário: Carlos - Salário: R$ 2.800,44
Funcionário: Amanda - Salário: R$ 1.980,87

Valor do(a) funcionário(a) Amanda, reajustado para R$ 3.412,89.

LISTA DE FUNCIONÁRIOS
Funcionário: Carlos - Salário: R$ 2.800,44
Funcionário: Amanda - Salário: R$ 3.412,89
```

Como pode ver criamos duas instâncias, linhas 05 e 06, passando para seus construtores dados diferentes. Quando pegamos qualquer objeto de classe criado como "df2", por exemplo, linha 07. Ele lista todos os funcionários, independente de terem sido declarados com o objeto de classe "df1" ou "df2", conforme demonstrado na saída do programa.

Na linha 08 reajustamos o valor do salário de um funcionário, passando o valor e a posição do array. E chamamos o método para listar novamente os funcionários, mas desta vez utilizando do objeto de classe "df1" para demonstrar que qualquer um dos objetos que for utilizado para chamar o método listaFunc() o resultado será o mesmo, devido a persistência de dados quando criam variáveis do tipo estático.

Antes que se pergunte não existem construtores estáticos, o construtor existe justamente para construir um objeto de instância, coisa que não é necessária quando se é estático; já que atributos (variáveis) e os comportamentos (métodos) pertencem à classe, quando estáticos; se utiliza da referência (nome da classe) ao invés da criação de um objeto; onde é declarado, junto com o objeto, os argumentos a serem passados ao construtor em sua criação, como vimos no exemplo acima.

Vamos criar outro exemplo simples, mas desta vez incluindo o bloco estático; de preferência:

1. Crie um novo projeto de nome "FrasesGerais".
2. Crie um pacote mg.frases.
3. Dentro deste pacote crie a classe "ClassFrases".
4. Escreva o seguinte código:

```
01 package mg.frases;
02
03 public class ClassFrases {
04    private static String frase1;
05    public static String frase2;
06    static
07    {
08       System.out.println("Atribuindo uma frase a variável estática pública frase1.");
09       frase1 = "O diabo pode citar as Escrituras quando isso lhe convém. William Shakespeare";
10    }
11    public static void exibeFrase()
12    {
13       System.out.printf("%s\n%s\n", frase1, frase2);
14    }
15 }
```

Tudo nesta classe é estático. O bloco estático presente nas linhas 06 a 10 será executado automaticamente uma única vez, quando a classe for carregada na memória. Dentro do bloco estático será exibido um aviso que a variável frase1 receberá um dado, conforme demonstrado na linha 09. E o método público estático exibeFrase(), só nos servirá para exibir o conteúdo de fase1 e fase2.

Para testar esta classe cria uma nova classe, dentro do mesmo pacote, de nome "TestaClassFrases", lembre-se de marcar a criação do método principal main. E dentro da classe escreva o seguinte código:

```
01 package mg.frases;
02
03 public class TestaClassFrases {
04    public static void main(String[] args) {
05       ClassFrases.frase2="Os miseráveis não têm outro remédio a não ser a esperança. (William Shakespeare)";
06       ClassFrases.exibeFrase();
07    }
08 }
```

Tanto a variável na linha 05, como o método da linha 06 foram chamados simplesmente citando o nome da classe, sem a necessidade de criar um objeto da classe para isso. Como havia falado isso só é possível, pois tanto a variável frase2 e o método exibeFrase() são públicos e estáticos.

A saída do programa será:

```
O diabo pode citar as Escrituras quando isso lhe convém. William Shakespeare
```

```
Os miseráveis não têm outro remédio a não ser a esperança. (William Shakespeare)
```

E como dito a variável fase1, foi atribuído o texto presente no bloco estático, que será sempre executado uma única vez.

Herança e polimorfismo

Neste tópico vamos tentar entender melhor os termos de público privado e protegido; além de abordar o assunto de herança e polimorfismo. O encapsulamento serve para proteger determinados elementos, como variáveis ou métodos, por exemplo, para não serem utilizados de forma indevida. Há três tipos, a saber:

- **Público (public)**: Onde se permite o acesso livremente à classe, método ou variável declarada, por exemplo.
- **Privado (private)**: Só a classe que criou o elemento privado é que poderá manuseá-la.
- **Protegida (proteced)**: Membros do tipo protegido só são acessíveis apenas pelas classes do mesmo pacote e pelas subclasses que herdam esta classe.

Quando não defino o tipo de acesso, como já fiz em alguns exemplos, o Java assume que o acesso é do tipo package-private, conforme consta na documentação da Oracle. Isso significa que todos os membros são visíveis dentro de um mesmo pacote, mas não fora dele.

Vamos criar um exemplo simples, mas amplo, para abordar diversos aspectos do encapsulamento:

1. Crie um projeto no Eclipse com o nome "BoasVindas".
2. Crie um pacote, por exemplo, mg.mensagem.
3. Crie uma classe de nome "BoasVindas" dentro deste pacote.
4. Adicione o seguinte código à classe:

```
package mg.mensagem;
public class BoasVindas{
public boolean boolPub;
public static String textoPubSt;
private String textPriv;
protected int intProt;
protected static String textProtSt;
 public BoasVindas(String frase)
 {
    textPriv = frase;
 }
 public void setMg(String mg)
 {
    textPriv=mg;
 }
 public String getMg()
 {
    return textPriv;
 }
 protected void exibeMG()
```

```
21 {
22     System.out.println(textPriv);
23 }
24 public static void exibePadrao()
25 {
26     mgPadrao();
27 }
28 private static void mgPadrao()
29 {
30     System.out.println(textProtSt);
31 }
32 }
```

Já que a classe "BoasVindas" está dentro de um pacote, temos que referenciar este pacote, linha 01; que o Eclipse o faz de forma automática. Aqui foram incluídas algumas variáveis das linhas 03 a 07, do tipo pública, pública estática, privada, protegida, protegida estática, respectivamente. Todas variáveis globais.

Com relação aos métodos da classe temos um método construtor da classe, linha 08 a 11; que exige que ao criar uma instância desta classe seja passado algum texto como argumento ao construtor; além disso há os métodos públicos, linhas 12 a 19; protegido, linhas 20 a 23; público estático, linhas 24 a 27 e por fim um método privado, linhas 28 a 31.

Veremos o comportamento das variáveis e métodos com outras classes que irão manipular a classe BoasVindas, dentro e fora do pacote. Mas, para o primeiro exemplo, vamos criar dentro deste mesmo pacote uma outra classe de nome "TestaBoasVindas"; peço que durante a criação marque a opção public static void main(String[] args); para que o mesmo crie o método principal de forma automática durante a criação da classe. A disposição dos elementos deste projeto no Eclipse ficará da seguinte forma:

Dê um duplo clique para abrir a classe "TestaBoasVindas", se não estiver com a classe aberta, e adicione o seguinte código:

```
package mg.mensagem;

public class TestaBoasVindas {
    public static void main(String[] args) {
        BoasVindas bv = new BoasVindas("Criando objeto da classe");
        bv.setMg("Alterando conteúdo do texto original");
        bv.exibeMG();
        bv.boolPub=true;
    }
}
```

Devido a classe "TestaBoasVindas" está presente em um pacote, o Eclipse referencia o mesmo automaticamente, linha 01, a classe pública possui o método principal público estático main; que possui como parâmetro um array do tipo texto.

Já que vamos manipular a classe "BoasVindas" precisaremos instanciar um objeto desta classe, conforme demonstrado na linha 05; onde passamos um texto qualquer exigido pelo método construtor da classe. Com o objeto em mãos, poderemos nos utilizar do mesmo e chamar seu método público, conforme demonstrado na linha 06; assim como a variável pública booleana, linha 08. Isso só é possível, pois tanto setMg(), como a variável possuem acesso público.

Já que as classes "TestaBoasVindas" e "BoasVindas" pertencem ao mesmo pacote foi possível se utilizar do método protegido, na linha 07, de nome exibeMG(); lembrando que membros do tipo protegido só são acessíveis apenas pelas classes do mesmo pacote e pelas subclasses que herdam esta classe fora do pacote. Já se você tentar utilizar o objeto de classe para tentar acessar a variável privada "mg" da classe "BoasVindas" ou o método privado mgPadrao(); um erro será retornado. Para testar, insira a seguinte linha, após a linha 08 do código:
System.out.println(bv.mg);

```
Exception in thread "main" java.lang.Error: Unresolved compilation problem:
	The field BoasVindas.mg is not visible
```

Relatando que a variável "mg" da classe "BoasVindas" não está visível, em outras palavras ela só é visível para a classe que a criou.

Digamos que eu precise criar uma nova classe, sendo que em outro pacote:

1. Crie um pacote de nome mg.sms.
2. Dentro deste pacote crie uma classe de nome "TestaBoasVindas2".
3. Dentro desta classe insira o mesmo código que criamos na classe "TestaBoasVindas".

Vamos inserir o mesmo código do exemplo anterior, mas incluir a linha 02, no código abaixo; necessário para importar a classe "BoasVindas", presente no pacote mg.mensagem:

```
01 package mg.sms;
02 import mg.mensagem.BoasVindas;
03
04 public class TestaBoasVindas2 {
05   public static void main(String[] args) {
06     BoasVindas bv = new BoasVindas("Criando objeto da classe");
07     bv.setMg("Utilizando método público de um objeto de classe.");
08     bv.exibeMG();
09     bv.boolPub=true;
10   }
11 }
```

A linha 08 agora irá nos retornar um erro:

```
Exception in thread "main" java.lang.Error: Unresolved compilation problem:
	The method exibeMG() from the type BoasVindas is not visible
```

Relatando que o método "exibeMG()" não está visível. Já que a classe "TestaBoasVindas2" não pertence ao mesmo pacote da classe "BoasVindas". A forma de contornar este erro seria, se a classe "TestaBoasVindas2" herdasse a classe "BoasVindas", da seguinte forma:

```
01 package mg.sms;
02 import mg.mensagem.BoasVindas;
03 public class TestaBoasVindas2 extends BoasVindas{
04   private int intProt=100;
05   public TestaBoasVindas2(String frase) {
06      super(frase);
07   }
08   public static void main(String[] args) {
09      textProtSt = "Genialidade é esforço. (Johann Goethe)";
10      exibePadrao();
11      TestaBoasVindas2 bv2 = new TestaBoasVindas2("Viver significa lutar. (Sêneca)");
12      bv2.exibeMG();
13   }
14   public void exibeMG()
15   {
16      super.exibeMG();
17      super.intProt = 10;
18      System.out.println(super.intProt);
19      System.out.println(intProt);
20   }
21 }
```

Na classe "TestaBoasVindas2" foi importado o pacote para a utilização da classe "BoasVindas", linha 02; onde na linha 03 herdamos (extends) a classe "TestaBoasVindas2" para utilizar métodos e variáveis da classe "BoasVindas" do tipo protegido, fora do pacote.

Na linha 04 foi criada uma variável privada "intProt" com valor inicial 100. E também foi incluso um método construtor para esta classe, linha 05, que possui um parâmetro do tipo texto, ao instanciar um objeto desta classe e passar como argumento um texto, este mesmo texto será passado para o construtor da classe herdada "BoasVindas", através do comando super, linha 06.

O método principal, linha 08, utiliza a variável "textProtSt" da classe "BoasVindas", neste exemplo não é necessário citar o nome da classe, isso se deve ao fato da presença de herança e devido a variável ser pública e estática. Da mesma forma ocorre com o método da linha 10, que pertence a classe "BoasVindas", mas por ser pública estática o chamado do método poderá ser feito de forma direta, devido a herança.

Na linha 11 criamos um objeto construtor da própria classe, passando ao construtor uma frase, que como vimos dentro do construtor desta classe, linha 05, ela chamará o construtor da classe herdada, através da palavra reservada super, linha 06. Com o objeto da classe em mão poderemos chamar um método não estático dentro de um método estático, linha 12.

Este método chama o método público exibeMG(); para diferenciar o método da classe TestaBoasVindas2, do método da classe BoasVindas, deverá vir acompanhado da palavra super, conforme foi feito na linha 16; para que não ocorra recursão, ou seja, chamar o método dentro do próprio método, foi utilizado o termo super, linha 16, para saber que está sendo referido à variável que pertence a classe herdada "BoasVindas" e não a variável global, de mesmo nome, da linha 04.

Em outras palavras, quando houver métodos ou variáveis do mesmo em relação a sua classe e aquela que foi herdada, deve-se utilizar o termo super. Conforme foi feito nas linhas 18 e 19; onde na linha 18 temos a variável da classe "BoasVindas" e na linha 19 a variável da própria classe. A saída deste programa será:
Genialidade é esforço. (Johann Goethe)
Viver significa lutar. (Sêneca)
10
100

Quando uma classe herda outra classe chamamos de classe filha ou subclasse. A classe que foi herdade chamamos de classe pai ou superclasse, no exemplo acima "TestaBoasVindas2" é a classe filha e a classe pai é "BoasVindas".

Polimorfismo
O termo polimorfismo é originário do grego, que significa muitas formas (poli = muitas, morphos = formas). Com o comando @Override, que significa sobrepor, nos permite sobrepor os métodos da classe herdada, porém, o cabeçalho do método deve ser respeitado. Ex:

```
01 public class Formas {
02     public static void main(String[] args)
03     {
04             Quadrado quadrado = new Quadrado();
05             Circulo circulo = new Circulo();
06     }
07 }
```

A linha 02 é referente à assinatura do método ou cabeçalho; enquanto da linha 03 a 06 é definido como corpo do método.

Como sabemos o termo assinar significa: escrito por extenso, ato ou efeito de assinar. Enquanto cabeçalho significa um conjunto de informações localizadas na parte superior do corpo de uma página, que possui dados úteis.

Pela própria definição, o termo cabeçalho é o que teria uma analogia mais próxima ao método. Porém, o hábito de descrição é definido como method signature ou assinatura de método em diversos livros. Por isso que este termo foi adotado.

Por exemplo, se o método é protegido, sem retorno e com dois parâmetros ao sobrepor o comportamento deste método deverá ser declarado da mesma forma que o original.

A classe pai continua com o seu método original, com relação ao comportamento do método, mas a classe que herdou e alterou o método da classe pai irá permanecer alterada, se outra classe a herdar estará herdando o método ao qual foi alterado. Para entendermos melhor, precisamos, como sempre, partir para a prática.

Vamos criar um programinha que simula um banco, onde o usuário poderá abrir uma conta, realizar saque ou depósitos na mesma; além de verificar saldo.

1. Crie um novo projeto de nome contas.
2. Crie um pacote: com.contas.
3. Crie uma classe de nome Banco dentro deste pacote.
4. Crie, se não criou, o module-info.java.
   4.1. No caso é abrindo o menu de contexto sobre o nome do projeto e escolhendo configure > Create module-info.java.
   4.2. Deixe com o nome contas no módulo e exporte o pacote para que o mesmo possa ser acessado. Ex:

```
module Contas {
  exports com.contas;
}
```

5. Dentro da classe Banco, insira o seguinte conteúdo:

```
package com.contas;
import java.util.Random;
import java.util.Scanner;

public class Banco{
	private float[] total= new float[100];
	private int[] contas = new int[100];
	private int posConta=0;
	Random geraConta = new Random();
	private void abreConta(float grana)
	{
		if(grana>=100){
			for(int i=0; i<contas.length; i++)
			{
				if(contas[i]==0)
				{
					posConta=i;
					break;
				}
			}
			contas[posConta]=geraConta.nextInt(51) + geraConta.nextInt(51);
			total[posConta]=grana;
			System.out.printf("Conta criada com sucesso!\nNúmero da conta %d%n", contas[posConta]);
		}else
			System.out.println("AVISO\nAbertura de conta tem que ser no valor mínimo de 100 reais.");
	}

	protected void setDeposita(int conta, float grana)
	{
		if(grana>0){
			if(getConta(conta))
```

```
                admSaldo(grana);
        }else
            System.out.println("Erro!\nDepósito não pode ser negativo");
    }
    protected void setSaca(int conta, float grana)
    {
        if(getConta(conta)) {
            if(total[posConta]>=grana)
                admSaldo(-grana);
            else
                System.out.println("Erro!\nSaldo insuficiente.");
        }
    }
    protected void admSaldo(float grana)
    {
        total[posConta]+=grana;
    }
    protected float getSaldo(int conta)
    {
        if(getConta(conta))
            return total[posConta];
        else
            return -1;
    }
    protected boolean getConta(int nCont)
    {
        for(int posConta=0; posConta<contas.length; posConta++)
        {
            if(contas[posConta]==nCont)
            {
                this.posConta=posConta;
                return true;
            }
        }
        System.out.println("Erro!\nNúmero da conta inválida.");
        return false;
    }
    protected void admBanco()
    {
        int op=0, conta;
        float val;
        try (Scanner sr = new Scanner(System.in)) {
            while(op!=5)
            {
                System.out.println("Escolha uma opção:");
                System.out.println("1- Abrir Conta");
                System.out.println("2- Verificar saldo");
                System.out.println("3- Depositar");
```

```
80                      System.out.println("4- Saque/empréstimo");
81                      System.out.println("5- Sair");
82                      op = sr.nextInt();
83                      if(op==1)
84                      {
85                          System.out.printf("\nDigite o valor da abertura de conta:");
86                          val = sr.nextFloat();
87                          abreConta(val);
88                      }else if(op==2)
89                      {
90                          System.out.printf("\nDigite o número da conta:");
91                          conta = sr.nextInt();
92                          if(getSaldo(conta)>0)
93                              System.out.printf("Seu saldo é R$ %,.2f\n", getSaldo(conta));
94                      }else if(op==3 || op==4)
95                      {
96                          System.out.printf("\nDigite o número da conta:");
97                          conta = sr.nextInt();
98                          System.out.printf("Digite o valor:");
99                          val = sr.nextFloat();
100                         if(op==3)
101                         {
102                             setDeposita(conta, val);
103                         }else
104                             setSaca(conta, val);
105                     }
106                 }
107             }
108             System.out.printf("\nFim do programa.");
109     }
110 }
```

A importação de Random na linha 02 nos servirá para geração de números randômicos (aleatórios); a classe Banco possui arrays para guardar o valor e o número das contas nas linhas 06 e 07, respectivamente. Além de uma variável para guardar a posição do array, em relação à conta que está sendo manipulada, linha 08.

O construtor que possui como parâmetro um valor de ponto flutuante onde irá se exigir que o valor passado seja igual ou superior a 100, linha 12; na abertura de conta é verificado qual posição no array contas está vazio, através de um laço, linhas 13 a 20; onde esta posição é guardada na variável "posConta", linha 17, quando encontrada uma posição no array que esteja vazio, linha 15, peço para encerrar o laço, linha 18, caso contrário, o laço irá se repetir 100 vezes e continuar a realizar este tipo de verificação a cada laço.

Para evitar essa checagem desnecessária, peço que o laço seja encerrado assim que encontrar no array uma posição vazia. E o número da conta é gerado de forma randômica com o objeto de classe "geraConta", linha 09, da classe Random; onde é gerado números aleatórios, linha 21. Quando coloco o valor 51 é o mesmo que dizer para gerar valores entre zero a cinquenta.

Feito isso guardamos o valor depositado no array total, na mesma posição em que se encontra o número da conta. Mas claro, se o if da linha 12 for falso, nada disso será executado; mas sim, o que se encontra na linha 24, relatando que para abrir uma conta o valor mínimo deverá ser 100 reais, linha 25.

Já o método protegido e sem retorno, linha 28, pede o número da conta e o valor para realizar um depósito na conta, onde verifica se o valor a ser depositado é positivo, linha 30, e se o número da conta existe, linha 31; caso ambas as condições sejam satisfeitas, chama-se o método admSaldo(), que trata de adicionar o valor, linha 32. Do contrário, linha 33, se o valor não for positivo, aparecerá uma mensagem alertando sobre o erro, linha 34.

O método de sacar dinheiro, linha 36, possui um esquema bem parecido com o de depositar, mas antes verifica se a conta é válida, linha 38; pois o método getConta() verifica através do número da conta se ela existe ou não retornando true ou false, ao mesmo tempo ela atribui, a posição do array encontrado na variável global "posConta", que é utilizado na linha seguinte, linha 39, para verificar se o que está depositado é maior ou igual a grana solicitada para saque; caso afirmativo, chama-se o método que administra o saldo da conta, linha 40, com o sinal negativo já que é um saque; do contrário, se o saldo não for suficiente irá entrar no else, linha 41, alertando sobre o problema, linha 42.

O método admSaldo() só serve para alterar o valor do array total, com base no valor passado; o método se utiliza da variável privada global "posConta" que possui a posição do array que está sendo manipulada; isto graças ao método getConta(), que veremos em detalhes mais a frente.

O getSaldo(), linha 49, faz a verificação da conta, linha 51, que se for válido retorna o valor, linha 52; utilizando se da variável privada global "posConta" que possui a posição do array em que se encontra esta conta, graças ao método getConta(); ou informa sobre o erro, linha 54; o retorno do valor negativo é intencional para sabermos que houve um erro ao se verificar o saldo.

O método getConta(), que é o método mais importante deste exemplo, realiza um laço para verificar se o número da conta está presente em alguma posição do array contas, linha 60; caso afirmativo, atualiza a variável global "posConta", linha 59, com a posição da conta encontrada no array e retorna true, já que o método é de retorno do tipo booleano.

Toda vez que há o comando return, o método é retornado, leia-se encerrado. Mas caso isso não ocorra, ou seja, se a condição do if nunca for verdadeira, ao final do laço fará com que se exiba uma mensagem, linha 66, antes de retornar falso, da linha 67.

O método admBanco() é para exibição de uma espécie de menu, onde este menu está dentro de um laço, linha 74, que só será interrompido quando o usuário digitar o número cinco (5). A opção resgatada pelo usuário, linha 82, é verificada com os if/else ifs, linhas 83 a 104; que dependendo da opção escolhida pelo usuário serão pedidas outras informações, para poder passar os argumentos necessários ao método correspondente daquilo que foi requisitado.

Vamos agora criar um novo projeto e dentro deste criar três classes, a primeira será de nome "AlteraBanco", onde irá herdar a classe Banco e sobrescrever dois métodos: setDeposita() e setSaca().

1. Crie agora um novo projeto de nome "TestaBanco".
2. Crie um pacote de nome: com.testa.banco.

3. Dentro deste pacote crie uma classe de nome "AlteraBanco".
4. Para que este projeto visualize o conteúdo do módulo do outro projeto devemos configurá-lo.
   4.1. Abra o menu de contexto sobre o nome do projeto "TestaBanco" e escolha a opção properties.
   4.2. Lá escolha Java Build Path.
   4.3. Selecione a aba Projects e clique em Modulepath.
   4.4. Feito isso, clique no botão add e selecione o projeto contas.
   4.5. Ao final deverá ficar conforme a imagem abaixo:

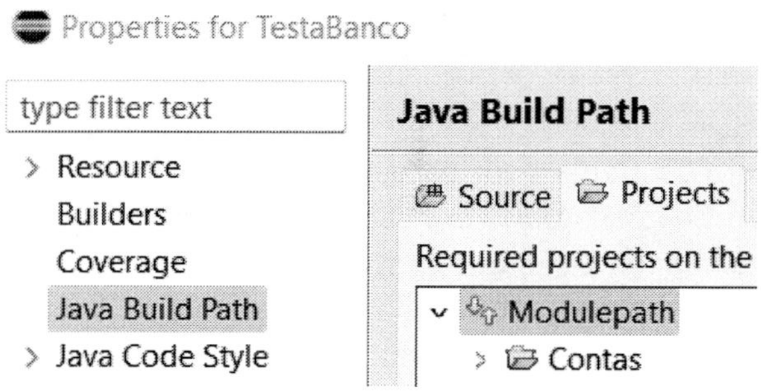

5. Da mesma forma que o anterior, se não tiver o module-info.java, peço que inclua no projeto e adicione o requerimento ao módulo contas, conforme o exemplo:

```
module ModuloTestaBanco {
 requires Contas;
}
```

6. Estando tudo configurado, adicione o seguinte conteúdo à classe:

```
package com.testa.banco;
import com.contas.Banco;
public class AlteraBanco extends Banco{
	@Override
	protected void setDeposita(int conta, float grana)
	{
		if(grana>0){
			if(getConta(conta)){
				admSaldo(grana);
				System.out.println("Operação de depósito realizado com sucesso!");
			}
		}else
			System.out.println("Erro!\nDepósito não pode ser negativo");
	}
	@Override
	protected void setSaca(int conta, float grana)
	{
		float parcEmp, valEmp, totalEmp;
		if(getConta(conta))
		{
			if(getSaldo(conta)>=grana)
			{
```

```
23                  admSaldo(-grana);
24                  System.out.println("Operação de saque realizado com sucesso!");
25              }else{
26                  valEmp = getSaldo(conta) * 0.3f * 60;
27                  parcEmp = getSaldo(conta) * 0.3f * 1.13f;
28                  totalEmp = parcEmp * 60;
29                  System.out.printf("\nSaldo insuficiente; porém há possibilidade de empréstimo.");
30                  System.out.printf("\nValor a receber: %,.2f", valEmp);
31                  System.out.printf("\nPagando em 60 parcelas de R$ %,.2f, num total de R$ %,.2f\n", parcEmp, totalEmp);
32              }
33          }
34      }
35 }
```

Na linha 02 importamos a classe Banco; já na linha 03 realizamos a herança, estendendo (extends) os elementos da classe Banco para nossa classe "AlteraBanco"; onde na linha 04 foi adicionado o comando para sobrescrever o método e, na linha 05, repete-se a assinatura (cabeçalho) deste método. Basicamente repeti todo o processo, só acrescentei a linha 10; que é um aviso que a operação foi realizada com sucesso, coisa que não havia no método original.

Já o método setSaca(), linha 16, que também foi sobrescrito (linha 15); optei em mudar bastante o método. Só relembrando que na linha 19, verifica se o número da conta passada existe e logo em seguida se o valor requisitado para saque está disponível na conta, linha 21; caso afirmativo, ele remove o valor da conta e avisa, coisa que não fazia, que a operação foi realizada com sucesso.

Quando o valor requisitado é insuficiente na conta, no lugar de avisar só que o saldo é insuficiente, desta vez o programa irá sugerir realizar um empréstimo; obviamente que os cálculos realizados da linha 26 a 28, são totalmente fictícios só para se ter algo a ser mostrado; em que é informado pelas linhas 29 a 31.

Vamos criar agora duas classes distintas aos quais realizaremos alguns testes para compreendermos a diferença.

A primeira classe será "AdmBanco1" e que estará presente no mesmo pacote da classe "AlteraBanco"; ao criar esta classe marque o método main e acrescente o seguinte código:

```
01 package com.testa.banco;
02 import com.contas.Banco;
03 public class AdmBanco1 extends Banco{
04      public static void main(String[] args) {
05              AdmBanco1 ab1 = new AdmBanco1();
06              ab1.admBanco();
07      }
08 }
```

Já que a classe "AdmBanco1" está se utilizando de herança da classe Banco que se encontra em outro pacote, foi importado o mesmo na linha 02. Como sabemos a herança herda todos os elementos públicos e protegidos da classe Banco, neste caso irei chamar o método admBanco(), da classe Banco; porém por ser um método comum e não estático irei criar um objeto de instância da própria classe, linha 05, para poder chamar um método não estático dentro de um método estático, linha 06.

A saída deste programa será:

```
Escolha uma opção:
1- Abrir Conta
2- Verificar saldo
3- Depositar
4- Saque/empréstimo
5- Sair
1

Digite o valor da abertura de conta:200
Conta criada com sucesso!
Número da conta 59
Escolha uma opção:
1- Abrir Conta
2- Verificar saldo
3- Depositar
4- Saque/empréstimo
5- Sair
3

Digite o número da conta:59
Digite o valor:100
Escolha uma opção:
1- Abrir Conta
2- Verificar saldo
3- Depositar
4- Saque/empréstimo
5- Sair
1

Digite o número da conta:59
Digite o valor:500
Erro!
Saldo insuficiente.
Escolha uma opção:
1- Abrir Conta
2- Verificar saldo
3- Depositar
4- Saque/empréstimo
5- Sair
5

Fim do programa.
```

Como podemos ver, quando é realizado um depósito, o programa não avisa sobre o sucesso e quando tenta sacar um valor acima do seu saldo, o programa só se limita a informar que o saldo é insuficiente.

Agora vamos criar uma outra classe, ainda dentro deste pacote de nome "AdmBanco2", sendo que desta vez ele herda a classe "AlteraBanco", que sobrescreveu os métodos setDeposita() e setSaca() da classe Banco. Ex:

```
package com.testa.banco;
public class AdmBanco2 extends AlteraBanco{
    public static void main(String[] args) {
        AdmBanco2 ab2 = new AdmBanco2();
        ab2.admBanco();
    }
}
```

Neste caso não é necessário importar a classe com.contas.Banco, já que a classe AdmBanco2 está herdando a classe "AlteraBanco", que pertence ao mesmo pacote.

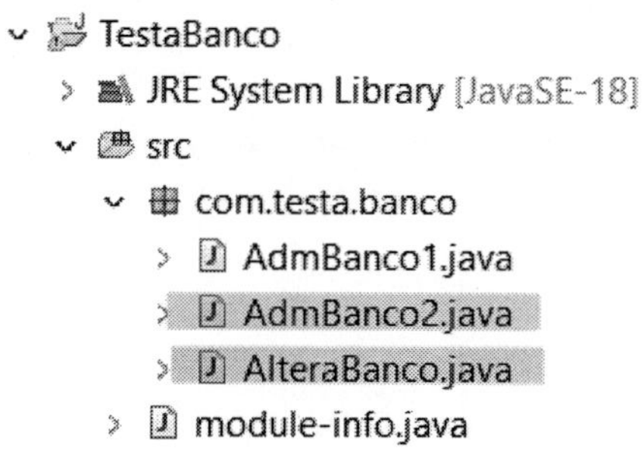

Ao executar esta classe realizei os procedimentos parecidos ao exemplo anterior, ou seja, depositar e sacar. A saída do programa será:

```
Escolha uma opção:
1- Abrir Conta
2- Verificar saldo
3- Depositar
4- Saque/empréstimo
5- Sair
1

Digite o valor da abertura de conta:400
Conta criada com sucesso!
Número da conta 31
Escolha uma opção:
1- Abrir Conta
2- Verificar saldo
3- Depositar
4- Saque/empréstimo
5- Sair
3

Digite o número da conta:31
Digite o valor:200
Operação de depósito realizado com sucesso!
Escolha uma opção:
1- Abrir Conta
2- Verificar saldo
3- Depositar
4- Saque/empréstimo
5- Sair
4

Digite o número da conta:31
```

```
Digite o valor:2500

Saldo insuficiente; porém há possibilidade de empréstimo.
Valor a receber: 10.800,00
Pagando em 60 parcelas de R$ 203,40, num total de R$ 12.204,00
Escolha uma opção:
1- Abrir Conta
2- Verificar saldo
3- Depositar
4- Saque/empréstimo
5- Sair
5

Fim do programa.
```

Como foi afirmado anteriormente, aquele que herda a classe AlteraBanco, estará herdando todos os elementos da classe Banco; porém com os métodos setDeposita() e setSaca() sobrescritos, como podemos constatar no exemplo acima.

Criando um jogo de RPG baseado em herança

Pensei em realizar uma lista de exercícios relacionados à herança, como uma forma de praticar sobre o assunto decorrido. Mas achei melhor criar um tópico com um miniprojeto relacionado ao assunto e porque não na forma de um jogo. Por chamar mais atenção do aluno, acredito que facilite no entendimento e até mesmo ajude a esclarecer dúvidas que ficaram pendentes.

O projeto será um RPG, com o sistema de batalhas baseado em turnos; onde o jogador poderá:

- **Ir para a floresta**: Para enfrentar de um a três inimigos, a quantidade é de forma randômica. Derrotando os inimigos irá ganhar pontos de experiência (XP), para poder evoluir de nível o personagem, além de ganhar peças de ouro (PO), para poder comprar novas armas.
- **Comprar equipamentos**: Aqui limitei só a compra de armas, não possuindo a opção de poder vender sua arma atual, além de poder comprar porção de cura, que restaura todos os pontos de vida do personagem.
- **Dormir na taverna**: Será ao custo de 1 PO, que acredito que o usuário utilizará bastante para economizar suas peças de ouro (PO).
- **Enfrentar o chefe do tempo**: Poderia fazer como os games do Atari e deixar o número de chefes infinito, mas preferi limitar a derrotar dez chefes e dá vitória ao jogador quando isso ocorrer.
- **Sair do jogo**: Para o jogador poder encerrar o game.

O ideal é separar as entidades em classes. E por isso haverá as seguintes classes:

- **Jogador**: Responsável em obter ou alterar todas as informações do personagem, assim como encerrar o programa quando os pontos de vida do jogador for zero ou inferior; haverá também um método para puxar todo o status do personagem como: pontos de vida, nível, XP, ouro, arma atual, etc.
- **Inimigos**: Responsável em criar um sistema de batalha baseado em turnos para lidar com os adversários que varia de um a três ou com os chefões do templo; dependendo da situação escolhida pelo usuário.
- **Loja**: Responsável pela venda de equipamentos.
- **Mapa**: Haverá as opções que foram anteriormente detalhadas, dentro do método principal (main), para a execução de nosso miniprojeto.

Todas as classes herdarão a classe Jogador, já que tudo gira em torno do mesmo. E por isso vamos iniciar por esta classe.

1. Primeiro crie um projeto de nome: Sistema de Turnos RPG.
2. Dentro dele crie os seguintes pacotes e classes:

Pacote	Classe(s)
rpg.base	Mapa e Loja
rpg.criaturas	Inimigos
rpg.personagem	Jogador

3. A disposição final ficará da seguinte forma:

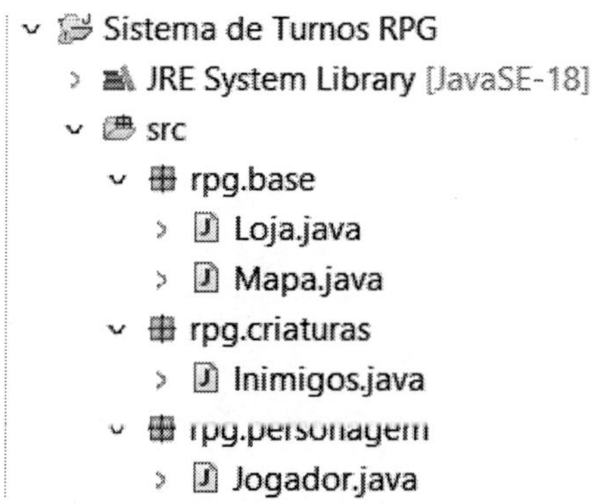

Jogador.java

```
package rpg.personagem;
import java.util.Random;
import rpg.base.Loja;
public class Jogador{
	private static int pv=20, pvMax=20, level=1, xp=0, armaDano=1, posArma=0, xpLevel=30, frasco=0, ouro=5;
	private final int DANO_ARMA=6, VARIA=3;
	private static boolean dobro=true;
	protected int getJogador(String def)
	{
		Random rand = new Random();
		if(def.equals("pv"))
			return pv;
		else if(def.equals("frasco"))
			return frasco;
		else if(def.equals("ouro"))
			return ouro;
		else if(def.equals("arma"))
			return DANO_ARMA*armaDano + rand.nextInt((DANO_ARMA*armaDano) / VARIA);
		return 0;
	}
```

```
	protected void setXp(int xp)
	{
		System.out.printf("Você ganhou %dXP\n", xp);
		Jogador.xp+=xp;
		while(Jogador.xp>=xpLevel)
		{
			xpLevel*=2;
			if(dobro) {
				pvMax*=2;
				dobro=false;
			}
			else {
				pvMax+=pvMax/2;
				dobro=true;
			}
			pv=pvMax;
			++level;
			System.out.println("PARABÉNS VOCÊ AVANÇOU DE NÍVEL \\o/");
		}
	}
	protected void setArma(int armaDano, int posArma)
	{
		Jogador.armaDano = armaDano;
		Jogador.posArma = posArma;
		puxaStatus();
	}
	protected void setOuro(int ouro)
	{
		System.out.printf("Você %s %dpo\n", (ouro<0)?"gastou":"ganhou", ouro);
		Jogador.ouro += ouro;
	}
	protected void setFrasco(int n)
	{
		if(n<0)
		{
			if(frasco>0)
			{
				frasco+=n;
				setPV(1);
				System.out.println("Total de porções de cura: "+frasco);
			}
			else
				System.out.println("Infelizmente você não tem porções de cura.");
		}
		else
			frasco+=n;
	}
	protected void setPV(int pv)
```

```
69	{
70		if(pv>0)
71		{
72			System.out.println("Você recuperou toda sua vida");
73			Jogador.pv = pvMax;
74		}
75		else {
76			Jogador.pv+=pv;
77			System.out.printf("O inimigo ataca e você perde %d pv. Sua vida atual: %d pv.\n", pv, Jogador.pv);
78		}
79		if(Jogador.pv<=0)
80		{
81			System.out.println("\nVocê morreu\nFIM DE JOGO");
82			System.exit(0);
83		}
84	}
85	protected void puxaStatus(){
86		Loja loja = new Loja();
87		System.out.println("\nGame: ST RPG - Versão: 1.37 beta");
88		System.out.printf("PV: %04d, Level: %02d, Arma: %s, Porções: %d, Ouro: %05d, XP: %05d, XP Prox. Nível: %05d\n", pv, level, loja.getArma(posArma), frasco, ouro, xp, xpLevel);
89	}
90 }
```

Na linha 02 a importação do sistema randômico de números, na linha 03, a nossa classe loja. A classe jogador, linha 04, possui várias variáveis estáticas, linha 05, com o intuito de fazer com que os dados prevaleçam ao sair da execução dos métodos desta classe; há ainda variáveis constantes, linha 06 e uma variável booleana, linha 07, todas do tipo privado.

Todos os métodos da classe jogador são do tipo protegido (protected), e por isso para se utilizar dos mesmos, esta classe deverá ser herdada. Há um método de retorno do tipo inteiro (int), linha 08, que exige um argumento, do tipo texto, ao ser chamado o método. Dentro dele é verificado qual conteúdo foi passado como argumento e retornada a variável correspondente, linhas 11 a 18; se nenhum caso for atendido então o retorno será zero, linha 19.

O objeto de classe random, linha 10, nos servirá para que o dano da arma varie, mesmo que um pouco; o cálculo é realizado quando o objeto solicitado for a arma do jogador, linha 17, onde pegamos o dano padrão e multiplicamos pelo dano da arma, que pode variar dependendo da arma atual do jogador, somando até um terço de dano; já que a variável constante de nome VARIA, divide este mesmo dano por três. Enfatizei até um terço, pois o objeto de classe "rand", da classe random está sendo utilizado; por isso a variação poderá ser zero ou até 1/3 de dano a mais do dano habitual da arma.

O método setXP() servirá para somar o XP recebido do personagem, alertando quando ganhou, linha 23, e somando este valor ao valor da variável estática global de mesmo nome, linha 24. E por ser uma variável estática remetemos o nome da classe ao invés de this. Já vi alguns games de RPG em que o usuário consegue avançar mais de um nível ao matar um determinado chefão, por isso optei em fazer a verificação de avanço de nível dentro de um laço, linha 25.

Caso a quantidade de XP alcance, ou seja, superior ao valor de "xpLevel", então dobramos a meta de XP para o próximo nível, linha 27, e verificamos através da variável booleana se dobramos os pontos de vida do jogador, linha 28 a 31, quando esta variável for verdadeira ou do contrário aumentamos 50% dos pontos de vida do jogador, linha 33. Em ambos os casos alteramos o valor atual da variável booleana, linhas 30 e 34; se for verdadeiro, passa a ser falso, e se for falso, passa a ser verdadeiro; alternando desta forma em aumentar entre 100% ou 50% os pontos de vida do personagem.

Na linha 36, enchemos os pontos de vida do jogador, com o novo limite de PV estabelecido e na linha 37 aumentamos em um nível o jogador; além de alertarmos o seu avanço de nível, linha 38. O método setArma(), linha 41, possui dois parâmetros, um referente ao dano da arma e outro referente à posição da arma. Já que como veremos na classe loja, os nomes das armas são listados em um array, e por isso guardamos a posição atual da arma para resgatarmos este nome quando necessário. Por fim, na linha 45, peço que chame um método da própria classe de nome puxaStatus().

O método setOuro() é parecido com o sistema do XP; sendo que dependendo do valor passado: positivo ou negativo. A mensagem muda, isso só é possível graças a um operador ternário, que já vimos, dentro do comando de mensagem, linha 49. Retornando a palavra gastou ou ganhou, que irá ser aplicado em %s, dependendo do valor do argumento passado.

O próximo método lida com porções de cura, linha 52, se for um valor negativo, linha 54, verifica-se se o usuário possui algum frasco de porção, ou seja, se o frasco é maior do que zero, linha 56. Caso afirmativo, realizo a soma do valor negativo, linha 58, chamo o método setPV(), linha 59, passando um número positivo e logo em seguida informo a quantidade de porções de cura que o usuário ainda possui, linha 60; se o jogador não possui nenhuma porção de cura irá cair no else da linha 62, informando que ele não possui porção, linha 63. Agora se não for um valor negativo, irá para o else da linha 65; onde irá simplesmente somar o argumento passado a variável frasco, linha 66.

O método setPV(), linha 68, verifica se o valor passado como argumento ao método é positivo, linha 70, caso afirmativo, ele irá entrar no if e informar que o jogador restaurou toda a sua vida, linha 72 e estabelecer uma vida ao máximo, com base no valor da variável pvMax, linha 73. Do contrário, se não for positivo será executado o conteúdo de else, linha 75; em soma o valor negativo ao pv atual do jogador, linha 76, e informa o dano e sua vida atual, linha 77.

Ainda é verificado se o jogador possui pontos de vida igual ou menor do que zero, linha 79; caso afirmativo, é alertado que morreu, linha 81, encerrando assim a execução do programa, linha 82.

Por fim, temos o método que puxa todo o status do jogador, onde é instanciado um objeto da classe loja, linha 86, para utilizarmos o método getArma(), onde passamos a posição atual da arma e que irá nos retornar o nome da arma atual utilizada pelo jogador.

Já que estávamos nos utilizando da classe Loja, vamos dar uma olhada nela, antes de entendermos a classe inimiga, responsável pelas batalhas no jogo.

Loja.java

```
package rpg.base;
import java.util.Scanner;
import rpg.personagem.*;
```

```java
public class Loja extends Jogador {
    private final int[] ARMAS_DANO = {1, 3, 6, 8, 12, 17, 23, 30, 38, 47, 57, 68, 79, 90, 100};
    private final int[] VALOR= {0, 30, 80, 170, 300, 520, 800, 1380, 2700, 4700, 7000, 12000, 18000, 30000, 50000, 100};
    private final String[] NOME_ARMA = {"Folha", "Graveto", "Vara", "Bastão", "Manchete", "Espada Curta", "Terçado", "Espada bastada", "Espada longa", "Sabre", "Montante", "Mandoble", "Claymore", "Espada dos reis", "Lâmina cirurgica de Sakaboto"};
    private Scanner sc = new Scanner(System.in);
    public void loja()
    {
        int op=0;
        while(op!=17)
        {
            for(int i=0; i<NOME_ARMA.length; i++)
                System.out.printf("%d - %s. Valor: %d po.\n", i+1, NOME_ARMA[i], VALOR[i]);
            System.out.printf("16 - Porção de recuperar vida %d po.\n", VALOR[15]);
            System.out.println("17 - Sair da loja");
            op = sc.nextInt();
            if(op!=17 && (getJogador("ouro")>=VALOR[op-1]))
            {
                if(op<16) {
                    setOuro(-VALOR[op-1]);
                    setArma(ARMAS_DANO[op-1], op-1);
                    System.out.println("Compra da arma realizada com sucesso.");
                }
                else if(op==16){
                    System.out.println("Digite a quantidade de porções que deseja comprar: ");
                    int quant = sc.nextInt();
                    if(getJogador("ouro")>=VALOR[op-1]*quant) {
                        setFrasco(quant);
                        setOuro(-VALOR[op-1]*quant);
                        System.out.println("Compra porção(ões) realizada com sucesso.");
                    }
                    else
                        System.out.println("Saldo de ouro insuficiente");
                }
            }else if(op!=17)
                System.out.println("Você não tem ouro suficiente");
        }
    }
    public String getArma(int pos)
    {
        return NOME_ARMA[pos];
    }
}
```

Como em todas as demais classes a classe loja herda os elementos da classe Jogador, linha 04, mas para isso precisamos importar o seu pacote, linha 03. Tanto o dano das armas, valor e nome estão em arrays e por serem constantes, seus nomes estão todos em caixa alta, como recomenda a boa prática na programação.

O método loja, linha 09, possui um laço, linha 12, que só será encerrado quando a opção for 17; já que está tudo em arrays, criei um laço for, linha 14, para listar estes itens; se utilizando do próprio contador para numerá-los. E nas linhas 16 e 17, acrescento as demais opções. E me utilizo do objeto de classe Scanner, declarado na linha 08, para capturar a opção digitada pelo usuário na linha 18.

Se não for a opção de sair e o ouro for suficiente, linha 19; é verificado ainda se a opção é referente às armas, que vai até a opção 15, linha 21; caso afirmativo, chamamos os métodos pertencentes à classe jogador como setOuro() e setArma(), linhas 22 e 23. Que por herdar os seus métodos, basta somente declará-los.

Perceba que a opção escolhida é referente à posição da arma no Array, sendo que o primeiro elemento inicia na posição zero; realizamos a subtração por -1, onde em setArma(), passamos o dano e a posição da arma no array, para atualizar a arma atual do jogador. Caso seja a opção 16, referente à porção, linha 26, optei em que o usuário digitasse a quantidade de porções que desejaria comprar; onde capturamos essa quantidade, linha 28, verificamos novamente se o ouro que o jogador possui é igual ou superior ao valor que será gasto, linha 29. Para finalmente atualizar a quantidade de porções, linha 30, e descontar o valor, linha 31; os métodos das linhas 30 e 31, mais uma vez pertencem à classe jogador que foi herdada. Por fim é avisado o sucesso da compra, linha 32. Do contrário, se o valor for insuficiente o if da linha 29 e todo o seu conteúdo será ignorado, entrando assim no else da linha 34; onde informa que o saldo do jogador é insuficiente, linha 35.

O último else da linha 37, é referente à compra de armas, que irá alertar ao jogador, linha 38, que seu ouro é insuficiente, se o seu valor não satisfizer a condição do if da linha 19. Por fim, temos o método getArma(), linha 41, que retorna o nome da arma, presente em um array, com base no valor do índice passado ao método, linha 43.

A classe um pouco mais difícil de compreender é referente a Inimigos, que trata tanto de adversários comuns, como os chefes de fases. O sistema de batalha, como foi dito, é baseado em turnos, onde o jogador realiza sua primeira ação para depois os inimigos atacarem, e desta forma retornar a ação para o jogador e assim por diante.

Assim como a classe anterior, a classe inimigos herda a classe Jogador; já que muitas características do mesmo deverão ser consultadas no decorrer das batalhas.

Inimigos.java

```
01 package rpg.criaturas;
02 import java.util.Scanner;
03 import java.util.Random;
04 import rpg.personagem.*;
05
06 public class Inimigos extends Jogador{
07         private final int PV=10, DANO=3, XP=10, OURO=3, VARIA=3, LIMITE_CHEFES=10;
```

```java
	private int pv, dano, xp, ouro;
	private String[] fraseChefe = new String[7];
	private String frasePadrao="Ao entrar no templo você avisa o chefe.";
	private static int lvChefe=1;
	private int inimigos, derrotados;
	private boolean jogAt=false, fuga, chefe;
	private Scanner sc = new Scanner(System.in);
	private Random rd = new Random();

	public void rodada(boolean chefe)
	{
		this.chefe = chefe;
		fuga=false;
		frasesDoChefe();
		pv=PV*lvChefe;
		dano = DANO*lvChefe;
		xp = XP*lvChefe;
		ouro=OURO*lvChefe;
		if(!chefe)
		{
			inimigos = rd.nextInt(3) + 1;
			System.out.printf("Você andando pela floresta, acabou encontrando %d, inimigo(s).\n", inimigos);
		}
		else {
			inimigos=1;
			pv*=10;
			dano*=5;
			xp*=10;
			ouro*=5;
			int n = rd.nextInt(7);
			System.out.println(frasePadrao);
			System.out.println(fraseChefe[n]);
		}
		while(!fuga && inimigos>0)
		{
			System.out.println("Total de inimigos: "+inimigos);
			System.out.println("1 - Atacar");
			System.out.println("2 - Tomar porção");
			System.out.println("3 - Fugir");
			int op = sc.nextInt();
			if(op==1)
			{
				jogAt=false;
				ataques(inimigos);
			}
			else if(op==2)
			{
```

```
                jogAt=true;
                setFrasco(-1);
                ataques(inimigos);
            }
            else if(op==3)
            {
                jogAt=true;
                float probFuga = rd.nextFloat(1f);
                if(probFuga<=0.75f) {
                    System.out.println("Você conseguiu fugir.");
                    fuga=true;
                }else {
                    System.out.println("Infelizmente sua tentativa de fuga falhou.");
                    ataques(inimigos);
                }
            }
        }
    }

    private void ataques(int quantAtaques)
    {
        float probAcerto = rd.nextFloat(1f);
        if(!jogAt)
        {
            jogAt=true;
            if(probAcerto<=0.75f)
            {
                System.out.printf("Você ataca e causa %d de dano.\n", getJogador("arma"));
                pv-=getJogador("arma");
                if(pv<=0)
                {
                    --inimigos;
                    --quantAtaques;
                    ++derrotados;
                    System.out.println("Você matou o inimigo.");
                    if(inimigos>0)
                        pv=PV*lvChefe;
                    else if(inimigos==0 && !chefe)
                    {
                        System.out.println("\nVocê venceu esta luta.");
                        setXp(xp * derrotados);
                        setOuro(ouro * derrotados);
                        System.out.println("\n");
                        derrotados=0;
                    }
                    else if(chefe && inimigos==0)
                    {
```

```
                        derrotados=0;
                        System.out.printf("Parabéns você derrotou o %d° chefe do templo.\n", lvChefe);
                        setXp(xp);
                        setOuro(ouro);
                        if(lvChefe==LIMITE_CHEFES)
                        {
                            System.out.println("\nVocê zerou o jogo \\o/ \\o/ \\o/");
                            System.out.println("Desenvolvedor: Rodrigo Córdula");
                            System.exit(0);
                        }
                        ++lvChefe;
                    }
                }
                if(pv>0)
                    ataques(quantAtaques);
            }
            else{
                System.out.println("Você acabou errando o ataque.");
                ataques(quantAtaques);
            }
        }
        else if(quantAtaques>0){
            if(probAcerto<=0.65f)
                setPV(-getDanoIni());
            else
                System.out.println("O inimigo acabou errando o ataque.");
            ataques(quantAtaques-1);
        }
    }

    private int getDanoIni()
    {
        return (dano + rd.nextInt(dano/VARIA));
    }

    private void frasesDoChefe()
    {
        fraseChefe[0]="Ele em seu imensurável trono o olha com desdém. E se levanta lentamente para o combate.";
        fraseChefe[1]="Ao você puxar sua arma, ele solta uma longa gargalhada";
        fraseChefe[2]="Ele levanta uma de suas sobrancelhas e solta um leve sorriso";
        fraseChefe[3]="E uma longa lança saindo de sua mão e atravessando o salão, lhe tirando alguns fios de sua cabeça.\nO chefe se dirige a você com ferocidade.";
        fraseChefe[4]="-Aqui temos um defunto que anda.\n-E levarei este defunto pessoalmente para fora!";
```

```
144         fraseChefe[5]="-Se procuras a morte, vieste ao lugar certo.";
145         fraseChefe[6]="-O chão deste salão não é vermelho de tinta, mas de sangue dos meus inimigos!";
146     }
147 }
```

Das importações temos a entrada de dados, linha 02, geração de números randômicos, linha 03 e o pacote que possui a classe jogador, linha 04. Como sempre a classe atual herda a classe jogador, linha 06. Temos algumas variáveis constantes, linha 07, que servirá de base na construção dos inimigos e limitação de chefes a serem enfrentados antes de declarar vitória ao jogador.

O método rodado, linha 17, pega o argumento booleano passado e atribui a variável global de mesmo nome, linha 19. Já que vamos nos utilizar desta variável em outro método. Configuramos a variável booleana fuga como falso, linha 20, chamamos o método da linha 21, só para popular o array com as frases possíveis do chefe, linhas 137 a 146; depois pegamos as variáveis não constantes e atribuímos as mesmas às variáveis de mesmo nome, sendo que constantes; multiplicados pelo nível atual do chefe de fase, linhas 22 a 25.

Em outras palavras, toda vez que você derrotar um chefe de fase a dificuldade aumenta; pois se você estiver já no nível três do chefe, todos os valores constantes padrões serão multiplicados por três; claro que você poderá ajustar a dificuldade com outros cálculos, aqui é só um exemplo.

Feito isso verifico se não é um chefe, linha 26, caso afirmativo ele entra no if e faz a execução randômica em um intervalo de três números, que são entre zero e dois; somados a este intervalo o valor um. Com isso poderá ter de um a três inimigos simultâneos a serem enfrentados; esta quantidade é avisada logo em seguida, linha 29.

Do contrário, se for o chefe, linha 31, então é só um inimigo 32; o valor já proposto para pontos de vida, dano, pontos de experiência e ouro é multiplicado por cinco ou por dez; dependendo do atributo; mais uma vez esta dificuldade poderá ser ajustada por você, se desejar. Por fim, há um valor randômico entre zero e seis, linha 37, que servirá para demonstrar uma das frases atribuídas ao chefe, linha 39, junto com a frase padrão, linha 38.

Na linha 41, se inicia a luta, que continuará se fuga for falso e houver inimigos a serem enfrentados. Da linha 43 a 46, demonstramos o total de inimigos e as possíveis opções; onde capturamos a opção escolhida pelo jogador, linha 47. Se for a opção um, linha 48, o ataque do jogador será falso, linha 50, para dar oportunidade do mesmo atacar o adversário; além de chamar o método responsável por isso, linha 51.

Se for a opção dois, linha 53, que é beber uma porção, o ataque será true, linha 55; pois o jogador gastou sua ação bebendo a porção; onde chamamos o método herdado da classe jogador, linha 56, e o método responsável pelo sistema de ataque, linha 57.

E se for uma tentativa de fuga, mais uma vez o jogador estará gastando sua ação, linha 61; haverá um valor randômico de ponto flutuante gerado entre zero e um, que se for menor ou igual a 0,75, alertará que o usuário executou sua fuga com sucesso, linha 64, configurando assim a fuga como verdadeiro, linha 65; isso fará com que o laço relativo à rodada seja encerrado, voltando ao menu principal devido a condição que foi imposta no laço while, linha 41. Do contrário, linha 66, relatará sua falha, linha 67 e iniciará os ataques, linha 68.

O método de ataques, linha 74, mandamos como argumento a quantidade de inimigos, que é equivalente a quantidade de ataques; fazemos algo parecido para probabilidade de acerto, linha 76; poderíamos pegar esta mesma probabilidade e definir o que seria um dano crítico, mas optei em deixar o mais simples possível este exercício.

Se o jogador não atacou, ou seja, se a variável "jogAt" for falsa, linha 77, iremos configurar a mesma como verdadeira, linha 79, e iniciar o ataque; onde o resultado deverá ser igual ou inferior a 0,75, linha 80. Caso afirmativo, informamos a quantidade de dano causado pelo jogador, linha 82, onde chamamos o método herdado da classe jogador e requisitamos deste método o dano da arma: getJogador("arma").

Depois subtraímos os pontos de vida do adversário pelo dano do jogador, linha 83. Se os pontos de vida do adversário forem inferiores ou iguais a zero, linha 84, diminuímos a quantidade de inimigos, linha 86 e em consequência o número de ataques, linha 87, e atribuímos a variável derrotados, linha 88, que será responsável em contabilizar a quantidade de inimigos vencidos. Por fim, alertamos que o inimigo foi morto, linha 89.

Se ainda tiver inimigos depois disso, linha 90, então enchemos novamente o PV, linha 91, para o usuário enfrentar o próximo inimigo. Do contrário, se a quantidade de inimigos for zero e não for relacionado ao chefão, linha 92, alertamos que o usuário ganhou a batalha, linha 94, e chamamos métodos de XP e ouro, linha 95 e 96, herdados da classe jogador; o valor do XP ou ouro será multiplicado pela quantidade de inimigos que foram derrotados; onde pulamos uma linha, linha 97, e zeramos o valor de derrotados, linha 98.

Mas se for o chefe e zero inimigos, linha 100, deixam derrotados zerado, linha 102; parabeniza o jogador por ter derrotado o chefe do tempo, linha 103, informando o número do chefe enfrentado com base no nível atual do chefe de fase; após isso as recompensas são distribuídas, linha 104 e 105, e verificado se já foi alcançado o limite de chefes, linha 106; caso afirmativo, alerta que o usuário zerou o jogo, linha 108, e os créditos do desenvolvedor, linha 109; além de encerrar o programa, linha 110. Se o if da linha 106 for ignorado, ou seja, ainda há chefes a serem derrotados; então o nível do chefe é incrementado, linha 112.

Se algum inimigo ainda estiver vivo, linha 115, então chamamos o método de forma recursiva, linha 116, repassando o valor atual de ataques disponíveis. O else da linha 118 é quando a probabilidade de acerto do jogador na linha 80 for falso; relata então que ele errou o ataque, linha 119, chamando também de forma recursiva o mesmo método, linha 120.

Se o jogador já atacou, então entra no else if da linha 123, onde verifica se há ataques a serem feitos pelo inimigo, com base no valor da variável "quantAtaques"; a margem de probabilidade de acerto é 0,65; caso seja igual ou inferior a este valor, ele irá atualizar o pv do jogador, linha 125, com base no método herdado da classe jogador; para isso chama o método getDanoIni(), que retorna um valor referente ao dano do inimigo; do contrário, linha 126, o inimigo errou o ataque, linha 127. Ao final chama de forma recursiva o próprio método, mas subtraindo por -1 a quantidade de ataques disponíveis. Que fará com que entre novamente na condição de else if, isso se houver ainda ataques de inimigos a serem feitos.

O método recém-falado da linha 132, simplesmente retorna o dano mais um valor randômico de um terço do dano, relacionado ao dano do inimigo, como uma forma de haver uma variação de dano, mesmo que pequena.

Por fim, chegamos à classe Mapa, que será responsável em possuir o método principal main e de puxar todas as classes presentes como: Jogador, Inimigos e Loja. Que dependendo da opção escolhida um ou mais métodos de uma das classes será chamado. Vamos a ele:

Mapa.java

```
package rpg.base;
import java.util.Scanner;
import rpg.criaturas.*;
import rpg.personagem.*;
public class Mapa extends Jogador{
    public static void main(String[] args) {
        int op=0;
        Mapa mapa = new Mapa();
        Inimigos ini = new Inimigos();
        Loja loj = new Loja();
        try (Scanner sc = new Scanner(System.in)) {
            while(op!=5)
            {
                mapa.puxaStatus();
                System.out.println("Selecione a opção:");
                System.out.println("1 - Ir para a floresta");
                System.out.println("2 - Comprar equipamentos");
                System.out.println("3 - Dormir na taverna ao custo de 1 po");
                System.out.println("4 - Enfrentar o chefe do tempo");
                System.out.println("5 - Sair do jogo");
                op = sc.nextInt();
                if(op==1)
                    ini.rodada(false);
                else if(op==2)
                    loj.loja();
                else if(op==3) {
                    if(mapa.getJogador("ouro")>0)
                    {
                        mapa.setOuro(-1);
                        mapa.setPV(1);
                    }
                    else
                        System.out.println("Você não tem ouro suficiente.");
                }
                else if(op==4)
                    ini.rodada(true);
            }
            System.out.println("Game encerrado.");
        }
    }
}
```

A classe Mapa herda a classe jogador. O método main por ser estático só permite que sejam chamados métodos estáticos; para evitar em transformar os métodos herdados que serão utilizados da classe jogador como estáticos, fez-se uma instância da própria classe, linha 08, ao qual será utilizada; além de instâncias das classes, inimigos e loja, linhas 09 e 10.

Na linha 11, foi utilizado o try-with-resources, que veremos com mais detalhe no próximo tópico; poderia até incluir tratamento de erro com catch nesta estrutura, mas por ainda não ter dado o assunto, optei em não incluir.

O nosso laço da linha 12, irá se repetir enquanto a opção não for o número cinco; dentro do laço é utilizado o método para puxar o status do jogador, linha 14. Isso é possível, pois o objeto de instância da classe mapa herda os métodos da classe jogador. Depois disso é apresentado um menu, linhas 15 a 20, cuja opção resgatada pelo usuário, linha 21, irá chamar a rodada de luta, sem ser o chefe, linha 23, por isso que o argumento passado é falso; isso se a opção escolhida for ir para a floresta. Se for ir para a loja, opção dois, linha 22, é chamado o método loja da classe loja, linha 25. Se o usuário escolheu dormir na taverna, linha 26, deverá verificar se há ouro disponível, linha 27, caso afirmativo, remove uma peça de ouro, linha 29, recupera os Pvs, linha 30; do contrário, linha 32, alerta que está sem ouro para isso, linha 33. E se for a opção quatro, linha 35, chama a rodada de luta, mas alertando que é o chefe (true). Quando sair do laço um aviso de game encerrado é mostrado na tela, linha 38.

Farei aqui uma pequena demonstração, de como seria a luta do game:

```
Game: ST RPG - Versão: 1.37 beta
PV: 0020, Level: 01, Arma: Folha, Porções: 0, Ouro: 00005, XP: 00000, XP Prox.
Nível: 00030
Selecione a opção:
1 - Ir para a floresta
2 - Comprar equipamentos
3 - Dormir na taverna ao custo de 1 po
4 - Enfrentar o chefe do tempo
5 - Sair do jogo
1
Você andando pela floresta, acabou encontrando 2 inimigo(s).
Total de inimigos: 2
1 - Atacar
2 - Tomar porção
3 - Fugir
1
Você ataca e causa 7 de dano.
O inimigo ataca e você perde -3 pv. Sua vida atual: 17 pv.
O inimigo acabou errando o ataque.
Total de inimigos: 2
1 - Atacar
2 - Tomar porção
3 - Fugir
1
Você ataca e causa 6 de dano.
Você matou o inimigo.
O inimigo acabou errando o ataque.
Total de inimigos: 1
1 - Atacar
2 - Tomar porção
3 - Fugir
```

```
1
Você ataca e causa 6 de dano.
O inimigo ataca e você perde -3 pv. Sua vida atual: 14 pv.
Total de inimigos: 1
1 - Atacar
2 - Tomar porção
3 - Fugir
1
Você ataca e causa 7 de dano.
Você matou o inimigo.

Você venceu esta luta.
Você ganhou 20XP
Você ganhou 6po

Game: ST RPG - Versão: 1.37 beta
PV: 0014, Level: 01, Arma: Folha, Porções: 0, Ouro: 00011, XP: 00020, XP Prox.
Nível: 00030
Selecione a opção:
1 - Ir para a floresta
2 - Comprar equipamentos
3 - Dormir na taverna ao custo de 1 po
4 - Enfrentar o chefe do tempo
5 - Sair do jogo
5
Game encerrado.
```

Tratamento de exceções

O Java possui um sistema de tratamento de exceções, com o uso de try/catch. O próprio Eclipse em alguns casos poderá recomendar o seu uso, durante a construção do seu programa. Digamos que eu tenha um programinha simples que pega dois números provindos do usuário e exibe suas somas:

```
01 package com.testes;
02 import java.util.Scanner;
03 public class TestaTryCatch {
04   public static void main(String[] args) {
05       Scanner sr = new Scanner(System.in);
06       int d1, d2, div;
07       System.out.print("Digite o primeiro valor: ");
08       d1 = sr.nextInt();
09       System.out.print("Digite o segundo valor: ");
10       d2 = sr. nextInt();
11       div = d1 / d2;
12       System.out.printf("A divisão é: %d", div);
13   }
14 }
```

O primeiro exemplo não há muito que falar, como você sabe para pegar os dados provindos do usuário precisamos importar a classe Scanner, linha 02, criar um objeto desta classe, linha 05; passando como argumento ao construtor da classe o termo System.in para informar que o mesmo servirá de captura de dados provindos do usuário.

Na linha 06 temos as variáveis inteiras que utilizaremos neste exemplo; onde informamos ao usuário o que queremos, linha 07, e logo em seguida, capturamos este dado, linha 08; por d1 e d2 serem variáveis do tipo inteiro é utilizado o método nextInt() da classe Scanner. Na linha 11 é realizado o cálculo e na linha 12 é exibido o resultado.

Ao testar o programa a saída será:

```
Digite o primeiro valor: 45
Digite o segundo valor: 5
A divisão é: 9
```

O Eclipse entende que a classe Scanner precisa ser encerrada, leia-se fechada, após o seu uso. Por isso que aparece um ícone em forma de lâmpada com uma exclamação; do lado esquerdo na linha de código relacionada, conforme demonstrado na imagem:

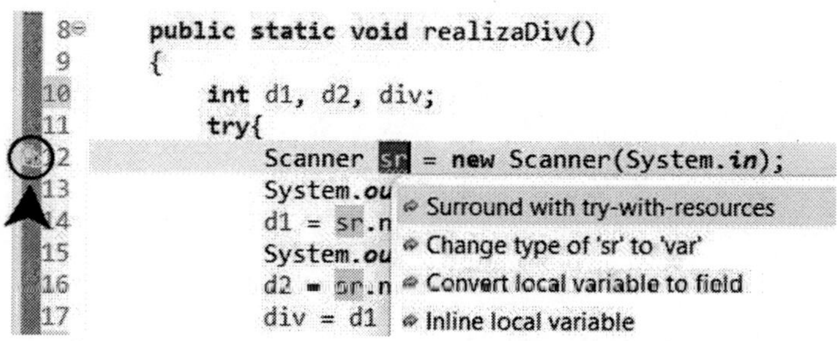

Dentro da lista de opções sugeridas pelo Eclipse, ele sugere o uso de try-with-resources; quando você clica nesta opção, a estrutura fica da seguinte forma:

```
01 try (Scanner sr = new Scanner(System.in)) {
02     int d1, d2, div;
03     System.out.print("Digite o primeiro valor: ");
04     d1 = sr.nextInt();
05     System.out.print("Digite o segundo valor: ");
06     d2 = sr. nextInt();
07     div = d1 / d2;
08 }
09 System.out.printf("A divisão é: %d", div);
```

Contudo haverá um erro presente na linha 09; onde relata que a variável div não pode ser resolvida como uma variável. A instrução try-with-resources garante que cada recurso seja fechado no final do bloco de instrução; fechando o Scanner, que fecha automaticamente o fluxo subjacente, que é System.in. Depois disso, você não poderá mais obter nenhuma entrada de usuário; assim como as variáveis declaradas dentro da estrutura try.

Por isso você deve colocar a linha 09 dentro do bloco try ou deixar a declaração das variáveis da linha 02 fora do bloco do try.

Também poderíamos implementar uma terceira opção, que é fechando diretamente o objeto de classe Scanner com o comando close, conforme demonstrado na linha 07. Ex:

```
01 Scanner sr = new Scanner(System.in);
02 int d1, d2, div;
03 System.out.print("Digite o primeiro valor: ");
04 d1 = sr.nextInt();
05 System.out.print("Digite o segundo valor: ");
06 d2 = sr. nextInt();
07 sr.close();
08 div = d1 / d2;
09 System.out.printf("A divisão é: %d", div);
```

Antes do Java SE 7, se utilizava um bloco finally para garantir que um recurso fosse fechado, independentemente da instrução try ser concluída normalmente ou abruptamente. Ex:

```
Scanner sr = new Scanner(System.in);
int d1, d2, div;
try{
   System.out.print("Digite o primeiro valor: ");
   d1 = sr.nextInt();
   System.out.print("Digite o segundo valor: ");
   d2 = sr. nextInt ();
   div = d1 / d2;
   System.out.printf("A divisão é: %d", div);
}finally{
   sr.close();
}
```

Porém, pode ter um vazamento de recursos; pois se o método nextInt() lançar uma exceção e com risco que sr.close() lance uma outra exceção, em consequência da primeiraa as informações necessárias para liberar o recurso na memória poderão ser perdidas, o que é chamado comumente de vazamento de memória.

O Garbage Collector ou coleta de lixo é um dos recursos incluídos em Java, em que coordena o gerenciamento automático de memória; quando não há mais referências a um objeto, o objeto é marcado para coleta de lixo. Aqui no caso o try-with-resources ele garante que cada recurso seja fechado no final da instrução.

Digamos que eu queira garantir o fechamento do recurso de entrada de dados do usuário (Scanner) e leitura de arquivo (FileReader), poderia incluir estes dois recursos em um try-with-resources, da seguinte forma:

```
try (Scanner sr = new Scanner(System.in);
FileReader fr = new FileReader("d:/rodrigo/java/jshell/Ex.java")) {
   ...
}
```

A separação, como pode ver, se dá por uso de ponto-e-vírgula (;). As reticências presentes nos limitadores de bloco {}, só servem para enfatizar que há algum conteúdo relacionado aos dois recursos gerenciados por try-with-resources. O mesmo exemplo poderá ser feito declarando Scanner e FileReader fora de try e só referenciar os seus objetos de classe. Ex:

```
Scanner sr = new Scanner(System.in);
FileReader fr = new FileReader("d:/rodrigo/java/Ex.java");
try (sr;fr) {
        ...
}
```

Além disso, o try, pode vir acompanhado de catch, que nos serve para tratamento de erros. A estrutura completa se dá com:

```
try {
        //comandos
}catch(<tipo de exceção>) {
        //comandos
}finally {
        //executado com try
}
```

Quando temos uma estrutura possivelmente problemática colocamos dentro de um try/catch; que caso algum erro ocorra, o catch responsável por este erro será executado, já que pode ter mais de um catch. Quando o erro é desconhecido, ou seja, não está presente na lista de catchs apresentados, a exceção será lançada em finally, mesmo com try não ocasionando erro o finally é executado.

As possibilidades de erros são incrivelmente extensas, mas vou listar algumas:

- **ArithmeticException**: Lançado quando ocorre uma condição aritmética excepcional. Como a divisão por zero de números inteiros, por exemplo.

- **ArrayIndexOutOfBoundsException**: Quando a posição do índice especificado em um array não é válido, como negativo ou fora dos limites do array.

- **ClassNotFoundException**: Quando se manuseia uma classe inexistente essa exceção é lançada.

- **FileNotFoundException**: Essa exceção é gerada quando o arquivo em questão não está acessível.

- **IOException**: Essa exceção é lançada, quando uma operação de entrada-saída falha ou é interrompida.

- **InputMismatchException**: Essa exceção é lançada quando o dado esperado não condiz ao que foi digitado pelo usuário.

- **NoSuchElementException**: Quando o elemento que está sendo solicitado não existe.

- **NoSuchFieldException**: É lançado quando uma classe não possui o campo (ou variável) especificada.

- **NoSuchMethodException**: Quando o método em questão não foi localizado.

- **NullPointerException**: Quando o elemento em questão a ser manipulado é um objeto nulo.
- **NumberFormatException**: Quando a String em questão não pode ser convertida em um formato numérico.
- **RuntimeException**: Isso representa qualquer exceção que ocorre durante o tempo de execução.
- **StringIndexOutOfBoundsException**: Normalmente é lançado quando você converte o conteúdo da String em char e durante esta conversão você insere um índice fora dos limites da String. Ex:
  String texto = "Roma";
  System.out.**println**(texto.**charAt**(7));

  Já que a palavra só possui quatro caracteres e numa conversão do tipo String para char está requisitando o sétimo caractere, que não existe no texto; resultando numa **StringIndexOutOfBoundsException.**

Vamos pegar o primeiro exemplo e expandi-lo com os novos recursos apresentados; dentro do mesmo pacote já criado com.testes, você irá criar uma classe de nome "TestaTryCatch", com o seguinte conteúdo:

```
package com.testes;
import java.util.InputMismatchException;
import java.util.Scanner;
public class TestaTryCatch {
	public static void main(String[] args) {
		realizaDiv();
	}
	public static void realizaDiv()
	{
		int d1, d2, div;
		try (Scanner sr = new Scanner(System.in)){
			try {
				System.out.print("Digite o primeiro valor: ");
				d1 = sr.nextInt();
				System.out.print("Digite o segundo valor: ");
				d2 = sr.nextInt();
				div = d1 / d2;
				System.out.printf("A divisão é: %d", div);

			}catch(InputMismatchException e)
			{
				System.out.printf("\nERRO\nUtilize números inteiros como dados de entrada.\n\n");
				sr.next();
				realizaDiv();
			}catch(ArithmeticException e)
			{
```

```
27                      System.out.printf("\nERRO\nNão há possibilidade de realizar uma divisão por zero.\n\n");
28                      realizaDiv();
29              }catch(Exception e) {
30                      System.out.printf("\nAVISO\nErro desconhecido.\nPrograma encerrado.\n");
31                      System.out.println(e);
32                      System.exit(1);
33              }finally {
34                      System.out.printf("\nFinally sendo executado\n");
35              }
36          }
37      }
38 }
```

O método principal da linha 05 é responsável em executar o método realizaDiv(), que é chamado na linha 06. Este método por sua vez possui a estrutura para captação de dados provindos do usuário; por utilizar a classe Scanner foi incluída a estrutura try-with-resource, linha 11. E dentro desta foi criada uma outra estrutura com try/catch, mas por que isso?

Lembre que o objeto Scanner só estará ativo dentro de try, como já foi mencionado anteriormente; o problema é que se este objeto for utilizado em um dos catchs, como ocorre com a linha 23, acabará ocorrendo um erro, já que não estará disponível. Por isso que foi criado um try-with-resource mais externo, para abranger os catchs, presentes na estrutura. Caso algum tipo de erro ocorra em try, tentará ser tratado por um dos catchs presentes no código.

Caso o usuário insira um dado inválido entrará em InputMismatchException; onde avisamos que só aceita números inteiros como entrada, linha 22; e pulamos a entrada inválida do usuário, com o uso de next(), linha 23; na linha seguinte chama o próprio método de forma recursiva; para o usuário tentar inserir novamente os dados.

No ArithmeticException, como foi explicado, é quando ocorre quando há uma divisão por zero, linha 25. Onde é relatado o erro, linha 27, e chamado o método de forma recursiva, para que o usuário tente novamente, linha 28. O último catch utiliza Exception que é um tratamento de erro genérico, aqui relato que o erro é desconhecido, linha 30, onde mostramos o detalhe com erro com a variável "e", provinda de Exception, linha 31; e já que não sabemos como lidar com o problema, opto em encerrar a aplicação, linha 32. Um código de status diferente de zero indica encerramento anormal, por isso que foi passado o valor "1", para exit pertencente a System.

Por fim, o finally, linha 33, onde só exibe uma mensagem de aviso para saber que ela foi ativada; realize testes com a aplicação e induza a erros para ver os possíveis resultados. Exemplo:

```
Digite o primeiro valor: w

ERRO
Utilize números inteiros como dados de entrada.

Digite o primeiro valor: 3
Digite o segundo valor: 0
```

```
ERRO
Não há possibilidade de realizar uma divisão por zero.

Digite o primeiro valor: 20
Digite o segundo valor: 5
A divisão é: 4
Finally sendo executado

Finally sendo executado

Finally sendo executado
```

Try e catch como única referência

Não há necessidade em cada método problemático criar um try/catch; basta com que a estrutura principal responsável em manusear os métodos da classe, possua a estrutura try/catch e com as possibilidades de erros a serem tratadas; durante o manuseio destes métodos.

No próximo exemplo tem dois métodos: o multiplica() e vetor(); o primeiro possuirá a possibilidade de gerar um InputMismatchException, caso o usuário insira um dado não esperado pela estrutura do código; enquanto o outro método, que irá lidar com um array; além de poder gerar um InputMismatchException, também terá a possibilidade de gerar um ArrayIndexOutOfBoundsException; já que as posições deste vetor poderão ser manipuladas pelo usuário e o mesmo pode acabar informando um número fora do intervalo do array. Porém, em nenhum deles haverá a estrutura try/catch.

Pois quem requisita estes métodos é o método principal main() e por isso só nele é que criaremos a estrutura try/catch para lidar com estes possíveis erros. Vamos dar uma olhada melhor como fica:

```
package com.testes;
import java.util.InputMismatchException;
import java.util.Scanner;
public class TrataErros {
	private static final Scanner sr = new Scanner(System.in);
	public static void main(String[] args) {
		int op=0;
		try(sr){
			try{
				while(op!=3)
				{
					System.out.println("Escolha uma das opções:");
					System.out.println("1 - Realizar uma multiplicação.");
					System.out.println("2 - Verificar dados de um vetor");
					System.out.println("3 - Sair do programa.");
					op = sr.nextInt();
					if(op==1)
						multiplica();
					else if(op==2)
						vetor();
					else if(op==3) {
						System.out.println("Programa encerrado.");
```

```
23                    }else
24                            System.out.println("Erro! Escolha uma opção válida.");
25                    }
26                }catch(InputMismatchException e){
27                    sr.next();
28                    System.out.println("Erro!\nO dado não condiz o que foi solicitado.");
29                    main(null);
30                }catch (ArrayIndexOutOfBoundsException e) {
31                    System.out.printf("Erro.\nO número digitado estar fora do limite do
vetor.\n");
32                    vetor();
33                }
34            }
35        }
36        private static void multiplica() {
37            int n1, n2, resultado;
38            System.out.print("Digite um número: ");
39            n1 = sr.nextInt();
40            System.out.print("Digite o número a ser multiplicado pelo primeiro:");
41            n2 = sr.nextInt();
42            resultado = n1*n2;
43            System.out.println("O resultado da multiplicação é: " + resultado);
44        }
45        private static void vetor() {
46            int[] vet= {42, 17, 22, 34, 11};
47            int op;
48            System.out.println("Escolha uma das opções:");
49            System.out.println("0 - Para exibir todos os números de nosso vetor.");
50            System.out.println("1-5 Para exibir o valor de uma posição específica do vetor.");
51            op = sr.nextInt();
52            if(op==0){
53                for(int n:vet)
54                    System.out.print(n+" ");
55                System.out.println();
56            }else
57                System.out.println(vet[op-1]);
58        }
59 }
```

O objeto da classe Scanner foi criado como uma variável global, linha 05, pois irá se estender a mais de um método estático. Dentro do método principal há dois trys, linha 08 e 09; a justificativa é a mesma que a anterior. Como sabemos, o sistema try-with-resource irá fazer com que o nosso objeto Scanner (sr) só exista dentro de try, porém iria gerar um erro, já que o objeto da classe Scanner é utilizado dentro de catch na linha 27.

Pensando em englobar o objeto Scanner tanto em try como em catch, ao qual se utiliza, é que foi criado um try mais externo, com a estrutura try-with-resource. Dentro do segundo try, linha 09, há um laço de repetição indefinido, linha 10, que irá ser interrompido, em algum dado momento, quando o usuário digitar o número três (3). Há um pequeno menu apresentado ao usuário, linhas 12 a 15, onde a opção é resgatada pelo objeto Scanner e atribuída a variável "op", linha 16.

A estrutura if/else das linhas 17 a 24, irá verificar o valor digitado pelo usuário; que se for um, linha 17, irá chamar o método multiplica(), linha 18; do contrário se for o valor dois, linha 19, irá chamar o método vetor(), linha 20; se for o valor três, linha 21, irá informar que o programa foi encerrado, linha 22. Do contrário, se nenhuma das opções analisadas for correta irá entrar no else da linha 23, informando que a opção é inválida, linha 24.

Quando o usuário digitar um dado inválido, por exemplo, um texto, irá cair em catch da linha 26; já que InputMismatchException ocorre quando a classe Scanner recebe um dado que não corresponde ao padrão do tipo esperado. E por isso iremos nos utilizar do método next() de Scanner para pular esta entrada, linha 27. É necessário pular a entrada incorreta do usuário, pois do contrário o erro irá persistir ao chamar novamente o método de forma recursiva, linha 29; passando como argumento null ao parâmetro args do método.

O método multiplica, linha 36, é a entrada simples de dois números inteiros, que é multiplicado, linha 42 e exibido o resultado, linha 43. Caso ocorra algum erro de entrada o catch presente em main é que fará o tratamento de erro.

De forma parecida ocorre com o método vetor, linha 48; sendo que neste caso iremos lidar com um array de cinco posições; tendo duas opções para o usuário escolher:
Digitar o número zero (0) para exibir todo o vetor
Digitar um número entre 1 a 5 para exibir um valor específico deste vetor.

A opção será resgatada na linha 51, e analisada nas linhas 52 a 57. Se for zero, linha 52, é utilizado um laço, linha 53, para pegar cada elemento e exibir em um comando de saída, linha 54; do contrário, linha 56, exibimos um único valor deste vetor com base na posição passada pelo usuário, linha 57. Se o usuário deseja exibir o valor da posição três, ele irá digitar o número três; porém, como já sabemos, o primeiro elemento em um vetor ocupa a posição zero e por isso o terceiro elemento deste vetor irá ocupar a posição dois; devido a isso há a subtração por um, para exibir o vetor.

Se o usuário digitar algo diferente de um número irá cair no catch da linha 26 presente no método main(). E se o usuário escolher uma posição fora do intervalo de nosso vetor, por exemplo, escolher a posição sete (7), em um vetor de cinco (5) posições, o catch da linha 30, presente em main(), será responsável em tratar este erro. Teste o programa e veja o resultado:

```
Escolha uma das opções:
1 - Realizar uma multiplicação.
2 - Verificar dados de um vetor
3 - Sair do programa.
w
Erro!
O dado não condiz com o que foi solicitado.
Escolha uma das opções:
1 - Realizar uma multiplicação.
2 - Verificar dados de um vetor
3 - Sair do programa.
2
Escolha uma das opções:
```

```
0 - Para exibir todos os números de nosso vetor.
1-5 Para exibir o valor de uma posição específica do vetor.
9
Erro.
O número digitado está fora do limite do vetor.
Escolha uma das opções:
0 - Para exibir todos os números de nosso vetor.
1-5 Para exibir o valor de uma posição específica do vetor.
0
42 17 22 34 11
Escolha uma das opções:
1 - Realizar uma multiplicação.
2 - Verificar dados de um vetor
3 - Sair do programa.
3
Programa encerrado.
```

Throw e throws

Throw: nos possibilita a criação de exceções de forma explícita e personalizada. Quando a exceção é lançada usando a palavra-chave throw, o que faz com que o fluxo de execução do programa seja interrompido e o controle é transferido para o bloco try-catch mais próximo que corresponde ao tipo de exceção.

Vamos ver o mesmo na prática; por isso crie uma nova classe, com o seguinte código:

```
01 package com.testes;
02 import java.util.Scanner;
03 public class TesteThrow{
04      public static void main(String[] args) {
05              float sal;
06              try (Scanner sr = new Scanner(System.in)) {
07                      System.out.print("Digite o salário: ");
08                      sal = sr.nextFloat();
09                      if(sal>0 && sal<1302) {
10                              throw new IllegalArgumentException("O salário não pode ser inferior a R$
1.302.");
11                      }else if(sal<0)
12                              throw new IllegalArgumentException("O salário não pode se negativo.");
13                      System.out.println("Bom dia!");
14              }catch(IllegalArgumentException e){
15                      System.out.println(e);
17              }
17      }
18 }
```

Na linha 10 e na linha 12 está sendo criada uma exceção do tipo IllegalArgumentException, onde foi passado um texto como argumento. Essa exceção será executada no catch da linha 14; onde passamos ao comando de saída o conteúdo de "e", que pertence a IllegalArgumentException. Este conteúdo será nada mais do que o texto que foi criado. Teste o programa e veja o resultado. Ex:

```
Digite o salário: -100
java.lang.IllegalArgumentException: O salário não pode ser negativo.
```

A comprovação que há a interrupção da execução do programa é que o comando de saída, presente na linha 13, não foi executada.

Throws: Parecido com throw já que se permite lançar exceção de forma explícita e personalizada; onde podemos nos utilizar dela para criar uma classe separada que trate das exceções.

Como exemplo crie uma nova classe dentro do pacote com.testes; com o nome de "SalException", com o seguinte código:

```
01 package com.testes;
02
03 public class SalException  extends Exception {
04   private static final long serialVersionUID = 1L;
05   String mgErro;
06   public SalException(int erro)
07   {
08      mgErro = switch(erro) {
09                 case 1 -> "Salário não pode ser negativo";
10                 case 2 -> "Salário não pode ser inferior a R$ 1.212.";
11                 case 3 -> "Salário não pode ser superior a R$ 3.000.";
12                 default -> throw new IllegalArgumentException("Número do erro desconhecido: " + erro);
13      };
14   }
15
16   @Override
17   public String getMessage(){
18     return mgErro;
19    }
20 }
```

Dentro do pacote com.testes, linha 01; foi criada uma classe "SalException", linha 03; onde herda os elementos da classe Exception de java; a linha 04 é uma recomendação do Eclipse na versão herdada. Na linha 05 temos uma String e na linha 06 nosso construtor que possui como parâmetro uma variável inteira; utilizamos o argumento passado para a expressão de estudo de caso (switch), para verificar qual mensagem a ser guardada na String "mgErro"; onde há o argumento default, linha 12, para retornar um aviso se o número passado for desconhecido.

Na linha 16 foi utilizado o polimorfismo, para sobrescrever o método getMessage(), pertencente da classe Throwable, em que a classe Exception herda, para retornar a mensagem que foi capturada pelo construtor.

Crie agora uma nova classe de nome "TesteThrows" dentro do pacote com.testes para testarmos a classe "SalException", que acabamos de criar:

```
package com.testes;
```

```
02 import java.util.Scanner;
03 public class TesteThrows {
04
05     public static void main(String[] args) throws SalException {
06         try (Scanner sr = new Scanner(System.in)) {
07                 System.out.print("Digite o valor do salário: ");
08                 float sal = sr.nextFloat();
09                 if(sal<0) {
10                         throw new SalException(1);
11                 }else if(sal>0 && sal<1302){
12                         throw new SalException(2);
13                 }else if(sal>5000){
14                         throw new SalException(3);
15                 }else
16                         throw new SalException(4);
17         }
18     }
19 }
```

O throws, presente em main, referência à classe "SalException", que criamos. O exemplo é simples, utilizamos Scanner para capturar um dado provindo do usuário, linha 08, e lançamos as exceções personalizadas com base no valor do salário. Se for inferior a zero, linha 09, chamamos a classe "SalException", através de throw, linha 10; passando como argumento ao construtor o valor um (1), que como consta lá na classe que criamos o aviso será: Salário não pode ser negativo.

Já na linha 11, verifica se o salário não atende ao mínimo exigido, lançando a exceção de número dois (2), linha 12. Já o 13, se o valor ultrapassa o limite que é proposto é chamando a exceção de número três (3). Por fim, temos um else, linha 15, quando nenhuma das exceções nos satisfaz; chamando um número qualquer, por exemplo, o quatro (4), que como sabemos não está presente nas opções do switch, lançando a exceção default. E isso pode ocorrer se o salário for zero (0), afinal de contas não há um tratamento de exceção para este valor. Exemplo Saída do programa:

```
Digite o valor do salário: 0
Exception in thread "main" java.lang.IllegalArgumentException: Número do erro desconhecido: 4
    at com.Testes.SalException.<init>(SalException.java:12)
    at com.Testes.TesteThrows.main(TesteThrows.java:16)
```

Classes abstratas e de interface

Toda classe que possuir um ou mais métodos abstratos, deverá ser declarada também abstrata. Contudo pode haver uma classe abstrata sem a presença de métodos abstratos. Uma classe abstrata não poderá gerar uma instância da classe, por isso para manusear a mesma, ela deverá ser obrigatoriamente herdada.

Um método abstrato deverá ter só o seu cabeçalho, leia-se assinatura, sem nenhuma implementação ao método; mas a classe que a herda deverá implementar este método, do contrário, a classe também deverá ser abstrata. As classes abstratas são semelhantes às interfaces. Pois você também não poderá instanciá-las, e por não poderem ambos não possuem construtores.

Porém, o termo abstrato permite definir métodos públicos, protegidos e privados; campos de declaração variável e estender o termo abstrato a uma classe herdada. Já, interface, os campos são automaticamente públicos, estáticos e finais. Todos os métodos da interface são públicos e permitem implementar uma quantidade indefinida de interfaces em uma única classe.

Uma classe que herda elementos de uma classe abstrata tem por hábito de ser reconhecida como uma classe concreta; já que classes abstratas têm por objeto de servir de modelo para as classes que as herdam. Obrigando a definir o conteúdo de métodos abstratos, sem poder alterar o cabeçalho dos mesmos; tornando este método como um modelo padrão a todos que se utilizam, mas que não possua necessariamente a mesma implementação. Além disso, tem por objetivo, assim como interfaces, que não haja a possibilidade de poder criar várias instâncias desta classe, podendo lidar só com uma.

Vamos a um exemplo simples com o uso de abstrato. Crie um projeto de nome abstratos e um pacote: abstratos.exemplos. Dentro dele crie as classes: funcionários, guardas, professores e "RealizaContas". Nossa classe modelo será o "RealizaContas", onde possuirá um método abstrato.

RealizaContas.java

```
01 package abstratos.exemplos;
02
03 public abstract class RealizaContas {
04         protected float sal, valorDia, vale, dias;
05         protected abstract void pagamento();
06         protected float INSS(float sal)
07         {
08                 if(sal<=1212f)
09                         return 0.075f;
10                 else if(sal<=2427.35f)
11                         return 0.09f;
12                 else if(sal<=3641.03f)
13                         return 0.12f;
14                 else
15                         return 0.14f;
16         }
17 }
```

Se a classe possuir um ou mais métodos abstratos, a mesma deverá ser declarada como abstrata, conforme feito na linha 03. Há variáveis declaradas, linha 04, que serão utilizadas. Também temos o método abstrato sem retorno, só com o cabeçalho ou assinatura de método, linha 05. E por fim, um método normal com retorno de dados do tipo ponto flutuante, com um parâmetro. Ao passar um valor ao mesmo ele será avaliado. Que dependendo do seu valor haverá o retorno de um determinado valor referente à taxa do INSS, linhas 08 a 15.

Agora vamos criar duas classes Guardas e Professores, que se farão de uso deste modelo, para criar seus dados de forma distinta, mas seguindo o mesmo molde de método.

Guardas.java

```
package abstratos.exemplos;

```

```
03 public class Guardas extends RealizaContas {
04     public void pagamento()
05     {
06             valorDia=80;
07             vale=400;
08             dias=22;
09             sal = valorDia * dias + (dias * valorDia)/2;
10             System.out.println("Salário dos guardas");
11             System.out.printf("Salário bruto de R$%.2f\n", sal);
12             System.out.printf("Valor do INSS de R$%.2f%%, equivalente a R$ %.2f\n", INSS(sal)*100, sal
* INSS(sal));
13             sal -= sal * INSS(sal);
14             System.out.printf("Vale Alimentação de R$%.2f\n", vale);
15             System.out.printf("Salário líquido de R$%.2f\n\n", sal);
16     }
17 }
```

Na classe Guardas, foi herdada a classe "RealizaContas", linha 03; onde foi implementado o método abstrato pagamento, linhas 04 a 16. Desta forma não é necessário declarar esta classe como abstrata já que foi dado corpo ao método.

Em pagamento utilizei das variáveis presentes em "RealizaContas"; atribuindo valores aos mesmos, linhas 06 a 08. Onde na linha 09 foi realizada uma multiplicação de dias trabalhados por valor do dia, mais um acréscimo de 50% deste valor; considerando como um adicional noturno, por exemplo.

Das linhas 10 a 15 são exibidas as informações; com exceção das linhas 12 e 13, que chamam o método herdado da classe "RealizaContas", que é o INSS, para retornar à fração do desconto, com base no valor do salário do funcionário; onde subtraímos do salário, com base no INSS retornado, vezes o valor do salário, para obter assim o valor que será descontado.

Na linha 10 é informado o tipo de funcionário; o salário bruto na linha 11; o valor relativo ao INSS, que para transformar a fração em porcentagem, devemos multiplicar por 100; e quanto seria este valor a ser descontado, que é a multiplicação do salário pela fração do INSS, linha 12. Por fim, informa o vale alimentação, linha 14, e o salário líquido, onde foi subtraído o valor do INSS, linha 15.

Na classe professores, fazemos algo semelhante, mas com algumas modificações neste método. Ex:

Professores.java

```
01 package abstratos.exemplos;
02
03 public class Professores extends RealizaContas {
04     public void pagamento()
05     {
06             valorDia=170;
07             vale=300;
08             dias=22;
09             sal = valorDia*dias;
10             System.out.println("Salário dos professores");
11             System.out.printf("Salário bruto de R$%.2f\n", sal);
```

```
12              System.out.printf("Valor do INSS de R$%.2f%%, equivalente a R$ %.2f\n", INSS(sal)*100, sal * INSS(sal));
13              sal -= sal * INSS(sal);
14              System.out.printf("Vale refeição de R$%.2f\n", vale);
15              System.out.printf("Salário líquido de R$%.2f\n\n", sal);
16      }
17 }
```

Os dados passados possuem valores diferentes como pode ver, linhas 06 a 08; inclusive a forma de calcular o salário, linha 09. E o bônus desta vez é relativo a vale refeição e não a vale alimentação, linha 14. E o método de retorno referente ao INSS não se tornou abstrato por ser padrão para ambas as classes; diferentemente do que ocorre com o método pagamento.

Agora vamos criar uma classe de nome funcionários, que irá ser responsável em se utilizar destas classes e por isso a mesma possuirá o método principal main.

Funcionarios.java

```
01 package abstratos.exemplos;
02
03 public class Funcionarios {
04
05      public static void main(String[] args) {
06              Guardas guardas = new Guardas();
07              guardas.pagamento();
08              Professores prof = new Professores();
09              prof.pagamento();
10      }
11 }
```

Foi criada a instância das classes guardas, linha 06, e professores, linha 08, que não são abstratas e por isso poderá ser criado objeto de classe das mesmas; onde em ambos é chamado o método referente a informações de pagamento, linhas 07 e 09. A saída do programa será:

```
Salário dos guardas
Salário bruto de R$2640,00
Valor do INSS de R$12,00%, equivalente a R$ 316,80
Vale Alimentação de R$400,00
Salário líquido de R$2323,20

Salário dos professores
Salário bruto de R$3740,00
Valor do INSS de R$14,00%, equivalente a R$ 523,60
Vale refeição de R$300,00
Salário líquido de R$3216,40
```

Como vimos no exemplo acima para implementarmos uma classe abstrata que devemos nos utilizar do termo abstract, já a interface, será o termo interface. E como havia falado uma classe poderá implementar mais de uma interface. Vou criar um novo exemplo baseado no primeiro que havia criado, sendo que desta vez com o uso de interface.

```
package interfaces.exemplos;
```

```
02
03 public interface Dados {
04 	public static final float dias=22;
05 	public void valorDia(float valorDia);
06 	public void vale(float vale);
07 	public void addNoturno(boolean noturno);
08 }
```

Crie um projeto de nome interfaces, dentro deste crie um pacote de nome interfaces.exemplos. Nele você criará interfaces de nomes: Dados e Cargos. Para isso você escolherá a opção interface para criação ao invés da opção habitual para classes, conforme o exemplo da imagem:

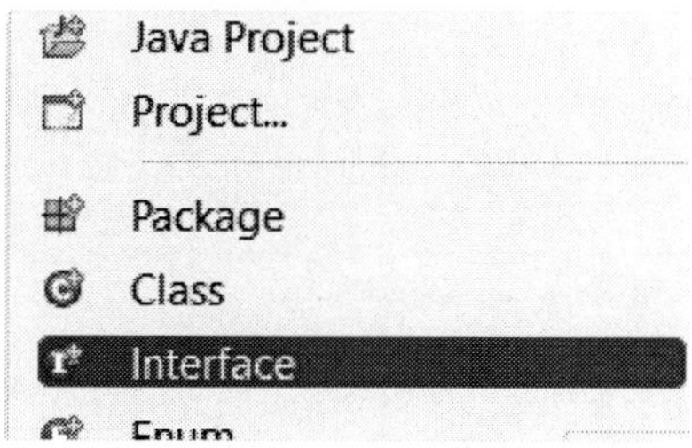

Na linha 03 há o termo interface, para sinalizar que a estrutura seguirá os padrões para criação de interfaces. Respeitando os critérios da interface, que só poderá declarar variáveis estáticas, finais e públicas. Foi criada uma variável nestas configurações de nome dias com o valor 22; optei desta forma como exemplo, pois dias possui o valor 22, independente se é guarda ou professor.

Das linhas 04 a 07 temos as interfaces criadas, que quando forem implementadas deverão possuir a sua implementação. Já a interface cargo, haverá duas: cargo e resultado; conforme o código abaixo:

```
01 package interfaces.exemplos;
02
03 public interface Cargos {
04 	public void cargo(String cargo);
05 	public void resultado();
06 }
```

Feito isso, crie agora uma classe de nome "Funcionarios". Nele iremos tanto dar corpo para as interfaces, como executar o exemplo pelo método main que esta classe possuirá; por isso ao criar a classe não se esqueça de marcar a opção de criação do método principal.

```
01 package interfaces.exemplos;
02 import java.util.Scanner;
03 public class Funcionarios implements Cargos, Dados{
04 	private static float valorDoDia, valeTrab, sal;
05 	private boolean noturno;
06 	public static void main(String[] args) {
07 		try (Scanner sc = new Scanner(System.in)) {
08 			Funcionarios func = new Funcionarios();
09 			System.out.print("Digite o nome do cargo: ");
```

```
10                  func.cargo(sc.nextLine());
11                  func.resultado();
12          }
13      }
14      public void resultado() {
15          sal = (noturno) ? valorDoDia*dias + (valorDoDia*dias)/2 : valorDoDia*dias;
16          System.out.printf("Salário Bruto R$: %.2f\n", sal);
17          System.out.printf("Vale %s R$: %.2f",(noturno)? "alimentação":"refeição", valeTrab);
18      }
19      public void cargo(String cargo) {
20          if(cargo.equals("guarda"))
21          {
22                  addNoturno(true);
23                  valorDia(80);
24                  vale(400);
25          }
26          else if(cargo.equals("professor") || cargo.equals("professora"))
27          {
28                  addNoturno(false);
29                  valorDia(170);
30                  vale(300);
31          }
32      }
33      public void valorDia(float valorDia) {
34          valorDoDia=valorDia;
35      }
36      public void vale(float vale) {
37          valeTrab=vale;
38      }
39      public void addNoturno(boolean noturno) {
40          this.noturno= noturno;
41      }
42 }
```

Na classe funcionários implementei as duas interfaces, linha 03, com o comando implements. Isso só é possível por se tratar de interfaces. No método principal, criei uma instância da própria classe para poder manipular métodos não estáticos, linha 08; onde foi utilizada a classe Scanner para capturar o dado digitado pelo usuário e enviar diretamente o conteúdo ao método cargo, linha 10; onde se encerra chamando o método resultado, linha 11.

O método resultado, linha 14, realiza um cálculo que varia, pois, dependendo da variável global booleana noturno da linha 15, ser true ou false, o cálculo poderá ser o custo dos dias trabalhados, mais 50%; ou o valor do dia vezes a quantidade de dias, linha 15; através de um operador ternário. Independentemente do tipo de retorno, o resultado será atribuído a variável sal; exibindo o salário bruto, linha 16, e o vale que poderá ser de alimentação ou de refeição, dependendo se o funcionário trabalhar no período noturno ou não. Isso mais uma vez é verificado por um operador ternário com base no valor booleano da variável global noturno, linha 17.

Já cargo, linha 19, que é chamado assim que o usuário informa o tipo de cargo na linha 10, verifica o argumento passado à função; para verificar se é guarda, linha 20, realizando assim as atribuições referentes ao cargo, linhas 22 a 24; do contrário, se for professor ou professora, linha 26, irá atribuir outros tipos de dados, linhas 28 a 30.

Os demais métodos, linhas 33 a 41; que são chamados dependendo do if/else das linhas 20 a 31; simplesmente pegam o valor passado como argumento e atribuem a uma variável global de mesmo nome. A saída do programa será algo como:

```
Digite o nome do cargo: professora
Salário Bruto R$: 3740,00
Vale refeição R$: 300,00
```

O que vimos na implementação de interfaces em uma classe, também é possível fazer da mesma forma com a herança entre interfaces; onde uma interface poderá herdar uma ou mais interfaces. Digamos que crie uma interface para juntar as duas interfaces criadas em uma só, poderia fazer da seguinte forma. Ex:

```
package interfaces.exemplos;

public interface JuntaInterfaces extends Dados, Cargos {

}
```

Numa aplicação poderia ser útil se fosse uma lista relativamente grande de interfaces que se relacionam, como uma forma de poder puxar todas pelo nome de uma única interface que está herdando todas relacionadas; uma forma de economizar tempo quando necessitar puxar esta lista para ser implementada em alguma classe.

A herança de interfaces não é algo incomum, basta com que tenham alguma relação entre si. E por que não juntar tudo em uma única interface? A divisão é a parte forte da programação POO (programa orientado a objeto), estruturas PE (programa estruturado), faziam questão de compactar tudo em um só local. Porém, a manutenção se tornava algo complicado de ser feito, conforme o código ia se expandindo; já que seções distintas estariam todas em um mesmo emaranhado de código, que habitualmente geravam milhares de linhas de código num único arquivo.

A divisão tem por objetivo separar por seções, relacionado a objetivos distintos. Algo que pode ser visto de forma clara, no pequeno projeto de RPG que vimos. Onde houve a separação de objetos por classes como mapa, loja, jogador e inimigos, por exemplo. E como uma forma de deixar um pouco mais organizado, estas mesmas classes ainda foram separadas em pacotes relativos as suas respectivas funções. Quando um erro ocorrer durante o ataque de um inimigo no jogo, por exemplo, o programador saberá que deverá consultar o pacote relativo a esta função e suas classes, se houver mais de uma. Já que poderia ter sido feita a classe inimigos e chefes, por exemplo; neste caso se o erro fosse apresentado ao enfrentar um chefe, a classe chefes é que deveria ser consultada.

Trabalhando com manipulação de arquivos

A manipulação de arquivos é algo relativamente complexo de ser feito, já que para funcionar da maneira correta precisamos de:

1. Acessar um diretório específico ou criá-lo.

2. Poder criar arquivos neste diretório.
3. Poder gravar dados em um determinado arquivo.
4. Poder ler os dados de um determinado arquivo.
5. Poder renomear o arquivo.
6. Poder ver a listagem de arquivos presente no diretório.
7. Poder apagar o arquivo criado, quando não for mais necessário.

Por isso criarei um exemplo único, da forma mais simples possível, mas que englobe todos os sete tópicos apresentados, tentei incluir o mínimo de importações extras, que precisaremos para manipulação do diretório/arquivo. De qualquer forma duas classes deverão ser importadas, fora as classes que manipulam as exceções. São elas:

- **java.io.File**: Permite a criação de arquivos e diretórios, além de sua exclusão; com o mesmo é possível também ver os arquivos presentes em um diretório, por exemplo.
- **java.io.FileWriter**: Para gravação de dados de um arquivo.

Como sempre deverá ser criado pelo Eclipse, siga os seguintes passos de criação:

1. Crie um projeto de nome Arquivos.
2. Dentro deste projeto crie um pacote de nome: gerencia.arquivos.
3. Dentro deste pacote adicione a classe "ManipulaArquivo".
4. Adicione o seguinte código à classe criada:

```
package gerencia.arquivos;
import java.io.IOException;
import java.io.FileNotFoundException;
import java.io.FileWriter;
import java.util.NoSuchElementException;
import java.util.Scanner;
import java.io.File;
public class ManipulaArquivo {
	private static final String path = "d:/rodrigo/java/arquivos/";
	private static final Scanner sc = new Scanner(System.in);
	private File arq;
	private String texto;
	private final String ext=".txt";
	private boolean parar=false;
	public static void main(String[] args) throws IOException, NoSuchElementException {
		ManipulaArquivo MA = new ManipulaArquivo();
		File pasta = new File(path);
		pasta.mkdirs();
		try(sc){
		MA.admArquivo();
		 }catch (FileNotFoundException e){
			System.out.println("Arquivo não encontrado.");
		 }catch (IOException e){
			System.out.println("Ocorreu um erro inesperado.");
		}catch (NoSuchElementException e){
			System.out.println("Ocorreu um erro de manipulação de arquivo.");
		}
```

```
    }
    public void admArquivo()throws FileNotFoundException, IOException
    {
        int op=0;
        String arquivo="";
        while(op!=7){
            System.out.println("1 - Criar arquivo");
            System.out.println("2 - Ler Arquivo");
            System.out.println("3 - Gravar dados no arquivo");
            System.out.println("4 - Renomear arquivo");
            System.out.println("5 - Apagar arquivo");
            System.out.println("6 - Ver diretório");
            System.out.println("7 - Sair");
            op = sc.nextInt();
            if(op>=1 && op<=5){
                System.out.println("Digite o nome do arquivo: ");
                sc.skip("\\R?");
                arquivo = sc.nextLine();
                arquivo+=ext;
                arq = new File(path+arquivo);
            }
            if(op==1)
                criaArquivo();
            else if(op==2)
                lerArquivo();
            else if(op==3)
                gravaArquivo();
            else if(op==4)
                renomearArquivo();
            else if(op==5)
                apagaArquivo();
            else if(op==6)
                verDir();
        }
        System.out.println("Fim do programa");
    }
    private void criaArquivo() throws FileNotFoundException, IOException, NoSuchElementException
    {
        if(arq.createNewFile())
            System.out.println("Arquivo criado com sucesso.");
        else
            System.out.println("Arquivo solicitado para criação já existe.");
    }
    private void lerArquivo() throws FileNotFoundException, IOException, NoSuchElementException
    {
        if(arq.exists()){
            try (Scanner lerArq = new Scanner(arq)) {
                while (lerArq.hasNextLine()) {
```

```
                    texto = lerArq.nextLine();
                    System.out.println(texto);
                }
            }
        }else
            System.out.println("ERRO\nO arquivo solicitado para leitura não existe.");
    }
    private void gravaArquivo() throws FileNotFoundException, IOException, NoSuchElementException
    {
        if(arq.exists()){
            FileWriter escreva = new FileWriter(arq.getPath(), true);
            do {
                System.out.println("Para sair digite /bye.");
                texto = sc.nextLine();
                if(!texto.equals("/bye"))
                    escreva.write(texto+"\n");
                else {
                    escreva.close();
                    parar=true;
                }
            }while(!parar);
            parar=false;
        }else
            System.out.println("O arquivo solicitado para gravação não existe.");
    }
    private void renomearArquivo()
    {
        if(arq.exists())
        {
            System.out.println("Digite um novo nome para este arquivo");
            texto = sc.nextLine();
            File novoNome = new File(path+texto+ext);
            if(arq.renameTo(novoNome))
                System.out.println("Arquivo renomeado com sucesso.");
            else
                System.out.println("Ocorreu um erro ao tentar renomear o arquivo.");
        }
        else
            System.out.println("O arquivo solicitado para ser renomeado não existe.");
    }
    private void apagaArquivo() throws FileNotFoundException, IOException, NoSuchElementException
    {
        if(arq.delete())
            System.out.println("Arquivo deletado com sucesso.");
        else
            System.out.println("ERRO\nArquivo solicitado para a exclusão não existe.");
    }
```

```
123     private void verDir() throws FileNotFoundException, IOException, NoSuchElementException
124     {
125             File pasta = new File(path);
126             File[] arquivos = pasta.listFiles();
127             for (File arquivo : arquivos) {
128               if (arquivo.isFile())
129                 System.out.println(arquivo.getName());
130             }
131     }
132 }
```

Com o exemplo em mãos, vamos tentar entender o seu funcionamento. Das linhas 01 a 07 foram as importações necessárias para a construção dos exercícios, inclusive para tratar de algumas exceções. Na classe "ManipulaArquivo" foi criada uma variável estática, pois será manipulada dentro do método estático main e constante, para evitar que o conteúdo da mesma seja alterada acidentalmente, da mesma forma ocorre com o objeto Scanner, que será utilizado em mais de um método e por isso foi declarado desta forma e como estático devido a ser utilizado no método main que é estático.

No método main, linha 15, foram adicionados alguns tratamentos de exceções; onde na linha 16 foi criado um objeto da própria classe, para chamar métodos não estáticos pelo método estático main. Na linha 17 pegamos o caminho com file; na linha seguinte criamos o caminho, se não existir; incluindo quaisquer diretórios pais necessários. Do contrário, o comando mkdirs() não irá fazer nada.

Nas linhas 19 a 27 há um pequeno sistema de tratamento de exceção, onde chamamos o método admArquivo(), linha 22. Este método por sua vez, tem um simples menu, como pode ver nas linhas 34 a 40. A opção escolhida é capturada, linha 41. E se for opções entre um a cinco, linha 46, precisaremos que o usuário informe o nome do arquivo, linhas 41 a 48. Onde temos o sistema para ignorar a tecla <ENTER>, linha 44, para que o comando da linha 45 não seja ignorado; como já foi explicado em tópicos anteriores.

Concatenamos o nome do arquivo com a extensão, que está presente na variável "ext", linha 46. E pegamos a variável "arq" e passamos para file o caminho, mais o arquivo em questão que será manipulado. Com isso em mãos, se for a opção um, linha 49, irá chamar o método responsável em criar o arquivo. Se for a opção dois, linha 51, o método responsável em ler o arquivo e assim por diante; chamando cada método correspondente àquilo que foi solicitado pelo usuário. E se a opção digitada for sete (7), não irá ocorrer nada e ainda sair do laço, conforme demonstrado na linha 33. Fazendo com que as linhas 62 e 63 sejam executadas; alertando que o programa foi encerrado.

O criaArquivo(), linha 64, só faz com que o arquivo seja criado, com o método createNewFile, da classe File, linha 66, que poderá retornar true, se o arquivo foi criado e relatando assim o sucesso, linha 67; ou false, relatando que não foi criado pelo arquivo já existir, linha 69.

O método lerArquivo() verifica primeiramente se o arquivo em questão existe, linha 73, que caso exista irá retornar true; fazendo com que entre na condição de if, onde foi utilizado o comando try, por se utilizar de outro objeto da classe Scanner, sendo que desta vez passamos o arquivo como argumento ao construtor desta classe.

Dentro de try, temos um laço, onde é utilizado hasNextLine() que retorna true, se houver alguma linha a ser lida neste arquivo ou false, caso contrário. Tendo pelo menos uma linha de conteúdo, ele pega esta linha,

linha 76, e a exibe, linha 77. Retornando assim ao início do laço, linha 75, onde irá verificar se há ainda uma próxima linha a ser lida; caso afirmativo, repete-se o processo pegando a linha seguinte e a exibindo; e assim por diante. Em resumo, ele irá andar linha por linha do conteúdo existente, até que não tenha mais nenhum conteúdo a ser mostrado; onde hasNextLine() irá retornar falso e encerrando assim o laço. Do contrário, se o arquivo solicitado não existe, irá para o else da linha 80, ignorando todo conteúdo presente no if da linha 73 e exibindo um aviso de erro, linha 81.

O método gravaArquivo(), faz a mesma verificação se o arquivo existe, linha 85 e pega o arquivo para escrita com o objeto da classe FileWriter, linha 86; onde passamos dois argumentos ao seu construtor, o primeiro é o caminho, por isso o uso do método getPath() da classe File, que retorna o caminho do arquivo atual. No segundo argumento foi passado com true, para que não apague o conteúdo existente neste arquivo, se existir, ao gravar novos dados; se eu colocasse false ou simplesmente não passasse nada no segundo argumento deste construtor, o objeto de classe de nome escreva iria simplesmente apagar todo o conteúdo do arquivo quando algo novo fosse inserido no mesmo.

Capturamos o texto digitado pelo usuário, linha 89; contudo antes de inserir é verificado se o texto não possui o texto /bye; caso não tenha pegará o conteúdo capturado e irá adicionar ao arquivo, linha 91, com o acréscimo de um pulo de linha (\n). Do contrário, com a presença de "/bye", ele simplesmente irá fechar o objeto da classe Scanner, linha 93 e alterar a variável booleana, parar para true, linha 94. Isso para encerrar o laço do..while, linhas 87 a 96. Ao sair do laço, altero novamente a variável booleana parar para true, linha 97. O else da linha 98 irá ser executado, se a verificação da existência de arquivo falhar na linha 85; alertando sobre o problema, linha 99.

O método renomearArquivo() irá verificar a existência do arquivo, linha 103, que caso afirmativo irá entrar no if, pedindo um novo nome para este arquivo, que será capturado, linha 106; criando assim um novo caminho, linha 107, e pegando o arquivo atual e utilizando o método renameTo() da classe File, para renomear o arquivo com base no novo caminho criado, linha 108. Se a nomeação de arquivo falhar, irá ignorar o if da linha 108 e sua mensagem da linha 109 e entrar no else da linha 110 e exibir a sua mensagem, linha 111. Da mesma forma ocorre com o else da linha 113, se a verificação de arquivo da linha 103 falhar; exibindo então a mensagem da linha 114.

O método apagaArquivo(), linha 116, utiliza-se do comando delete(), linha 118, presente na classe File; que poderá retornar true quando deletado com sucesso; fazendo com que entre no if e exiba uma mensagem de sucesso, linha 119, ou falso; fazendo com que o comando da linha 121 seja executado.

O método verDir(), linha 123, pega o caminho, linha 125, e com este caminho utiliza-se de listFiles(), que irá retornar um array com todos os arquivos presentes neste caminho; onde iremos utilizar de um laço for, linha 127; verificar se é um arquivo, linha 128, para cada elemento capturado pelo laço; que caso seja verdadeiro, irá exibir o seu nome com o uso de getName(). O exemplo do programa ficará algo como:

```
1 - Criar arquivo
2 - Ler Arquivo
3 - Gravar dados no arquivo
4 - Renomear arquivo
5 - Apagar arquivo
6 - Ver diretório
7 - Sair
1
Digite o nome do arquivo:
Toinho
```

```
Arquivo criado com sucesso.
1 - Criar arquivo
2 - Ler Arquivo
3 - Gravar dados no arquivo
4 - Renomear arquivo
5 - Apagar arquivo
6 - Ver diretório
7 - Sair
3
Digite o nome do arquivo:
Toinho
Para sair digite /bye.
1, 2, 3
Para sair digite /bye.
Testando
Para sair digite /bye.
/bye
1 - Criar arquivo
2 - Ler Arquivo
3 - Gravar dados no arquivo
4 - Renomear arquivo
5 - Apagar arquivo
6 - Ver diretório
7 - Sair
2
Digite o nome do arquivo:
Toinho
1, 2, 3
Testando
1 - Criar arquivo
2 - Ler Arquivo
3 - Gravar dados no arquivo
4 - Renomear arquivo
5 - Apagar arquivo
6 - Ver diretório
7 - Sair
6
Toinho.txt
1 - Criar arquivo
2 - Ler Arquivo
3 - Gravar dados no arquivo
4 - Renomear arquivo
5 - Apagar arquivo
6 - Ver diretório
7 - Sair
7
Fim do programa
```

Listas e coleções

Toda lista deriva de uma coleção; tanto coleção como listas são interfaces na estrutura Java e como sabemos, uma interface não pode ser instanciada, então como fica? Em matéria de uma estrutura que se comporte como tal, há três classes, e estas por sua vez implementam as interfaces, a saber: ArrayList, LinkedList e Vector.

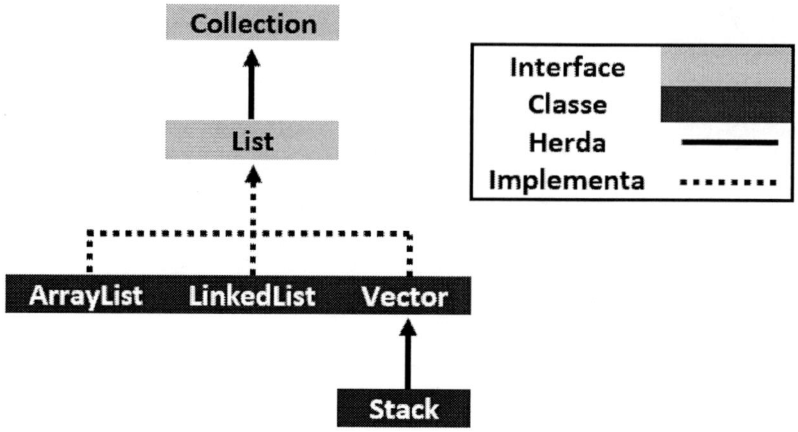

O Stack (pilha) apresentei aqui por herdar da classe vetor (Vector), possuindo desta forma os elementos da classe; além de conter uma estrutura simples para o funcionamento de uma pilha, assunto visto em algoritmo. Como sabemos toda pilha é uma estrutura do tipo LIFO (last-in and first-out), onde o último elemento a ser inserido, será o primeiro a ser retirado.

Mas a questão aqui é lhe debruçar sobre um leque de opções e lhe apresentar uma delas. O ArrayList, por exemplo, possui um melhor desempenho em uma busca; já que o ArrayList é uma matriz dinâmica não sincronizada.

Quando se trata de inserir ou excluir elementos na lista, LinkedList possui um desempenho melhor pois é uma lista duplamente vinculada; mas que não lhe confere uma grande vantagem, já que seu desempenho só é melhor na cabeça da lista e não em toda a sua estrutura, o que faz com que perca em desempenho novamente para o ArrayList em algum dado momento.

Porém, quando se trata de ter vários acessos a uma lista de forma simultânea, a melhor opção será um vetor devido a sua natureza sincronizada, porém ele é mais lento. Pesando essas questões optei por apresentar o Arraylist, mas deixando aqui o aluno a par de que haverá outras opções.

ArrayList
O mesmo fornece métodos para manipular uma lista de forma não sincronizada. Quando você criar uma lista e não especificar a sua quantidade de elementos, o ArrayList() assume, por padrão inicial, dez posições. Ex:
ArrayList<String> animes1 = **new** ArrayList<String>();

Como também há a possibilidade de declarar a quantidade de elementos de uma lista. Ex:
ArrayList<String> animes2 = **new** ArrayList<String>(100);

Um ArrayList possui uma estrutura de dados dinâmica, ou seja, quando a quantidade de elementos disponíveis em uma lista for insuficiente a mesma irá se expandir, então qual é a vantagem em determinar a quantidade de elementos? Isso é útil quando o programador pretende inserir uma grande quantidade de dados; fazendo com que reduza ou exima a quantidade de realocação incremental que seria necessário para se fazer a tarefa exigida.

ArrayLists não podem conter dados do tipo primitivos, como int, double, char e long, por exemplo. Com base nisso e o que vimos na declaração de variáveis, os dados que podem ser suportados numa lista são: String, Byte, Short, Integer, Long, Float, Double e Character.

A insistência na declaração de uma variável primitiva ao invés de uma classe ocasionará um erro de depuração. Ex:

Errado
ArrayList<int> listaN = **new** ArrayList<int>(50);

```
|  Error:
|  unexpected type
|    required: reference
|    found:    int
|  ArrayList<int> listaN = new ArrayList<int>(50);
```

Correto
ArrayList<Integer> listaN = **new** ArrayList<Integer>(50);

O ArrayList possui métodos, um deles é o size() que retorna a quantidade de elementos que a lista possui, nos casos anteriores, se for aplicado, o retorno será zero. Já que size() retorna a quantidade de elementos inclusos na lista e não a quantidade de posições que esta lista tem.

De qualquer forma podemos criar uma lista já com elementos presentes, com o uso de Arrays.asList() da seguinte forma:
ArrayList<String> animes3 = **new** ArrayList<String>(Arrays.**asList**("Yuusha, Yamemasu", "Samurai Champloo", "Gaikotsu Kishi-sama, Tadaima Isekai e Odekakechuu"));

Com isso ao puxar o tamanho desta lista com size() o retorno será três. Ex:
System.out.**println**(animes3.**size**());

Podemos adicionar elementos em uma lista com o uso do termo add(), da seguinte forma:
animes3.**add**("kiseijuu sei no kakuritsu");

Com o uso do mesmo método, poderemos também determinar especificamente em que posição o novo elemento deverá ficar na lista. Ex:
animes3.**add**(2, "Zetman");

Lembrando que a lista é como um array, então falar em posição dois, estamos nos referindo na realidade à posição três, já que o primeiro elemento de todo array inicia na posição zero. Poderíamos puxar os elementos desta lista com subList(), em que devemos determinar a posição inicial e final da lista requerida. Ex:
System.out.**println**(animes3.**subList**(0, animes3.**size**()));

No exemplo acima, não estou puxando uma parte da lista, mas o conteúdo da lista toda; já que vai da posição inicial zero (0), até o tamanho da lista, com a utilização do método size(). Que é o mesmo que:
System.out.**println**(animes3);

Para o que foi apresentado funcionar algumas importações deverão ser incluídas. A estrutura completa fica:

```
01 package com.exemplos;
02 import java.util.ArrayList;
03 import java.util.Arrays;
04 public class Listas1 {
05     public static void main(String[] args) {
06         ArrayList<String> animes3 = new ArrayList<String>(Arrays.asList("Yuusha, Yamemasu", "Samurai Champloo", "Gaikotsu Kishi-sama, Tadaima Isekai e Odekakechuu"));
07         animes3.add("kiseijuu sei no kakuritsu");
08         animes3.add(2, "Zetman");
09         System.out.println(animes3);
10     }
11 }
```

Já que estamos utilizando a classe ArrayList, a sua importação foi necessária, linha 02, assim como o uso de Arrays e seu método asList(), linha 03. O restante do código já foi visto, ficando a saída deste programa da seguinte forma:

```
[Yuusha, Yamemasu, Samurai Champloo, Zetman, Gaikotsu Kishi-sama, Tadaima Isekai e Odekakechuu, kiseijuu sei no kakuritsu]
```

O método subList() é mais utilizado para puxar uma parte da lista e não a lista inteira; para isso basta informar as posições inicial e final do que deseja puxar da lista. Ex:

```
ArrayList<String> listal = new ArrayList<String>(Arrays.asList("Ada Lovelace", "Marie Curie", "Marilyn vos Savant", "Laura Büchele"));
System.out.println(listal.subList(2, listal.size()));
```

A saída será:
[Marilyn vos Savant, Laura Büchele]

Só a critério de informação, os nomes citados são de mulheres que se destacaram de alguma forma ao longo da história como:

- **Ada Lovelace**: Primeira mulher a escrever um algoritmo a ser processado por uma máquina, a máquina analítica de Charles Babbage.
- **Marie Curie**: Primeira mulher a ganhar um Prêmio Nobel. Chegou a ganhar duas vezes, uma pela teoria da radioatividade e outra pela descoberta dos elementos polônio e rádio.
- **Marilyn vos Savant**: Autoridade da ciência avançada, considerada a mulher mais inteligente do mundo.
- **Laura Büchele**: Uma Brasileira que realizou um teste de QI e obteve a pontuação 139,9 aos 9 anos.

Os dados apresentados acima foram retirados do site:
https://www.ebiografia.com/pessoas_mais_inteligentes_do_mundo/

Com exceção de Ada Lovelace, que por ter admiração, sei de punho a sua história.

Podemos adicionar uma lista a outra lista com o uso de addAll(). Ex:
animes2.**addAll**(animes3);

Assim como add() o método addAll() permite determinar a posição inicial em que se irá inserir os elementos da lista. Ex:
ArrayList<String> animes4 = **new** ArrayList<String>(Arrays.**asList**("Youjo Senki", "Mob Psycho 100%", "Kono Subarashii", "Kokkoku", "Inuyashiki"));
animes4.**addAll**(3, animes3);
System.out.**println**(animes4);

A saída do programa será:

```
[Youjo Senki, Mob Psycho 100%, Kono Subarashii, Yuusha, Yamemasu, Samurai Champloo, Zetman, Gaikotsu Kishi-sama, Tadaima Isekai e Odekakechuu, kiseijuu sei no kakuritsu, Kokkoku, Inuyashiki]
```

Tanto add() como addAl(), se a posição não for determinada o elemento inserido ou a lista inserida, será adicionado no final.

Se você pegar uma lista vazia e tentar inserir elementos nela em uma determinada posição um erro será retornado:
ArrayList<String > lista = **new** ArrayList<String >(30);
lista.**add**(3, " Hai to Gensou no Grimgar");

```
| Exception java.lang.IndexOutOfBoundsException: Index: 3, Size: 0
|       at ArrayList.rangeCheckForAdd (ArrayList.java:756)
|       at ArrayList.addAll (ArrayList.java:700)
|       at (#280:1)
[]
```

Só é permitido inserir elementos após uma determinada posição, se a lista em questão estiver populada com elementos anteriores a posição passada. Ex:
ArrayList<String > lista = **new** ArrayList<String >(30);
lista.**add**("Mushoku Tensei");
lista.**add**("Ore Dake Haireru Kakushi Dungeon");
lista.**add**("Deca-Dence");
lista.**add**(2, "Gokukoku no Brynhildr");

Vou utilizar do último exemplo apresentado, além de outros exemplos, para demonstrar os demais métodos. A saber:

clear(): Remove os elementos da lista. Ex:
lista.clear();

contains(): Retorna true se o elemento especificado estiver na lista. Ex:
System.out.**println**(lista.**contains**("Deca-Dence"));
A saída do programa será true, já que o conteúdo está presente na lista.

get(): Retorna o elemento na posição especificada. Ex:
System.out.**println**(lista.**get**(0));
A saída do programa será:

Mushoku Tensei

indexOf(): Retorna a posição do elemento encontrado na lista ou -1 se não for localizado. Ex:

```
System.out.println(lista.indexOf("Deca-Dence"));
```

A saída do programa será o valor 3, já que Deca-Dence ocupa a quarta posição na lista.

isEmpty(): Retorna true se a lista estiver vazia ou false, caso contrário. Ex:

```
System.out.println(lista.isEmpty());
```

O retorno será false, já que a lista possui elementos contidos nela.

lastIndexOf(): Retorna a última ocorrência da posição especificado na lista, ou -1 se não for localizado. Ex:

```
ArrayList<Integer> listaN1 = new ArrayList<Integer>(Arrays.asList(1, 22, 34, 44, 17, 9, 99, 44, 70, 26));
System.out.println(listaN1.lastIndexOf(44));
```

O retorno será a posição sete (7), já que lastIndexOf(), realiza a busca a partir do final da lista. Por isso que o número 44 é localizado na posição sete ao invés da posição três (3) da lista.

remove(): Remove o elemento com base na posição especificada ou no conteúdo especificado. Ex:

```
01 lista.remove(2);
02 lista.remove("Deca-Dence");
```

O comando da linha 01 remove o elemento na posição dois (2), neste caso o retorno de remove(), será o próprio elemento removido; enquanto o segundo exemplo terá como retorno true ou false; dependendo de ter encontrado ou não o elemento na busca.

removeAll(): Remove todos os elementos da lista que foram especificados. Ex:

```
ArrayList<Integer> listaN2 = new ArrayList<Integer>(Arrays.asList(21, 50, 60, 77, 31, 9, 55, 77, 108));
ArrayList<Integer> listaN3 = new ArrayList<Integer>(Arrays.asList(77, 49, 55, 17, 108));
listaN2.removeAll(listaN3);
System.out.println("listaN2 "+listaN2);
```

No exemplo acima a remoção se dará de todos os elementos presentes na listaN2, que batem com os elementos presentes na listaN3. A saída do programa será:

listaN2 [21, 50, 60, 31, 9]

removeIf(): Remove com base na especificação apresentada. Ex:

```
ArrayList<Integer> listaN4 = new ArrayList<Integer>(Arrays.asList(51, 32, 89, 2, 31, 8, 15, 77, 12));
listaN4.removeIf(n -> (n % 2 == 0));
System.out.println("listaN4 "+listaN4);
```

No exemplo acima, todos os números divisíveis por dois que sejam iguais a zero, no resto da divisão, serão excluídos. Resultando na seguinte saída:

listaN4 [51, 89, 31, 15, 77]

removeRange(int inicial, int final): Remove com base na posição inicial e final especificada. Porém removeRange é um método protegido e por isso não pode ser utilizado de forma pública e sim herdada; do contrário, um erro será retornado. Ex:

```
ArrayList<Integer> listaN5 = new ArrayList<Integer>(Arrays.asList(11, 15, 160, 37, 71, 99, 155, 45, 18));
listaN5.removeRange(3,3);
```

A saída do programa será:

```
| Error:
| removeRange(int,int) has protected access in java.util.ArrayList
| listaN5.removeRange(3,3);
| ^-----------------^
```

Fazendo com o uso da herança teremos:

```
public class RR extends ArrayList<Integer> {
    public static void main(String[] args)
    {
        RR listaN5 = new RR();
        listaN5.add(11);
        listaN5.add(15);
        listaN5.add(160);
        listaN5.add(37);
        listaN5.add(71);
        listaN5.add(99);
        listaN5.add(155);
        System.out.println("Antes do removeRange:" + listaN5);
        listaN5.removeRange(3, 5);
        System.out.println("Depois do removeRange:" + listaN5);
    }
}
```

A saída do programa será:

```
Antes do removeRange:[11, 15, 160, 37, 71, 99, 155]
Depois do removeRange:[11, 15, 160, 99, 155]
```

Como pode ver dois números foram excluídos da quarta posição em diante. A questão de serem dois números se baseia na posição final menos a inicial: 5 - 3 = 2.

set(int pos, elemento): Substitui o elemento na posição especificada pelo elemento especificado. Ex:

```
ArrayList<String> musicas1 = new ArrayList<String>(Arrays.asList("Ruelle - Madness", "Lenny Kravitz - Fly Away", "CloZee - Harmony"));
musicas1.set(1, "PLS&TY - Run Wild");
System.out.println("musicas "+musicas1.subList(0, musicas1.size()));
```

A saída do programa será:

```
musicas [Ruelle - Madness, PLS&TY - Run Wild, CloZee - Harmony]
```

Como sabemos, o número um (1), representa o segundo elemento em um array ou em uma lista por isso Lenny Kravitz - Fly Away foi substituída por PLS&TY - Run Wild.

size(): Como vimos retorna a quantidade de elementos numa lista.

subList(int inicial, int final): Como também vimos mostra elementos da lista com base na posição inicial e final especificada.

toArray(): Retorna a lista na forma de um array. Ex:

```
ArrayList<String> musicas2 = new ArrayList<String>(Arrays.asList("CloZee - Koto", "The Glitch Mob - Take Me With You", "Hippie Sabotage - DRIFTER Extended Version"));
```

```
String[] musicas3 = musicas2.toArray(musicas3);
for(String musica: musicas3)
{
    System.out.println(musica);
}
```

A saída do programa será:

```
CloZee - Koto
The Glitch Mob - Take Me With You
Hippie Sabotage - DRIFTER Extended Version
```

Não confundir Collection com Collections

Collection e Collections ambos estão presentes no pacote java.util. Sendo que o primeiro é uma interface, enquanto o outro é uma classe onde possui métodos estáticos que operam ou retornam coleções. Vou listar algumas que considero interessantes da classe Collections.

- max: Retorna o maior elemento da lista fornecida.
- min: Retorna o menor elemento da lista fornecida.
- replaceAll(<lista>, <valor atual>, <novo valor>): Substitui todas as ocorrências encontradas do valor atual pelo novo valor.
- sort: Ordena os elementos presentes na lista de forma crescente.
- reverse: Inverte a ordem dos elementos, em conjunto com sort, você poderá criar uma lista decrescente, por exemplo.

Vamos a um exemplo que englobe o que foi apresentado:

```
package com.exemplos;
import java.util.ArrayList;
import java.util.Arrays;
import java.util.Collections;
public class Listas1 {
    public static void main(String[] args) {
        ArrayList<Integer> lista1 = new ArrayList<Integer>(Arrays.asList(44, 89, 400, 17, 32, 44));
        System.out.println(Collections.max(lista1));
        System.out.println(Collections.min(lista1));
        Collections.sort(lista1);
        System.out.println(lista1);
        Collections.reverse(lista1);
        System.out.println(lista1);
        Collections.replaceAll(lista1, 44, 1000);
        System.out.println(lista1+"\n");

        ArrayList<String> lista2 = new ArrayList<String>(Arrays.asList("Carlos", "Gustavo", "Arnaldo", "Fernanda"));
        System.out.println(Collections.max(lista2));
        System.out.println(Collections.min(lista2));
        Collections.sort(lista2);
        System.out.println(lista2);
        Collections.reverse(lista2);
        System.out.println(lista2);
        Collections.replaceAll(lista2, "Gustavo", "Matheus");
```

```
25              System.out.println(lista2);
26      }
27 }
```

Foi criado um projeto de nome exemplo pelo Eclipse e também um pacote com.exemplos. Dentro deste pacote foi criada uma classe de nome Listas1, com a opção marcada para a inclusão do método principal main, como podemos ver na linha 06. Foram criadas duas listas do tipo ArrayList uma de números, linha 07 e outra de texto, linha 17; ambos passando pelos procedimentos de se obter o maior conteúdo, linhas 08 e 18, o menor conteúdo linhas 09 e 19; a ordenação dos elementos, linhas 10 e 20, e sua apresentação, linha 11 e 21; assim como o reverso da ordem apresentada, linha 12 e 22, e sua apresentação, linhas 13 e 23. Para finalizar, fizemos uma substituição; no caso da linha 14, foi a substituição do número 44 pelo número 1000. E na linha 24 foi a substituição de Gustavo por Matheus; onde a última linha exibe o resultado.

A diferença de uma para outra é que a primeira lida com os maiores ou menores valores encontrados, dependendo se está usando max ou min, enquanto o outro foca na ordem alfabética para poder classificá-lo como o maior ou menor elemento. Da mesma forma ocorre na ordenação; um baseado na ordem numérica do menor para o maior e o outro na ordem alfabética. A saída do programa será:

```
400
17
[17, 32, 44, 44, 89, 400]
[400, 89, 44, 44, 32, 17]
[400, 89, 1000, 1000, 32, 17]

Gustavo
Arnaldo
[Arnaldo, Carlos, Fernanda, Gustavo]
[Gustavo, Fernanda, Carlos, Arnaldo]
[Matheus, Fernanda, Carlos, Arnaldo]
```

Utilizando a interface List ou Collection como boa prática de programação

Você poderá iniciar a declaração de um dos elementos do tipo ArrayList, LinkedList ou Vector, por exemplo, com o uso de uma das interfaces: List ou Collection. A vantagem de se fazer isso é a versatilidade de poder mudar a implantação da lista para outro tipo de formato sem grandes dificuldades. Ex:

```
package com.exemplos;
import java.util.ArrayList;
import java.util.Collection;
import java.util.LinkedList;
import java.util.List;
import java.util.Vector;
public class Listas2 {
        public static void main(String[] args) {
                Collection<String> meusLivros = new ArrayList<String>();
                meusLivros.add("PHP e Ajax");
                meusLivros.add("C/C++");
                meusLivros.add("Unity");
                meusLivros.add("Java");
                List<String> rpgs = new ArrayList<String>();
```

```
15          rpgs.add("AD&D");
16          rpgs.add("D&D3.0");
17          rpgs.add("D&D3.5");
18          rpgs.add("D&D4.0");
19          meusLivros = new LinkedList<String>(meusLivros);
20          rpgs = new Vector<String>(rpgs);
21          for (Object obj : meusLivros)
22                  System.out.println(obj);
23      }
24 }
```

As importações, como sabemos, são necessárias pelo seu uso em código. Na linha 09 foi criada uma estrutura inicialmente declarada como Collection e instanciada como ArrayList, do tipo texto. Nas linhas 10 a 13, adicionamos algum conteúdo ao mesmo.

Já na linha 14, algo relativamente parecido ocorre; sendo declarada inicialmente como list e a instância de um ArrayList, do tipo texto. Populado pelas linhas 15 a 18. Porém decidi mudar a estrutura ArrayList para LinkedList, linha 19, passando o próprio conteúdo da variável "meusLivros". Da mesma forma na linha 20; sendo que a modificando para um vetor, passando também o seu conteúdo. Para que você perceba que não houve perda, o laço for, linha 21, pega cada elemento e atribui a variável objeto, em que imprime seu conteúdo na tela, graças ao comando da linha 22.

A saída do programa:

```
PHP e Ajax
C/C++
Unity
Java
```

Se fosse tentada uma conversão sem a inclusão da interface um erro seria retornado, mesmo com o conteúdo da lista vazio. Ex:

```
ArrayList<String> livros = new ArrayList<String>();
livros = new Vector<String>();
```

```
Exception in thread "main" java.lang.Error: Unresolved compilation problem:
	Type mismatch: cannot convert from Vector<String> to ArrayList<String>
```

Por isso que na declaração da criação de listas é recomendado utilizar a interface como List ou Collection como boa prática de programação, devido a versatilidade de conversão.

Mapa

Mapa (Map) é uma interface que é implementada pelas classes: Hashtable, LinkedHashMap e HashMap. O Map ainda é herdado pela interface SortedMap, que é implementada por TreeMap. A versatilidade de conversão também se aplica aqui; onde poderá declarar inicialmente com a interface Map e depois fornecer a instância de uma classe como: Hastable, LinkedHasMap, HashMap ou TreeMap, por exemplo. Isso se planeja uma inversão em algum dado momento do código. Vejamos sua estrutura:

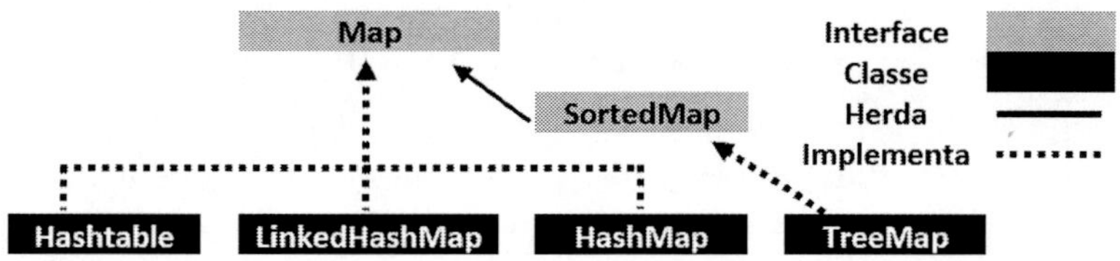

Estas classes funcionam como um dicionário (Dictionary) em C#, mas em Java é classificado como tabela, peço desculpas caso tenha por hábito chamar de dicionário; cuja estrutura é dividida em uma chave e o conteúdo pertencente a essa chave. Tanto a chave como o conteúdo não precisam ser necessariamente de mesmo dado. Podemos ter uma chave em formato de texto e o conteúdo em formato de ponto flutuante, por exemplo.

Como no exemplo anterior, vou adotar uma das classes e detalhar, mas antes pretendo descrever, de forma breve, as suas diferenças:

- HashMap: É baseada em tabela de hash (Hashtable), exceto que não é sincronizada e permite dados nulos. Além de não fornecer garantias quanto à ordem do mapa.
- TreeMap: É implementado com base na estrutura de árvore vermelho-preto*. O mapa é classificado de acordo com a ordenação natural de suas chaves; não permite armazenar chave nula, mas permite muitos valores nulos.
- LinkedHashMap: Mantém a ordem de inserção de seus objetos; usa a lista duplamente vinculada; permite armazenar uma chave nula e muitos valores nulos.
- Hashtable: É sincronizado em contraste com HashMap e não permite chaves duplicadas; não permite armazenar chave nula ou valor nulo, diferente de HashMap.

*Árvore vermelho-preto: Também conhecida como red-black ou rubro-negras, são árvores binárias de busca que permitem inserir e remover de forma inteligente elementos; assegurando que a árvore permaneça aproximadamente balanceada.

Pela leitura acredito que você tenha percebido que o HashMap é o mais rápido em matéria de desempenho, com seu estilo "banda voou": não há ordem, permite dados de qualquer forma e não é sincronizado. Destas opções opto em apresentar o Hashtable por não permitir chaves duplicadas ou nulas, o que vejo como extremamente importante. Então vamos a ela.

Num Hashtable podemos guardar um dado e resgatar este dado com base na chave especificada. Sua sintaxe é:
Hashtable<chave, dado> identificador = new Hashtable<chave, dado>();

E assim como ArrayLists, um Hashtable não pode conter dados do tipo primitivos; por isso os dados que podem ser suportados são: String, Byte, Short, Integer, Long, Float, Double e Character. A seguir vou listar alguns de seus métodos:

- clear: Apaga.
- contains: Verifica se o dado está presente
- containsKey: Verifica se a chave está presente.
- elements: retorna a enumeração dos valores desta tabela.
- entrySet(): Retorna o mapeamento completo.

- get(<chave>): Retorna o dado com base na chave passada.
- put(<chave>, <dado>): Insere dados na tabela.
- putAll(Hashtable): Copia todo o conteúdo de um Hashtable para outro.
- rehash(): Aumenta a capacidade e reorganiza internamente esta tabela.
- remove(<chave>): Remove o elemento com base na chave passada.
- size(): Retorna o número de elementos desta tabela.
- toString(): Retorna numa representação de String.

Para entender melhor os métodos, vamos a um exemplo. Contudo antes de iniciar gostaria de falar que rehash é um método protegido e para usá-lo a classe em questão precisará herdá-lo. Por isso vamos herdar o Hashtable e especificar juntamente com ele a sua estrutura; depois disso criaremos uma instância da própria classe que a herdou, para poder desta forma se utilizar do método rehash.

```
01 package com.exemplos;
02 import java.util.*;
03 public class Ex extends Hashtable<String, Integer>{
04     public static void main(String[] args) {
05         Hashtable<String, Integer> games = new Hashtable<String, Integer>();
06         Ex gamesCopy = new Ex();
07         games.put("Fallout 76", 2020);
08         games.put("State of Decay 2", 2020);
09         games.put("Dying Light 2", 2022);
10         games.put("Graveyard Keeper", 2018);
11         gamesCopy.putAll(games);
12         gamesCopy.rehash();
13         System.out.println(games);
14         System.out.println(gamesCopy);
15         System.out.println(gamesCopy.size());
16         gamesCopy.remove("State of Decay 2");
17         System.out.println(gamesCopy.size());
18         String texto = gamesCopy.toString();
19         System.out.println(texto);
20         gamesCopy.clear();
21         if(games.containsKey("Graveyard Keeper"))
22             System.out.println(games.get("Graveyard Keeper"));
23     }
24 }
```

A classe de nome "Ex" possui uma importação com o uso do coringa, linha 02, que como já vimos incorpora tudo que faça parte do pacote. Este exemplo mais uma vez foi criado no projeto de nome exemplos, cuja classe que criamos está dentro do pacote com.exemplos.

Na linha 05 temos um Hashtable de nome games, cuja chave é uma String e o conteúdo desta chave é um número inteiro. Já na linha seguinte foi criada uma instância da classe que herdou os elementos de Hashtable. Da linha 07 a 10 adiciono alguns dados a games; já na linha 11 pego uma cópia destes dados e atrelo ao gamesCopy, que foi criado na linha 06. Por gamesCopy ter herança com Hashtable, podemos nos utilizar do seu método protegido o rehash que aumenta a capacidade e reorganiza internamente a tabela.

Nas linhas 13 e 14 imprimimos os conteúdos de ambos os Hashtables; já na linha 15 é informada a quantidade de elementos, onde peço que um elemento seja removido, com base no valor de sua chave, linha 16. Para que repare a diminuição de elementos em gamesCopy, chamo novamente o comando de impressão, passando o método size(), linha 17.

Na linha 18 converto o conteúdo de gamesCopy para um texto e atrelo este dado à variável texto, em que imprimo em seguida na linha 19. Já a linha 20, peço que exclua todo o conteúdo presente em gamesCopy.

Já em games, utilizo um operador condicional e com o uso de containskey, para procurar uma determinada chave em games, que poderá retornar true ou false, dependendo de ter encontrado ou não a ocorrência. Se for encontrado, ele entra na condição if e exibe o conteúdo desta chave, que será o número 2018. A saída deste programa será:

```
01 {State of Decay 2=2020, Dying Light 2=2022, Graveyard Keeper=2018, Fallout 76=2020}
02 {Dying Light 2=2022, Graveyard Keeper=2018, State of Decay 2=2020, Fallout 76=2020}
03 4
04 3
05 {Dying Light 2=2022, Graveyard Keeper=2018, Fallout 76=2020}
06 2018
```

Na linha 01 exibe o conteúdo de games e na linha 02 o conteúdo de gamesCopy com o uso de rehash, já a linha 03 demonstra com size() o total de elementos e após o comando de remove é utilizado novamente size(), para demonstrar a nova quantidade de elementos na linha 04. A linha 05 é o texto que capturou o conteúdo de gamesCopy, através de toString(). E por fim, na linha 06 é o conteúdo da chave informada na linha 22.

Funções lambda e Método de referência

Função lambda, às vezes chamada como uma expressão lambda, permite que você expresse de maneira clara e concisa um método abstrato de uma interface funcional, utilizando-se desta expressão. Também é bastante útil na biblioteca de listas e coleções; que ajuda a iterar, filtrar e extrair seus dados.

Na criação de uma expressão lambda, que optarei mais pelo termo função, devido às recomendações da Oracle, não precisamos definir o método, só precisamos escrever o código de implementação. Uma função lambda segue a seguinte estrutura:
(parâmetro) -> {expressão}

O uso de parênteses só é necessário quando há mais de um parâmetro ou na ausência deste; caso tenha mais de um parâmetro, deverá separar cada parâmetro por vírgula.

A utilização de delimitadores de blocos numa expressão ({}) não são obrigatórios, mas para realizar várias linhas de comando, limitadores de código deverão ser utilizados.

Mas o que seria um método abstrato? Como foi dito são aqueles que só possuem cabeçalho ou assinatura; levando isso em consideração uma interface possui métodos abstratos como vimos. Contudo funções lambda têm o hábito de trabalhar com o sistema SAM - Single Abstract Method ou método abstrato único.

Tendo a presença de um único método possibilita fornecer a implementação de interface funcional, que não é possível quando há mais de um método. Ex:

```
01 package com.exemplos;
02
03 interface Frase{
04    public String texto();
05 }
06 public class Lambda1 {
07        public static void main(String[] args) {
08        Frase f=()-> {return "Bem-vindo a função lambda";};
09        System.out.println(f.texto());
10    }
11 }
```

O código como sempre foi criado no Eclipse, no projeto de nome exemplos, dentro do pacote com.exemplos. Como podemos ver a interface Frase é uma interface funcional, pois apresenta um único método abstrato. Este método, linha 04 é de retorno do tipo String.

Dentro do método principal na nossa classe Lambda1, temos a interface declarada, linha 08, de nome "f", sem parâmetros (), já que o método abstrato não possui, mas por ser de retorno do tipo String, foi colocado na expressão o comando return com um texto qualquer. E na linha 09, peço que seja executado o método, através do objeto "f". Mas como o Java sabe exatamente que a estrutura que está sendo trabalhada na linha 08 é referente ao método abstrato da linha 04? Simplesmente por ser o único método abstrato presente na interface Frase. A saída do programa será:

```
Bem-vindo a função lambda
```

Se por acaso, fosse inserido um outro método abstrato, a função lambda deixaria de funcionar; pois não saberia qual método está sendo tratado na linha 09 do exemplo abaixo. Ex:

```
01 package com.exemplos;
02
03 interface Frase{
04    public String texto();
05    public Integer dois(int a, int b);
06 }
07 public class Lambda1 {
08        public static void main(String[] args) {
09        Frase f=()-> {return "Bem vindo a função lambda";};
10        System.out.println(f.texto());
11    }
12 }
```

A saída do programa será:

```
Exception in thread "main" java.lang.Error: Unresolved compilation problem:
	The target type of this expression must be a functional interface
```

Alertando que a expressão deve ser uma interface funcional. Vamos dizer que só tenhamos o método abstrato da linha 05, o que torna uma interface funcional; podendo implementar a função lambda; mas como ficaria? Veja o exemplo abaixo:

```
01 package com.exemplos;
02 interface Dados{
03   public Integer dois(int a, int b);
04 }
05 public class Lambda2 {
06       public static void main(String[] args) {
07       Dados d=(a, b)-> a + b;
08       System.out.println(d.dois(20, 22));
09   }
10 }
```

Seguindo a regra na linha 07 pegamos a interface dados e passamos os parâmetros do seu único método abstrato, que são dois, como podemos ver na linha 03, e a expressão a ser aplicada sobre estes parâmetros, uma simples soma no caso. A saída do programa será:
42

Poderíamos utilizar o tipo genérico <T> para criar parâmetros diferentes para uma mesma interface funcional. Ex:

```
01 package com.exemplos;
02 interface Dado<T> {
03        public T dois(T n1, T n2);
04 }
05 public class Lambda3{
06       public static void main(String[] args) {
07               Dado<Float> div = (n1, n2) -> n1 / n2;
08               Dado<String> texto = (n1, n2) -> n1 +" "+n2;
09               Dado<Integer> mult = (n1, n2) -> n1 * n2;
10               System.out.println(texto.dois("One", "Punch"));
11               System.out.println(div.dois(17f, 9f));
12               System.out.println(mult.dois(17, 5));
13       }
14 }
```

O que foi criado na linha 02 foi uma interface de dado de tipo genérico; o "T" significa tipo; ao manusear a interface obrigatoriamente você deverá informar o nome da interface e o tipo de dado que a mesma irá comportar; com isso todos os tipos (T) assumirão o mesmo tipo de dado declarado em <T> que está envolto por parênteses angulares (<>).

Uma prova disso são as linhas 07 a 09, onde cada interface funcional foi declarada com um tipo de dado diferente: Float, String e Integer, respectivamente. Cada um assumiu um identificador (nome) diferente: div, texto e mult. Perceba que o tipo de dado declarado não é do tipo primitivo; ao invés de declarar int na linha 09 foi declarada a classe Integer.

Na linha 07 por ter parâmetros e o tipo de retorno do tipo float optei por uma operação de divisão; já a linha 08 os parâmetros e o tipo de retorno assumirão como texto, então realizei uma concatenação (soma) das Strings, com um espaço em branco; por fim o último será parâmetros e o retorno do tipo inteiro em uma multiplicação.

As linhas 10 a 12 chamam o objeto da interface declarada, junto com o método abstrato. A saída do programa será:

```
One Punch
1.8888888
85
```

Aplicando em lista e vendo método de referência

Como havia dito, expressões lambda é muito útil em listas e coleções, vamos agora avaliar como seria o seu uso.

```
01 package com.exemplos;
02 import java.util.ArrayList;
03 import java.util.Arrays;
04 import java.util.List;
05
06 public class Lambda4{
07     public static void main(String[] args) {
08         List<Integer> lista = new ArrayList<Integer>(Arrays.asList(1,2,3,4,5,6,7));
09         lista.forEach(System.out::println);
10         lista.stream().filter(i -> i > 5).forEach(System.out::println);
11     }
12 }
```

Na linha 08, como já foi dito anteriormente, incluir a interface na declaração é por causa da versatilidade de poder mudar a implantação da lista para outro tipo de formato sem dificuldades. Algo recomendado como boa prática da programação.

O forEach sempre avalia um conjunto ou uma lista; ele pode ser usado dentro de uma instrução EQL que aceite expressões. EQL é uma linguagem semelhante ao SQL projetada para consulta e manipulação de dados.

No caso da linha 09 o forEach pega cada elemento da lista e o exibe com o comando System.out::println. Os dois pontos presentes na expressão de saída é o que chamamos de referência de método. O operador (::) informa que será invocado o println com o conteúdo, fornecido por forEach. Sem os dois pontos, você poderia utilizar da seguinte expressão:

```
lista.forEach(n -> System.out.println(n));
```

O "n" seria o conteúdo, ou parâmetro, por assim dizer; e após a seta, a expressão, que é uma simples impressão de dados na tela, conforme as regras da função lambda. O método de referência é uma forma de abreviar ainda mais uma função lambda.

O método abstrato filter(), na linha 10, é uma operação intermediária da interface Stream que permite filtrar elementos que correspondam a uma determinada condição, no caso pega cada elemento de atribui a "i" e impõe a condição de que "i" seja maior do que "5", para que o dado seja impresso na tela.

Expressões ou funções lambda trabalham com a estrutura SAM - Single Abstract Method ou método abstrato simples. Como foi dito este método precisa ser exclusivo; ao verificar a documentação da interface Stream, você deverá deduzir, de forma óbvia, de que ela não se encaixa neste perfil:
https://docs.oracle.com/en/java/javase/18/docs/api/java.base/java/util/stream/Stream.html

Mas a estrutura SAM não deveria ser respeitada? Cadê a lógica que é tão aplicada em qualquer estrutura de linguagem de programação? Por mais incrível que pareça a interface Stream não fere a estrutura SAM; basta que o parâmetro seja de uma interface funcional como Predicate (utilizada pelo método filter) ou Function (utilizada pelo método map), por exemplo; ambos, são interfaces funcionais; conforme explicado na documentação da Oracle:
"This is a functional interface and can therefore be used as the assignment target for a lambda expression or method reference."

Mais à frente vou lançar um exemplo, para tentar esclarecer melhor; vamos focar no que está sendo discutido sobre a Stream; ela permite trabalhar em sequência ou paralelo, capaz de reduzir a quantidade de linhas através do encadeamento de chamadas de métodos, além do uso de expressões lambda. Vejamos um exemplo:

```
01 List<Integer>nomes = new ArrayList<String>(Arrays.asList("Deruska", "Rivoneiton", "Agostomilo", "joevaciel"));
02 nomes.stream().sorted().map(String::toUpperCase).forEach(System.out::println);
```

Foi utilizado o método de referência para simplificar duas expressões lambda que poderiam ser utilizadas. Na primeira linha temos uma lista do tipo ArrayList já populado com nomes; utilizamos esta lista junto com stream(), para ordernar (sorted), e utilizar de map para transformar os nomes em caixa alta com toUpperCase através do método de referência (::), assim como foi feito com forEach; logicamente poderia deixar de utilizar o método de referência e inserir uma função lambda diretamente, da seguinte forma:

```
nomes.stream().sorted().map(n ->n.toUpperCase()).forEach(n -> System.out.println(n));
```

O resultado seria o mesmo. A essa sequência de métodos que so é possível de se trabalhar com stream, chamamos de encadeamento de chamadas de métodos. A saída do programa será:

```
AGOSTOMILO
DERUSKA
RIVONEITON
JOEVACIEL
```

Ambos os exemplos de stream() utilizados é de sequência e não paralelo; se fosse utilizar o stream ou fluxo de forma paralela, bastaria usar parallelStream ao invés de só stream(). Ex:

```
nomes.parallelStream().sorted().map(String::toUpperCase).forEach(System.out::println);
```

A diferença de uma stream em sequência para uma paralela, conforme explicado na própria documentação da Oracle é que a paralela faz com que "a API de streams irá desagregar internamente a consulta para aproveitar os núcleos múltiplos do computador".

Poderíamos pegar a nossa lista e guardar os elementos em outra lista com o dobro de seus valores aproveitando da listagem que pode ser fornecida com o uso de forEach, da seguinte forma:

```
01 ArrayList<Integer> lista = new ArrayList<Integer>(Arrays.asList(1,2,3,4,5,6,7));
02 lista.forEach(v ->{lista.add(v*2);});
```

```java
03 lista.forEach(System.out::println);
```

A linha 02 continua seguindo o preceito de:
(parâmetro) -> {expressão}
O parâmetro foi obtido graças a forEach com o uso da lista que criamos no primeiro exemplo.

Podemos também utilizar de operadores condicionais, para determinar, por exemplo, quais elementos são pares ou ímpares. Ex:

```java
ArrayList<Integer> lista = new ArrayList<Integer>(Arrays.asList(1,2,3,4,5,6,7));
lista.forEach((n)->{if(n%2==0)System.out.println(n+" par");else System.out.println(n+" ímpar");});
```

A saída do programa será:

```
1 ímpar
2 par
3 ímpar
4 par
5 ímpar
6 par
7 ímpar
```

Números Primos são números naturais maiores que um, e possuem somente dois divisores que são por um e por ele mesmo, poderíamos criar um método dentro da classe que estamos trabalhando, para listarmos só os números primos de uma lista. Mas como isso é possível? O método map(), permite que se utilize métodos de classe, como fizemos ao utilizar toUpperCase da classe String. Pensando neste conceito, só precisamos do método que lide com a situação sugerida. Ex:

```java
package com.exemplos;
import java.util.ArrayList;
import java.util.Arrays;
import java.util.List;

public class Lambda4{
	public static void main(String[] args) {
		List<Integer> lista = new ArrayList<Integer>(Arrays.asList(1,2,3,4,5,6,7));
		lista.stream().map(Lambda4::listaPrimos).forEach(System.out::print);
	}
	private static String listaPrimos(Integer n)
	{
		int cont=0;
		for(int i=1; i<=n; i++)
		{
			if(n%i==0)
				cont++;
		}
		if(cont==2)
			return n+" É primo\n";
		else
			return "";
```

```
23      }
24 }
```

O método listaPrimos é estático, por estar sendo utilizado na classe estática main, para facilitar o processo. Sabendo que este método é da classe Lambda4, devemos citá-la pelo método de referência, linha 09.

O método em si, linha 11 a 23, é um método de retorno que possui um parâmetro do tipo inteiro; quando passado um argumento, número, para este método ele é avaliado pelo laço for, que vai do número um até o número que está sendo analisado. A cada divisão exata, com relação ao uso do contador "i", a variável "cont" é incrementada. Se ao final das divisões realizadas a variável "cont" for igual a dois, linha 19, retornamos o número e relatamos que é primo, com um pulo de linha, linha 20. Do contrário, retornamos uma String vazia, já que o método exige uma String de retorno.

A saída do programa será:

```
2 É primo
3 É primo
5 É primo
7 É primo
```

Se a linha 09 não utilizasse o método de referência, ficaria visível a função lambda; ex:
lista.**stream**().**map**(n -> **listaPrimos**(n)).**forEach**(n -> System.out.**println**(n));

Como Stream respeita a estrutura SAM?
Como foi dito, o parâmetro do método possui referência a uma interface do tipo SAM e com isso é respeitada a regra de possuir uma interface funcional para utilizar uma função lambda. Mas como seria isso na prática? Vejamos um exemplo parecido com o problema que deparamos anteriormente ao tentar utilizar uma função lambda em uma interface que possuísse mais de um método abstrato; sendo que desta vez haverá uma pequena alteração. Ex:

```
package com.exemplos;
public interface Interfaces {
    public int doisInteiros(int a, int b);
    public String texto(Frase i);
}
```

No exemplo acima foi criada uma interface com dois métodos abstratos; sendo que o segundo tem como parâmetro um objeto de outra interface, que possui a seguinte estrutura:

```
package com.exemplos;
public interface Frase {
    public String mg();
}
```

Esta interface por possui um único método abstrato; permite-se que o método abstrato texto possa ser aplicado em funções lambda, da seguinte forma:

```
package com.exemplos;
public class Lambda implements Interfaces{
    @Override
    public int doisInteiros(int a, int b) {
        return a + b;
    }
```

```
07      @Override
08      public String texto(Frase f) {
09              return f.mg();
10      }
11      public static void main(String[] args) {
12              Interfaces interfaces = new Lambda();
13              String frase = interfaces.texto(()-> {return "Bem vindo a função lambda";});
14              System.out.println(frase);
15      }
16 }
```

A nossa classe Lambda é implementada a nossa interface, linha 02, e por ter dois métodos abstratos os mesmos deverão ser implementados, linha 04 a 10. O método texto, linha 08, pega o objeto "f" que remete a interface Frase e chama o seu único método na linha 09 como retorno. Tendo em mãos este método único, poderemos aplicar a função lambda, linha 13; como ocorre algo parecido com Stream.

Mas não se atente muito a este assunto, só entenda que a estrutura SAM está sendo respeitada, mesmo quando a interface possui dois métodos abstratos; pois o método texto está referenciando outra interface que possui um único método abstrato; ao qual é utilizada esta interface funcional, permanecendo, desta forma, a estrutura SAM intacta.

Capítulo 2

Interface Gráfica com Java

Nos tópicos em diante serão explicados os componentes gráficos do Java, para que você entenda o básico do funcionamento dos mesmos; já que a ferramenta Eclipse possui estes componentes gráficos e a incrível facilidade de incluí-los em seu projeto simplesmente clicando sobre o componente desejado e depois clicando na parte da janela ao qual deseja incluir este componente, por exemplo. Nesta hora você deve estar se perguntando do por que demonstrar por linhas de código cada uma.

Mesmo que o Eclipse já faça isto por você, o ideal é que se tenha as noções básicas sobre cada estrutura, para entender o código e acrescentar sem dificuldades as linhas de comandos adicionais que fatalmente você terá de fazer. Por isso haverá explicações breves, sem grande aprofundamento, mas o suficiente para entender a estrutura de cada um; então vamos a eles.

Janela, painel e layouts

Toda janela é criada com o uso da classe JFrame, dentro dela normalmente há um ou mais contêineres; o mais comum dentre eles é o painel (JPanel).

A distribuição dos componentes pode se dar de forma automática com o uso de layouts ou definida manualmente com setBounds(); podemos criar e distribuir componentes diretamente no JFrame ou através de um contêiner e depois atrelar este contêiner à janela, se desejarmos.

Lembrando que para poder utilizar dos métodos de uma classe, precisaremos de um objeto da classe e se desejamos manusear os métodos da classe JFrame de forma direta, deveremos então herdar esta classe.

Na criação de um objeto de instância de uma classe JFrame, podemos passar o título da janela diretamente pelo construtor da classe. Ex:
JFrame janela = **new JFrame**("Minha janela");

Se fosse herdada a classe JFrame, teríamos que construir um construtor para esta classe e utilizar do termo super para chamar o construtor da classe herdada JFrame, que é a classe pai ou a superclasse, para poder nomear a janela. Ex:
super("minha janela");

Ou simplesmente chamar o método setTitle(), para esta finalidade. Ex:
setTitle("Minha janela");

Conhecendo alguns métodos de JFrame
Podemos herdar a classe Jframe, para manipular livremente os seus métodos. Há vários métodos a saber, dentre os mais importantes são:

- **Add**(): Adiciona algum componente ou contêiner à janela.

- **setBounds**(int x, int y, int largura, int altura): Define a posição da janela, assim como sua largura e altura.

- **setDefaultCloseOperation**(): Junto com a referência da classe podemos definir o comportamento da janela que pode ser:
  - ↳ DO_NOTHING_ON_CLOSE: Não faça nada.
  - ↳ HIDE_ON_CLOSE: Oculta automaticamente o quadro após invocar qualquer WindowListener registrado (padrão de JFrame).
  - ↳ DISPOSE_ON_CLOSE: Ocultar e descartar automaticamente o quadro após invocar quaisquer WindowListener registrado.
  - ↳ EXIT_ON_CLOSE: Saia do aplicativo.

- **setIconImage**(): Permite alterar o ícone padrão da janela Java, com base em um objeto do tipo ícone, por exemplo.

- **setLayout():** Define o layout que será utilizado na janela.

- **pack**(): Faz com que a janela seja redimensionada para se ajustar aos componentes que foram adicionados diretamente à janela ou por um contêiner.

- **setExtendedState()**: Permite deixar a janela do seu programa maximizada; comando bastante comum na utilização de aplicativos Java. Normalmente é ainda definido setBounds() ou pack(); já que são definições relacionadas quando a janela for minimizada. Há três tipos de constantes que poderão ser utilizadas, junto à classe JFrame:
  - ↳ NORMAL: não faz nada.
  - ↳ MAXIMIZED_HORIZ: maximiza horizontalmente.
  - ↳ MAXIMIZED_VERT: maximiza verticalmente.
  - ↳ MAXIMIZED_BOTH: maximiza a janela na vertical e horizontal.

- **setResizable(): **Aceita como argumento valores booleanos (true|false), para permissão ou não do comando de maximização da janela.

- **setVisible**(): Aceita valores booleanos (true|false) para deixar a janela visível ou não.

Para ter algum elemento nas janelas vou utilizar o componente de botão (JButton) e talvez outros componentes de interação, se for necessário; peço que não se atente aos componentes inseridos diretamente na janela ou ao contêiner; pois o foco principal deste tópico são os layouts que iremos ver. Mais a frente haverá tópicos relacionados de como manusear e responder a interação destes componentes com a interação com o usuário.

A princípio irei criar dois exemplos o mais simples possível, ou seja, sem contêiner; mas com o uso de um layout, para dispor os componentes na janela de forma automática. Um exemplo será herdando a classe JFrame e outro criando uma instância desta classe, só para relembrar um pouco sobre herança e reforçá-la neste tópico.

JFrame com Herança

```
package com.exemplos;
import java.awt.FlowLayout;
import javax.swing.JButton;
import javax.swing.JFrame;
```

```
05 public class Janela extends JFrame {
06       private static final long serialVersionUID = 1L;
07       public static void main(String[] args) {
08               new Janela();
09       }
10       public Janela()
11       {
12               super("minha janela");
13               setDefaultCloseOperation(JFrame.EXIT_ON_CLOSE);
14               setResizable(false);
15               setLayout(new FlowLayout());
16               add(new JButton("01"));
17               add(new JButton("02"));
18               setBounds(0, 0, 300, 100);
19               setVisible(true);
20       }
21 }
```

Quando estiver declarando classes da biblioteca Java, não se importe em declarar suas importações pelo Eclipse; pois em toda classe não inclusa aparecerá um ícone de um "x", que ao clicar, o Eclipse irá sugerir uma lista de opções; dentre elas a primeira será relacionada à importação da classe, no caso de estar definido o seu nome corretamente, ex:

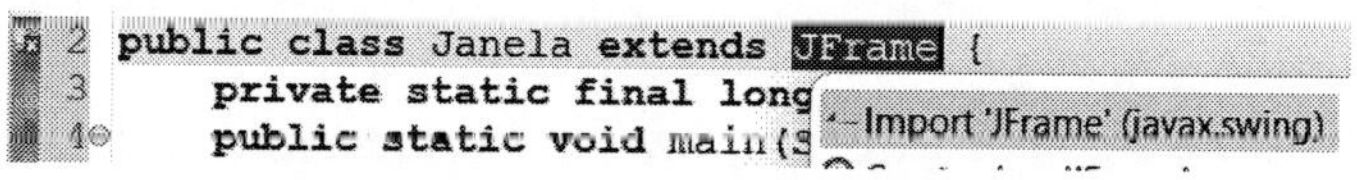

As classes que precisaremos utilizar foram importadas nas linhas 02 a 04. Na linha 05 foi utilizado herança; onde a classe Janela herda a classe JFrame; Já a linha 06 é uma recomendação do eclipse, criar uma inteira longa e estática com um serial de versão, ele carrega consigo um número que identifica a versão da classe que foi usada durante o processo. O método principal só faz chamar o método construtor da própria classe, linha 08.

O Construtor, linha 10, que deve possuir o mesmo nome da classe e sem especificação de retorno utiliza de super, para passar como argumento o texto minha janela ao construtor da classe JFrame. Na linha 13 é configurado o comportamento da janela quando o usuário clicar no botão de fechar, neste caso é para que o aplicativo seja encerrado.

Na linha 14, tornamos o redimensionamento falso, na linha 15 configuramos um layout para distribuição automática dos componentes na janela do tipo FlowLayout() e logo em seguida são acrescentados dois botões, linha 16 e 17, com os textos 01 e 02. Por fim, definimos a posição na janela com coordenadas zero para X e Y, de largura 300 e altura 100, para finalmente tornar a janela visível, linha 19. A saída do programa será:

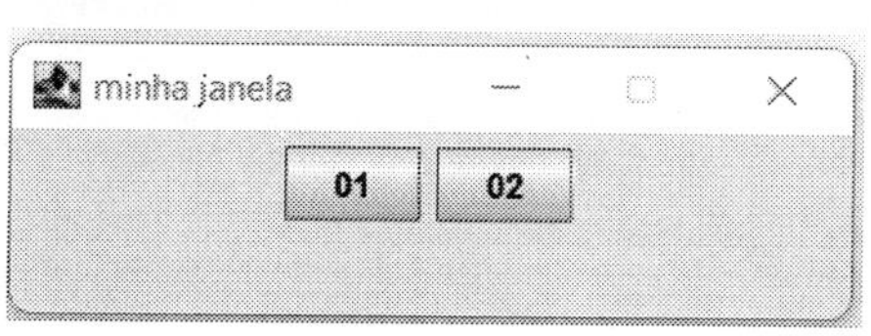

JFrame sem herança

Sem herança não há indicativo para o eclipse tilizar o serial de versão, por isso que não foi recomendado. E se notar é a mesma coisa que o anterior, com a diferença de que se utiliza um objeto da classe JFrame para chamar os seus métodos e assim configurar a janela, onde a saída será a mesma.

```
package com.exemplos;
import java.awt.FlowLayout;
import javax.swing.JButton;
import javax.swing.JFrame;
public class Janela {

    public static void main(String[] args) {
        JFrame janela = new JFrame("minha janela");
        janela.setDefaultCloseOperation(JFrame.EXIT_ON_CLOSE);
        janela.setResizable(false);
        janela.setLayout(new FlowLayout());
        janela.add(new JButton("01"));
        janela.add(new JButton("02"));
        janela.setBounds(0, 0, 300, 100);
        janela.setVisible(true);
    }
}
```

Mas esquecemos um pouco dos componentes presentes na janela e vamos nos focar unicamente na janela. Se eu desejasse, por exemplo, alterar o ícone da janela ou desejar que a mesma aparecesse centralizada na tela. Primeiramente eu precisarei saber das dimensões da janela e subtrair pelo tamanho da tela de nosso programa; para assim ter as dimensões corretas para centralizá-la. Vejamos um novo exemplo só com foco nestas duas questões:

```
package com.exemplos;
import java.awt.Dimension;
import java.awt.Toolkit;
import javax.swing.ImageIcon;
import javax.swing.JFrame;
public class Janela1 {
    public static void main(String[] args) {
        int largura = 350;
        int altura = 200;
        JFrame janela = new JFrame("Minha janela");
        ImageIcon img = new ImageIcon("d:/rodrigo/Java/Java.png");
        janela.setIconImage(img.getImage());
        Toolkit tk = Toolkit.getDefaultToolkit();
        Dimension d = tk.getScreenSize();
        int centLarg = (d.width - largura)/2;
        int centAlt = (d.height - altura)/2;
        janela.setDefaultCloseOperation(JFrame.EXIT_ON_CLOSE);
        janela.setResizable(false);
        janela.setBounds(centLarg, centAlt, largura, altura);
        janela.setVisible(true);
    }
}
```

Já que o JFrame não foi herdado, precisaremos criar um objeto da classe JFrame, linha 10; desta vez decidi alterar o ícone da janela, por isso que na linha 11 foi criado um objeto da classe ImageIcon, linha 11; Foi passado o caminho absoluto de onde está localizada a imagem. Se quisermos pegar o caminho relativo onde a classe está sendo executada, utilizaríamos:
ImageIcon img = **new ImageIcon**(**getClass**().**getResource**());

Todo projeto criado possui, pelo menos, as seguintes estruturas:

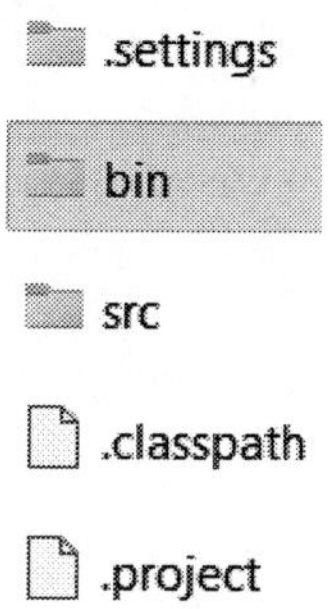

A pasta settings, como o próprio nome diz são arquivos de definições ou configurações; a pasta src é relacionada aos nossos arquivos Java criados, de extensão .java. E a pasta bin está relacionada aos mesmos arquivos presentes na pasta src, mas de extensão .class. O .class contém o bytecode Java produzido pelo compilador Java. E os arquivos de classe que são executados pela Java Virtual Machine (JVM), para executar um aplicativo Java.

O método getClass() remete a classe que está sendo executada e getResource o caminho de onde a classe executada está. Isso irá fornecer o caminho da pasta bin do seu projeto. Por isso ao utilizar o caminho:
ImageIcon img1 = **new ImageIcon**(**getClass**().**getResource**("fotos/Java.png"));

é o mesmo que dizer, que será criada uma pasta de nome fotos, dentro da pasta bin. E dentro da pasta fotos deverá ter a imagem Java.png.

Neste exemplo, optei em definir a largura e altura da janela por variáveis, linhas 08 e 09. A classe Toolkit cria uma instância do objeto o kit de ferramentas da classe, linha 13; já Dimension encapsula a largura e a altura do componente num único objeto, linha 14. Esses dados são obtidos com getScreenSize(), que retornam as dimensões da tela atual.

Então, basicamente, pego a largura, subtraio pela largura de nossa janela e, por fim, divido por dois, linha 15, fazendo de forma similar com a altura, linha 16. Aplicando esses novos dados à linha 19. E, para que seja impedido de redimensionar a janela, me utilizo de setResizable(), presente nos métodos de JFrame como falso, linha 18. Fazendo com que agora a janela fique centralizada na tela e que não seja redimensionável. O resultado, com o ícone alterado, ficará da seguinte forma:

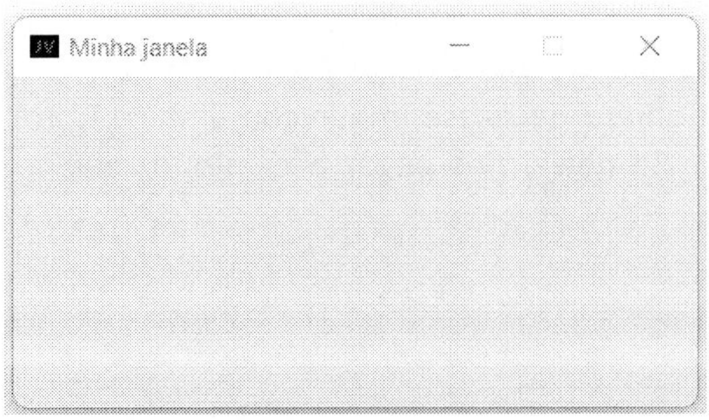

Uma pequena observação

Como você cria um JFrame diretamente pela ferramenta do Eclipse, a estrutura vem um pouco diferente, conforme o exemplo:

```
01 package com.exemplos;
02
03 import java.awt.BorderLayout;
04 import java.awt.EventQueue;
05 import javax.swing.JFrame;
06 import javax.swing.JPanel;
07 import javax.swing.border.EmptyBorder;
08
09 public class Janela2 extends JFrame {
10         private JPanel contentPane;
11         public static void main(String[] args) {
12                 EventQueue.invokeLater(new Runnable() {
13                         public void run() {
14                                 try {
15                                         Janela2 frame = new Janela2();
16                                         frame.setVisible(true);
17                                 } catch (Exception e) {
18                                         e.printStackTrace();
19                                 }
20                         }
21                 });
22         }
23         public Janela2() {
24                 setDefaultCloseOperation(JFrame.EXIT_ON_CLOSE);
25                 setBounds(100, 100, 450, 300);
26                 contentPane = new JPanel();
27                 contentPane.setBorder(new EmptyBorder(5, 5, 5, 5));
28                 contentPane.setLayout(new BorderLayout(0, 0));
29                 setContentPane(contentPane);
30         }
31 }
```

No exemplo criado pelo eclipse, layout, linha 03, agrupamento de eventos, linha 04, painel, linha 06, espaçamento entre as bordas, linha 07; são importados. No caso aqui a classe Janela2 herda os elementos da janela (JFrame). Na linha 10 cria-se um objeto da classe painel e na linha 12 é utilizado o EventQueue;

onde permite que determinados eventos sejam agrupados e despachados de forma sequencial. Isso quer dizer que se houver três eventos, por exemplo, A, B e C, nesta ordem. O primeiro evento será executado e só depois de finalizado é que será chamado o segundo evento e assim por diante.

O termo EventQueue.invokelater faz com que o evento para a abertura de janela só aconteça depois que todos os eventos pendentes forem processados. Já Runnable é uma interface funcional, para iniciar o encadeamento do método abstrato e único chamado run que será executado.

A execução está presente em um tratamento de erro try/catch, onde na linha 15 é criado um objeto frame da classe Janela2; que por sinal possui um método construtor que é chamado assim que a instância do objeto é criada.

Na linha 24, ele determina o comportamento dos controles da janela, na linha 25 o posicionamento e suas dimensões, como já vimos; já na linha 26 é instanciado o objeto "contentPane" de Jpanel(); onde cria uma borda vazia através do construtor da classe EmptyBorder, linha 27, na seguinte ordem: topo, esquerda, baixo e direita. Já na linha 28 é utilizado o construtor de BorderLayout; onde define lacunas na horizontal e vertical, respectivamente. E por fim, na linha 29 setContentPane de JFrame define o painel a ser aplicado na janela.

Lembrando que não precisamos nos utilizar de uma instância para chamar os métodos de JFrame, devido ao sistema de herança que está sendo empregado.

Painel

Toda janela precisa de um painel que é um contêiner responsável em agrupar os objetos (componentes) em uma janela. Um contêiner, como o painel, pode utilizar de um recurso de organização de elementos que chamamos de layouts. Há vários tipos de layouts e tentarei apresentar alguns para você entender como os componentes podem se comportar em um determinado layout. Entenda que o painel é o contêiner mais comum em Java e não o único; já que há outros tipos de contêineres que veremos brevemente em um outro tópico.

Layouts

Layouts, como foi dito, é uma forma de organizar elementos dentro de um painel, que estará presente em uma janela. O Java oferece vários tipos de layouts, a saber:

Absolute Layout

Absolute Layout ou de posicionamento absoluto; você define manualmente o posicionamento de cada componente em um contêiner. A posição de cada um deverá ser especificada com o uso de setBounds(int x, int y, int width, int height).

```
package com.exemplos;
import java.awt.Dimension;
import java.awt.Toolkit;
import javax.swing.JFrame;
import javax.swing.JButton;
import javax.swing.JPanel;
public class Janela3 {
	public static void main(String[] args) {
		int largura = 300;
		int altura = 250;
```

```
11              JFrame janela = new JFrame("Minha janela");
12              Toolkit tk = Toolkit.getDefaultToolkit();
13              Dimension d = tk.getScreenSize();
14              int centLarg = (d.width - largura)/2;
15              int centAlt = (d.height - altura)/2;
16              janela.setDefaultCloseOperation(JFrame.EXIT_ON_CLOSE);
17              janela.setResizable(false);
18              janela.setBounds(centLarg, centAlt, largura, altura);
19
20              JPanel painel = new JPanel();
21              painel.setLayout(null);
22              JButton bt1 = new JButton("1");
23              JButton bt2 = new JButton("2");
24              JButton bt3 = new JButton("3");
25              painel.add(bt1);
26              painel.add(bt2);
27              painel.add(bt3);
28              bt1.setBounds(15, 15, 50, 20);
29              bt2.setBounds(70, 50, 100, 30);
30              bt3.setBounds(150, 100, 75, 75);
31              janela.add(painel);
32              janela.setVisible(true);
33      }
34 }
```

Nas linhas 05 e 06 foi incluída a importação de classes JButton e JPanel, respectivamente; pois iremos nos utilizar dos mesmos. Aqui não vou detalhar, por enquanto, o uso do botão; ele servirá para demonstrar como um determinado componente se comporta; isto será feito neste e nos demais exemplos a seguir.

A novidade em si, inicia na linha 20, onde declaramos um objeto da classe JPanel; na linha seguinte definimos o layout deste painel como nulo. Depois disso criamos três botões, linhas 22 a 24, os textos passados aos seus construtores são as legendas que os botões assumirão; depois disso adicionamos os botões ao painel, linhas 25 a 27. Por fim, utilizamos setBounds para definir as posições X e Y de cada botão, assim como sua largura e altura, respectivamente; para finalmente adicionar o painel a janela, linha 31, tornando esta visível, linha 32. A saída do programa será:

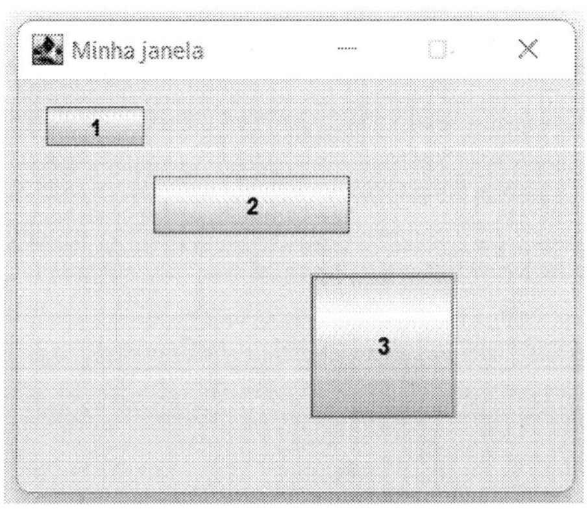

BorderLayout

BorderLayout é um contêiner que organiza e redimensiona seus componentes para caber em cinco regiões: norte, sul, leste, oeste e centro. Vamos a um exemplo:

```
01 package com.exemplos;
02 import javax.swing.JFrame;
03 import java.awt.BorderLayout;
04 import javax.swing.JButton;
05 import javax.swing.JPanel;
06 public class Janela4 {
07     public static void main(String[] args) {
08         JFrame janela = new JFrame("Minha janela");
09         janela.setDefaultCloseOperation(JFrame.EXIT_ON_CLOSE);
10         janela.setResizable(false);
11         janela.setBounds(0, 0, 300, 300);
12 
13         JPanel painel = new JPanel();
14         painel.setLayout(new BorderLayout());
15         painel.add(new JButton("Norte"), BorderLayout.NORTH); //PAGE_START
16         painel.add(new JButton("Sul"), BorderLayout.SOUTH); //PAGE_END
17         painel.add(new JButton("Leste"), BorderLayout.EAST); //LINE_END
18         painel.add(new JButton("Oeste"), BorderLayout.WEST); //LINE_START
19         painel.add(new JButton("Centro"), BorderLayout.CENTER);
20         janela.add(painel);
21         janela.setVisible(true);
22     }
23 }
```

A linha 03 foi negritada referindo-se a importação de BorderLayout, que será aplicada no exemplo. Na linha 13 criamos o painel e nas linhas 15 a 19, declaramos um botão; onde ao mesmo tempo definimos com BorderLayout, qual posição o botão em questão irá ocupar na janela. Os comentários que foram feitos, por exemplo:

//PAGE_START

São constantes de posicionamento relativo, que podem ser declaradas ao invés do termo padrão, por exemplo, ao invés de utilizar:

painel.**add(new JButton**("Norte"), BorderLayout.NORTH);

Poderíamos utilizar:

painel.**add(new JButton**("Norte"), BorderLayout.PAGE_START);

E o resultado seria o mesmo, por fim, na linha 20 adicionamos a janela ao painel, e tornamos esta janela visível, linha 21. A saída deste programa será:

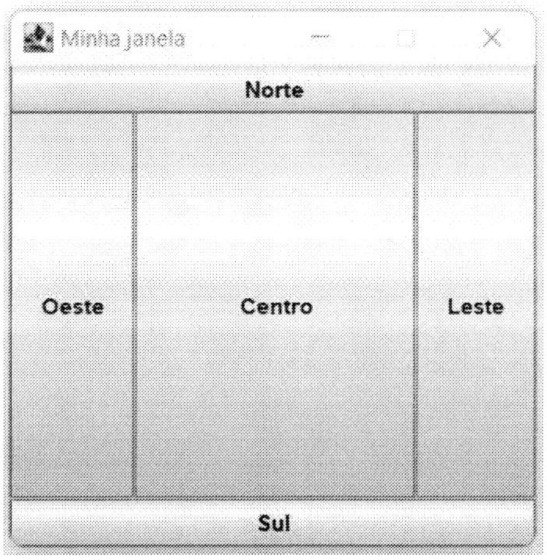

FlowLayout

Define o comportamento de alinhamento horizontal dos elementos presentes em um painel. A organização pode ser:

- CENTER: Os componentes são centralizados.
- LEADING: Como o próprio material da Oracle relata, o LEADING Justifica à borda principal da orientação do contêiner
- LEFT: Componentes alinhados à esquerda.
- RIGHT: Componentes alinhados à direita.
- TRAILING: Como o próprio material da Oracle relata, o TRAILING justifica cada elemento à borda de fuga da orientação do contêiner.

Um FlowLayout por padrão tem alinhamento centralizado e com um intervalo de cinco unidades entre um componente na horizontal, como a vertical; você pode passar ao mesmo a constante inteira para definir um outro tipo de alinhamento, se desejar; assim como definir o espaçamento horizontal e vertical com base em valores inteiros, respectivamente. Com base em seus construtores sobrecarregados:

FlowLayout();
FlowLayout(<definindo o alinhamento>);
FlowLayout(<definindo o alinhamento>, <espaçamento horizontal>, <espaçamento vertical>);

Para entender um pouco melhor, vamos a um exemplo:

```
package com.exemplos;
import javax.swing.JFrame;
import java.awt.FlowLayout;
import javax.swing.JButton;
import javax.swing.JPanel;
public class Janela5 {
    public static void main(String[] args) {
        JFrame janela = new JFrame("Minha janela");
        janela.setDefaultCloseOperation(JFrame.EXIT_ON_CLOSE);
        janela.setResizable(false);
        janela.setBounds(0, 0, 280, 280);

        JPanel painel = new JPanel();
        painel.setLayout(new FlowLayout(FlowLayout.RIGHT, 40, 10));
        painel.add(new JButton("1"));
```

```
16            painel.add(new JButton("2"));
17            painel.add(new JButton("3"));
18            painel.add(new JButton("4"));
19            painel.add(new JButton("5"));
20            painel.add(new JButton("6"));
21            painel.add(new JButton("7"));
22            janela.add(painel);
23            janela.setVisible(true);
24     }
25 }
```

A linha 03 se destaca por precisarmos importar o FlowLayout para poder utilizar o mesmo. Na linha 14, definimos o mesmo como alinhado à direita, com espaçamento de 40 unidades na horizontal e 10 unidades na vertical. Da linha 15 a 21, foram acrescidos sete botões, que ao adicionar o painel à janela, linha 22, e torná-la visível, linha 23, nos resulta em:

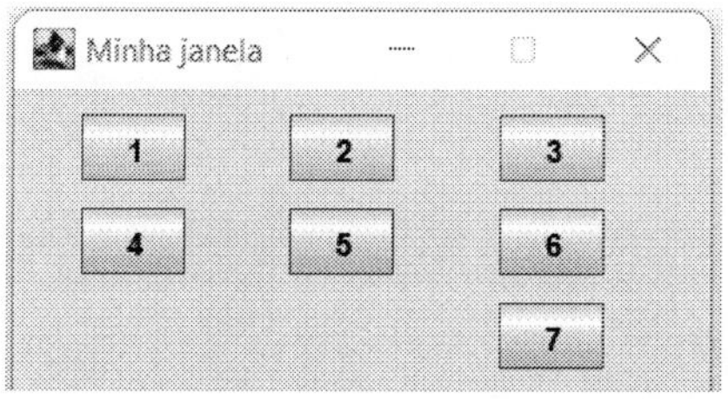

Perceba que se o espaço horizontal for insuficiente ele desce e inicia uma nova linha, respeitando a unidade de espaçamento tanto horizontal como vertical, que foram determinados pela linha 14. O Botão sete fica alinhado à direita, conforme o alinhamento que foi solicitado durante a declaração do layout. Se nada fosse posto e só declarado FlowLayout(), os componentes seriam centralizados e com cinco unidades de espaçamento, tanto horizontal como vertical, por padrão. Faça o teste, altere a linha 14 por esta:

```
painel.setLayout(new FlowLayout());
```

A saída ficaria:

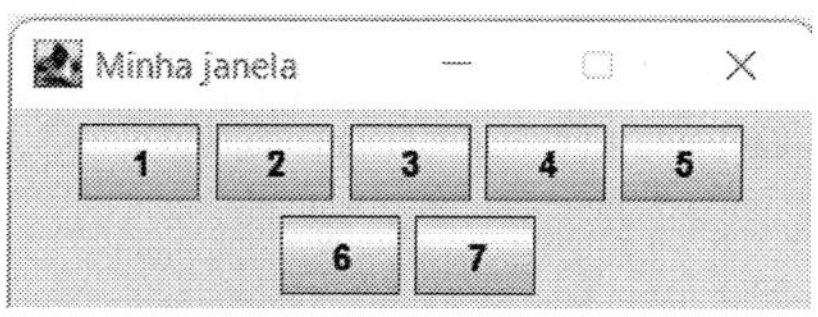

Se eu desejasse mudar só o alinhamento para a esquerda, sem informar demais detalhes, faria da seguinte forma:

```
painel.setLayout(new FlowLayout(FlowLayout.LEFT));
```

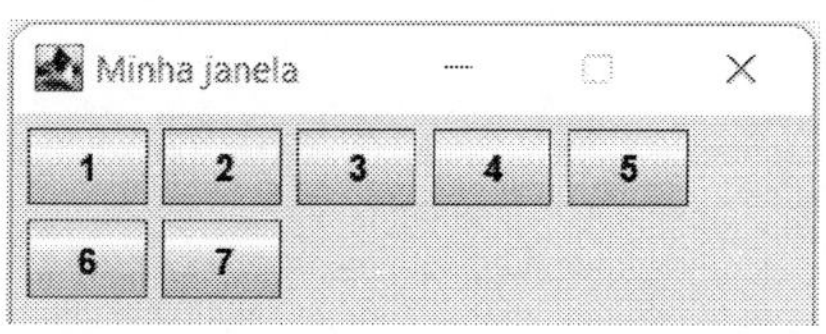

Se eu desejasse remover o espaço em excesso à direita da nossa janela, optaria ao invés de:

```
janela.setBounds(0, 0, 280, 280);
```

Por
janela.**pack**();

O método pack() se adapta aos elementos presentes na janela; por isso só adianta solicitar o método pack() após a inclusão do painel que contém os botões a janela. O método pack() irá tentar comportar todos os elementos em uma única linha horizontal, ficando da seguinte forma:

GridLayout

GridLayout é uma grade, onde você define linhas e colunas; assim como o FlowLayout você poderá definir o espaçamento de unidades inteiras tanto na horizontal, como na vertical, respectivamente.

```
01 package com.exemplos;
02 import javax.swing.JFrame;
03 import java.awt.GridLayout;
04 import javax.swing.JButton;
05 import javax.swing.JPanel;
06 public class Janela6 {
07         public static void main(String[] args) {
08                 JFrame janela = new JFrame("Minha janela");
09                 janela.setDefaultCloseOperation(JFrame.EXIT_ON_CLOSE);
10                 janela.setResizable(false);
11                 janela.setBounds(0, 0, 280, 280);
12
13                 JPanel painel = new JPanel();
14                 painel.setLayout(new GridLayout(3, 4, 10, 10));
15                 painel.add(new JButton("1"));
16                 painel.add(new JButton("2"));
17                 painel.add(new JButton("3"));
18                 painel.add(new JButton("4"));
19                 painel.add(new JButton("5"));
20                 painel.add(new JButton("6"));
21                 painel.add(new JButton("7"));
22                 janela.add(painel);
23                 janela.setVisible(true);
24         }
25 }
```

Na linha 14, definimos o layout como GridLayout de três linhas e quatro colunas, com espaçamento de dez unidades para cada componente. Componentes esses que são os sete botões criados, linhas 15 a 21; cujo painel foi adicionado à janela, linha 22, e depois submetido à visualização, linha 23. Nos resultando a seguinte janela:

CardLayout

CardLayout é um gerenciador de layout para contêineres, como por exemplo, os painéis. Para você perceber a mudança de um painel para outro vou criar um JComboBox que é uma lista suspensa, com ouvinte de evento. Ouvinte de evento é um termo utilizado para a estrutura responsável em ativar um determinado método, quando você interage com algum componente que possua um ouvinte de evento, seja um botão ou uma lista suspensa, por exemplo. Ouvinte de evento você verá com mais detalhes quando forem apresentados os componentes e suas interações.

```
package com.exemplos;
import javax.swing.JFrame;
import java.awt.CardLayout;
import java.awt.FlowLayout;
import java.awt.event.ItemEvent;
import java.awt.event.ItemListener;
import javax.swing.JButton;
import javax.swing.JComboBox;
import javax.swing.JPanel;
public class Janela7 implements ItemListener {
    private JPanel cards;
    final static String OP1 = "Opção 1";
  final static String OP2 = "Opção 2";
    public void ativaJanela() {
          JPanel painel1 = new JPanel();
          painel1.add(new JButton("1"));
          painel1.add(new JButton("2"));

          JPanel painel2 = new JPanel();
          painel2.add(new JButton("A"));

          cards = new JPanel(new CardLayout());
          cards.add(painel1, OP1);
    cards.add(painel2, OP2);

    String listaItens[] = { OP1, OP2 };
    JComboBox<String> cb = new JComboBox<String>(listaItens);
    cb.addItemListener(this);
```

```
29
30          JFrame janela = new JFrame("Minha Janela");
31          janela.setDefaultCloseOperation(JFrame.EXIT_ON_CLOSE);
32          janela.setLayout(new FlowLayout());
33          janela.add(cb);
34          janela.add(cards);
35          janela.pack();
36          janela.setVisible(true);
37          }
38
39          @Override
40          public void itemStateChanged(ItemEvent e) {
41                  CardLayout cl = (CardLayout)(cards.getLayout());
42          cl.show(cards, (String)e.getItem());
43          }
44
45          public static void main(String[] args) {
46                  Janela7 j = new Janela7();
47                  j.ativaJanela();
48          }
49 }
```

O ItemListener, na linha 06, é um ouvinte de evento, para que um componente possua um ouvinte de evento devemos implementá-lo com addItemListener. Já o ItemEvent, linha 05, serve para obter informações sobre o evento acionado pelo usuário de um item que foi selecionado ou desmarcado; o que é apropriado para nossa lista suspensa. Basicamente o objeto que implementa a ItemListener obtém seus dados com ItemEvent quando o evento ocorre. Temos também o CardLayout, linha 03, e o JComboBox, linha 08, importados. Além do FlowLayout na linha 04 que já vimos.

Nossa classe é implementada pela interface ItemListener, linha 10. Na linha 11 cria-se um contêiner do tipo JPanel e duas Strings, linhas 12 e 13, do tipo globais; já que foram criados fora do método; sendo possível enxergar estes elementos em qualquer método, se assim for necessário.

O método público e sem retorno de nome ativaJanela(),linha 14, cria dois painéis, o painel1 com dois botões numerados, linhas 15 a 17, e o painel2, com um botão que possui a letra "A", linhas 19 e 20. Por fim, pegamos o nosso painel criado na linha 11 e definimos o seu layout como CardLayout(), linha 22; onde adicionamos os painéis e o texto.

Na linha 26 foi criado um array, com os textos e logo em seguida, linha 27, nossa lista suspensa que abrigará nosso array da linha 27. Na linha 28 adicionamos um ouvinte de evento com o comando addItemListener; a referência this pode ser utilizada para simplificar a chamada ao método da linha 40.

Da linha 30 a 36 é o mesmo procedimento de criação de janela, com a diferença que desta vez colocamos um layout diretamente nela, linha 32, para dispor de forma organizada dois elementos, que é a lista suspensa, linha 33, e o painel de nome cards, linha 34.

O método itemStateChanged que é ativo quando há uma mudança no componente que possui o ouvinte de evento, no nosso caso a lista suspensa; transfere as informações deste evento para o objeto "e" de

ItemEvent. Na linha 41, utilizamos de cards, que é o painel, o método getLayout() que obtém o gerenciador de layout deste contêiner. O método show pertencente ao CardsLatout possui a seguinte estrutura: show(Container, nome);

Basicamente o objeto "e" de ItemEvent, pega no nome do item selecionado, que adiciona um dos contêineres de cards, com base no nome passado, linha 42, há uma conversão explícita para texto, já que o segundo parâmetro do método show exige que seja do tipo texto; é aí que entram os textos OP1 e OP2, como uma forma de diferenciação dos painéis, que foram nomeados em sua criação, linhas 23 e 24.

O método principal, linha 45, só faz declarar um objeto da classe, linha 46, e chamar o seu método, linha 47. A saída do programa será:

Quando opção 1 é selecionada

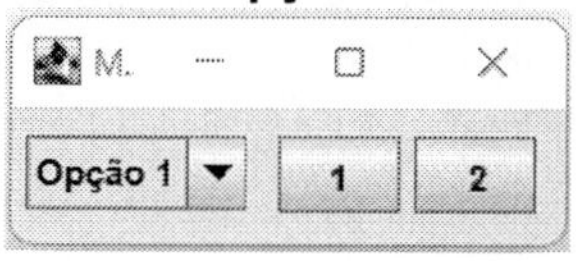

Quando opção 2 é selecionada

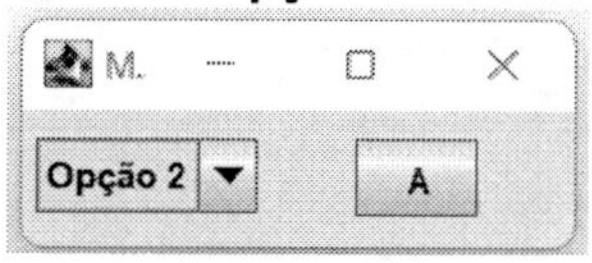

Teste e escolha outra opção, verá que será substituído por outro painel que criamos e possui um botão com a letra "A". Foi necessária a inclusão de um ouvinte de evento para haver esta mudança de um painel para outro, do nosso contêiner CardLayout; porém, explicações mais detalhadas sobre ouvinte de evento serão dadas em seus respectivos tópicos.

GridBagLayout

É um dos gerenciadores de layout mais flexíveis da plataforma; já que se permite colocar componentes em uma grade de linhas e colunas, permitindo que estes componentes possam abranger mais de uma linha ou coluna, se assim por necessário.

O GridBagLayout trabalha em conjunto com GridBagConstraints; GridBagConstraints possui atributos onde podemos definir características como preenchimento (fill), a posição da linha (gridy), posição da coluna (gridx), quantas linhas irá ocupar o componente (gridheight), assim como a quantidade de colunas (gridwidth); além da altura (ipady) e largura (ipadx); deste componente.

Em matéria de preenchimento (fill) irei utilizar das constantes disponíveis de GridBagConstraints, que são:

- **GridBagConstraints.VERTICAL**: Para um preenchimento vertical.
- **GridBagConstraints.HORIZONTAL**: Para um preenchimento horizontal.
- **GridBagConstraints.BOTH**: Para preenchimento de ambos: vertical e horizontal.

O atributo fill, que é de preenchimento, poderá afetar atributos de altura e largura, conforme veremos no exemplo. Devido a utilização de GridBagConstraints, para definir as características de cada componente, optei em criar um método para isso; onde receberá o componente e os dados para cada atributo que GridBagConstraints irá configurar; para depois adicionarmos o componente ao contêiner que possuirá o layout do tipo GridBagLayout; junto com as configurações que foram repassadas e atribuídas a GridBagConstraints.

Já que iremos repassar ao método, além dos dados de cada atributo a serem definidos em GridBagConstraints, o próprio componente. Precisaremos da importação de java.awt.Component; pois o objeto desta classe poderá receber o componente que será passado ao método, que chamarei de addComp(); vamos dar uma olhada de como ficará a estrutura do código:

```
package com.exemplos;
import javax.swing.JFrame;
import java.awt.Component;
import java.awt.GridBagConstraints;
import java.awt.GridBagLayout;
import java.awt.Insets;
import javax.swing.JButton;
import javax.swing.JPanel;
public class Janela8 {
	private GridBagConstraints cons = new GridBagConstraints();
	private JPanel painel = new JPanel(new GridBagLayout());
	public static void main(String[] args) {
		Janela8 j8 = new Janela8();
		j8.addComp(new JButton("1"), 0, 0, 1, 1, 10, 10, GridBagConstraints.VERTICAL);
		j8.addComp(new JButton("2"), 0, 1, 1, 1, 60, 10, GridBagConstraints.HORIZONTAL);
		j8.addComp(new JButton("3"), 0, 2, 1, 1, 60, 30, GridBagConstraints.BOTH);
		j8.addComp(new JButton("4"), 1, 0, 1, 4, 0, 10, GridBagConstraints.HORIZONTAL);
		j8.addComp(new JButton("5"), 2, 3, 1, 1, 40, 40, GridBagConstraints.BOTH);
		j8.addJanela();
	}
	public Janela8(){
		cons.weightx = 0;
		cons.weighty = 0;
		cons.insets = new Insets(3, 3, 3, 3);
	}
	private void addComp(Component comp, int linha, int coluna, int ocupaL, int ocupaC, int larg, int alt, int fill){
		cons.fill = fill;
		cons.gridy = linha;
		cons.gridx = coluna;
		cons.gridheight = ocupaL;
		cons.gridwidth = ocupaC;
		cons.ipady = alt;
		cons.ipadx = larg;
		painel.add(comp, cons);
	}
	private void addJanela()
	{
		JFrame janela = new JFrame("Minha janela");
		janela.setDefaultCloseOperation(JFrame.EXIT_ON_CLOSE);
		janela.setResizable(false);
		janela.setBounds(0, 0, 400, 220);
		janela.add(painel);
		janela.setVisible(true);
	}
}
```

Na linha 03 temos a classe de componente. Um componente pode tanto construir um novo componente gráfico como receber um componente. Na linha 05 temos o GridBagLayout, mas para definir as características de cada componente, precisamos de GridBagConstraints, linha 04. Enquanto Insets é responsável em definir as bordas ou espaço entre os componentes, que será utilizado na linha 24, junto com o objeto de GridBagConstraints.

Criei tanto um objeto de GridBagConstraints, como de JPanel globais, linhas 10 e 11, porque estes objetos serão utilizados em mais de um método. No método principal, linha 12, temos uma instância da própria classe, linha 13, onde utilizamos o método addComp(), linhas 14 a 18, para adicionar os componentes, de forma que cada um tenha sua configuração distinta. E por fim na linha 19, chama o método de criação da janela.

Nossa classe Janela8 possui um construtor como podemos ver na linha 21; construtores, como foi falado, não possuem o tipo de retorno e têm o mesmo nome da classe, podendo ter ou não parâmetros. No nosso caso não possui, mas ao instanciar um objeto da classe Janela8, este construtor é automaticamente chamado, configurando algumas coisas com o objeto "cons" da classe GridBagConstraints; como especificado o espaço horizontal extra, linha 22, e o vertical, linha 23; além das bordas de cada elemento, linha 24.

O método addComp() possui diversos parâmetros, o primeiro deles é o próprio componente passado ao método, o segundo, a linha que este componente ficará, depois a coluna, para definir quantas linhas ou colunas este componente irá ocupar; por fim, definir a largura, altura e a distribuição deste componente com fill (encher ou preenchimento), se o componente vai preencher o espaço de forma proporcional aos outros componentes de forma vertical, horizontal ou ambos.

Tudo isso é passado ao objeto da classe GridBagConstraints, linhas 27 a 33; antes de adicionar ao painel o componente com estas configurações, linha 34. Para tentar entender um pouco melhor vamos retornar as linhas 14 a 18 e pegar algumas delas de exemplo.

Na linha 14, por exemplo, estou definindo um botão na linha zero e coluna zero, que ocupe uma linha e uma coluna e que possua o tamanho de dez unidades tanto em largura como em altura; porém eu defini o seu preenchimento como vertical; então se houver outro elemento nesta linha e que possua uma altura (vertical) maior, ele irá ignorar as dez unidades estabelecidas e adotar o maior, como foi o caso do botão três, linha 16, que está também na posição da primeira linha, na coluna dois; ocupando uma linha e uma coluna com 60 unidades de largura, mas com 30 unidades de altura. E é este valor que o botão um assumirá devido ao GridBagConstraints.VERTICAL.

Já o botão dois por ser GridBagConstraints.HORIZONTAL, ele assumirá a altura que lhe foi determinada, que é dez unidades. O botão quatro, linha 17, está na próxima linha, na primeira coluna, ocupando uma linha e quatro colunas, a sua largura é zero; mas por ser GridBagConstraints.HORIZONTAL ele vai ocupar toda a extensão horizontal disponível, para ficar alinhado aos demais botões. E por fim, o botão cinco, linha 18, está numa linha abaixo, com várias colunas a frente; mas ocupando uma linha e uma coluna, na forma de um quadrado com 40 unidades para largura e altura. E suas dimensões se manterão proporcionais, se existisse outros botões nesta linha devido ao preenchimento requerido ser para ambos (BOTH). A saída do programa será:

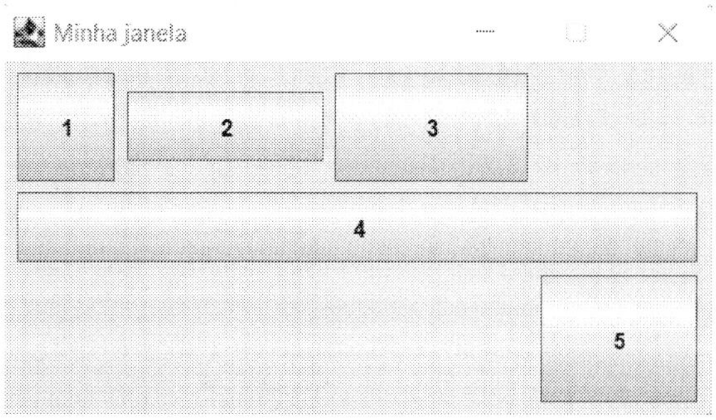

Não vou me detalhar ao método da linha 36, pois suas definições já foram ditas nos exemplos anteriores na criação de uma janela.

BoxLayout

Com ele é possível escolher se o comportamento dos elementos será da esquerda para direita (horizontal) ou de cima para baixo (vertical). Para ver estes dois exemplos em prática, criarei dois painéis com BoxLayout, sendo um na horizontal e outro na vertical, que serão adicionados à janela; mas para que fiquem sobrepostos, configurarei um layout para a janela do tipo FlowLayout; desta forma os painéis serão distribuídos de forma alinhada.

```
package com.exemplos;
import java.awt.FlowLayout;
import javax.swing.BorderFactory;
import javax.swing.BoxLayout;
import javax.swing.JButton;
import javax.swing.JFrame;
import javax.swing.JPanel;

public class Janela9 {
    private static JPanel getPaineis(String nome, int pos) {
        JPanel painel = new JPanel();
        painel.setBorder(BorderFactory.createTitledBorder(nome));
        painel.setLayout(new BoxLayout(painel, pos));
        for (int i = 1; i <= 3; i++) {
            JButton bt = new JButton("JButton 0" + i);
            painel.add(bt);
        }
        return painel;
    }
    public static void main(String args[]) {
        JFrame janela = new JFrame("Minha janela");
        janela.setDefaultCloseOperation(JFrame.EXIT_ON_CLOSE);
        janela.setResizable(false);
        janela.setLayout(new FlowLayout());
        JPanel painel1 = getPaineis("Painel 01", BoxLayout.X_AXIS);
        JPanel painel2 = getPaineis("Painel 02", BoxLayout.Y_AXIS);
        janela.add(painel1);
        janela.add(painel2);
```

```
29            janela.pack();
30            janela.setVisible(true);
31    }
32 }
```

Além do BoxLayout, linha 04, foi acrescentado um BorderFactory; responsável em criar uma borda sobre o contêiner. Na classe Janela9, foi criado um método que tem como retorno um JPanel, linha 10, que espera um argumento do tipo texto e outro do tipo inteiro. Dentro deste método criamos um painel, linha 11, e incluímos uma borda sobre ele através de BorderFactory, linha 12; esta borda possuirá um título com base no nome passado ao método. Já na linha 13 definimos o layout como BoxLayout, passando como argumento o painel recém-criado e como será a disposição dos elementos dentro deste layout com base no valor inteiro da variável "pos".

Foi criado um laço, linha 14, na criação de botões numerados com base no número do contador "i", linha 15, para serem adicionados ao painel, linha 16. Onde finalmente na linha 18 retornamos o painel configurado e com seus componentes.

O método principal é o mesmo de sempre, mas foi determinado um layout sobre a janela, linha 24, para que os painéis acrescentados fossem distribuídos na forma do layout adotado, o FlowLayout. As linhas 25 e 26 declaramos dois painéis e durante a criação chamamos o método getPaineis() que nos retorna o painel configurado; para ser adicionado a janela, linhas 27 e 28.

No BoxLayout foi utilizado variáveis constantes inteiras; o X_AXIS e o Y_AXIS, linhas 25 e 26, respectivamente; o valor inteiro foi passado ao método getPaineis(), onde o parâmetro "pos" do método foi responsável em pegar este número e configurar a disposição dos componentes, a saber:

- LINE_AXIS: Componentes dispostos na direção de uma linha.
- PAGE_AXIS: Componentes dispostos na direção de linhas que fluem como uma página.
- X_AXIS: Componentes dispostos da esquerda para a direita.
- Y_AXIS: Componentes dispostos de cima para baixo.

A saída do programa será:

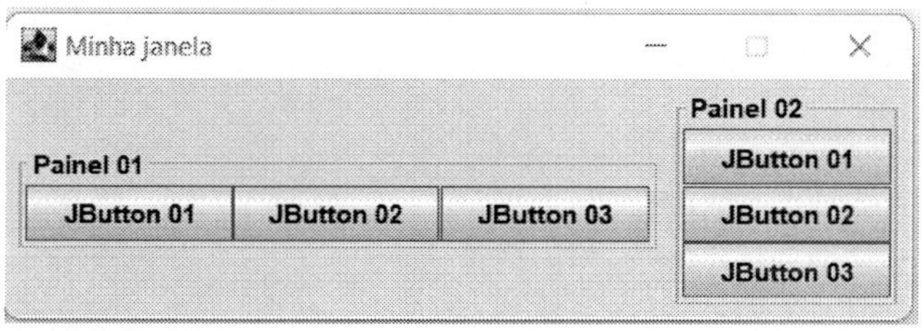

GroupLayout

Agrupa componentes hierarquicamente; onde trata cada eixo X e Y de forma independente; em outras palavras há um grupo representando o eixo horizontal e um grupo representando o eixo vertical. Cada componente deve existir em um grupo horizontal e vertical; através de setHorizontalGroup e setVerticalGroup, respectivamente; caso contrário, uma IllegalStateException será lançada durante o layout.

- GroupLayout.Alignment: Formas com ParallelGroup de alinhar seus filhos, que pode ser:

  - BASELINE: Os componentes devem ser alinhados ao longo de sua linha de base.
  - CENTER: Os componentes devem ser centralizados na região.
  - LEADING: Alinhados à origem.
  - TRAILING: Alinhados ao final da região.

- GroupLayout.Group: Base para os dois tipos de operações suportadas: SequentialGroup ou ParallelGroup.
  - GroupLayout.ParallelGroup: Alinha e dimensiona seus filhos.
  - GroupLayout.SequentialGroup: Posiciona e dimensiona seus elementos sequencialmente, um após o outro.

Vamos dar uma olhada em alguns de seus métodos, relacionado a GroupLayout, que são:

- addComponent: Para adicionar um componente ao layout.
- addGap: Para adicionar espaço entre os componentes.
- setAutoCreateGaps: Define se uma lacuna entre os componentes deve ser criada automaticamente.
- setAutoCreateContainerGaps: Define se uma lacuna entre o contêiner e os componentes que tocam a borda do contêiner deve ser criada automaticamente.
- setHorizontalGroup: Para definir o grupo horizontal.
- setVerticalGroup: Para definir o grupo vertical.

```
package com.exemplos;
import javax.swing.GroupLayout;
import javax.swing.JButton;
import javax.swing.JCheckBox;
import javax.swing.JFrame;
import javax.swing.JLabel;
import javax.swing.JPanel;
import javax.swing.JTextField;
public class Janela10 {
	public static void main (String args[])
	{
		JFrame janela = new JFrame("Minha Janela");
		janela.setDefaultCloseOperation(JFrame.EXIT_ON_CLOSE);
		JLabel label = new JLabel("Label:");
		JTextField textField = new JTextField();
		JCheckBox checkBox1 = new JCheckBox("CheckBox1");
		JCheckBox checkBox2 = new JCheckBox("CheckBox2");
		JButton bt1 = new JButton("Button 1");
		JButton bt2 = new JButton("Button 2");
		JPanel painel = new JPanel();
		GroupLayout gl = new GroupLayout(painel);
		painel.setLayout(gl);
		gl.setAutoCreateGaps(true);
		gl.setAutoCreateContainerGaps(true);
		gl.setHorizontalGroup(gl.createSequentialGroup()
			.addGroup(gl.createParallelGroup(GroupLayout.Alignment.LEADING)
				.addGroup(gl.createSequentialGroup()
```

```
28                                  .addComponent(label)
29                                  .addComponent(textField)
30                                  .addComponent(bt1))
31                          .addGroup(gl.createSequentialGroup()
32                                  .addComponent(checkBox1)
33                                  .addComponent(checkBox2)
34                                  .addComponent(bt2))));
35              gl.setVerticalGroup(gl.createSequentialGroup()
36                          .addGroup(gl.createParallelGroup(GroupLayout.Alignment.BASELINE)
37                                          .addComponent(label)
38                                          .addComponent(textField)
39                                          .addComponent(bt1))
40                          .addGroup(gl.createParallelGroup(GroupLayout.Alignment.LEADING)
41                                          .addComponent(checkBox1)
42                                          .addComponent(checkBox2)
43                                          .addComponent(bt2)));
44              janela.add(painel);
45              janela.pack();
46              janela.setVisible(true);
47      }
48 }
```

Da linha 14 a 19 foram criado componentes como texto (JLabel), caixas de seleção (JCheckBox) e botões (JButton), respectivamente. Na linha 20 foi criado um painel para abrigar os componentes e na linha 21 o layout do tipo GroupLayout, onde devemos passar ao construtor desta classe um contêiner, neste caso o painel da linha 20. De qualquer forma ainda teremos que afirmar o layout configurado para o painel com setLayout(), como ocorreu na linha 22, passando como argumento o objeto de GroupLayout.

Na linha 23, configuramos como true para definir uma lacuna automaticamente entre os componentes e na linha 24, as lacunas entre o contêiner e os componentes que tocam a borda do contêiner.

Na linha 25 em diante é criada a estrutura de distribuição dos elementos pelo layout. A disposição dos elementos que eu quero criar é essa:

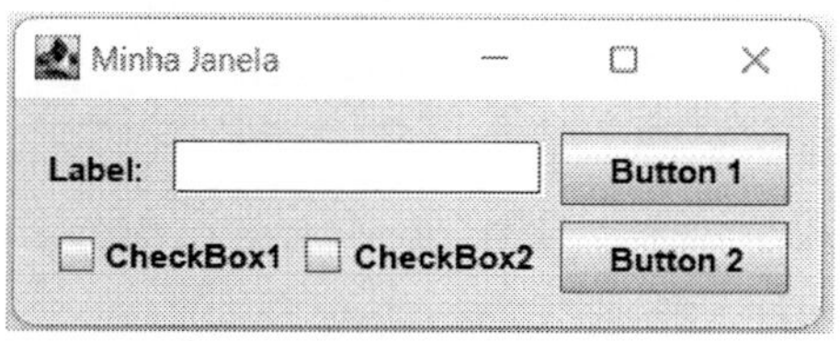

Como pode ver é algo simples. Três componentes em cima e três componentes em baixo. Na linha 25, inicio o grupo horizontal, na forma de sequência (createSequentialGroup), ou seja, os componentes ficarão um ao lado do outro; mas já que são duas linhas de componentes, devo então criar um grupo paralelo (createParallelGroup), linha 26; e dentro deste grupo crio um grupo em sequência, linha 27, para adicionar os componentes um ao lado do outro, linhas 28 a 30. Na linha 30, fecho esse grupo em sequência com o uso de parênteses ")", com relação à linha 27. Abro novamente outro grupo dentro do grupo paralelo da linha 26, que não fechei, linha 31, que será também de sequência e adiciono mais três componentes, linhas 32 a 34.

Na última linha fecho o grupo de sequência da linha 31, o grupo paralelo da linha 26 e finalmente o grupo horizontal que foi criado na linha 25; por isso a sequência de três parênteses consecutivos; lembre-se que a abertura e o fechamento sempre serão do grupo mais interno para o mais externo.

Já no grupo vertical, linha 35, peço que seja criado de forma sequencial, ou seja, um abaixo do outro; porém na linha 36, altero para paralelo, então os componentes dentro deste grupo ficarão um ao lado do outro, linha 36, ao adicionar os componentes, linhas 37 a 39, fecho este grupo paralelo; acrescentando na linha 39 um parêntese ")". No grupo sequencial da linha 35, crio outro grupo paralelo, linha 40; por ser vertical este novo grupo ficará abaixo do seu antecessor; ao qual adiciono os componentes, linhas 41 a 43, para finalmente fechar este grupo paralelo e o grupo vertical, linha 43.

Na linha 44 adicionamos o painel à janela, arrumamos a janela para se adaptar ao tamanho do contêiner e seus componentes, linha 45, para finalmente tornar a janela visível ao qual já vimos. O problema é que você deverá praticamente repetir a estrutura a ser incluída para setHorizontalGroup(), como para setVerticalGroup(). Se eu desejar que fique um espaço em branco abaixo da nossa label, conforme o exemplo:

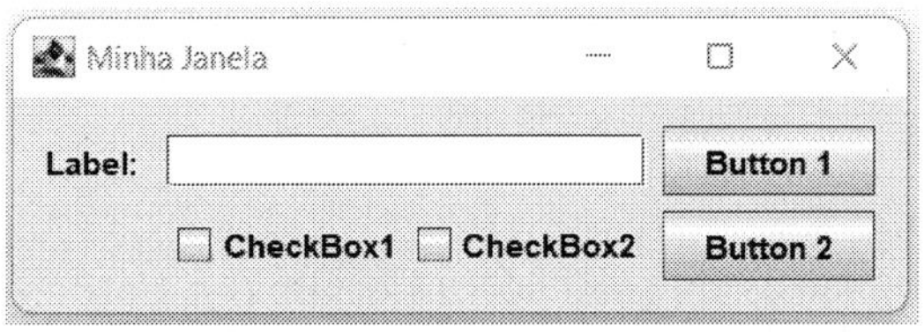

Como deveríamos proceder? Bem uma alteração como essa de gerar um campo vazio não é algo tão simples, como veremos:

```
gl.setHorizontalGroup(gl.createSequentialGroup()
                .addComponent(label)
                .addGroup(gl.createParallelGroup(GroupLayout.Alignment.LEADING)
                .addComponent(textField)
                .addGroup(gl.createSequentialGroup()
                        .addComponent(checkBox1)
                        .addComponent(checkBox2)))
                .addGroup(gl.createParallelGroup(GroupLayout.Alignment.LEADING)
                        .addComponent(bt1)
                        .addComponent(bt2)));
gl.setVerticalGroup(gl.createSequentialGroup()
        .addGroup(gl.createParallelGroup(GroupLayout.Alignment.BASELINE)
                        .addComponent(label)
                        .addComponent(textField)
                        .addComponent(bt1))
        .addGroup(gl.createParallelGroup(GroupLayout.Alignment.LEADING)
                        .addGroup(gl.createSequentialGroup()
                                .addGroup(gl.createParallelGroup(GroupLayout.Alignment.BASELINE)
                                        .addComponent(checkBox1)
                                        .addComponent(checkBox2)))
```

```
21                    .addComponent(bt2)));
```

No grupo horizontal inicial, linha 01, adicionamos o texto, linha 02, logo em seguida criamos uma sequência em paralelo, linha 03, onde dentro do grupo haverá a caixa de texto, linha 04, e abaixo desta caixa, ficarão dois componentes em sequência, linha 05, que são as caixas de seleção, linhas 06 e 07; fechando este grupo e o grupo paralelo.

Mas criamos outro grupo paralelo, linha 08, para abrigar os outros dois botões, linha 09 e 10. Em outras palavras, não há nada por baixo do nosso label na horizontal; façamos a mesma coisa na vertical.

Na vertical, linha 11, é uma sequência, ou seja, um abaixo do outro, mas altero para paralelo, linha 12, para ficar um ao lado do outro; aqui só adiciono os componentes, linhas 13 a 15, já que nada foi mudado, fechando este grupo paralelo. O próximo grupo crio também um grupo paralelo, linha 16, adiciono um grupo em sequência, linha 17, e não coloco nada. Crio então outro grupo paralelo, onde ficarão, uma ao lado da outra, as caixas de seleção, linhas 19 e 20; fecho este grupo e na última coluna adiciono o botão e fecho os demais grupos, linha 21.

Logicamente você utilizará a ferramenta do Eclipse para posicionamento dos componentes ao invés de fazer isso escrevendo o código; mas como foi falado anteriormente, sempre é bom entender um pouco o código do que está sendo inserido de forma automática pela IDE.

FormLayout e MigLayout

Não fazem parte da biblioteca Java, em outras palavras são frameworks. Framework é uma estrutura que pode fazer base de um sistema ou linguagem de programação; funcionando como suporte no intuito de facilitar, oferecer uma nova ferramenta ou de tornar o processo mais rápido para obter a solução de um problema. A importação de suas bibliotecas se dá da seguinte forma:

import com.jgoodies.forms.layout.FormLayout;
import net.miginfocom.swing.MigLayout;

Ao utilizar algum dos componentes o próprio Eclipse se encarrega de baixar a biblioteca externa, para que o framework funcione. Ex:

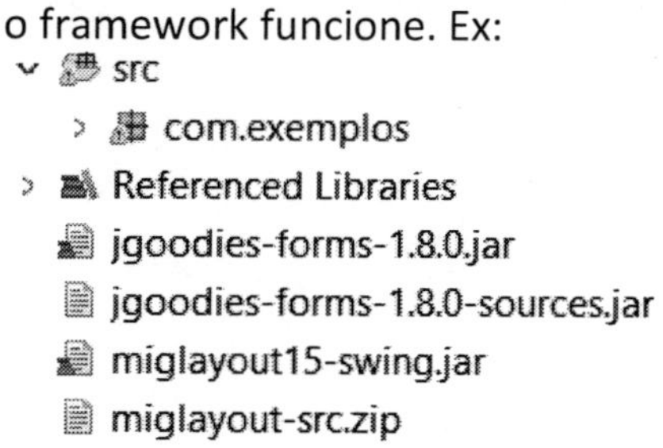

FormLayout: É considerado um layout extremamente maleável, permitindo inserir componentes em qualquer local e ocupar qualquer espaço que você determinar; permitindo com isso que estruturas mais difíceis sejam possíveis de serem realizadas. Alguns programadores comentam que é um GridBagLayout aperfeiçoado, ou um layout que junta GridBagLayout e GroupLayout, para serem aplicados de uma forma única e simplificada. Os gerenciadores de layout são baseados em grade, porém o FormLayout usa índices de coluna/linha como base.

Entretanto não recomendo utilizá-lo. A JGoodies, responsável por este layout lamenta em seu site que não poderá mais fornecer as bibliotecas gratuitamente. Como você mesmo poderá constatar em: http://www.jgoodies.com/downloads/libraries/

Os arquivos que a empresa ainda fornece, de forma gratuita, são bibliotecas recomendadas para a versão do Java 6: http://www.jgoodies.com/daownloads/archive/

Uma versão do Java bastante antiga e por isso deverá ser evitado o seu uso, a não ser que você pague para poder utilizar uma versão mais recente.

MigLayout: Pode produzir layouts fluidos, baseados em grade, absolutos (com links), agrupados ou de encaixe. Vamos conhecer algumas funções do mesmo antes de aplicar. As informações abaixo foram extraídas do site: http://www.miglayout.com/QuickStart.pdf; onde apresenta um pequeno resumo de suas funções. E com base em suas explicações, irei apresentar algumas, para que você tenha as noções mínimas a respeito deste layout.

wrap

Pode especificar o limite de colunas para cada linha. Ex:

MigLayout mlayout = new MigLayout ("wrap 4");

No exemplo acima foi especificado que cada linha terá quatro colunas, mas você poderá especificar a quebra durante o acréscimo de componentes. Ex:

```
painel.add(comp1);
painel.add(comp2);
painel.add(comp3);
painel.add(comp4, "wrap");
```

Ainda do wrap, você poderá definir o espaço entre as linhas da seguinte forma:

paneil.add(comp4, "wrap 10px")

Na sua versão 2.5 em diante. A que o Eclipse instalou como extensão foi a versão 1.5, por isso deixarei este exemplo de lado. Mas se puxar a versão mais atualizada, poderá também utilizar wrap push, para definir as lacunas entre as colunas.

span

Pode especificar quantas colunas irá ocupar um determinado componente. Ex:

painel.add(comp , "span 2")

No exemplo acima determina que duas colunas sejam ocupadas. Com o mesmo critério poderei também definir quantas linhas o componente irá abranger. Ex:

painel.add(comp , " span 2 2")

O componente em questão irá ocupar duas colunas e duas linhas.

split

Já o split faz com que o componente abra espaço para que outro em conjunto ocupe a mesma célula. No exemplo abaixo o componente comp irá abrir espaço para o próximo componente inserido em sua célula.

painel.add(comp, "split 2");

cell

Define especificamente a coluna e a linha que um determinado componente irá ocupar. Ex:

```
painel.add (comp, "cell 0 1")
```

O exemplo acima especifica que o componente em questão irá ocupar a primeira linha da segunda coluna. Ainda poderei com este mesmo elemento especificar quantas colunas e linhas este componente poderá ocupar. Ex:

```
painel.add (comp, " cell 0 1 3 1");
```

No exemplo acima, além da definição da posição, que já vimos, foi especificado que o componente irá ocupar três colunas e uma linha.

Gap

Empurra o componente dentro da célula pelo seu sufixo. Ex:
gapleft: Empurrar para a esquerda.
gaprigth: Empurrar para a direita.
gaptop: Empurrar para o topo.
gapbefore: Empurrar antes, para baixo.

```
painel.add (comp, " gapleft 10px")
```

No exemplo acima foi definido que o componente ficará 10px à esquerda.

Durante a declaração do objeto de MigLayout, podemos também definir o alinhamento de cada componente separadamente. Ex:

```
MigLayout layout = new MigLayout(
  "", // Restrições de Layout
  "[center][right][left][c]", //Definir alinhamento de cada componente de cada coluna
  "[top][center][b]"); //Definir alinhamento de cada componente de cada linha
```

Ou inserir cada elemento e especificar o alinhamento do mesmo durante a inserção. Ex:

```
painel.add(comp, "align right");
```

Quando adicionamos um componente, poderemos definir:
tamanho mínimo : tamanho preferido : tamanho máximo
Que este componente poderá assumir, dependendo da configuração de tela. Ex:

```
painel.add(comp, "width 15:30:50");

panel.add(comp, "height ::40");  // Definindo uma altura máxima
panel.add(comp, "w 50!");        // w abreviatura para width
```

A sintaxe resumida pode ser definida da seguinte forma:

```
MigLayout layout = new MigLayout (
"", // Restrições de layout
"[10][15:20:30][40!] [::40]", // Restrições de coluna
"[min!] [10::30][30mm!]"); // Restrições de linha
```

Onde min define que o tamanho mínimo da linha deverá ser respeitado.

grow

Define de forma automática o espaço que o componente poderá ocupar.

- grow: Para ocupar toda altura e largura disponíveis.
- growx: Para ocupar toda largura disponível.
- growy: Para ocupar toda altura disponível.

Inserts

Você define a borda ao redor do layout, podendo ser uniforme, ou seja, todos os lados com o mesmo valor:
MigLayout layout = new MigLayout("insets 15");

Ou cada lado com o tamanho de sua borda especificada na sequência: topo, esquerda, baixo e direita, respectivamente.
MigLayout layout = new MigLayout("insets 5 5 5 10");

Posso juntar as definições, não relacionadas às restrições do layout, de configuração do componente em uma única linha. Ex:
painel.add(<componente>, "<posição e ocupação>, <ocupação>, <definições automáticas de tamanho>, <restrições mínimas, preferenciais e máximas de tamanho>, <pulo de linha>, <alinhamento>);

painel.add(new JTextField(), "cell 1 1, split 2, growx, w min:100:200, wrap, align right");

```
package com.exemplos;
import javax.swing.JButton;
import javax.swing.JCheckBox;
import javax.swing.JFrame;
import javax.swing.JLabel;
import javax.swing.JPanel;
import javax.swing.JTextField;
import net.miginfocom.swing.MigLayout;
public class Janela11 {
    public static void main (String args[])
    {
        JFrame janela = new JFrame("Minha janela");
        janela.setDefaultCloseOperation(JFrame.EXIT_ON_CLOSE);
        janela.setResizable(false);
        JPanel painel = new JPanel(new MigLayout("insets 10"));
        painel.add(new JLabel("Nome:"), "align Left");
        painel.add(new JTextField(), "span 2, growx, align right");
        painel.add(new JButton("Ok"), "grow, wrap");
        painel.add(new JCheckBox("Masculino"), "cell 1 1, align center");
        painel.add(new JCheckBox("Feminino"), "align center");
        painel.add(new JButton("Cancelar"), "grow");
        janela.add(painel);
        janela.pack();
        janela.setVisible(true);
    }
}
```

Vamos desconsiderar as importações e nos focar na linha 15, é o que nos interessa. Foi criado um painel com o layout configurado para MigLayout; insert, como foi dito, é um espaçamento entre as bordas do contêiner; neste caso foi de dez unidades. Ao configurar o layout fui adicionando componentes a este painel, linhas 16 a 21; na linha 16 foram passados dois argumentos, o componente, que neste caso é uma label de texto, já com um conteúdo definido em seu construtor e o segundo são as definições de layout deste componente. Que foi um alinhamento para esquerda.

Já na linha 17, foi adicionado um campo de texto, que irá ocupar duas colunas (span 2), se estender para pegar toda a extensão em X (growx) e que fique alinhado à direita (align right). Este tipo de alinhamento só surte algum efeito se houver alguma brecha na célula em que foi adicionado o componente; em outras palavras, este tipo de alinhamento não irá influenciar devido ao uso de growx, tome nota.

Já na linha 18 foi inserido um botão com o texto determinado pelo construtor da classe botão, que irá ocupar todo o espaço disponível da celular, horizontal e vertical (grow) e demais elementos que forem inseridos ficarão na próxima linha (wrap). Nas linhas 19 e 20 foi inserido um checkbox para masculino e outro para feminino, sendo que o primeiro checkbox irá ocupar a segunda linha, da segunda coluna; deixando desta forma a primeira linha da segunda coluna vazia. Lembre-se que o primeiro elemento de linha ou coluna inicia na posição zero, como se fosse um array.

Por fim, temos o botão cancelar, que ocupará todo o espaço da célula disponível (grow), linha 21; para depois adicionar o painel à janela, linha 22, ajustar a janela ao contêiner e seus componentes, linha 23; para finalmente colocar esta janela visível, linha 24. A saída do programa será:

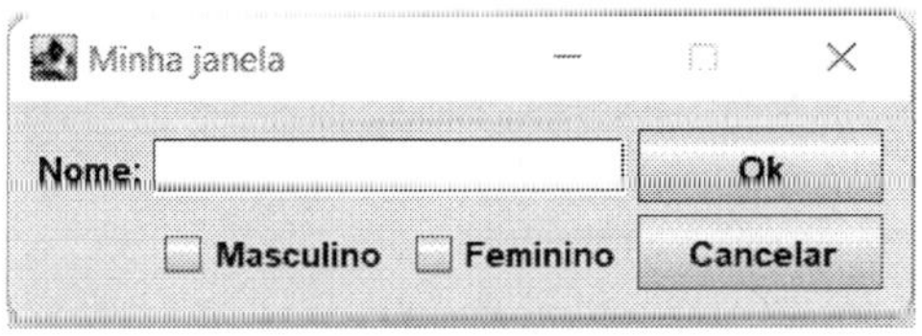

Bem similar ao que foi feito com GroupLayout, mas de uma forma bem mais simples.

Conhecendo um pouco mais sobre contêineres

Além do JPanel que vimos que é um contêiner leve genérico e simples, há outros tipos de contêineres mais específicos; vamos dar uma pincelada em cada um deles.

JSlitPane
É usado para dividir dois Componentes que podem ser redimensionados interativamente pelo usuário. A forma mais completa de seu construtor segue da seguinte forma:
JSplitPane(<orientação>, <nome do primeiro componente>, <nome do segundo componente);

A orientação poderá ser: JSplitPane.HORIZONTAL_SPLIT (lado a lado) ou JSplitPane.VERTICAL_SPLIT (um embaixo do outro).

Além disso, há alguns métodos interessantes, a saber:

- setOneTouchExpandable(): Recebe um valor booleano para permitir o redimensionamento por parte do usuário.
- setDividerLocation(): Define o local do divisor entre os componentes.

- setDividerSize(): Define o tamanho do divisor.
- setMinimumSize(): Define o tamanho mínimo que o componente poderá ter. Ele deverá ser definido por o uso de Dimension.

```
01 package com.exemplos;
02 import java.awt.Dimension;
03 import javax.swing.JFrame;
04 import javax.swing.JSplitPane;
05 import javax.swing.JTextArea;
06 public class PainelSplit {
07     public static void main (String args[])
08     {
09             JFrame janela = new JFrame("Minha janela");
10             janela.setDefaultCloseOperation(JFrame.EXIT_ON_CLOSE);
11             JTextArea t1 = new JTextArea(5, 10);
12             JTextArea t2 = new JTextArea(5, 20);
13             t1.setText("Primeiro texto");
14             t2.setText("Segundo texto");
15             JSplitPane splitP = new JSplitPane(JSplitPane.HORIZONTAL_SPLIT, t1, t2);
16             splitP.setOneTouchExpandable(true);
17             splitP.setDividerSize(20);
18             t1.setMinimumSize(new Dimension(50, 50));
19             t2.setMinimumSize(new Dimension(100, 50));
20             janela.add(splitP);
21             janela.pack();
22             janela.setVisible(true);
23     }
24 }
```

Nas linhas 11 e 12 foram definidas duas áreas de texto, onde foi passado ao seu construtor a altura e largura em unidades do componente, respectivamente. Já nas linhas 13 e 14 foram definidos alguns textos para ambos. Depois disso foi criado o contêiner JSplitPane, linha 15, na horizontal e incluídos em cada seção que este contêiner oferece os componentes t1 e t2. Já na linha 16, foi definido que o sistema de expandir ou diminuir os divisores fique ativo.

Já, na linha 17, foi determinado o tamanho deste controle divisor; enquanto isso nas linhas 18 e 19, tanto t1, como t2, foram configuradas dimensões mínimas para ambos com setMinimumSize(), que só aceita objetos de Dimension, que não foram criados, mas implantados diretamente como argumento. Por fim, é adicionado o contêiner à janela com os componentes, linha 20, onde esta janela será reajustada de acordo com o conteúdo do contêiner, linha 21, para que possa por fim se tornar visível, linha 22. A saída deste programa será:

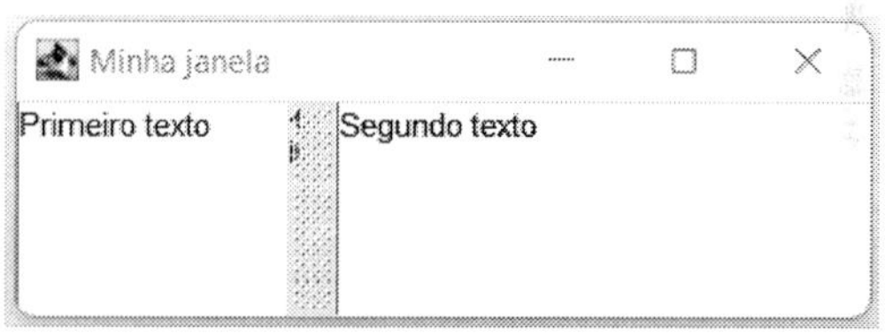

Clicar e arrastar com o botão do mouse pressionado na área pontilhada é que permite redefinir a dimensão dos dois componentes.

JToolBar

É um contêiner de arrasto, onde você poderá inserir componentes no mesmo e arrastar todos os componentes pela janela para outra determinada posição, isso dependendo do layout pai. Para nosso exemplo funcionar, terei como layout na janela (JFrame) o ldo tipo BorderLayout, que como vimos, divide em cinco posições: norte, leste, oeste, centro e sul.

```
01 package com.exemplos;
02 import java.awt.BorderLayout;
03 import java.awt.Dimension;
04 import javax.swing.JButton;
05 import javax.swing.JFrame;
06 import javax.swing.JToolBar;
07 public class ToolBar {
08         public static void main(String[] args) {
09                 JFrame janela = new JFrame("Minha janela");
10                 janela.setDefaultCloseOperation(JFrame.EXIT_ON_CLOSE);
11                 janela.setBounds(0, 0, 350, 200);
12                 JToolBar toob = new JToolBar();
13                 String[] nomes = {"Sair", "Novo", "Apagar"};
14                 JButton[] bts = new JButton[nomes.length];
15                 for(int i=0; i<nomes.length; i++)
16                 {
17                         bts[i] = new JButton(nomes[i]),
18                         Dimension dim = new Dimension(60, 25);
19                         bts[i].setPreferredSize(dim);
20                         bts[i].setMinimumSize(dim);
21                         bts[i].setMaximumSize(dim);
22                         toob.add(bts[i]);
23                 }
24                 janela.add(toob, BorderLayout.NORTH);
25                 janela.setVisible(true);
26         }
27 }
```

Vamos para a linha 11, onde se define a posição zero tanto para X como para Y e as dimensões de 350 e 200, para largura e altura, respectivamente; desconsiderando as demais linhas que já vimos milhares de vezes, temos o objeto JToolBar, linha 12; logo em seguida um array do tipo texto com três nomes, linha 13. E um array de botões, linha 14, que seu tamanho será com base no array da linha 13.

Já que vou utilizar muitos recursos para criar, configurar e inserir o botão em um JToolBar, pensei em criar um método, mas acabei optando pelo uso de um laço simples, linhas 15 a 23. Onde criamos laços por contador de nome "i" e os utilizamos para configurar o nome de cada botão, linha 17, resgatando para isso um dos nomes representante no array nomes e ambos, como pode ver, com base no valor de "i" atual. Na linha 18 são criadas as dimensões e nas linhas 19 a 21 definimos a dimensão preferencial, mínima e máxima do botão. Em outras palavras as dimensões dos botões serão constantes, independentemente de onde você arraste o JToolBar, dentro ou fora da janela, devido a configurações das linhas 19 a 21; na linha seguinte é adicionado o botão ao JToolBar, linha 22.

E depois do laço, foi acrescentado o JToolBar à janela com o layout do tipo BorderLayout direcionado no topo, linha 24. E na linha 25, tornamos esta janela visível, linha 25. O resultado ficará da seguinte forma:

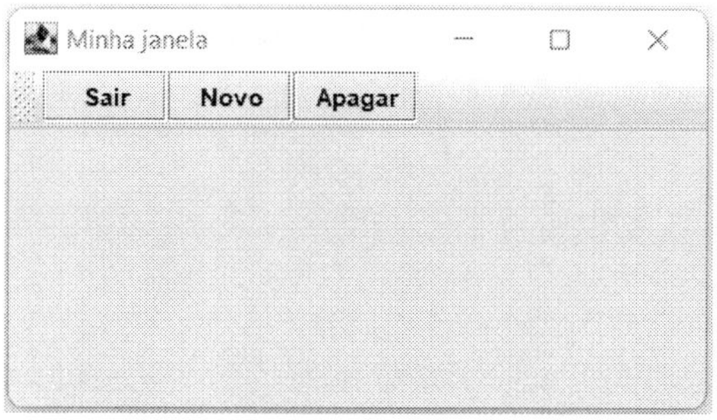

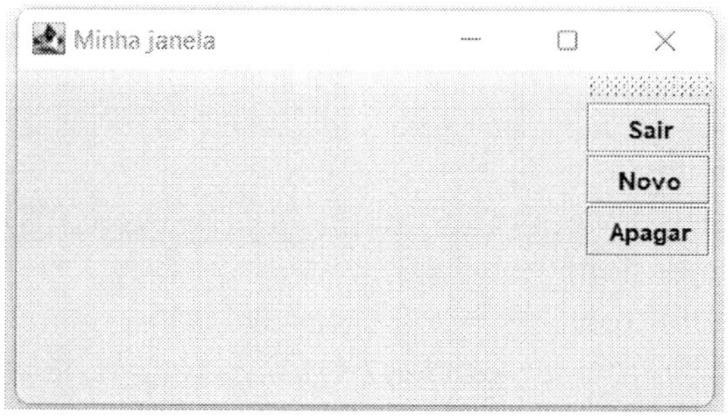

Ao clicar e arrastar na área pontilhada você poderá movimentar os componentes presentes neste contêiner para uma das regiões disponíveis do layout BorderLayout.

JDesktopPane e JInternalFrame

JInternalFrame é uma janela ou quadro interno; a própria documentação Java alerta que é necessário um JDesktopPane para gerenciar quadros internos. Por isso ambos trabalharão em conjunto neste exemplo.

O JInternalFrame possui vários construtores sobrecarregados; podendo passar nenhum argumento ou a definição completa da configuração de uma janela interna, por exemplo:
JInternalFrame (<título>, <botão de redimensionar>, <botão de fechar>, <botão de maximinizar);

O título seria uma variável do tipo texto ou o texto posto diretamente neste argumento, os demais são botões que aparecem em sua barra de título, as definições de aparecer ou não depende do dado booleano adotado.

JInternalFrame possui as mesmas características de configuração de uma janela JFrame, como: setVisible(), setDefaultCloseOperation(), pack(), etc. Então se tiver alguma dúvida nos métodos de janela é só consultar o tópico que fala de JFrame.

Porém, gostaria de deixar uma ressalva em relação setDefaultCloseOperation(); pois neste caso ele trabalha com as seguintes constantes:

- DO_NOTHING_ON_CLOSE: Fazer nada.
- HIDE_ON_CLOSE: Torne o quadro interno invisível automaticamente.
- DISPOSE_ON_CLOSE: Descarte automaticamente o quadro interno (padrão do JInternalFrame).

JDesktopPane, responsável em abrigar as janelas internas, permite que o usuário possa movimentá-las dentro da janela principal; para ver isso em prática, vamos dar uma olhada em um exemplo simples com três janelas internas.

```
package com.exemplos;
import java.awt.BorderLayout;
import javax.swing.JButton;
```

```
04 import javax.swing.JDesktopPane;
05 import javax.swing.JFrame;
06 import javax.swing.JInternalFrame;
07 import javax.swing.JLabel;
08 public class Desktop extends JFrame{
09      private static final long serialVersionUID = 1L;
10      public Desktop()
11      {
12              super("Minha janela");
13              setBounds(0, 0, 450, 170);
14              JDesktopPane desktop = new JDesktopPane();
15              desktop.setLayout(new BorderLayout());
16              String[] locais = {BorderLayout.NORTH, BorderLayout.WEST, BorderLayout.EAST};
17              JInternalFrame[] IFs = new JInternalFrame[locais.length];
18              for(int i=0; i<locais.length; i++)
19              {
20                      IFs[i] = new JInternalFrame("Janela Interna "+(i+1), false, true, false);
21                      IFs[i].add(new JLabel("Label da janela interna "+(i+1)), locais[1]);
22                      IFs[i].add(new JButton("bt "+(i+1)), locais[2]);
23                      IFs[i].pack();
24                      IFs[i].setVisible(true);
25                      desktop.add(IFs[i], locais[i]);
26              }
27              add(desktop, BorderLayout.CENTER);
28              setVisible(true);
29      }
30      public static void main(String[] args){
31              new Desktop();
32      }
33 }
```

Neste exemplo, herdei a classe JFrame e por isso o Eclipse recomenda a criação de uma versão serial, conforme visto na linha 09, quando alguma classe Java é herdada. No construtor de nossa classe, foi utilizado o termo super() para se referir ao construtor da classe JFrame em que é passado o título de nossa janela. Foram configuradas as dimensões que a janela possuirá, linha 13.

Na linha 14 foi criado um objeto da classe JDesktopPane e na linha seguinte foi definido o seu layout como BorderLayout, linha 15. As janelas ficaram em determinados locais; para não ficar repetindo o código três vezes para configurar cada janela interna dentro de JDesktopPane, optei em criar um laço e, por isso, tanto as janelas internas, como as posições que elas irão ocupar em JDesktopPane ficarão em um array. No caso dos locais será utilizado um array do tipo String, linha 16, que possui algumas das constantes de BorderLayout.

Para respeitar a mesma quantidade de janelas, com relação à quantidade de posições disponíveis, foi criado na linha 17 um array de JInternalFrame, com base na quantidade de posições do array locais (locais.length); por sinal o nosso laço controlado por contador, da linha 18, utilizar também locais.length, como uma forma de respeitar os limites destes arrays, onde o contador "i" iniciará com valor zero (0) e será incrementado em um (1) a cada final de laço.

Com base na posição de "i" pegamos a janela interna e configuramos o seu nome, acrescido do valor do contador, só como uma forma de diferenciar uma JLabel de uma janela interna para outra; também é configurado o botão de redimensionar como falso, botão de fechar como verdadeiro e o botão de maximinizar como falso, na criação da janela interna.

Na linha 21 acrescento algum componente a esta janela, neste caso uma label com um texto e o valor de contador, que como falei, está sendo utilizado como uma forma de diferenciação grosseira de conteúdo de uma janela interna para outra; em que ao mesmo tempo é definido um layout do tipo BorderLayout com base na constante presente no array locais; neste caso estou resgatando a posição um (1), que em um array é o mesmo que resgatar o segundo elemento. Neste caso seria o mesmo que:
IFs[i].**add**(**new JLabel**("Label da janela interna "+(i+1)), BorderLayout.WEST);

De forma parecida ocorre com a linha 22, no acréscimo de um botão; definindo o local deste componente com base no conteúdo presente em locais[2].

Na linha 23 foi definido pack() para se ajustar à janela interna aos componentes adicionados à mesma; na linha 24 tornamos esta janela interna visível e na linha 25 adicionamos esta janela ao nosso objeto desktop; passando para isso a janela interna atual que foi configurada e o local em BorderLayout com base na constante resgatada no array locais, ambos com base no valor da constante "i".

Na linha 27, fora do laço, adicionamos nosso objeto desktop a janela (JFrame), utilizando também um BorderLayout, configurado neste caso ao centro da janela e na linha seguinte tornando esta janela visível. O método principal main, linhas 30 a 32, simplesmente chama uma instância do nosso construtor para dar início a execução das linhas de comando contidas neste construtor. A saída do programa será:

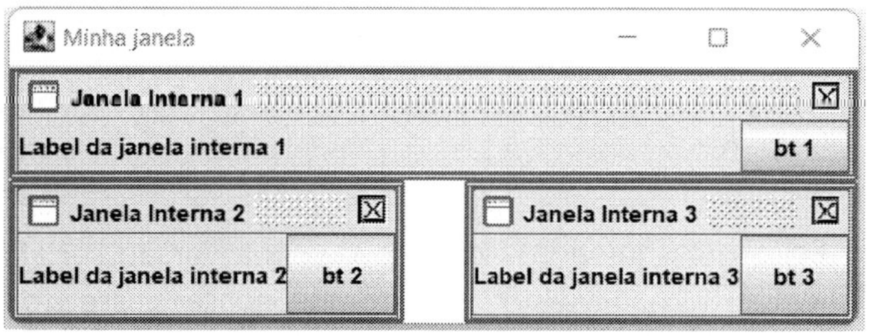

Arraste alguma das janelas internas para ver que é possível movimentá-las livremente.

JScrollPane
É um painel de rolagem onde podemos acrescentar componentes que caso exceda o espaço disponível em tela, uma barra de rolagem aparecerá horizontal, vertical ou ambas; dependendo da situação.

```
package com.exemplos;
import javax.swing.JFrame;
import javax.swing.JScrollPane;
import javax.swing.JTextArea;
public class ScrollPane {
	public static void main(String[] args) {
		JFrame janela = new JFrame("Minha janela");
		janela.setDefaultCloseOperation(JFrame.EXIT_ON_CLOSE);
		String texto="";
```

```
10            for(int i=1; i<=50; i++)
11                  texto+="Java "+ i + "\n";
12            JTextArea textArea = new JTextArea(texto, 10, 20);
13            JScrollPane scroll = new JScrollPane(textArea);
14            janela.add(scroll);
15            janela.pack();
16            janela.setVisible(true);
17      }
18 }
```

Tirando de lado o que já sabemos, foi criada uma string na linha 09, e preenchida 50 vezes pelo laço for, linha 10; com a palavra Java mais o número do contador atual, acompanhado por um pulo de linha (\n), linha 11; só para dar algum volume de texto e forçando com o JScrollPane crie uma barra de rolagem na vertical para que o usuário possa arrastar esta barra e visualizar o restante do documento.

O texto criado ficou atrelado, obviamente, a um componente do tipo JTextArea, linha 12, e ainda definida a altura em dez unidades e a largura em vinte. Ao criar o objeto de JScrollPane, atrelamos o componente JTextArea ao mesmo, linha 13; antes de adicioná-lo à janela, linha 14. Onde na linha 15 pedidos que a janela se ajuste ao componente, neste caso as definições do JTextArea, linha 15, e torne esta janela visível, linha 16. Ao final a saída do programa será:

JTabbedPane

Agrupa cada contêiner em uma nova aba. Com isso poderemos ter contêineres distintos com seus conteúdos em cada aba. A mudança de uma aba para outra ocorre de forma natural, não havendo necessidade de código extra para isso. Vejamos um exemplo em que serão criados dois painéis e cada um possuirá, como

```
package com.exemplos;
import java.awt.FlowLayout;
import javax.swing.JButton;
import javax.swing.JFrame;
import javax.swing.JLabel;
import javax.swing.JPanel;
import javax.swing.JTabbedPane;
public class TabbedPane {
      public static void main(String[] args) {
            JFrame janela = new JFrame("Minha janela");
            janela.setDefaultCloseOperation(JFrame.EXIT_ON_CLOSE);
            JTabbedPane abas = new JTabbedPane();
```

```
13        JPanel painel1 = new JPanel(new FlowLayout());
14        JPanel painel2 = new JPanel(new FlowLayout());
15        painel1.add(new JLabel("Um JLabel na primeira Guia"));
16        for(int i=1; i<=9; i++) {
17                painel2.add(new JButton("bt "+i));
18        }
19        abas.add("Aba Texto", painel1);
20        abas.add("Aba Botões", painel2);
21        janela.setBounds(0,0,250,160);
22        janela.add(abas);
23        janela.setVisible(true);
24    }
25 }
```

Nass linhas 13 e 14 foram criados dois painéis, com latout do tipo FlowLayout. Para ter diferenciação de um painel pro outro, foi criado no primeiro painel um simples componente de texto, ou seja, uma label, linha 15. Já no segundo painel criei um laço para adicionar nove botões. Já que o laço irá se repetir nove vezes e a cada repetição é adicionado um botão com um texto acompanhado pelo valor do contador do laço "i", linha 17.

O objeto abas, linhas 19 e 20, é o nosso objeto da classe JTabbedPane da linha 12. Onde é adicionado cada painel ao nosso objeto abas com um rótulo. Este rótulo não é nada mais do que o texto em que cada aba terá; conforme você poderá ver no exemplo a seguir:

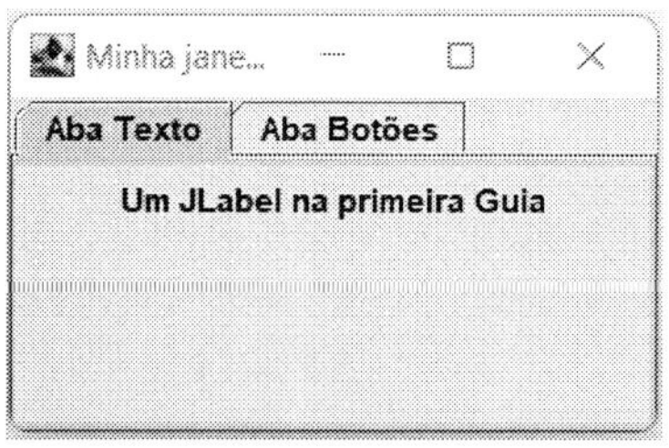

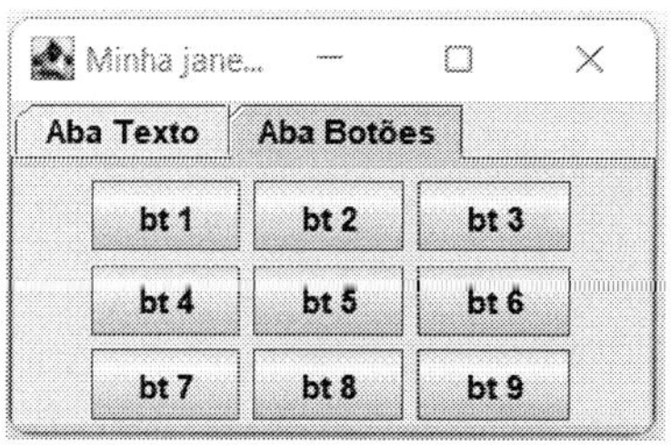

JLayeredPane

Adiciona profundidade a um contêiner, permitindo que os componentes se sobreponham quando necessário. Um valor inteiro, que pode ser passado, ao adicionar um componente a este contêiner, especifica a profundidade que cada componente terá no contêiner; onde os componentes de números mais altos aumentam a sua profundidade em relação aos outros componentes de números mais baixos. Vamos a um exemplo:

```
package com.exemplos;
import java.awt.Color;
import javax.swing.JFrame;
import javax.swing.JLayeredPane;
import javax.swing.JPanel;
public class LayeredPane {
    public static void main(String[] args) {
        JFrame janela = new JFrame("Minha janela");
        janela.setDefaultCloseOperation(JFrame.EXIT_ON_CLOSE);
```

```
10          JPanel painel1 = new JPanel();
11          JPanel painel2 = new JPanel();
12          painel1.setBackground(Color.black);
13          painel2.setBackground(Color.white);
14          painel1.setBounds(0,0,150,100);
15          painel2.setBounds(50,50,150,100);
16          JLayeredPane layPainel = new JLayeredPane();
17          layPainel.add(painel1); //layPainel.add(painel1, 1);
18          layPainel.add(painel2); //layPainel.add(painel2, 0);
19          janela.getContentPane().setBackground(Color.gray);
20          janela.add(layPainel);
21          janela.setBounds(0,0,250,200);
22          janela.setVisible(true);
23      }
24 }
```

Foram criados dois painéis, linhas 10 e 11, e logo em seguida foi alterada a cor de fundo do primeiro para preto e a do segundo para branco, linhas 12 e 13; através do método setBackground(). Depois disso foi definido o mesmo tamanho para ambos os painéis, linhas 14 e 15; com a diferença de um estar afastado no topo e para direita, com um valor de 50 em ambos. Com os painéis configurados foi criado um objeto de JLayeredPane, linha 16, e acrescentados os painéis, linhas 17 e 18.

O painel na cor preta, por ter sido o primeiro, ficará a frente do segundo painel adicionado e aos demais que possam vim a ser adicionados; para inverter a ordem é só passar um número, conforme demonstrado nas linhas de comentário; onde o painel dois passa a ser a primeira posição e o painel um, ficando na segunda posição; faça o teste.

A janela por si só tem uma cor acinzentada, mas quis realçá-la, alterando sua cor para cinza, linha 19; para finalmente adicionar nosso contêiner à janela, linha 20, configurar o tamanho da janela, linha 21 e tornar esta janela visível, linha 22. A saída do programa será:

Caixas de diálogo (JOptionPane)

Neste tópico as explicações poderão ser bem semelhantes a uma das diversas apostilas que desenvolvi para o SENAC, em relação à JOptionPane, já que sua estrutura não sofreu alteração ao longo dos anos; pois, por serem de minha autoria fatidicamente terão alguma semelhança. JOptionPane é uma classe que pode trabalhar com os seguintes métodos estáticos:

Método	Descrição
showConfirmDialog	Realiza uma pergunta de confirmação.
showInputDialog	Solicita alguma informação de entrada.
showMessageDialog	Informa algum aviso ao usuário.
showOptionDialog	A unificação das opções acima.

showMessageDialog

JOptionPane.showMessageDialog(<posição>, <texto>[, <título da caixa de diálogo>, <ícone>])

O que está entre colchetes não são argumentos obrigatórios, ou seja, você poderá criar uma caixa de diálogo, simplesmente informando só a posição e o texto. Vamos entender cada um:

- **Posição**: Determina a posição da nossa caixa de diálogo; um valor null fará com que a caixa de diálogo assuma sua posição padrão, que é centralizado na tela.
- **Texto**: Mensagem a ser exibida dentro da caixa de diálogo.
- **Título da caixa**: Como o próprio nome diz é o título da janela de nossa caixa de diálogo.
- **Ícone**: Podemos acrescentar os seguintes tipos de ícones conforme o tipo de constante informada, como:

Ícone	Constante
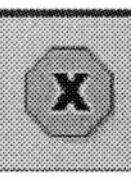	JOptionPane.ERROR_MESSAGE
	JOptionPane.INFORMATION_MESSAGE
	JOptionPane.QUESTION_MESSAGE
	JOptionPane.WARNING_MESSAGE
	JOptionPane.PLAIN_MESSAGE

Caso não seja utilizado algum texto para o título da caixa de mensagem, o Java assumirá por padrão a palavra mensagem. Da mesma forma ocorrerá com o ícone, que em sua ausência o Java assumirá o ícone relacionado à INFORMATION_MESSAGE.

```
package com.exemplos;
import javax.swing.JOptionPane;
public class MessageDialog {
    public static void main(String[] args) {
        JOptionPane.showMessageDialog(null,"Bem-vindo ao Java");
    }
}
```

Vamos a um pequeno exemplo:

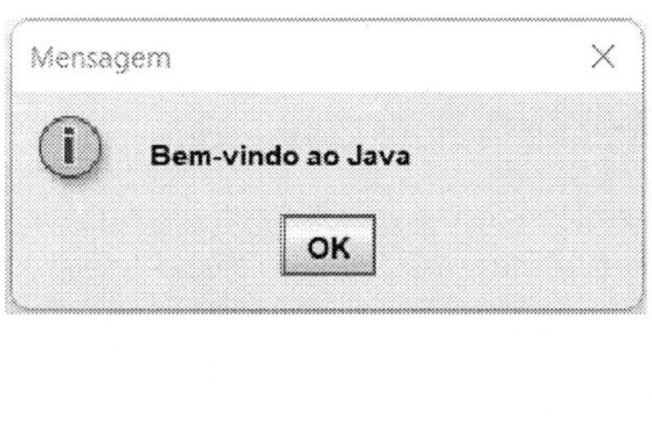

showInputDialog

Este método abre uma caixa de diálogo com um campo para inserção de algum dado provindo do usuário; onde este dado é retornado em forma de uma String. Ex:
String <variável> = JOptionPane.showInputDialog(<texto>)

Vamos a um exemplo para um melhor esclarecimento:

```
01 package com.exemplos;
02 import javax.swing.JOptionPane;
03 public class InputDialog {
04     public static void main(String[] args) {
05         String resp = JOptionPane.showInputDialog("Digite sua idade para a carteira de motorista");
06         try{
07             int idade = Integer.parseInt(resp);
08             idade = Math.abs(idade);
09             if(idade<=17)
10                 JOptionPane.showMessageDialog(null,"Você precisa ter entre 18 e 90 anos", "Aviso", JOptionPane.WARNING_MESSAGE);
11             else if(idade>=18 && idade<=95)
12                 JOptionPane.showMessageDialog(null,"Você estar apto a tirar a carteira de motorista");
13             else
14                 JOptionPane.showMessageDialog(null,"Tem certeza que ainda está vivo?", "Dúvida", JOptionPane.QUESTION_MESSAGE);
15         }catch(NumberFormatException e) {
16             JOptionPane.showMessageDialog(null,"A idade informada foi inválida!", "Error", JOptionPane.ERROR_MESSAGE);
17         }
18     }
19 }
```

Na linha 05 passo como argumento ao showInputDialog um texto informando o que desejo do usuário e a resposta digitada pelo mesmo será atribuída à variável do tipo String "resp"; por possibilidade de haver um erro ao digitar a idade, decidi colocar o try/catch só para relembrarmos um pouco sobre o mesmo, em relação ao tratamento de erro. Na linha 07 faço a conversão do texto para inteiro, caso não seja possível abrirá uma exceção de NumberFormatException, quando a string não tiver o formato apropriado para a conversão em número; neste caso irá aparecer uma mensagem com o ícone de erro, presente na linha 16.

Se for válida a conversão para número então na linha 08 converto este número para um valor absoluto com Math.abs(); ou seja, caso o usuário por engano digite um valor negativo, este número será convertido em um valor positivo. Na linha 09 verifico se a idade é menor ou igual a 17 anos; caso afirmativo, utilizo uma mensagem com o ícone de alerta, avisando que o usuário não tem idade suficiente.

Do contrário se a idade for entre 18 a 95 anos, linha 11, utilizo uma caixa de mensagem padrão, avisando que o mesmo está apto a tirar a carteira de identidade; do contrário, linha 13, utilizo uma caixa de mensagem com o ícone de interrogação perguntando se o usuário está realmente vivo, linha 14; claro que isto é só um exemplo, para demonstração dos vários ícones que uma caixa de mensagem pode vir a ter. A saída do programa será algo como:

Entrada do dado | **Resposta**

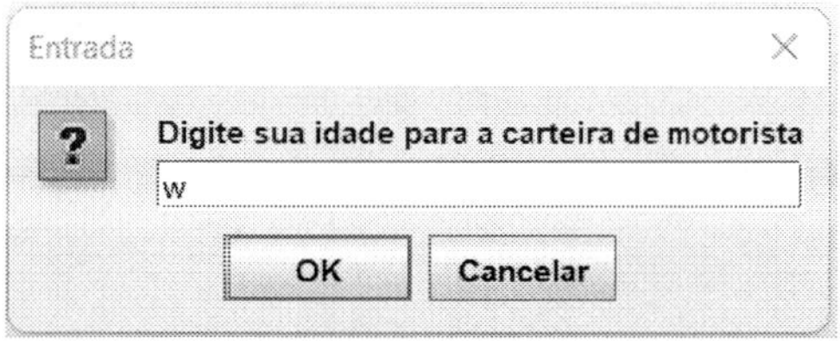

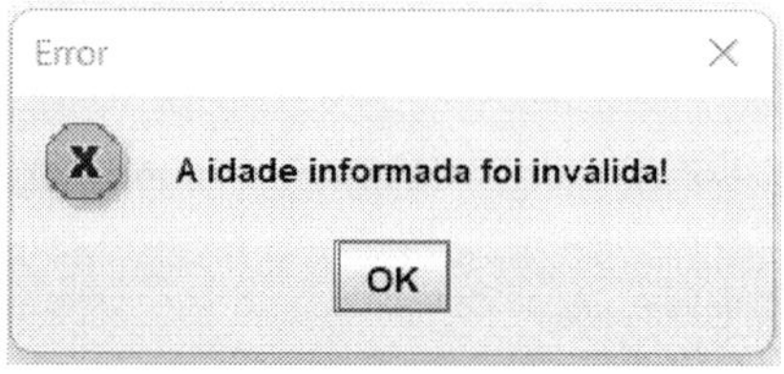

Com showInputDialog você ainda poderá criar uma lista de seleção para a escolha de uma determinada opção a ser selecionada. Sua sintaxe é:

Object <variável> = JOptionPane.**showInputDialog**(<posição>, <texto>, <título da caixa de diálogo>, <tipo de ícone a aparecer na caixa de diálogo>, <alterar ícone>, <lista de opções>, <opção da lista que terá foco>);

No caso do alterar ícone, seria para substituição do ícone padrão escolhido na mensagem. Nada melhor do que um exemplo para entender como poderá ser aplicado este tipo de estrutura:

```
01 package com.exemplos;
02 import javax.swing.ImageIcon;
03 import javax.swing.JOptionPane;
04 public class InputDialog2 {
05     public static void main(String[] args) {
06         Object[] comidas = { "Selecione a opção", "Sushi", "Feijoada", "Churrasco", "Vegana" };
07         ImageIcon img = new ImageIcon(new InputDialog2().getClass().getResource("img/Java.png"));
08         Object op = JOptionPane.showInputDialog(null,"Escolha sua comida favorita", "Comidas", JOptionPane.INFORMATION_MESSAGE, img, comidas, comidas[0]);
09         if(comidas[1]==op)
10             System.out.println("Sushi");
11         else if(comidas[2]==op)
12             System.out.println("Feijoada");
13         else if(comidas[3]==op)
14             System.out.println("Churrasco");
15         else if(comidas[4]==op)
16             System.out.println("Vegana");
17         else
18             System.out.println("AVISO.\nNenhuma opção foi selecionada.");
19     }
20 }
```

Na linha 06 foi criado um array com algumas opções e na linha 07 foi criado um ícone; já que todo método estático não possui uma referência da classe, foi necessário criar uma instância (new InputDialog2()), para através dela pegar o local onde a classe está sendo executada (na pasta bin), acrescida do caminho passado a getResource() ao qual você deverá criar a pasta "img" e colocar um arquivo de imagem Java.png. Já na linha 08 é criado um objeto de nome "op", para resgatar a opção selecionada pelo usuário; onde o "img" foi incluído para substituir o ícone padrão; logo em seguida, foi colocado o nosso objeto com as opções e por último a opção inicial a ser mostrada; onde zero seria o primeiro dado do array que será o texto: Selecione a opção.

Os operadores condicionais, linhas 10 a 18, só verificam se a posição do array criado é a mesma que o usuário selecionou, caso afirmativo, aparecerá no console do eclipse o texto referente à opção selecionada; nada demais, só para se ter algo de exemplo; o else da linha 17 é para o caso do usuário clicar em ok e não ter selecionado nenhuma opção; sendo a opção da posição zero (0), fazendo com que uma mensagem de aviso informe que nenhuma opção foi escolhida, linha 18. A saída do programa será algo como:

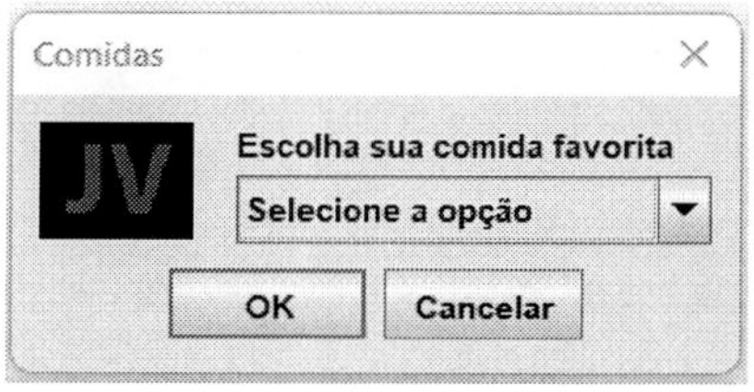

showConfirmDialog

int <variável> = JOptionPane.showConfirmDialog(<posição>, <Texto>, <título da caixa de diálogo>, JOptionPane.<tipo de opção>[, JOptionPane.<tipo de ícone informativo>]);

Com relação aos tipos de opção ele poderá criar em alguns botões de opções, conforme a constante escolhida:

Tipos de opção	Aparece
DEFAULT_OPTION	O botão de ok
YES_NO_OPTION	Os botões sim e não
YES_NO_CANCEL_OPTION	Os botões sim, não e cancelar
OK_CANCEL_OPTION	Os botões ok e cancelar

```
package com.exemplos;
import javax.swing.JOptionPane;
public class ConfirmDialog {
    public static void main(String[] args) {
        int resp = JOptionPane.showConfirmDialog(null, "Escolha uma opção", "Janela de opções",JOptionPane.YES_NO_CANCEL_OPTION, JOptionPane.QUESTION_MESSAGE);
        if (resp == JOptionPane.YES_OPTION)
            System.out.print("Confirmado");
        else if (resp == JOptionPane.NO_OPTION)
            System.out.print("Negado");
        else if (resp == JOptionPane.CANCEL_OPTION)
            System.out.print("Cancelado");
        else
            System.out.print("Janela de opções fechada!");
    }
}
```

Na linha 05 foi escolhida a opção que possui os botões de sim, não e cancelar, onde retorna um valor inteiro, dependendo da opção escolhida. Das linhas 06, 08, 10 que fazem uma comparação, se o número inteiro resgatado pela opção escolhida é igual a constante que está sendo comparada; caso afirmativo, é impresso algo no console do Eclipse correspondente à opção escolhida, linhas 07, 09 ou 11; se nenhuma das opções for válida então o usuário fechou a caixa de diálogo e por isso a mensagem da linha 13 será exibida no console. Crie o exemplo e realize os testes. A exibição da caixa de diálogo será:

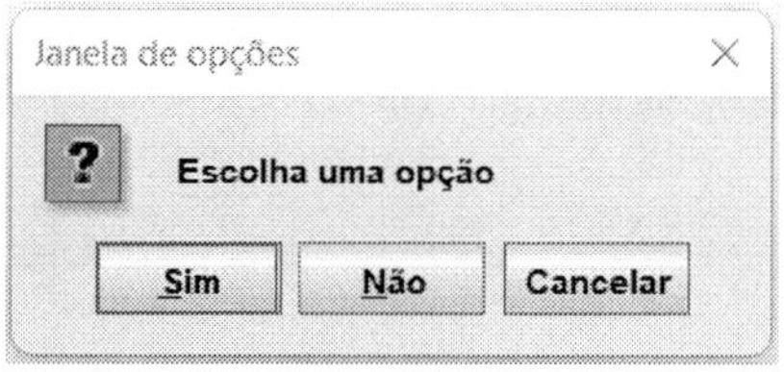

As possíveis constantes que poderão ser utilizadas para comparações são:

- YES_OPTION
- NO_OPTION
- CANCEL_OPTION
- OK_OPTION
- CLOSED_OPTION

showOptionDialog

showOptionDialog é bem parecido com showInputDialog com relação à criação de opções para o usuário escolher. A diferença é que showOptionDialog não cria uma lista de opções, mas sim botões.

int <variável> = JOptionPane.**showOptionDialog**(<posição>, <texto>, <título da caixa de diálogo>, JOptionPane.<opções de botões>, JOptionPane.<tipo de ícone informativo>, <novo ícone>, <array com os botões de opções>, <qual botão que terá foco>);

Onde se encontra o campo de opções de botões são aquelas constantes relacionadas ao aparecimento de botões como: sim, não, ok ou cancelar, por exemplo. Independente daquela que você escolha, o que será válido será o array ao qual você criou. Vamos a um exemplo:

```
01 package com.exemplos;
02 import javax.swing.JOptionPane;
03 public class OptionDialog {
04     public static void main(String[] args) {
05         Object[] lista = {"Animes", "Filmes", "Séries"};
06         int resp = JOptionPane.showOptionDialog(null, "Qual o seu hobby favorito?", "Tipo de Hobby", JOptionPane.OK_CANCEL_OPTION, JOptionPane.QUESTION_MESSAGE, null, lista, lista[0]);
07         if(resp==0)
08             System.out.println("Animes");
09         else if(resp==1)
10             System.out.println("Filmes");
11         else if(resp==2)
12             System.out.println("Séries");
13     }
14 }
```

Na linha 05 foi criado o array de opções, onde foi implementado na linha 06; cujo resultado escolhido pelo usuário irá retornar um valor inteiro. Mesmo definindo que as opções dos botões sejam Ok e Cancelar

(OK_CANCEL_OPTION), você verá que não será aplicado, mas sim o que foi criado dentro do array de objeto da linha 05. E dependendo da escolha, o número retornado será equivalente à posição do texto criado dentro do array; o primeiro foi Animes, que se encontra na posição zero (0) do array; filmes se encontra na posição um (1) e assim por diante; por isso as comparações da variável inteira "resp" com os respectivos números, linhas 07 a 12. Que dependendo daquela escolhida será exibida uma mensagem correspondente no console do Eclipse. A caixa de diálogo ficará da seguinte forma:

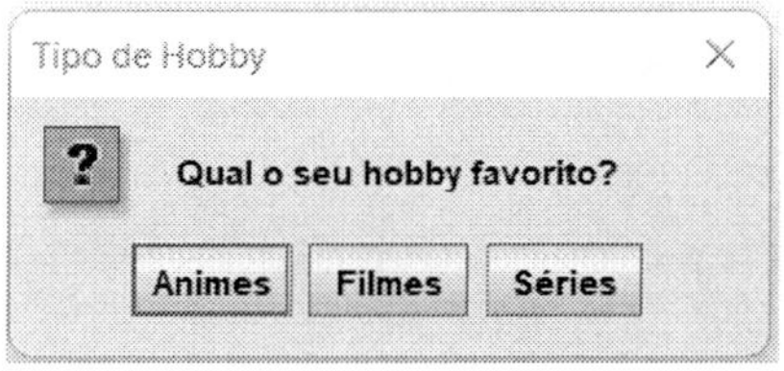

Visão geral sobre ouvintes e captura de eventos

O Java trabalha com uma interface, que pode ser implementada em uma classe para poder adicionar ouvintes de evento em componentes, como: botões, caixas de texto, campos de texto, listas de seleção, etc. Incluindo inclusive componentes de hardware como teclado e mouse, por exemplo.

Mas há vários tipos de ouvintes de evento e como vimos, podemos implementar uma ou mais interfaces em uma mesma classe. Os métodos que acompanham a interface são métodos de assinatura ou cabeçalho, ou seja, que não possuem corpo e que precisam ser sobrescritos.

Como sabemos se uma interface possui, por exemplo, três ou mais métodos; todos eles precisam ser declarados dentro da classe, mesmo que o programa não as utilize. Digamos que eu implemente um ouvinte de evento de mouse, ele possui diversos métodos, mas só quero utilizar um, mesmo assim terei que declarar todos; mesmo que sejam métodos vazios, só com o cabeçalho ou assinatura de método.

Toda interface ouvinte de evento possui uma classe de captura de evento; vamos dar uma olhada nos principais ouvintes e suas classes de captura.

Interfaces Listener	Classes de Event
ActionListener	ActionEvent
ChangeListener	ChangeEvent
FocusListener	FocusEvent
HyperlinkListener	HyperlinkEvent
ItemListener	ItemEvent
KeyListener	KeyEvent
ListSelectionListener	ListSelectionEvent
MouseListener e MouseMotionListener	MouseEvent
MouseWheelListener	MouseWheelEvent
WindowListener	WindowEvent

Por exemplo, ao implantar um ouvinte de evento de captura de ação, que é o ActionListener, eu devo informar qual componente possuirá este ouvinte de evento, que possuirá o mesmo nome da interface acrescido de add. Ex:

JButton bt = **new JButton**("Clique");

```
bt.addActionListener(this);
```

Neste caso criei um botão com o rótulo Clique e logo em seguida adicionei um ouvinte de evento a este botão; como sabemos this referencia a própria classe, que não poderá ser utilizada dentro de um método estático, por não possuir referência de classe. Digamos que isto foi utilizado dentro do construtor da classe; automaticamente ele irá chamar o método referente à ação correspondente, quando o botão for clicado, que neste caso só possui um que é o actionPerformed. Dentro deste método, assim como os demais, possuirá um parâmetro que é o objeto da classe responsável pela captura do componente, que neste caso, seguindo a tabela seria o ActionEvent. Ex:

```
25    @Override
26    public void actionPerformed(ActionEvent obj) {
27            if(obj.getSource()==bt)
28                    bt.setText("Dado novo");
29    }
```

Sobrescrevendo o método, linha 25, temos a classe ActionEvent dentro do parâmetro do método, responsável em capturar o componente que acionou o evento; com ele podemos utilizar de alguns de seus métodos padrões, como métodos herdados de outras classes como getSource() da linha 25, que compara se o objeto capturado durante a ação do usuário é igual ao botão; caso afirmativo altero o nome do botão, utilizando seu método setText, linha 28. Passando o rótulo do botão de Clique para Dado novo.

Desta forma você deve perceber que é fácil implantar uma interface ouvinte de evento em um componente e que através do seu método de assinatura, iremos criar o tratamento para lidar com a captura de evento. Veremos com mais detalhes ActionListener e ActionEvent no próximo tópico.

ActionListener e ActionEvent

Um ouvinte de evento extremamente comum para captura de eventos de ação produzidos pelo usuário. Há diversos componentes em que podemos implementar este tipo de captura. Neste tópico, em especial, haverá a apresentação de componentes que podem ser implementados por este tipo de ouvinte de evento; além de outros que não pertencem a captura de eventos de ação; mas que serão utilizados com o intuito de tentar enriquecer um pouco mais os exemplos.

Nos demais tópicos tentarei focar na explicação do ouvinte de evento, mas nada impede de que poderá surgir um novo componente a ser apresentado, para ser utilizado exclusivamente para aquele tipo de ouvinte de evento, por exemplo.

ActionListener é uma interface e como sabemos uma classe pode ser implementada por uma ou mais interfaces ao mesmo tempo; esta interface possui um único método abstrato que é o actionPerformed(), como vimos, e assim como todos os ouvintes de evento ele possui como parâmetro um objeto referente a sua classe de captura, que neste caso é o ActionEvent.

A classe ActionEvent possui alguns métodos, a saber:

- getActionCommand(): Retorna a string de comando associada a esta ação.
- getModifiers(): Retorna um valor inteiro relacionado às teclas modificadoras pressionadas durante este evento de ação.
- getWhen(): Retorna um inteiro longo com o carimbo de data/hora de quando esse evento ocorreu.

- paramString(): Retorna uma string de parâmetro identificando este evento de ação.

Contudo, o método mais utilizado é o getSource() da classe java.util.EventObject. Todos os ouvintes de evento possuem este método já que herdam por tabela esta classe. Este método é responsável em obter o objeto que ativou o evento.

JButton e JLabel

A classe JButton é um componente de ação, onde será adicionado nosso ouvinte de evento; além disso, será apresentada a classe JLabel para este exemplo. Vamos conhecer um pouco de cada um antes.

JButton

Assim como a maioria das classes de Java, a classe JButton possui um construtor sobrecarregado. Permitindo ser declarado o botão sem nenhum argumento passado ao construtor.

```
JButton bt1 = new JButton();
```

Ou criar um botão, como já vimos, com o texto:

```
JButton bt2 = new JButton("Clique");
```

Ou ainda com o texto e um ícone para o botão:

```
ImageIcon img = new ImageIcon("d:/rodrigo/Java/Java.png");
JButton bt3 = new JButton("Clique 2", img);
```

Para o primeiro caso, que nada foi adicionado, você poderá utilizar os seguintes métodos, para adicionar texto e ícone:

```
bt1.setText("Clique");
bt1.setIcon(img);
```

Para resgatar algum dado do botão, você utilizará o mesmo método, porém, com o uso inicial de get ao invés de set. Normalmente utilizo o getText() para resgatar o texto presente no botão e assim identificá-lo.

Além de definir o rótulo do botão e a imagem há ainda outro método interessante que é o setToolTipText(), que aceita como argumento um texto que é utilizado como dica de ferramenta; este texto aparecerá quando o ponteiro do mouse estacionar sobre o componente que possui este método. Muito utilizado em botões que só utilizam ícones, ao invés de texto, como uma forma de instruir o usuário sobre a funcionalidade daquele botão ou de até utilizar o get deste método para resgatar o texto referente a dica de ferramenta, como uma forma de identificar o componente.

Além destes métodos, há outros que aceitam argumentos booleanos, como uma forma de ocultar a personalização padrão do botão, como:

- **setBorderPainted()**: Um valor booleano define se a borda do botão estará visível ou não, por padrão é true.
- **setContentAreaFilled()**: Um valor booleano define se o aparecimento da cor de fundo do botão estará visível (true) ou não (false); por padrão é true.
- **setFocusPainted()**: Um valor booleano define o aparecimento da cor de fundo do botão quando ganhar foco, se estará visível ou não, por padrão é true.

Apresentarei um exemplo que aborde estes métodos, inclusive setToolTipText(); quando chegarmos ao tópico relacionado a ouvinte de evento do mouse.

JLabel

Há vários métodos, mas se resume basicamente em dois: setText() e getText(), mas há também métodos que podem definir ou resgatar o ícone provindo de um JLabel:

- setText(): Para alterar o seu texto.
- getText(): Para capturar o seu texto.
- setIcon(Icon icon): Define um ícone.
- getIcon(): Resgata o ícone.

Assim como JButton, o componente JLabel possui construtores sobrecarregados, podendo declarar um JLabel sem nada, ou com texto, ou só com um ícone; como também declarar um texto e um ícone e ainda definir o alinhamento do texto através de constantes como: LEFT, CENTER ou RIGHT, por exemplo. Para entender um pouco melhor o seu funcionamento, vamos analisar um exemplo com JLabel.

Neste e demais exemplos, decidi criar um projeto de nome Componentes e um pacote: com.exemplos. Nada muito criativo, só para listar os exemplos em um local separado dos demais.

Agora vamos verificar um exemplo na prática de como seria utilizando o ouvinte e a captura do evento do usuário ao clicar no botão.

```
package com.exemplos;
import java.awt.GridLayout;
import java.awt.event.ActionEvent;
import java.awt.event.ActionListener;
import javax.swing.JButton;
import javax.swing.JFrame;
import javax.swing.JLabel;
import javax.swing.JPanel;
public class Button1 extends JFrame implements ActionListener {
	private static final long serialVersionUID = 1L;
	private JLabel texto;
	public Button1(){
		super("Minha janela");
		texto = new JLabel("Clique no botão para alterar seu rótulo");
		JButton bt = new JButton("Clique");
		bt.addActionListener(this);
		JPanel painel = new JPanel(new GridLayout(2,0));
		painel.add(texto);
		painel.add(bt);
		add(painel);
	}
	public static void main(String[] args) {
		Button1 button1 = new Button1();
		button1.setDefaultCloseOperation(JFrame.EXIT_ON_CLOSE);
		button1.pack();
		button1.setVisible(true);
	}
	@Override
```

```
29      public void actionPerformed(ActionEvent e) {
30              Object obj = e.getSource();
31              if(obj instanceof JButton)
32              {
33                      JButton bt = (JButton) obj;
34                      bt.setText("Dado novo");
35                      texto.setText("Você alterou o rótulo do botão");
36              }
37      }
38 }
```

Antes de focar na linha 11, já que o restante nós já sabemos, gostaria de frisar a implementação do ActionListener, linha 09, para que o ouvinte de evento possa ser aplicado em um componente. Retornando a linha 11, foi declarado um objeto (variável) JLabel global, ou seja, poderá ser enxergado em qualquer método presente na classe. No construtor, linha 12, declaramos o título da janela, linha 13, um conteúdo de texto para a nossa label, linha 14; um botão já com um rótulo, linha 15, e adicionamos um ouvinte de evento neste botão, linha 16; quando ativo o botão pelo usuário a referência da classe irá chamar o método actionPerformed da linha 29, passando como argumento o componente responsável pela ativação do evento e capturado pelo objeto "e" de ActionEvent.

Na linha 17 temos um painel com layout do tipo GridLayout, com duas linhas, onde foram adicionados o texto e o botão, linhas 18 e 19; para por fim adicionar o painel à janela, linha 20. O método principal possui o mesmo padrão em todos os exemplos, onde é declarado um objeto da própria classe e utilizado este objeto para configurar as demais características da janela; já que a classe está herdando JFrame.

No método da linha 29, resgatamos o objeto responsável pela ativação do evento, linha 30, e colocamos em um objeto, na linha 31, verificamos se este objeto é um botão com o uso de instanceof; caso afirmativo, irá retornar verdadeiro entrando no if e fazendo a conversão do objeto de forma explícita para um botão, linha 33; para que desta forma possamos utilizar seus métodos, como alterar o rótulo do botão, linha 34. E na linha 35 pegamos o nosso label e alteramos o seu texto; isso só é possível porque o nosso objeto label é uma variável do tipo global. A saída do programa será:

Janela inicial

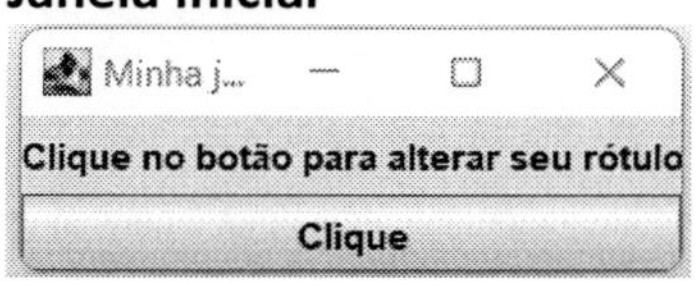

Ao clicar no botão

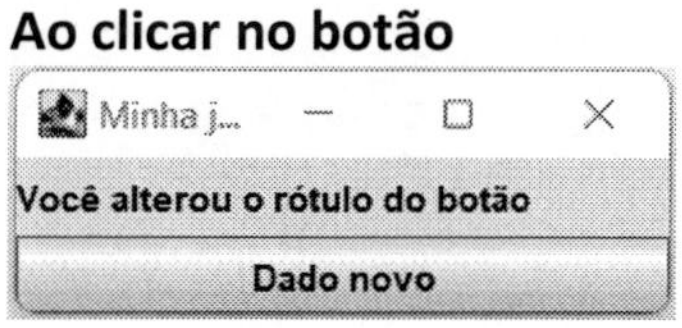

Ao invés de utilizar o construtor da classe ou herdar a classe JFrame, poderíamos criar tudo dentro do método principal main da seguinte forma:

```
package com.exemplos;
import java.awt.GridLayout;
import java.awt.event.ActionEvent;
import java.awt.event.ActionListener;
import javax.swing.JButton;
import javax.swing.JFrame;
import javax.swing.JLabel;
```

```
08 import javax.swing.JPanel;
09 public class Button2 implements ActionListener {
10      private static JLabel texto;
11      public static void main(String[] args) {
12              JFrame janela = new JFrame("Minha janela");
13              texto = new JLabel("Clique no botão para capturar o seu rótulo");
14              JButton bt1 = new JButton("Clique");
15              bt1.addActionListener(new Button2());
16              JPanel painel = new JPanel(new GridLayout(2,0));
17              painel.add(texto);
18              painel.add(bt1);
19              janela.add(painel);
20              janela.setDefaultCloseOperation(JFrame.EXIT_ON_CLOSE);
21              janela.pack();
22              janela.setVisible(true);
23      }
24      @Override
25      public void actionPerformed(ActionEvent e) {
26              Object obj = e.getSource();
27              if(obj instanceof JButton)
28                      texto.setText("Rótulo do botão: " + e.getActionCommand());
29      }
30 }
```

Como sempre a classe é implementada por ActionListener, linha 09; na linha 10 temos o componente label estático e global; estático para que o mesmo possa ser utilizado livremente dentro do método principal main, sem necessidade de utilizar um objeto da própria classe. Dentro do método main, linha 11, temos a declaração do objeto janela, linha 12; e a inclusão de um texto no nosso label global, linha 13. Já na linha 14, temos o botão com o rótulo, clique. Na linha 15 é adicionado o ouvinte de evento do botão, que por main ser um método estático, não possui uma referência da própria classe, por isso não se pode utilizar de this; sendo assim é criada uma instância da própria classe como argumento. Das linhas 16 a 22, são as mesmas linhas vistas antes; onde na linha 16 é criado um painel e adicionado um layout do tipo GridLayout de duas linhas e adicionados os componentes, linhas 17 a 18, para ser adicionado o painel à janela, linha 19; além das demais configurações da janela, linhas 20 a 22.

No método que é chamado ao clicar sobre o botão, linha 25, pegamos o objeto de referência e atribuímos a um objeto, linha 26; onde na linha 27 verificamos se este objeto em questão é do tipo JButton; caso afirmativo, alteramos o nosso label, pegando o rótulo do componente JButton; através de getActionCommand. A saída do programa será:

Janela Inicial

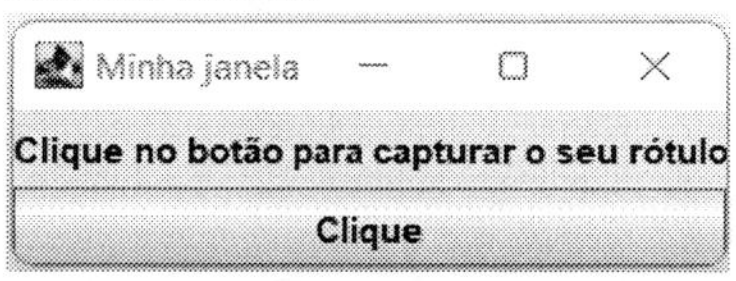

Botão Clicado

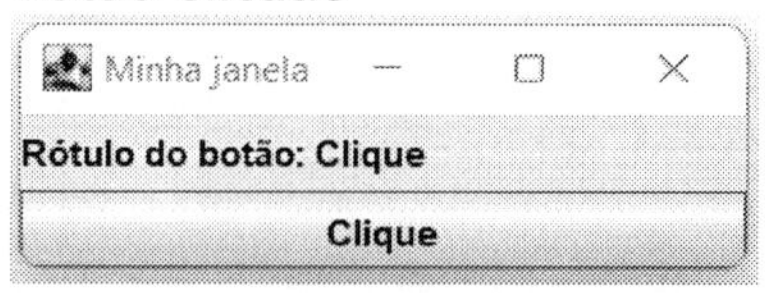

Lembra que pode ser aplicada uma função lambda sobre uma interface funcional? Caso não se lembre, uma interface funcional é aquela interface que possui apenas um único método abstrato, que é o caso da interface ActionListener. Com isso, não é necessário declarar o método abstrato padrão do ActionListener, que é o actionPerformed, conforme veremos no exemplo:

```
01 package com.exemplos;
02 import java.awt.GridLayout;
03 import javax.swing.JButton;
04 import javax.swing.JFrame;
05 import javax.swing.JLabel;
06 public class Lambda {
07     public static void main(String[] args) {
08         JFrame janela = new JFrame();
09         JLabel info = new JLabel();
10         JButton bt = new JButton("ok");
11         janela.setLayout(new GridLayout(2,0));
12         janela.add(info);
13         janela.add(bt);
14         bt.addActionListener(e -> {
15             info.setText("Nome do botão: "+e.getActionCommand());
16         });
17         janela.setDefaultCloseOperation(JFrame.EXIT_ON_CLOSE);
18         janela.pack();
19         janela.setVisible(true);
20     }
21 }
```

Na realidade, este exemplo poderia ter ficado com 19 linhas ao invés de 21; pois por possuir uma única linha de comando na função lambda eu nem precisaria ter utilizado os limitadores de bloco {}; já que ele é utilizado quando há mais de uma linha de comando; no caso acima, poderia ter posto tudo em uma única linha. Ex:

```
bt.addActionListener(e -> info.setText("Nome do botão: "+e.getActionCommand()));
```

Na linha 14 foi adicionado o ouvinte de evento ao botão e foi colocada a função lambda diretamente; onde "e" representa o objeto ActionEvent, que será o nosso parâmetro e a linha 15 a linha de código; onde foi utilizado o nosso objeto "e", para captura o texto presente no botão. A saída do programa será:

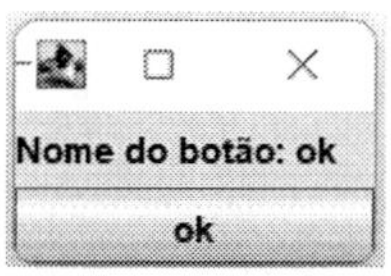

Na realidade poderíamos definir um método completamente novo para tratar do evento deste botão. Ex:

```
package com.exemplos;
import java.awt.GridLayout;
import java.awt.event.ActionEvent;
import javax.swing.JButton;
import javax.swing.JFrame;
import javax.swing.JLabel;
public class Lambda2 {
```

```
08      private static JLabel info = new JLabel();
09      public static void main(String[] args) {
10              JFrame janela = new JFrame();
11              JButton bt = new JButton("ok");
12              janela.setLayout(new GridLayout(2,0));
13              janela.add(info);
14              janela.add(bt);
15              bt.addActionListener(e -> trataAction(e));
16              janela.setDefaultCloseOperation(JFrame.EXIT_ON_CLOSE);
17              janela.pack();
18              janela.setVisible(true);
19      }
20      private static void trataAction(ActionEvent e) {
21              info.setText("Nome do botão: "+e.getActionCommand());
22      }
23 }
```

A JLabel info será tratada em dois métodos: main() e trataAction(). Por isso foi declarada como uma variável global, ou seja, declarada dentro da classe e fora do método main, linha 08; por ser utilizado este componente em main(), linha 13, deve-se declarar o mesmo como estático.

Na linha 15 pede-se que o método trataAction() seja chamado, passando como argumento o objeto ao qual o usuário interagiu. O método da linha 20 é estático por estar sendo chamado dentro do método principal main() do tipo estático. Lembre-se que para poder utilizar métodos ou variáveis globais comuns, sem serem estáticas, é necessária uma referência ou objeto da própria classe. O resultado deste programa será o mesmo que o anterior.

Lembre-se também que este tipo de estrutura só é possível se a interface ouvinte de evento for funcional, ou seja, que só possua um único método abstrato; do contrário deverá seguir a estrutura padrão, como foi criado no primeiro ou segundo exemplos.

Importante

Gostaria de frisar que toda interface ouvinte de evento possui uma classe que captura o objeto responsável em ativar o evento; no caso da interface ActionListener, temos a classe ActionEvent. Na classe ActionEvent temos alguns métodos; contudo só um é realmente relevante que é o getSource() da classe java.util.EventObject; que toda classe responsável por capturar o evento possui.

Como percebeu nos exemplos, com este método é possível recuperar o componente que ativou o evento, com base na ação do usuário. E tendo este componente em mãos, você poderá utilizar os métodos do componente, que são muito mais amplos do que os métodos que as classes de captura possuem. Apesar disso, os métodos que estas classes de captura de evento possuem, serão citados no livro.

JTextField e JPasswordField

Todos os dois são componentes que podem ser utilizados para captura da ação provinda do usuário; eles são campos de captura de texto, onde:

- JTextField: É um campo de texto.

- JPasswordField: É um campo de texto com os caracteres ocultos; onde o que o usuário digitar aparecerá no lugar pequenas esferas negras.

Basicamente, os dois campos de texto trabalham com dois métodos um de inserção de texto e outro de recuperação do texto contido no campo; para o JTextField temos:

- getText(): Para captura do texto.
- setText(): Para a inclusão de algum texto ao componente.

A diferença para JPasswordField é que o método getText() foi descontinuado; por isso se utilize de getPassword(). Ambos componentes possuem construtores sobrecarregados, que permitem definir:

- Quantidade de colunas (largura).
- Um texto inicial.
- Texto e quantidade de colunas.
- Modelo de documento, texto e quantidade de colunas.

Vamos a um exemplo simples da utilização de ambos os componentes, sempre utilizando a função lambda para resumir ainda mais o código:

```
package com.exemplos;
import java.awt.GridLayout;
import javax.swing.JFrame;
import javax.swing.JLabel;
import javax.swing.JOptionPane;
import javax.swing.JPanel;
import javax.swing.JPasswordField;
import javax.swing.JTextField;
public class TextAndPasswordField{
    public static void main(String[] args) {
        JFrame janela = new JFrame();
        JLabel text1 = new JLabel("Campo de Texto");
        JLabel text2 = new JLabel("Campo de senha");
        JTextField campText = new JTextField();
        campText.addActionListener(e -> msg(campText.getText()));
        JPasswordField campPass = new JPasswordField();
        campPass.addActionListener(e -> msg(campPass.getPassword().toString()));
        JPanel painel = new JPanel(new GridLayout(2,2));
        painel.add(text1);
        painel.add(campText);
        painel.add(text2);
        painel.add(campPass);
        janela.add(painel);
        janela.setDefaultCloseOperation(JFrame.EXIT_ON_CLOSE);
        janela.pack();
        janela.setVisible(true);
    }
    private static void msg(String texto)
    {
        JOptionPane.showMessageDialog(null,texto);
```

```
31      }
32 }
```

Na linha 11 foi definido nosso objeto janela e nas linhas 12 e 13 nossas labels já com texto presente em ambos; temos ainda o campo de texto, linha 14; onde foi adicionado o ouvinte de evento, linha 15, que chamamos o método msg(), passando como argumento o texto presente no campo. De forma semelhante ocorre com o campo de texto do tipo senha, linhas 16 e 17.

Foi criado um painel com layout do tipo GridLayout de duas linhas e duas colunas, linha 18; adicionados os componentes a este painel, linhas 19 a 23; por fim definidas as demais configurações da janela, linhas 23 a 26, que já sabemos. O método "msg", linha 28, pega o texto passado e joga numa caixa de diálogo, a saída do programa será algo como:

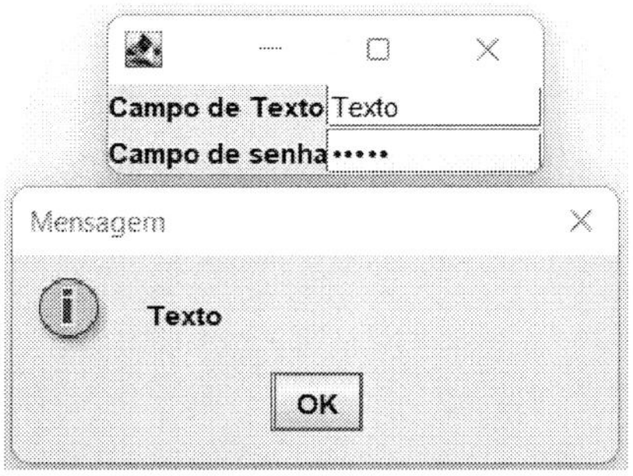

JComboBox e JTextArea

O JComboBox aceita o ouvinte de evento ActionListener. Para nos auxiliar neste exemplo será utilizado em conjunto o JTextArea.

JComboBox

É uma lista suspensa em que você poderá declarar um objeto JComboBox vazio ou já com uma lista criada, esta lista deverá ser criada por meio de um array. O mesmo possui alguns métodos, a saber:

- addItem(): Adiciona um item à lista de itens.
- getItemAt(): Retorna o item de lista no índice especificado.
- getItemCount(): Retorna o número de itens na lista.
- getSelectedIndex(): Retorna o número do elemento selecionado.
- getSelectedItem(): Retorna o item selecionado atual.
- insertItemAt(item, int pos): Insere um item na lista de itens em um determinado índice.
- removeAllItems(): Remove todos os itens da lista de itens.
- removeItem(): Remove um item da lista de itens.
- setEditable(): Determina se o campo é editável ou não, através de um dado booleano.

JTextArea

JTextArea, assim como os demais componentes, ele possui construtores sobrecarregados, permitindo criar um componente sem passar nada ao mesmo como também:

- Incluir um texto.
- Informar a quantidade de linhas e colunas (tamanho).
- Incluir um texto e informar linhas e colunas.
- Informar o modelo de documento.
- Informar o modelo de documento, texto, linhas e colunas.

Vamos dar uma olhada em alguns de seus métodos:

- append(String str): Acrescenta texto ao final do documento.
- createDefaultModel(): Cria a implementação padrão de um modelo a ser utilizado se nenhum for fornecido explicitamente.
- getColumns(): Retorna o número de colunas.
- getColumnWidth(): Obtém a largura da coluna.
- getLineCount(): Retorna o número de linhas.
- getLineEndOffset(int line): Retorna o deslocamento do final da linha fornecida.
- getLineOfOffset(int offset): Retorna a conversão de um deslocamento no texto para um número de linha.
- getLineStartOffset(int line): Retorna o deslocamento do início da linha fornecida.
- getLineWrap(): Obtém um valor booleano sobre a política de quebra de linha da caixa de texto.
- getRows(): Retorna o número de linhas.
- insert(String str, int pos): Insere um texto na posição especificada.
- replaceRange(String str, int start, int end): Substitui o texto com base na posição inicial e na final indicadas, pelo novo texto especificado.
- setColumns(int columns): Define o número de colunas.
- setFont(Font f): Define a fonte atual.
- setLineWrap(boolean wrap): Define se haverá ou não a quebra de linha automática da área de texto.
- setRows(int rows): Define o número de linhas.

Além de:

- getText(): Para captura do texto.
- setText(): Para a inclusão de algum texto ao componente.

Neste exemplo não pretendo me aprofundar no uso de JTextArea, só o utilizarei para complementar o nosso exemplo, em que você seleciona um item de uma personalidade com o componente JComboBox e ele exibe uma frase relacionada ao mesmo; são frases retiradas de sites de citações que podem não ser do autor, aqui será utilizado como exemplo para nosso pequeno programa.

```
package com.exemplos;
import java.awt.BorderLayout;
import javax.swing.JComboBox;
import javax.swing.JFrame;
import javax.swing.JTextArea;
public class ComboBox1 {
    public static void main(String[] args) {
        JFrame janela = new JFrame("Minha janela");
        String[] op = {"Escolha uma opção", "Cazuza", "Gabriel Pensador", "Nelson Rodrigues"};
        String[] frases = {"", "Até nas coisas mais banais, pra mim é tudo ou nunca mais.",
        "Somos escravos da nossa própria falta de atitude.",
        "Por trás de todo paladino da moral, vive um canalha."};
        JTextArea frase = new JTextArea(5, 10);
        JComboBox<String> jc = new JComboBox<String>(op);
        jc.addActionListener(e->{
```

```
16                  int pos = jc.getSelectedIndex();
17                  frase.setText(frases[pos]);
18          });
19          frase.setLineWrap(true);
20          janela.add(frase, BorderLayout.NORTH);
21          janela.add(jc, BorderLayout.SOUTH);
22          janela.setDefaultCloseOperation(JFrame.EXIT_ON_CLOSE);
23          janela.setBounds(0,0,200,150);
24          janela.setVisible(true);
25      }
26 }
```

Na linha 08 foi criado o objeto de janela, na linha 09 um array com os nomes e na linha 10 um array com as frases; onde o primeiro será simplesmente uma String vazia (""); já que na lista de opções da linha 09 a primeira opção é: Escolha uma opção. E por isso que nada deverá ser mostrado. Na linha 13 temos nossa área de texto, definido o tamanho da altura e da largura do mesmo; além de ter sido criada uma lista de seleção, linha 14, com base no array "op", linha 09.

Na linha 15 adicionamos o ouvinte de evento e é utilizada a função lambda, para resumir o código; onde pegamos a posição da lista de seleção que foi selecionada pelo usuário e atrelamos a variável inteira "pos"; pegamos esta posição para visualizar a frase que se encontra na mesma posição do nosso array frases, que será mostrada por nossa label frase, linha 17. Na linha 19 foi colocado como true o setLineWrap(), para que haja pulo de linha quando o texto alcançar o limite da nossa área de texto.

Sem uso de contêiner foi adicionando cada componente em uma determinada posição disponível pelo layout BorderLayout, linhas 20 e 21; além das demais configurações de janela, linhas 22 a 24; a saída do programa será algo como:

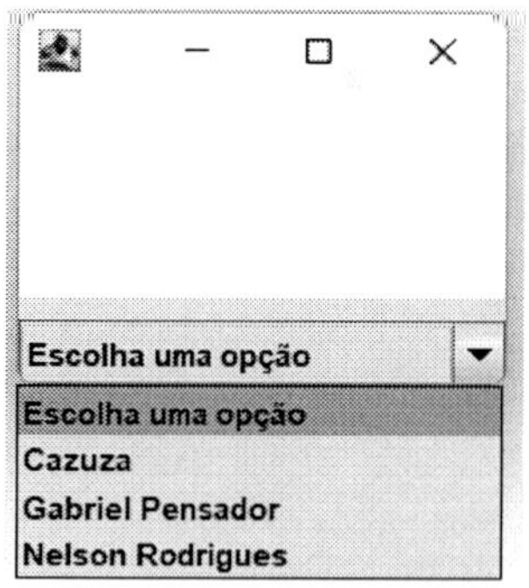

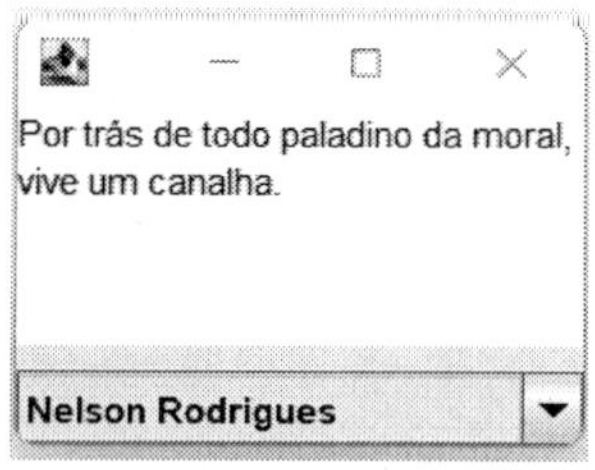

Agora vamos nos estender um pouco mais, criando um exemplo de métodos de JComboBox. O próximo exemplo terá duas listas de seleção, uma vazia e outra com opções, além de um campo de texto que exibirá o total de itens que a lista nova possui e um botão com ouvinte de evento, para executar as ações, com base naquilo que foi escolhido. As opções serão para adicionar um conteúdo novo na lista inicialmente vazia; com base no que foi digitado no campo de texto; ou remover um item da lista selecionada ou ainda limpar a lista.

```
package com.exemplos;
import java.awt.GridLayout;
import javax.swing.JButton;
```

```
04 import javax.swing.JComboBox;
05 import javax.swing.JFrame;
06 import javax.swing.JLabel;
07 import javax.swing.JTextField;
08 public class ComboBox2{
09     public static void main(String[] args) {
10         JFrame janela = new JFrame();
11         String[] escolhas = {"Escolha uma opção", "Adicionar conteúdo", "Remover item selecionado","Limpar lista"};
12         JComboBox<String> jcEscolhas = new JComboBox<String>(escolhas);
13         JLabel info = new JLabel("Total de itens: 0");
14         JTextField tf= new JTextField();
15         JComboBox<String> jcNovo = new JComboBox<String>();
16         JButton btOk = new JButton("ok");
17         btOk.addActionListener(e->{
18             int pos = jcEscolhas.getSelectedIndex();
19             String resgatado = tf.getText();
20             tf.setText("");
21             if(pos==1)
22                 jcNovo.addItem(resgatado);
23             else if(pos==2)
24                 jcNovo.removeItem(jcNovo.getSelectedItem());
25             else
26                 jcNovo.removeAllItems();
27             info.setText("Total de itens: " + jcNovo.getItemCount() );
28         });
29         janela.setLayout(new GridLayout(5,0));
30         janela.add(info);
31         janela.add(tf);
32         janela.add(jcEscolhas);
33         janela.add(btOk);
34         janela.add(jcNovo);
35         janela.setDefaultCloseOperation(JFrame.EXIT_ON_CLOSE);
36         janela.setBounds(0,0,200,150);
37         janela.setVisible(true);
38     }
39 }
```

Na linha 10 temos o objeto de janela; na linha 11 as opções, que serão adicionadas a nossa lista de seleção, linha 12; na linha 13 temos uma label, a utilizaremos para informar a quantidade de itens presentes na lista nova de seleção. Na linha 14 temos um campo de texto, linha 14, e na linha 15 nossa lista de seleção inicialmente vazia; além de um botão, linha 16; onde foi adicionado o ouvinte de evento ao mesmo, linha 17, e utilizada a função lambda, para pegarmos a opção escolhida pelo usuário, linha 18, e o texto digitado pelo mesmo, linha 19; ao pegar o texto no campo de texto, zeramos o mesmo, linha 20.

Depois disso é verificada qual opção o usuário selecionou, se foi a opção um (1), linha 21, é adicionado na nossa lista de seleção inicialmente vazia, um novo item com base no que foi digitado no campo de texto, linha 22; do contrário se foi dois (2), linha 23, é para remover o item presente na lista com base no que está selecionado, linha 24; por fim, se não for nenhuma das opções, será a última, entrando assim no else, linha 25, que remove todos os elementos presentes na lista de seleção, linha 26. Ao final, resgato a quantidade de itens atuais desta lista que estamos manipulando e informamos por uma label, linha 27. Desconsiderando as demais linhas de código, que já sabemos; a saída do programa será algo como:

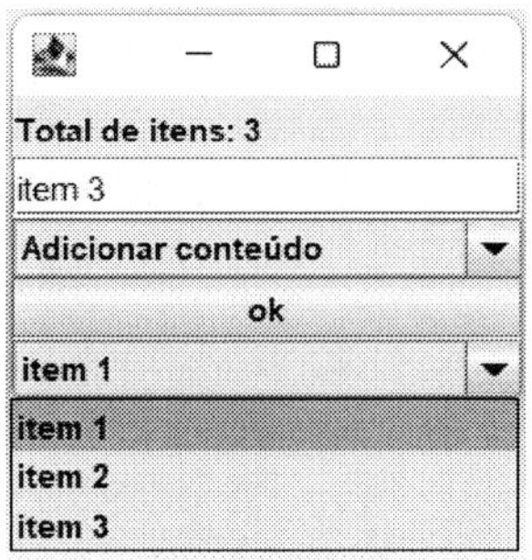

Imagem 01

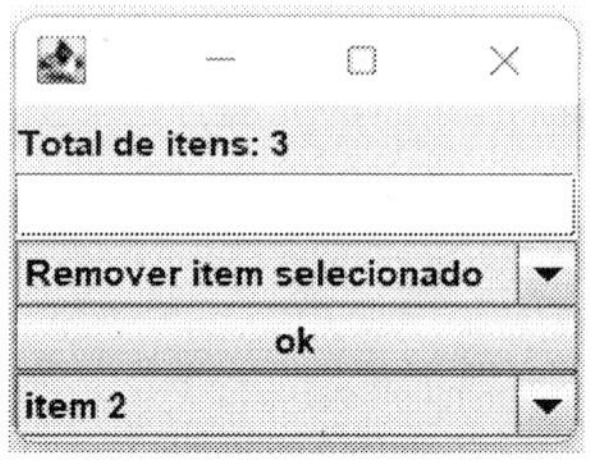

Imagem 02

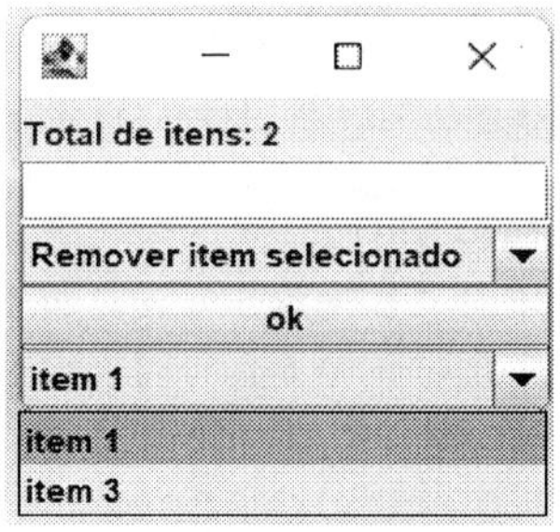

Imagem 03

Quando digitar algo no campo de texto e selecionar a opção adicionar conteúdo e clicar no botão ok, este conteúdo será adicionado ao segundo JComboBox, conforme demonstrado na imagem 01. Na imagem 02 ao escolher a opção de remoção de item, este será removido, com base no que está selecionado no segundo JComboBox, ao pressionar o botão ok. A imagem 03 foi incluída só para demonstrar isso.

JFormattedTextField

Com este componente é possível formatar para receber dados como: CPF, data de nascimento, CNPJ, telefone, etc. Mas para isso, precisamos criar uma máscara e adicionar esta máscara ao componente. Por isso é utilizado em conjunto com esta classe, a classe MaskFormatter, que suporta os seguintes caracteres e seus significados:

- "#" Qualquer número poderá ser inserido (0-9).
- "U" Qualquer letra (A-Z) poderá ser inserida; onde serão convertidas as letras minúsculas digitadas pelo usuário em maiúsculas.
- "L" Qualquer letra (a-z) poderá ser inserida; onde serão convertidas as letras maiúsculas em minúsculas.
- "?" Qualquer letra (a-z) poderá ser inserida.
- "A" Qualquer letra ou número (0-9 e a-z) poderá ser inserido.
- "H" Qualquer caractere hexadecimal (0-9 a-f) poderá ser inserido.
- "*" indica qualquer caractere, inclusive caracteres especiais.

Vamos iniciar com um exemplo simples, onde formatamos o campo com uma máscara de telefone; quando o usuário digitar e pressionar ENTER, a mensagem é exibida em uma caixa de diálogo.

```
01 package com.exemplos;
02 import java.awt.FlowLayout;
03 import java.text.ParseException;
04 import javax.swing.JFormattedTextField;
05 import javax.swing.JFrame;
06 import javax.swing.JLabel;
07 import javax.swing.JOptionPane;
08 import javax.swing.JPanel;
09 import javax.swing.text.MaskFormatter;
```

```
10 public class FormattedTextField {
11     public static void main(String[] args) throws ParseException {
12         JFrame janela = new JFrame();
13         JLabel telLabel = new JLabel("Telefone");
14         MaskFormatter telMask = new MaskFormatter("(##)####-####");
15         JFormattedTextField telFormatted = new JFormattedTextField(telMask);
16         telFormatted.setColumns(10);
17         telFormatted.addActionListener(e-> JOptionPane.showMessageDialog(null,"Telefone: " +
telFormatted.getText()));
18         JPanel painel = new JPanel(new FlowLayout());
19         painel.add(telLabel);
20         painel.add(telFormatted);
21         janela.add(painel);
22         janela.setDefaultCloseOperation(JFrame.EXIT_ON_CLOSE);
23         janela.pack();
24         janela.setVisible(true);
25     }
26 }
```

No método principal temos o ParseException, no caso da criação da máscara causar um erro inesperado durante a análise. Na linha 12 temos nosso objeto de janela, na linha 13 uma label que servirá de rótulo para nosso campo de texto formatado; por sinal, na linha 14 criamos a máscara para este campo e anexamos ela na linha seguinte, linha 15.

Na linha 16 alargamos a quantidade de colunas para este campo e na linha 17 incluímos o ouvinte de evento, que fará com que o telefone digitado pelo usuário seja exibido numa caixa de mensagem; para finalizar, foi criado um painel na linha 18, com o layout do tipo FlowLayout e adicionados os elementos, linhas 19 e 20, para o painel ser adicionado à janela, linha 21. Definimos que a janela seja finalizada ao ser fechada (JFrame.EXIT_ON_CLOSE); e o tamanho da janela seja proporcional ao conteúdo presente na mesma, linha 23, para finalmente se tornar visível, linha 24. A saída do programa será algo como:

Utilizando NumberFormat para formatação de números

A melhor forma de lidar com números não é a utilização de máscara, mas sim, a utilização de NumberFormat; pois esta classe possui métodos que podem determinar a quantidade máxima de números inteiros e/ou fração, assim como a quantidade mínima; que ao perder o foco do campo, que possui este tipo de formatação, ele irá seguir as regras que foram impostas por esta classe; com base nos critérios estabelecidos pelos seus métodos; por isso vamos dar uma olhada em alguns de seus métodos, antes de iniciar o exemplo:

- getCurrencyInstance(): Retorna o NumberFormat, para o formato da moeda da localidade padrão atual.

- getCurrencyInstance(Locale inLocale): Retorna o NumberFormat, no formato de moeda da localidade especificada.
- getInstance(): Retorna o NumberFormat, do formato numérico da localidade padrão atual.
- getInstance(Locale inLocale): Retorna o NumberFormat, do formato numérico da localidade especificada.
- getMaximumFractionDigits(): Retorna o número máximo de dígitos permitidos na parte fracionária de um número.
- getMaximumIntegerDigits(): Retorna o número máximo de dígitos permitidos na parte inteira de um número.
- getMinimumFractionDigits(): Retorna o número mínimo de dígitos permitido na parte fracionária de um número.
- getMinimumIntegerDigits(): Retorna o número mínimo de dígitos permitido na parte inteira de um número.
- getPercentInstance(): Retorna um NumberFormat, para o formato de porcentagem da localidade padrão atual.
- getPercentInstance(Locale inLocale): Retorna um NumberFormat, de porcentagem da localidade especificada.
- setMaximumFractionDigits(int newValue): Define o número máximo de dígitos permitidos na parte fracionária de um número.
- setMaximumIntegerDigits(int newValue): Define o número máximo de dígitos permitidos na parte inteira de um número.
- setMinimumFractionDigits(int newValue): Define o número mínimo de dígitos permitido na parte fracionária de um número.
- setMinimumIntegerDigits(int newValue): Define o número mínimo de dígitos permitido na parte inteira de um número.
- setParseIntegerOnly(boolean value): Define se os números devem ou não ser analisados apenas como números inteiros.

Neste exemplo, não vou inserir nenhum ouvinte de evento, serão incluídos dois campos: salário e cargo. Quando o usuário digitar o salário e se direcionar para o cargo, as configurações que foram impostas por NumberFormat entrarão em vigor; corrigindo o número ou simplesmente limpando o campo, se o dado passado não for relativo a um número. Vamos ao exemplo:

```
01 package com.exemplos;
```

```
02 import java.awt.GridLayout;
03 import java.text.NumberFormat;
04 import java.text.ParseException;
05 import javax.swing.JFormattedTextField;
06 import javax.swing.JFrame;
07 import javax.swing.JLabel;
08 import javax.swing.JTextField;
09 public class FormattedTextField2 {
10      public static void main(String[] args) throws ParseException {
11              JFrame janela = new JFrame();
12              janela.setLayout(new GridLayout(2,2));
13              JLabel salTexto = new JLabel("Salário:");
14              JLabel cargoTexto = new JLabel("Cargo:");
15              JTextField cargo = new JTextField();
16              NumberFormat formataN =  NumberFormat.getInstance();
17              formataN.setMaximumIntegerDigits(5);
18              formataN.setMinimumIntegerDigits(3);
19              formataN.setMaximumFractionDigits(2);
20              formataN.setMinimumFractionDigits(0);
21              JFormattedTextField salFormat = new JFormattedTextField(formataN);
22              salFormat.setColumns(10);
23              janela.add(salTexto);
24              janela.add(salFormat);
25              janela.add(cargoTexto);
26              janela.add(cargo);
27              janela.setDefaultCloseOperation(JFrame.EXIT_ON_CLOSE);
28              janela.pack();
29              janela.setVisible(true);
30      }
31 }
```

No método principal foi criada a janela, linha 11; configurado o layout para GridLayout de duas linhas e duas colunas; além de duas labels para que o usuário se informe o que representa cada campo que acompanhará cada label. Um dos campos será um JTextField, para o cargo, linha 15. E o outro com o JFormattedTextField, representando o campo de salário, linha 21. Este campo foi formatado pelo objeto de NumberFormat; onde determinou de três, linha 18, até cinco, linha 17, a quantidade de números inteiros e de zero, linha 20, até duas casas decimais, linha 19.

A quantidade de colunas do campo "salFormat" foi definida como dez, linha 22; com isso irá forçar que o nosso campo de cargo também tenha esta quantidade, devido ao layout ser do tipo GridLayout. Foram acrescentados os componentes à janela, linhas 23 a 26; como as demais configurações desta janela, linhas 27 a 29. Nos resultando a estrutura do exemplo abaixo:

Ao digitar o valor

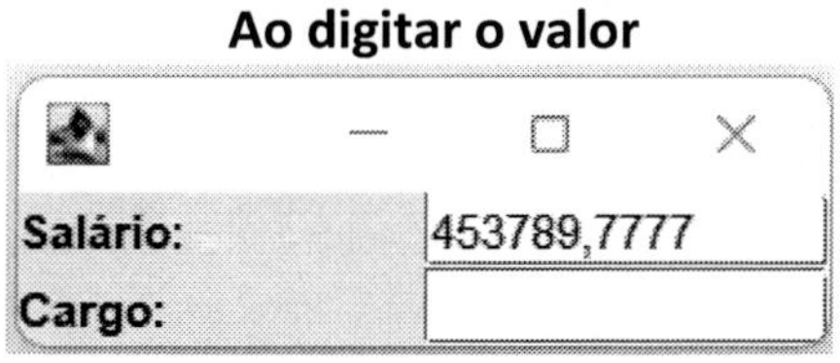

Ao perder foco

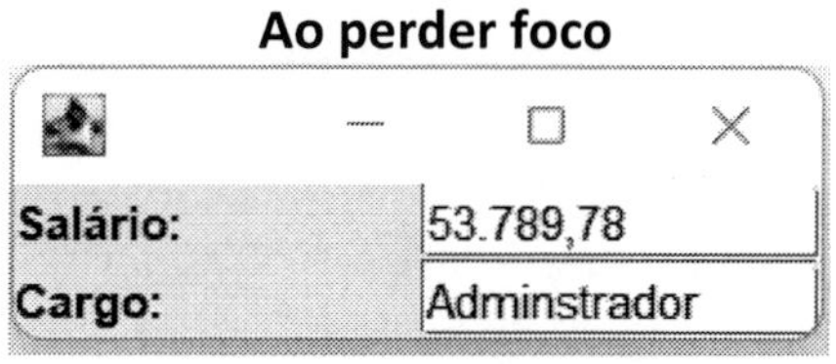

Ao digitar o valor

Ao perder foco

No primeiro exemplo, o arredondamento para cima da fração com três ou mais casas decimais, ocorre quando o valor da terceira casa decimal for cinco ou superior; do contrário o arredondamento será para baixo. Já o número inteiro quatro (4), não foi incluído pois passa do limite máximo de números inteiros permitidos.

Já no segundo exemplo, ao digitar algo fora dos padrões, como um texto, ao perder o foco este campo é automaticamente zerado.

Vamos criar um exemplo um pouco mais amplo, com outras formatações, como CPF, data de nascimento, placa de automóvel e um botão para validar os dados. Este botão, na realidade, só irá verificar a data de nascimento; exibindo a mensagem através de uma caixa de diálogo.

```
package com.exemplos;
import java.awt.GridLayout;
import java.text.ParseException;
import java.time.LocalDate;
import java.time.format.DateTimeFormatter;
import java.time.format.DateTimeParseException;
import java.time.temporal.ChronoUnit;
import javax.swing.JButton;
import javax.swing.JFormattedTextField;
import javax.swing.JFrame;
import javax.swing.JLabel;
import javax.swing.JOptionPane;
import javax.swing.JPanel;
import javax.swing.text.MaskFormatter;

public class FormattedTextField {
	public static void main(String[] args) throws ParseException {
		JFrame janela = new JFrame();
		MaskFormatter dataFormat = new MaskFormatter("##/##/####");
		JFormattedTextField formatNasc = new JFormattedTextField(dataFormat);
		DateTimeFormatter dataTempFormat = DateTimeFormatter.ofPattern ("dd/MM/uuuu");
		JLabel CPF = new JLabel("CPF");
		MaskFormatter maskCPF = new MaskFormatter("###.###.###-##");
		JFormattedTextField formatCPF = new JFormattedTextField(maskCPF);
		JLabel dataNasc = new JLabel("Data de Nascimento");
		JLabel placa = new JLabel("Placa de Automóvel");
		MaskFormatter maskPlaca = new MaskFormatter("UUU-####");
		JFormattedTextField formatPlaca = new JFormattedTextField(maskPlaca);
		JButton bt = new JButton("Validar Dados");
		bt.addActionListener(e->{
```

```
31                  try {
32                          String data = formatNasc.getText();
33                          LocalDate dataRecebida = LocalDate.parse(data, dataTempFormat);
34                          LocalDate dataHoje = LocalDate.now();
35                          int idade = (int) ChronoUnit.YEARS.between(dataRecebida, dataHoje);
36                          if(idade>=18 && idade<=90)
37                                  JOptionPane.showMessageDialog(null,"Parabéns!\nA data de nascimento se encontra válida.");
38                          else
39                                  JOptionPane.showMessageDialog(null,"Ano de nascimento inválido para habilitação!", "Aviso", JOptionPane.WARNING_MESSAGE);
40                  }
41                  catch (DateTimeParseException erro) {
42                          JOptionPane.showMessageDialog(null,"A data inserida se encontra inválida", "ERRO", JOptionPane.ERROR_MESSAGE);
43                  }
44          });
45          JPanel painel = new JPanel(new GridLayout(4, 2));
46          painel.add(CPF);
47          painel.add(formatCPF);
48          painel.add(dataNasc);
49          painel.add(formatNasc);
50          painel.add(placa);
51          painel.add(formatPlaca);
52          painel.add(bt);
53          janela.add(painel);
54          janela.setDefaultCloseOperation(JFrame.EXIT_ON_CLOSE);
55          janela.pack();
56          janela.setVisible(true);
57      }
58 }
```

Ao verificar as linhas 18 a 30, vemos que o conteúdo novo aqui inserido foi na linha 21 com DateTimeFormatter; que é uma classe utilizada, normalmente com o uso do método ofPattern() para criar um formato de data equivalente ao nosso; podemos utilizar este objeto para realização de comparações de data com o uso de LocalDate, que veremos mais a frente no código.

Na linha 29 criamos um botão e na linha 30 foi adicionado um ouvinte de evento ao mesmo, que utiliza try/catch linhas 31 a 43; colocamos a estrutura de verificação de data; onde na linha 32 pegamos o texto da data digitada pelo usuário. O LocalDate da linha 33 é uma classe com diversos métodos, dentre eles temos o parse onde podemos passar uma data em forma de texto e utilizar oDateTimeFormatter da linha 21, que possui a mesma formatação nossa; para validar ou não a data digitada pelo usuário; caso não seja uma data válida, ou seja, ocorra de ser um dia ou do mês que não exista, uma DateTimeParseException será lançada, linha 41; informando, através de uma caixa de diálogo, de que a data é inválida, linha 42.

Caso não entre na exceção, a linha 34 é executada normalmente, pegando a data atual; com isso utilizo a classe ChronoUnit, linha 35, para pegar a diferença de anos entre a data de hoje e a data digitada pelo usuário; fazendo uma espécie de validação, já que temos um campo pedindo a placa do usuário do carro;

então por ser um motorista, a idade ser 18 anos ou mais e até 90 anos; obviamente isto é só um exemplo. Caso entre nestes parâmetros a resposta será uma data válida, linha 37, exibida por uma caixa de diálogo; do contrário, linha 38, aparecerá um aviso alertando que o ano é inválido, linha 39. A saída do programa será algo como:

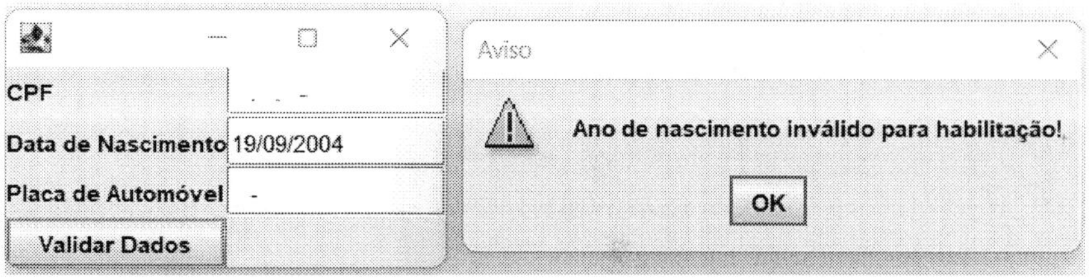

JRadioButton e JTextPane

É um botão de opção, que possui construtores sobrecarregados, podendo:

- Declarar o objeto sem passar nada ao construtor.
- Passar um texto.
- Passar um ícone.
- Passar um texto | ícone e definir com valor booleano se o botão estará marcado.
- Podemos passar um texto e um ícone.
- Por fim um texto, um ícone e definir com valor booleano se o botão estará marcado.

E poderemos definir estas informações depois da declaração do componente, através de métodos como:

- **setIcon**: Define um ícone para o componente.
- **setSelected**: Define, através de um valor booleano, se o botão de opção estará marcado ou não.
- **setText**: Define um texto para o componente.

Ou capturar estes elementos:

- **getIcon**: Retorna o ícone do componente.
- **getText**: Retorna o texto do componente.
- **isSelected**: Retorna True se o botão estiver selecionado ou false, caso contrário.

JTextPane

JTextPane é um componente de texto que aceita formatação textual. Para isso vamos precisar da classe StyleConstants que possui métodos de formatação de texto para serem aplicados em um atributo. O atributo que StyleConstants aceita são as interfaces AttributeSet ou MutableAttributeSet. Mas vou utilizar a interface Style, que estende (herda) MutableAttributeSet e esta estende (herda) AttributeSet. Com base nisso vamos conhecer alguns dos métodos da classe StyleConstants:

- setAlignment(atributo, int align): Define o alinhamento.

- setBackground(atributo, Color c): Define a cor de fundo.

- setBold(atributo, boolean b): Negrita o texto.

- setFirstLineIndent(atributo, float f): Define o recuo da primeira linha.

- setFontFamily(atributo, String fonte): Define a fonte a ser utilizada.
- setFontSize(atributo, int tam): Define o tamanho da fonte.
- setForeground(atributo, Color c): Define a cor da fonte.
- setIcon(atributo, Icon ico): Define um ícone.
- setItalic(atributo, boolean b): Define o itálico.
- setLeftIndent(atributo, float f): Define o recuo à esquerda.
- setLineSpacing(atributo, float f): Define o espaçamento entre linhas.
- setRightIndent(atributo, float f): Define o recuo à direita.
- setSpaceAbove(atributo, float f): Define o espaço acima.
- setSpaceBelow(atributo, float f): Define o espaço abaixo.
- setStrikeThrough(atributo, boolean b): Define se será tachado (riscado).
- setSubscript(atributo, boolean b): Define se o texto será subscrito. Ex: x_3.
- setSuperscript(atributo, boolean b): Define se o texto será sobrescrito. Ex: x^3.
- setUnderline(atributo, boolean b): Define se o texto será sublinhado.

Mas para não aplicar a formatação textual criada em todo texto, vou precisar ainda do uso de Document, que possui alguns métodos interessantes como:

- addDocumentListener(DocumentListener listener): Registra notificações quando forem feitas alterações no documento.
- addUndoableEditListener(UndoableEditListener listener): Registra notificações quando edições desfeitas são feitas no documento.
- getEndPosition(): Retorna uma posição que representa o final do documento.
- getLength(): Retorna um número de caracteres atual do documento.
- getStartPosition(): Retorna uma posição do início do documento.
- getText(int deslocamento, int tamanho): Busca o texto contido na parte especificada do documento.

- getText(int deslocamento, int tamanho, Segment txt): Busca o texto contido na parte especificada do documento.

- insertString(int deslocamento, String texto, atributo): Insere uma String formatada com base no atributo passado.

- remove(int deslocamento, int tamanho): Remove uma parte do documento.

- removeDocumentListener(DocumentListener listener): Cancela as notificações, relacionadas às alterações feitas no documento.

- removeUndoableEditListener(UndoableEditListener listener): Cancela as notificações das edições, quando forem desfeitas no documento.

Vamos criar um exemplo, onde o usuário escolhe sua comida favorita e seu hobby favorito; as palavras comida e hobby virão em destaque, com formatação textual que será realizada e todos os JRadioButton terão ouvintes de evento em que uma caixa de mensagem será mostrada, com base na opção escolhida pelo usuário.

```
package com.exemplos;
import java.awt.Color;
import java.awt.GridLayout;
import javax.swing.ButtonGroup;
import javax.swing.JFrame;
import javax.swing.JOptionPane;
import javax.swing.JPanel;
import javax.swing.JRadioButton;
import javax.swing.JTextPane;
import javax.swing.text.Document;
import javax.swing.text.Style;
import javax.swing.text.StyleConstants;
public class RadioButton{
    public static void main(String args[]) throws Exception {
        JFrame janela = new JFrame("Janela Preferências");
        JTextPane TextComidas = new JTextPane();
        JTextPane TextHobby = new JTextPane();
        TextComidas.setText("Qual sua ");
        TextHobby.setText("Qual seu ");
        Style style = TextComidas.getStyledDocument().addStyle("destaque", null);
        StyleConstants.setBold(style, true);
        StyleConstants.setItalic(style, true);
        StyleConstants.setForeground(style, Color.WHITE);
        StyleConstants.setBackground(style, Color.BLACK);
        StyleConstants.setFontSize(style, 16);
        Document doc1 = TextComidas.getStyledDocument();
        doc1.insertString(doc1.getLength(), "comida", style);
```

```
        doc1.insertString(doc1.getLength(), " preferida?", null);

        Document doc2 = TextHobby.getStyledDocument();
        doc2.insertString(doc2.getLength(), "Hobby", style);
        doc2.insertString(doc2.getLength(), " preferido?", null);

        JRadioButton comida1 = new JRadioButton("Sushi");
        JRadioButton comida2 = new JRadioButton("Churrasco");
        JRadioButton comida3 = new JRadioButton("Vegana");
        ButtonGroup grupo1 = new ButtonGroup();
        grupo1.add(comida1);
        grupo1.add(comida2);
        grupo1.add(comida3);

        JRadioButton hobby1 = new JRadioButton("Animes");
        JRadioButton hobby2 = new JRadioButton("Games");
        JRadioButton hobby3 = new JRadioButton("Seriados");
        ButtonGroup grupo2 = new ButtonGroup();
        grupo2.add(hobby1);
        grupo2.add(hobby2);
        grupo2.add(hobby3);

        RadioButton rb = new RadioButton();
        comida1.addActionListener(e->rb.msg("A minha também!"));
        comida2.addActionListener(e->rb.msg("Ótima escolha."));
        comida3.addActionListener(e->rb.msg("Ótima escolha."));
        hobby1.addActionListener(e->rb.msg("Ótima escolha."));
        hobby2.addActionListener(e->rb.msg("A minha também! Mais especificamente RPG."));
        hobby3.addActionListener(e->rb.msg("Ótima escolha."));

        JPanel painel = new JPanel(new GridLayout(8,0));
        painel.add(TextComidas);
        painel.add(comida1);
        painel.add(comida2);
        painel.add(comida3);
        painel.add(TextHobby);
        painel.add(hobby1);
        painel.add(hobby2);
        painel.add(hobby3);
        janela.add(painel);
        janela.setDefaultCloseOperation(JFrame.EXIT_ON_CLOSE);
        janela.pack();
        janela.setVisible(true);
    }
    public void msg(String texto) {
        JOptionPane.showMessageDialog(null,texto);
    }
}
```

Foi adicionado throws ao método principal, linha 14, que como sabemos ela é utilizada para declarar exceções que podem ocorrer durante a execução do programa. Neste caso foi declarado Exception, pois exceções podem ser lançadas ao tentar aplicar o estilo de modelo de texto em um documento. Na linha 15 criamos o objeto de janela com um título e logo em seguida foram declarados dois componentes JTextPane, linhas 16 e 17; onde nas linhas 18 e 19, foi adicionado um texto aos mesmos.

Na linha 21 foi declarado um objeto de Style onde pegamos o estilo atual de um dos JTextPane e adicionamos um novo estilo que será implementado em style; das linhas 22 a 26 são definidas novas configurações para este estilo, como negrito, itálico, cor do texto, cor de fundo e tamanho da fonte, respectivamente. Na linha 28 declaramos um objeto de "Document" pegando as propriedades presentes no componente "textComidas"; onde na linha 29 inserimos uma nova palavra ao texto "comida", com base na posição do último texto inserido doc1.getLength(), junto com o estilo criado. Já na linha 30, ocorre de forma semelhante, mas sem aplicar nenhum estilo (null), assumindo a sua propriedade padrão. De forma semelhante ocorre com textHooby, linhas 32 a 34; com a diferença de ter sido utilizada a palavra "Hobby" no lugar.

Das linhas 36 a 38 são componentes rádios, já com textos incluídos; onde foi utilizado o ButtonGroup, linha 39, e sendo utilizado para adicionar os componentes rádios. Isto faz com que só um dos itens possa ser selecionado por vez; se isto não for utilizado, todos os rádios poderão ser marcados. De forma semelhante ocorre com os componentes rádios de Hobby, linhas 44 a 50. Na linha 52 foi criado um objeto da classe; já que nas linhas 53 a 58 foram acrescentados ouvintes de eventos, com funções lambda, que chamarão um método não estático e por isso o uso de um objeto da própria classe; ao chamar o método msg(), nos utilizamos da referência do objeto de classe: rb.mg(); onde passamos ao método mg() como argumento de um texto.

Na linha 60, temos o painel com o layout adicionado do tipo GridLayout de oito linhas; onde nas linhas 61 a 68 adicionamos os componentes ao painel, antes de adicionar o painel à janela, linha 69; além das demais configurações da janela, linhas 70 a 72. O método msg() que é chamado quando o usuário interage com algum componente rádio e o texto passado será exibido numa caixa de mensagem, linha 75. A saída do programa será algo como:

JCheckBox, JSeparator

Enquanto componentes do tipo radio são normalmente utilizados com ButtonGroup para que o usuário possa só escolher uma única opção, o checkbox é uma caixa marcada por um símbolo de check, utilizada para marcar uma ou mais opções de escolha. Além de possuir métodos similares ao JRadioButton. Com base nisso, vamos dar uma olhada nos outros componentes.

JSeparator(): Cria uma linha de separação entre os componentes; normalmente declaramos este objeto, passando a orientação através de SwingConstants, se é uma linha horizontal (HORIZONTAL) ou vertical (VERTICAL).

Vamos fazer um exemplo onde obriga o usuário selecionar pelo menos uma comida e um hobby favorito. Ao pressionar o botão, a mensagem irá mostrar as comidas e hobbys que o mesmo selecionou.

```
package com.exemplos;
import java.awt.Dimension;
import java.awt.FlowLayout;
import java.awt.GridLayout;
import javax.swing.JButton;
import javax.swing.JCheckBox;
import javax.swing.JFrame;
import javax.swing.JLabel;
import javax.swing.JOptionPane;
import javax.swing.JPanel;
import javax.swing.JSeparator;
import javax.swing.SwingConstants;
public class CheckBox {
    private static String textComida="", textHobby="";
    private static int contComida, contHobby;
    public static void main(String args[]) {
        JFrame janela = new JFrame();
        JLabel comidas = new JLabel("Qual a sua comida preferida?");
        JLabel hobby = new JLabel("Qual o seu hobby preferido?");
        JCheckBox comida1 = new JCheckBox("Sushi");
        JCheckBox comida2 = new JCheckBox("Churrasco");
        JCheckBox comida3 = new JCheckBox("Vegana");
        JCheckBox hobby1 = new JCheckBox("Animes");
        JCheckBox hobby2 = new JCheckBox("Games");
        JCheckBox hobby3 = new JCheckBox("Seriados");

        comida1.addActionListener(e->textComida = getComida(comida1));
        comida2.addActionListener(e->textComida = getComida(comida2));
        comida3.addActionListener(e->textComida = getComida(comida3));
        hobby1.addActionListener(e->textHobby = getHobby(hobby1));
        hobby2.addActionListener(e->textHobby = getHobby(hobby2));
        hobby3.addActionListener(e->textHobby = getHobby(hobby3));

        JButton btOk = new JButton("Ok");
        btOk.addActionListener(e->{
        if(contComida>0 && contHobby>0)
        {
            textComida = getFormata(textComida);
```

```
                textHobby = getFormata(textHobby);
                JOptionPane.showMessageDialog(null,"Comida(s): "+textComida+".\nHobby(s): "+textHobby+".");
            }
            else
                JOptionPane.showMessageDialog(null,"Pelo menos uma opção deverá ser escollhida em ambas as questões.", "Aviso", JOptionPane.WARNING_MESSAGE);
    });

        JPanel painel = new JPanel(new FlowLayout());
        JPanel painelSep1 = new JPanel(new GridLayout(2, 0));
        painelSep1.setPreferredSize(new Dimension(220, 40));
        JPanel painelSep2 = new JPanel(new GridLayout(3, 0));
        painelSep2.setPreferredSize(new Dimension(220, 40));
        painelSep1.add(comidas);
        painelSep1.add(new JSeparator(SwingConstants.HORIZONTAL));
        painel.add(painelSep1);
        painel.add(comida1);
        painel.add(comida2);
        painel.add(comida3);

        painelSep2.add(new JSeparator(SwingConstants.HORIZONTAL));
        painelSep2.add(hobby);
        painelSep2.add(new JSeparator(SwingConstants.HORIZONTAL));
        painel.add(painelSep2);

        painel.add(hobby1);
        painel.add(hobby2);
        painel.add(hobby3);
        painel.add(btOk);
        janela.add(painel);
        janela.setDefaultCloseOperation(JFrame.EXIT_ON_CLOSE);
        janela.setBounds(0, 0, 240, 220);
        janela.setVisible(true);
}
    private static String getComida(JCheckBox check)
    {
        if(check.isSelected())
        {
            textComida+=" "+check.getText();
            ++contComida;
        }
        else {
            textComida = textComida.replaceAll(check.getText(), "");
            --contComida;
        }
        return textComida;
    }
```

```
85
86      private static String getHobby(JCheckBox check)
87      {
88              if(check.isSelected())
89              {
90                      textHobby+=" "+check.getText();
91                      ++contHobby;
92              }
93              else {
94                      textHobby = textHobby.replaceAll(check.getText(), "");
95                      --contHobby;
96              }
97              return textHobby;
98      }
99
100     private static String getFormata(String preferidas)
101     {
102             preferidas = preferidas.replaceAll(",", "");
103             preferidas = preferidas.replaceAll("( )+", " ");
104             String texto="";
105             String[] array = preferidas.split(" ");
106             for(String palavra:array)
107             {
108                     texto +=texto.equals("")?texto = palavra:", "+palavra;
109             }
110             return texto;
111     }
112 }
```

Nas linhas 14 e 15 foram criadas variáveis globais estáticas do tipo texto e do tipo inteiro, respectivamente. No método principal foi criado um objeto de janela, linha 17, duas labels, linhas 18 e 19; além dos checkboxes, linhas 20 a 25. Nas linhas 27 a 32, foram criados ouvintes de evento para cada componente checkbox, que chama a função getComida(), quando for relacionado a comida ou getHobby(), quando for relacionado a hobbys. Estes métodos são estáticos, assim como o método main, não precisando neste caso da utilização de um objeto da classe como referência, como foi no exemplo anterior.

O componente de botão criado, linha 34, também possui um ouvinte de evento, linha 35; que verifica se há objetos selecionados se o valor de ambas as variáveis inteiras, que contabilizam o que foi marcado pelo usuário, é maior do que zero; caso afirmativo, ele pega o texto formatado para comida, linha 38, e para hobby, linha 39; que será exibida numa caixa de diálogo, linha 40. Do contrário, linha 42, uma mensagem de aviso será dada alertando ao usuário que pelo menos uma opção deverá ser marcada pelo usuário, linha 43.

Foi criado um painel principal com o layout do tipo FlowLayout, linha 46, e dois painéis secundários, linhas 47 e 49; com medidas preestabelecidas, linhas 48 e 50; ambos os painéis do tipo GridLayout com duas linhas no primeiro painel e três linhas no segundo painel, respectivamente. A utilização de painéis do layout do tipo GridLayout é necessária para que nossa linha de separação apareça; já que ela não se faz presente em layouts do tipo FlowLayout.

Adicionamos a nossa label, ao primeiro painel secundário, linha 51, e depois uma linha de separação na horizontal, linha 42; antes de adicionar este painel ao painel principal, linha 53; depois disso adicionamos três checkboxes ao painel principal, linhas 54 a 56. Feito isso pegamos o segundo painel secundário e adicionamos uma linha na horizontal, linha 58, a label, linha 59, e por fim outra linha de separação, linha 60; antes de adicionar ao painel principal, linha 61. Finalizo incluindo os demais checkboxes, linhas 63 a 65, o botão, linha 66, para incluir o painel principal a nossa janela, linha 67, e suas demais configurações, linhas 68 a 70.

O método estático e de retorno de String getComida(), linha 72 é similar ao método getHobby(), por isso só um deles será explicado, já que são equivalentes. Basicamente ele pega o checkbox que acionou o evento e verifica se ele está marcado, linha 74; caso afirmativo, adicionamos na variável "textComida" o conteúdo deste checkbox com um espaço vazio, linha 76, e contabilizamos uma entrada, linha 77. Do contrário, se estava marcado e foi desmarcado irá para o else da linha 79; que pega o texto atual da variável "textComida", remove o texto deste checkbox, com replaceAll() e decrementa em um, o nosso contador, linha 81. Retornando assim o texto atualizado, linha 83.

Já o método estático e de retorno do tipo String getFormata(), pega o texto e remove as vírgulas que estiverem presentes, linha 102; remove também os espaços extras, ou seja, um ou mais espaços por um único espaço em branco, linha 103. Foi criada uma String vazia que nos servirá de base, linha 104. Dividimos nossa String em um array, com base nos espaços em branco presentes, linha 105. Pegamos e "passeamos" neste array, pegando palavra por palavra através do laço for, linha 106; onde é analisado se a nossa variável texto ainda está vazia; caso afirmativo, é atribuído à variável texto o conteúdo da variável palavra; do contrário é acrescentada uma virgula com espaço em branco, acompanhado do conteúdo da variável palavra para ser atribuída a variável texto, linha 108; isso através de um operador ternário. A saída do programa será algo como:

JToggleButton

Para encerrar vamos dar uma olhada no JToggleButton, que é um botão de dois estados: ativado e desativado, simulando uma espécie de interruptor. Por possuir construtores sobrecarregados você pode crir um objeto desta classe:

- Com nada passado ao construtor.
- Com um texto.
- Um texto e o seu estado (ligado ou desligado).
- Um texto e um ícone.

- Um texto, um ícone e o seu estado (ligado ou desligado).
- Por fim um ícone e o seu estado (ligado ou desligado).

Ele possui métodos similares como de JRadioButton ou JCheckBox. Vamos criar um exemplo simples com um JToggleButton e uma label que informa o seu estado de ligado ou desligado.

```
01 package com.exemplos;
02 import java.awt.GridLayout;
03 import javax.swing.JFrame;
04 import javax.swing.JLabel;
05 import javax.swing.JToggleButton;
06 public class ToggleButton {
07     public static void main(String[] args) {
08         JFrame janela = new JFrame();
09         JLabel estado = new JLabel("Estado: Desligado");
10         JToggleButton btSelect = new JToggleButton("ok");
11         btSelect.addActionListener(e->    estado.setText(btSelect.isSelected()?"Estado: Ligado":"Estado: Desligado"));
12         janela.setLayout(new GridLayout(0, 2));
13         janela.add(btSelect);
14         janela.add(estado);
15         janela.setDefaultCloseOperation(JFrame.EXIT_ON_CLOSE);
16         janela.pack();
17         janela.setVisible(true);
18     }
19 }
```

Na linha 08 foi criado um objeto janela e na linha 09 uma label já com um texto incluso; na linha 10 temos o JToggleButton com um texto e seu ouvinte de evento, linha 11; foram utilizados o operador ternário e o método isSelected() do botão que retornar true se estiver ativo ou false, caso contrário, e com base nisso nos retorna o texto de estado ligado ou estado desligado; o texto retornado será atribuído a nossa label, através do método setText().

Na linha 12 foi definido o layout do tipo GridLayout de duas colunas; depois disso foi adicionado o botão de estados à janela, linha 13; como também a label, linha 14; além das demais configurações que conhecemos, linhas 15 a 17. O resultado do programa será este:

Botão quando desligado

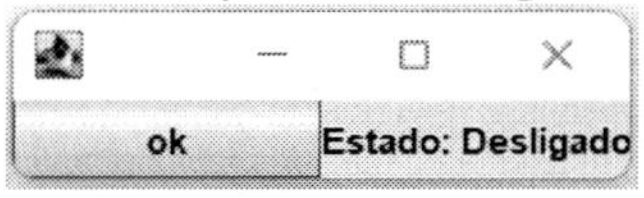

Botão quando ligado

ChangeListener e ChangeEvent

Este tipo de ouvinte de evento é invocado quando o componente sofreu algum tipo de alteração; este evento pode ser ativado com um simples passar de mouse sobre o componente.

Componentes como JSlider e JSpinner são utilizados por este tipo de ouvinte de evento. Além de outros componentes como: JButton, JCheckBox, JMenu, JRadioButton, etc. Inclusive contêineres como JtabbedPane e o JScrollPane.

ChangeListener, assim como ActionEvent, só possui um único método abstrato que é o stateChanged(ChangeEvent e); onde é invocado quando o componente que possui o ouvinte de evento teve alguma mudança em seu estado ou simplesmente foi inicializado. Por ser uma interface também funcional, vamos utilizar a função lambda nos exemplos.

Neste exemplo vamos criar um checkbox que marca e desmarca todos os checkboxes presentes; ao marcar serão listados os itens destes checkboxes em outra aba, através de um JTabbedPane, dentro de uma área de texto, onde terá um botão para limpar esta área de texto, mas como você verá não precisa nem clicar sobre o botão, uma simples passada de mouse sobre o componente ativará o método de ChangeListener, devido a mudança de estado que ocorrerá ao passar o mouse sobre o botão. A alternância das abas será informada por uma label.

```
package com.exemplos;
import java.awt.BorderLayout;
import java.awt.GridLayout;
import javax.swing.JButton;
import javax.swing.JCheckBox;
import javax.swing.JFrame;
import javax.swing.JLabel;
import javax.swing.JPanel;
import javax.swing.JTabbedPane;
import javax.swing.JTextArea;
public class CheckBox2 {
	private static JCheckBox[] boxes = new JCheckBox[6];
	private static JTextArea lista = new JTextArea();
	public static void main(String[] args) {
		JFrame janela = new JFrame();
		JLabel info = new JLabel("Aba CheckBox");
		lista.setLineWrap(true);
		JTabbedPane guias = new JTabbedPane();
		JPanel painelBox = new JPanel(new GridLayout(boxes.length, 1));
		JPanel painelLista = new JPanel(new BorderLayout());
		JButton bt = new JButton("Zerar Lista");
		painelLista.add(lista, BorderLayout.CENTER);
		painelLista.add(bt, BorderLayout.SOUTH);
		String[] ops = {"Selecionar todos", "O nome da Rosa", "Papillon", "Dom Quixote", "A Divina Comédia de Dante", "O Mundo de Sofia"};
		for(int i=0; i<boxes.length; i++)
		{
			boxes[i] = new JCheckBox(ops[i]);
			painelBox.add(boxes[i]);
		}
		boxes[0].addChangeListener(e->{verifica(boxes[0].isSelected());});
		bt.addChangeListener(e->{
```

```
32                  lista.setText("");
33                  verifica(false);
34            });
35            guias.addChangeListener(e->    info.setText("Aba    "    +    guias.getTitleAt
(guias.getSelectedIndex())));
36            guias.add("CheckBoxes", painelBox);
37            guias.add("Lista", painelLista);
38            janela.add(info, BorderLayout.NORTH);
39            janela.add(guias, BorderLayout.SOUTH);
40            janela.setDefaultCloseOperation(JFrame.EXIT_ON_CLOSE);
41            janela.pack();
42            janela.setVisible(true);
43      }
44      private static void verifica(boolean marcado)
45      {
46            String texto="";
47            if(marcado)
48                  boxes[0].setText("Desmarcar todos");
49            else {
50                  boxes[0].setText("Selecionar todos");
51                  lista.setText("");
52            }
53            for(int i=0; i<boxes.length; i++)
54            {
55                  boxes[i].setSelected(marcado);
56                  texto += (i+1)!=boxes.length?boxes[i].getText()+", ": boxes[i].getText()+".";
57                  if(marcado)
58                        lista.setText(texto);
59            }
60      }
61 }
```

Na nossa classe temos um array global de checkboxes, linha 12, e uma área de texto, linha 13. Dentro do método principal temos o objeto janela, linha 15; uma label com texto já incluso, linha 16; onde na linha 17 configuramos nossa área de texto para que haja pulo de linha quando o texto for grande demais para caber na mesma linha.

Foi criado um painel de guias, linha 18; além de dois JPanels, linhas 19 e 20; um com o layout do tipo GridLayout, baseado na quantidade de elementos presentes no array JCheckBox da linha 12; e o outro com o layout do tipo BorderLayout, respectivamente. Além da criação de um botão, linha 21, o nosso "painelLista", foi acrescentada nossa área de texto ao centro e o botão ao sul, linhas 22 e 23, respectivamente.

Já que o JCheckBox é um array, aproveitei e criei outro array, de mesmo tamanho, mas do tipotexto para se utilizá-lo e colocar o rótulo que cada elemento do JCheckBox terá, linha 24. Basicamente pegamos o contador do laço e acessamos um componente do array CheckBox e finalizamos a sua declaração, acrescentando o texto presente no array "ops" que se encontra na mesma posição; antes de adicionar o componente **JCheckBox** ao painel, linha 28.

O primeiro elemento do array boxes foi incluído um ouvinte de evento, linha 30; onde é chamado o método verifica, passando o valor booleano da seleção atual deste box. Já o botão, que possui também um ouvinte de evento, linha 31; irá zerar a lista, linha 32; além de chamar o método verifica, passando como argumento o valor booleano falso, linha 33, para desmarcar os checkboxes que se encontram marcados.

Também foi incluído um ouvinte de evento em guias, linha 35; onde pegamos a posição da guia que foi selecionada getSelectedIndex() e resgatamos o título da guia com base nesta posição getTitleAt(); para ser incluído o seu nome na nossa label info. Nas linhas 36 e 37 foram adicionados os painéis com os seus respectivos rótulos. E no nosso objeto de janela foram acrescentados a nossa label ao norte, linha 38, as guias ao sul, linha 39; e por fim, foram incluídas, como sempre, as demais configurações de janela, linhas 40 a 42.

O método verifica, simplesmente analisa o valor booleano passado; se for true, linha 47, irá alterar o texto do nosso primeiro JCheckBox para o descrito na linha 48; do contrário, assumirá o texto da linha 50; além de limpar nossa área de texto, linha 51. Depois é utilizado um laço, linha 53, onde alteramos todos os checkboxes, com base no valor booleano passado ao método, linha 55.

Nossa String texto será concatenada pelo texto presente em cada componente JCheckbox, acrescido de vírgula e espaço (,), enquanto não chegar no último JCheckBox:
(i+1)!=boxes.length

Do contrário, será o texto deste componente acrescido por um caractere de ponto (.), linha 56. Esta String será atribuída a nossa área de texto de nome lista, linha 58; isso se o argumento passado para marcado for true, linha 57. A saída do programa será algo como:

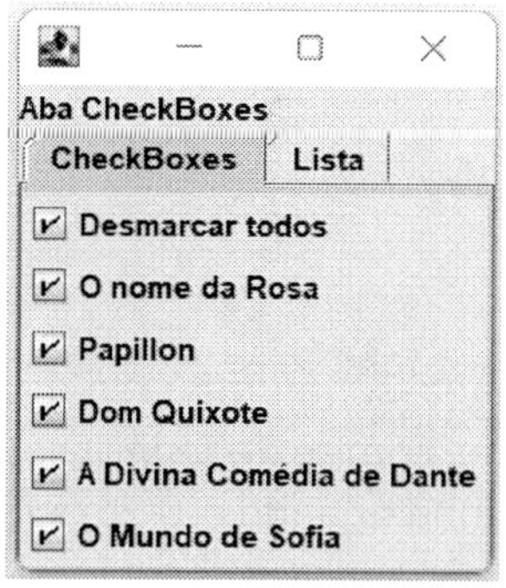

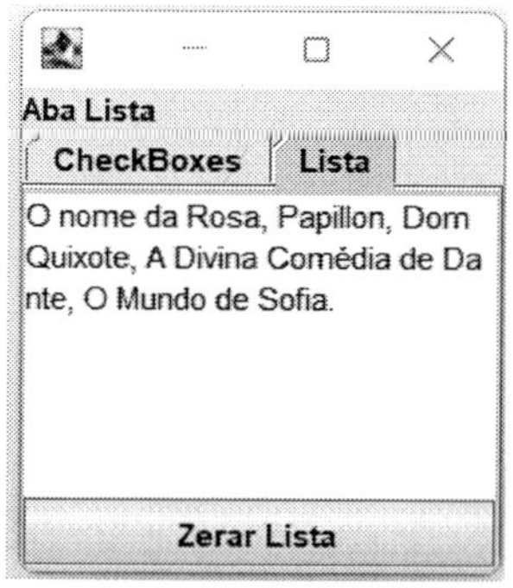

JSlider e JSpinner

JSlider
É um componente de controle deslizante. Ele possui construtores sobrecarregados onde você poderá definir:

- A orientação do componente.
- O valor máximo e mínimo que este componente poderá assumir.
- Orientação, valor máximo e mínimo e o valor inicial que este componente deslizante irá assumir.

Vejamos alguns de seus métodos:

- addChangeListener(): Adiciona um ChangeListener ao controle deslizante.
- createStandardLabels(int incremento): Cria rótulos de texto numérico, usando o incremento especificado.
- createStandardLabels(int incremento, int início): Cria rótulos de texto numérico, começando no ponto inicial especificado e usando o incremento especificado.
- getInverted(): Retorna verdadeiro se o intervalo de valores mostrado para o controle deslizante for invertido.
- getLabelTable(): Retorna em forma de Dictionary os rótulos e seus valores.
- getMajorTickSpacing(): Retorna o número relacionado ao espaçamento de escala principal.
- getMaximum(): Retorna o valor numérico máximo suportado pelo controle deslizante.
- getMinimum(): Retorna o valor numérico mínimo suportado pelo controle deslizante.
- getMinorTickSpacing(): Retorna o número relacionado ao espaçamento mínimo da escala menor.
- getOrientation(): Retorna um valor numérico relacionado à orientação vertical ou horizontal deste controle deslizante. Zero (0) para horizontal e um (1) para vertical.
- getPaintLabels(): Informa, por um valor booleano se as etiquetas devem ser pintadas.
- getPaintTicks(): Informa, por um valor booleano se as marcas de escala devem ser pintadas.
- getPaintTrack(): Informa com true ou false se a trilha, onde o controle deslizante deslocou, deve ser pintada.
- getSnapToTicks(): Retorna true se o botão for para a marca de escala mais próxima ao lado de onde o usuário posicionou o botão.
- getValue(): Retorna o valor atual do controle deslizante.
- getValueIsAdjusting(): Retorna true ou false o ajuste da propriedade do modelo.
- imageUpdate(Image imagem, int infoflags, int x, int y, int w, int h): Repinta o componente quando a imagem é alterada.
- paramString(): Retorna uma representação de String deste JSlider.
- removeChangeListener(ChangeListener l): Remove um ChangeListener do controle deslizante.
- setExtent(int extent): Define o tamanho do intervalo pelo slider.

- setFont(Font font): Define a fonte para este componente.
- setInverted(boolean b): Especifica true para reverter o intervalo de valores mostrado para o controle deslizante e false para colocar o intervalo de valores na ordem normal.
- setLabelTable(Dictionary labels): Usado para especificar qual rótulo será desenhado em qualquer valor dado.
- setMajorTickSpacing(int n): Este método define o espaçamento de escala principal.
- setMaximum(int maximum): Define o valor máximo do controle deslizante como maximum.
- setMinimum(int minimum): Define o valor mínimo do controle deslizante como minimum.
- setMinorTickSpacing(int n): Este método define o espaçamento de escala menor.
- setOrientation(int orientation): Define a orientação do controle deslizante para SwingConstants.VERTICAL ou SwingConstants.HORIZONTAL; ou simplesmente utilizando um (1) e zero (0).
- setPaintLabels(boolean b): Determina se os rótulos são pintados no controle deslizante.
- setPaintTicks(boolean b): Determina se as marcas de escala são pintadas no controle deslizante.
- setPaintTrack(boolean b): Determina se a faixa é pintada no controle deslizante.
- setSnapToTicks(boolean b): Especifica se true faz com que o botão pare na marca de verificação mais próxima ao lado de onde o usuário posicionou o botão.
- setValue(int n): Define o valor atual do controle deslizante.

JSpinner
É um campo de texto, onde você poderá digitar um dado ou utilizar as setas que acompanham o componente. É um componente com construtores sobrecarregados que pode criar sem passar nada e desta forma assumir um valor numérico de números inteiros, com o valor inicial zero ou você poderá passar um modelo ao mesmo, através de SpinnerListModel que aceita como argumento um array. Ele possui alguns métodos a saber:

- addChangeListener(ChangeListener listener): Adiciona um ouvinte de evento ao componente.
- commitEdit(): Confirma o valor atualmente editado para o arquivo SpinnerModel.
- getAccessibleContext(): Obtém o AccessibleContext para o JSpinner.
- getModel(): Retorna o modelo Spinner que define a sequência de valores.
- getNextValue(): Retorna o objeto na sequência que vem depois do objeto retornado por getValue().

- getPreviousValue(): Retorna o objeto na sequência que vem antes do objeto retornado por getValue().
- getValue(): Retorna o valor atual do modelo, normalmente esse valor é exibido pelo editor.
- removeChangeListener(ChangeListener listener): Remove um ChangeListener deste spinner.
- setEditor(JComponent editor): Altera o JComponent que exibe o valor atual do SpinnerModel.
- setModel(SpinnerModel model): Altera o modelo que representa o valor deste spinner.
- setValue(Object value): Altera o valor atual do modelo, normalmente esse valor é exibido pelo editor.

O exemplo abaixo terá um JSlider que ao manipular o valor será demonstrado por uma label; de forma semelhante será o JSpinner, o mesmo terá uma lista de animes e dependendo do anime selecionado, será exibido o total de temporadas que este anime possui.

```
package com.exemplos;
import java.awt.Dimension;
import java.awt.FlowLayout;
import java.util.Hashtable;
import javax.swing.JFrame;
import javax.swing.JLabel;
import javax.swing.JSlider;
import javax.swing.JSpinner;
import javax.swing.SpinnerListModel;
public class SliderSpinner{
    public static void main(String args[]) {
        final int MAX=99, MIN=0;
        JFrame janela = new JFrame();
        JLabel sliderText = new JLabel("Valor: 00");
        JLabel spinnerText = new JLabel("Total de temporadas: 00");
        JSlider slider = new JSlider(MIN, MAX);
        slider.setMajorTickSpacing(33);
        slider.setMinorTickSpacing(11);
        slider.setPaintTicks(true);
        slider.setPaintLabels(true);
        Hashtable<Integer, JLabel> labelSlider = new Hashtable<Integer, JLabel>();
        labelSlider.put(MIN, new JLabel("MIN"));
        labelSlider.put(MAX, new JLabel("MAX"));
        slider.setLabelTable(labelSlider);
        slider.setValue(0);

        String[] animes = {"Selecione o anime", "Overlord", "Jujutsu Kaisen", "Goblin Slayer", "Mob Psycho 100%", "One Punch Man"};
        SpinnerListModel listaAnimes = new SpinnerListModel(animes);
```

```
29          JSpinner spinner = new JSpinner(listaAnimes);
30          spinner.setPreferredSize(new Dimension(130, 30));
31
32          janela.setLayout(new FlowLayout());
33          slider.addChangeListener(e->{
34                  int valor =slider.getValue();
35                  sliderText.setText("Valor: "+(valor<10?"0"+valor:valor));
36          });
37          spinner.addChangeListener(e->{
38                  String temporadas = switch(spinner.getValue().toString()) {
39                          case "Overlord"->"04";
40                          case "Jujutsu Kaisen", "One Punch Man" ->"02";
41                          case "Goblin Slayer" ->"01";
42                          case "Mob Psycho 100%" ->"03";
43                          default ->"00";
44                  };
45                  spinnerText.setText("Total de temporadas: "+temporadas);
46          });
47          janela.add(sliderText);
48          janela.add(slider);
49          janela.add(spinnerText);
50          janela.add(spinner);
51          janela.setDefaultCloseOperation(JFrame.EXIT_ON_CLOSE);
52          janela.setBounds(0,0, 300, 120);
53          janela.setVisible(true);
54   }
55 }
```

Foram criadas duas constantes inteiras, linha 12; que irão determinar os intervalos mínimo e máximo, que nosso componente da linha 16 terá. Na linha 13 foi criado nosso objeto janela e nas linhas 14 e 15 nossas labels já com textos padrões. Na linha 17 foi determinado o intervalo máximo que os riscados principais terão; enquanto na linha 18 o intervalo mínimo que os riscados de intervalos mínimos terão. Na linha 19, tornamos os riscados menores visíveis e na linha 20 os maiores visíveis.

Foi criado um Hashtable para retirar a numeração padrão que seria demonstrada, linha 21, para aparecer só duas palavras MIN e MAX, nos intervalos dos valores mínimo e máximo do componente, linhas 22 e 23; onde na linha 24 utilizamos setLabelTable para definir o novo rótulo e na linha 25 o valor inicial que este slider terá.

Na linha 27 foi criado um array com alguns nomes de animes e criado um SpinnerListModel com base neste array, linha 28, para fugir da numeração padrão que é gerado em um JSpinner; por isso na criação do objeto deste componente, linha 29, foi passado este novo modelo; para que nosso componente tenha dimensões fixas, foi utilizado setPreferredSize(), linha 30; passando desta forma as dimensões que o componente assumirá, independentemente do tamanho do texto exibido pelo componente.

Na linha 32 foi definido o layout da janela e na linha 33 adicionado um ouvinte de evento para o nosso slider; que pegará o seu valor atual, linha 34, e exibirá na nossa label, linha 35. Foi utilizado um operador ternário para exibir um zero à esquerda se o valor resgatado for menor que dez ou não, caso contrário.

Já o ouvinte de evento adicionado a spinner, linha 37, se utilizará de um switch; passando o valor atual presente neste componente em forma de String (toString()). Que irá retornar uma String com algum número referente às temporadas que o anime selecionado pelo usuário terá. Na variável temporadas, que possuirá este número, será adicionado a nossa label junto com a frase: Total de temporadas; linha 45. As demais linhas são o adicionamento dos componentes à janela, linhas 47 a 50; junto com as demais configurações de janela, linhas 51 a 53. A saída do programa será algo como:

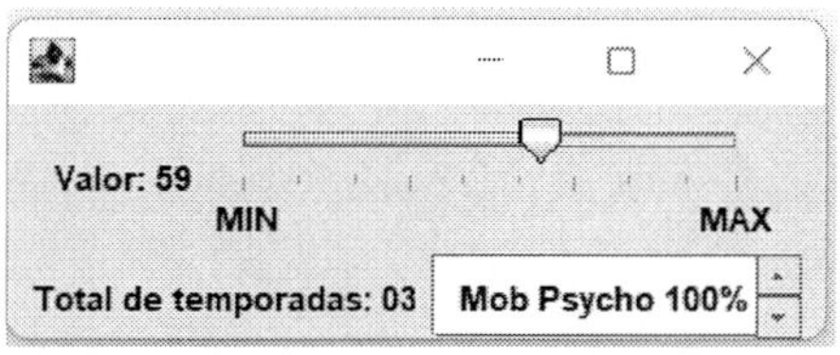

FocusListener e FocusEvent

Quando o componente ganha ou perde o foco do teclado, o método relevante no objeto listener é invocado.

- focusGained(FocusEvent e): Quando o componente ganha foco do teclado.
- focusLost(FocusEvent e): Quando o componente perde foco do teclado.

Pelo fato de FocusListener possuir mais de um método abstrato, não será possível aplicar uma função lambda e por isso seguiremos a estrutura padrão. Já a classe FocusEvent possui alguns métodos, a saber:

- getCause(): Retorna a causa do evento.
- getOppositeComponent(): Retorna o outro Componente envolvido na mudança de foco.
- isTemporary(): Informa por um valor booleano se o evento de mudança de foco é temporário ou permanente.
- paramString(): Retorna uma string de parâmetro identificando este evento.

Vamos pegar alguns dos componentes já conhecidos em que podemos alternar o foco com um simples pressionamento da tecla TAB. Irei informar qual componente possui foco através de uma label.

```
package com.exemplos;
import java.awt.GridLayout;
import java.awt.event.FocusEvent;
import java.awt.event.FocusListener;
import javax.swing.JButton;
import javax.swing.JCheckBox;
import javax.swing.JFrame;
import javax.swing.JLabel;
import javax.swing.JRadioButton;
import javax.swing.JTextField;
public class Componentes extends JFrame {
	private static final long serialVersionUID = 1L;
	private JLabel label = new JLabel();
	public Componentes(){
```

```
15              JTextField campText = new JTextField();
16              JRadioButton radio = new JRadioButton("Rad");
17              JCheckBox box = new JCheckBox("Box");
18              JButton bt = new JButton("Button");
19              setLayout(new GridLayout(5,0));
20
21              campText.addFocusListener(new Monitora());
22              radio.addFocusListener(new Monitora());
23              box.addFocusListener(new Monitora());
24              bt.addFocusListener(new Monitora());
25
26              add(label);
27              add(campText);
28              add(radio);
29              add(box);
30              add(bt);
31      }
32      public static void main(String args[]) {
33              Componentes janela = new Componentes();
34              janela.setDefaultCloseOperation(JFrame.EXIT_ON_CLOSE);
35              janela.setBounds(0,0, 250, 150);
36              janela.setVisible(true);
37  }
38      private class Monitora implements FocusListener{
39              @Override
40              public void focusGained(FocusEvent e) {
41                      label.setText("Componente "+ pegaNome(e.getSource())+ " GANHOU foco.");
42              }
43              @Override
44              public void focusLost(FocusEvent e) {}
45              private String pegaNome(Object obj)
46              {
47                      String nome = obj.toString();
48                      int posInicial = nome.indexOf("J");
49                      int posFinal = nome.indexOf("[");
50                      nome = nome.substring(posInicial, posFinal);
51                      return nome;
52              }
53      }
54 }
```

Nossa classe herda o JFrame, linha 11, e criamos uma label global, linha 13; em nosso construtor declaramos os componentes, linhas 15 a 18; onde definimos um layout do tipo GridLayout de cinco linhas para nossa janela, linha 19; após isso foi adicionado o ouvinte de evento aos componentes; onde a classe Monitora será responsável em lidar com a interação do usuário sobre estes componentes; linhas 21 a 24. E finalmente, adicionamos os componentes à janela, linhas 26 a 30.

Nossa classe que implementa a interface ouvinte de evento FocusListener obriga que sejam declarados os dois métodos abstratos; mesmo que só seja descrita a assinatura do método, como ocorreu na linha 44. Na linha 40, o método será chamado quando um componente estiver em foco; onde na linha 41, adicionamos a nossa label global o texto mais o que for retornado do método pegaNome().

Este método que se encontra na linha 45, espera por parâmetro um objeto; objeto este que seria o componente que está sobre foco no momento; convertemos o objeto em um texto, linha 47, e atrelamos a variável texto nome. O texto em si é deveras longo, mas sabendo que todo componente se inicia com a letra "J" maiúscula; baseamo-nos nesta letra para localizar a posição inicial do nome deste componente; logo em seguida é iniciado um colchete com as propriedades deste componente. Ex:

javax.swing.**J**TextField**[**,0,23,236x22,layout=javax.swing.plaf.basic.BasicTextUI$UpdateHandler,alignmentX..
.

Sabendo destas duas posições, pegamos então o nome do componente com o método substring, linha 50; com base na posição de onde se inicia o "J" até a posição em que iria iniciar o colchete "["; retornando assim o nome, linha 51. A saída do programa será algo como:

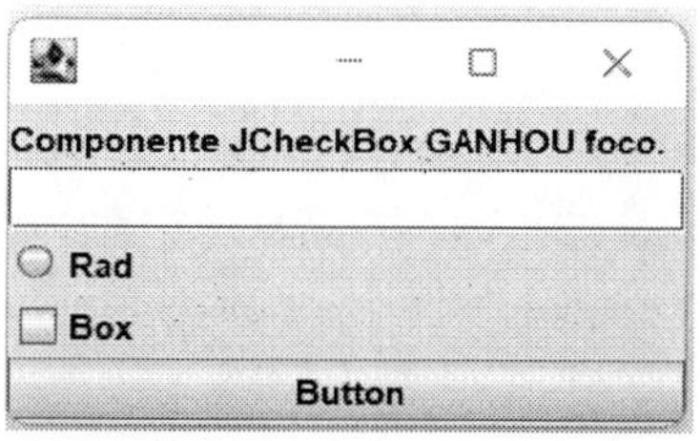

HyperlinkListener e HyperlinkEvent

É um ouvinte de evento de links, muito utilizado em componentes que suportam conteúdo do tipo HTML, como JTextField, JTextArea ou JEditorPane; vou utilizar este último como exemplo, já que este tipo de componente ainda não foi apresentado.

A interface HyperlinkListener possui um único método abstrato, que é o hyperlinkUpdate(HyperlinkEvent e); é chamado quando um link de hipertexto é atualizado. Por ser uma interface funcional, você poderá aplicar a função lambda, se desejar. Já a classe HyperlinkEvent possui os seguintes métodos:

- getDescription(): Obtém a descrição do link na forma de uma String.
- getEventType(): Obtém o tipo de evento.
- getInputEvent(): Retorna um InputEvent que acionou o evento de hiperlink.
- getSourceElement(): Retorna o elemento que corresponde à origem do evento.
- getURL(): Obtém a URL o qual o link se refere.

JEditorPane

O JEditorPane é um componente de texto que pode trabalhar com texto simples, HTML ou do tipo RTF (Rich Text Format).

- addHyperlinkListener(HyperlinkListener listener): Adiciona um ouvinte de hiperlink para notificação de quaisquer alterações.
- getContentType(): Informa com uma String o tipo de conteúdo que o editor está atualmente configurado.

- getHyperlinkListeners(): Retorna um array de todos os hiperlinks adicionados a este JEditorPane.
- removeHyperlinkListener(HyperlinkListener listener): Remove um ouvinte de hiperlink.
- replaceSelection(): Substitui o conteúdo atualmente selecionado pelo novo conteúdo representado pela String fornecida.
- setContentType(): Define, através de uma String, que tipo de conteúdo este editor trata.
- setEditable(): Aceita valores booleanos para deixar o componente editável ou não.
- setPage(): Este método pode ser usado para inicializar dentro do componente uma página de objeto URL.
- setText(): Define um texto para este componente, que deverá estar no formato do tipo de conteúdo deste editor.

No exemplo que vou criar com o JEditorPane será o carregamento de duas páginas simples de HTML que irei criar, para poder ir de uma página para outra; vamos utilizar o ouvinte de evento de hiperlink. Ainda deixarei um link para a página do Google, mas como você verá, a página não será carregada corretamente, devido ao fato de ser raro haver páginas de conteúdo unicamente de HTML ou de formato HTML. O link de direcionamento do Google, só servirá de exemplo.

Crie, que pode ser pelo Notepad++, uma página com o nome "ex" e com a extensão .html. Com uma estrutura simples, conforme o exemplo abaixo.

Ex.html

```
01 <!DOCTYPE html>
02 <html>
03 <head>
04 <title>Página exemplo</title>
05 <meta http-equiv="Content-Type" content="text/html; charset=utf-8">
06 <style type='text/css'>
07 body { background-color: #54c7ed; }
08 h1{ color: white; text-align: center;}
09 </style>
10 </head>
11 <body>
12 <h1>Cabeçalho</h1>
13 <a href="https://www.google.com.br/">Google</a><br>
14 <a href="localbin.html">Página local</a>
15 </body>
16 </html>
```

Você deverá ir à pasta bin do seu projeto e lá criar uma pasta de nome html, dentro dela você deverá salvar esta página e a segunda, que será apresentada logo em seguida.

Só para entender um pouco do que foi escrito aqui. Na linha 04 temos a tag de título da página, cujo conteúdo presente no mesmo será visualizado na aba da janela. Já a tag meta na linha 05 está especificando o tipo de conteúdo da página, que é texto do tipo html e com codificação utf-8. Isso ocorre porque o Notepad++ tem o hábito de salvar a codificação dos arquivos em formato utf-8:

Por isso que a página HTML que criei deverá especificar este tipo de formato; para evitar o aparecimento de caracteres estranhos nos caracteres especiais, como acentos ou cedilha. Se sua página foi salva na decodificação ISO-8859-1, então o seu charset deverá especificar este tipo de formato:
<meta http-equiv="Content-Type" content="text/html; charset=iso-8859-1"**>**

Da linha 06 a 09 é a estilização da página. A tag body, que possui todo o conteúdo da página, assumirá uma cor azulada de fundo. Esse tipo de dado é um número hexadecimal, mas poderia também utilizar nomes de cores em inglês ou dados do tipo RGB (red, green, blue) que variam de 0 a 255. Enquanto na linha 08 foi definida a tag de cabeçalho h1, com a cor branca e texto alinhado ao centro. Da linha 11 a 15 temos o corpo da página composta por um cabeçalho, linha 12, e dois links, linhas 13 e 14.

A próxima página a ser criada, que ficará salva no mesmo local da anterior, será localbin.html; e que possuirá o seguinte conteúdo:

Localbin.html

```
01 <!DOCTYPE html>
02 <html>
03 <head>
04 <title>Página exemplo</title>
05 <meta http-equiv="Content-Type" content="text/html; charset=utf-8">
06 <style type='text/css'>
07 body { background-color: #ccc; }
08 h1{ text-align: center; }
09 </style>
10 </head>
11 <body>
12 <h1>Página local</h1>
13 <p>Arquivo HTML Local</p>
14 <a href="ex.html">Voltar</a>
15 </body>
16 </html>
```

Desta vez a estilização do corpo da mensagem assumirá uma abreviatura do dado hexadecimal para a cor cinza, linha 07. E a tag de cabeçalho h1, alinhada ao centro, linha 08. Onde na linha 14, irá retornar para a página ex.html; por ambas as páginas estarem no mesmo local, não haverá a necessidade de acrescentar nenhuma referência de caminho.

Com estas duas páginas em mãos, vamos criar uma classe de nome EditorPane que irá manipular essas páginas, para isso deveremos implementar o HyperlinkListener; conforme veremos no exemplo abaixo:

```
package com.exemplos;
import java.awt.BorderLayout;
import java.io.IOException;
import java.net.URL;
import javax.swing.JEditorPane;
import javax.swing.JFrame;
import javax.swing.event.HyperlinkEvent;
import javax.swing.event.HyperlinkListener;
public class EditorPane extends JFrame implements HyperlinkListener{
```

```
10      private static final long serialVersionUID = 1L;
11      public EditorPane() {
12              JEditorPane editorPane = new JEditorPane("text/html", null);
13              editorPane.setEditable(false);
14              URL html = getClass().getResource("html/ex.html");
15              try {
16                      editorPane.setPage(html);
17              } catch (IOException e) {
18                      e.printStackTrace();
19              }
20              editorPane.addHyperlinkListener(this);
21              add(editorPane, BorderLayout.NORTH);
22      }
23      public static void main(String[] args) {
24              EditorPane editor = new EditorPane();
25              editor.setDefaultCloseOperation(JFrame.EXIT_ON_CLOSE);
26              editor.setBounds(0,0,600,300);
27              editor.setVisible(true);
28      }
29      public void hyperlinkUpdate(HyperlinkEvent e) {
30              JEditorPane editorPane = (JEditorPane) e.getSource();
31              if (e.getEventType() == HyperlinkEvent.EventType.ACTIVATED)
32              {
33                      try {
34                              editorPane.setPage(e.getURL());
35                      } catch (IOException io) {
36                              System.err.println("Ocorreu um erro no carregamento do link: " + io);
37                      }
38              }
39      }
40 }
```

Como sabemos, na linha 01 é referência ao pacote em que se encontra a nossa classe; das linhas 02 a 08 são as importações necessárias para este exemplo. Na linha 09 temos nossa classe herdando JFrame e implementando o ouvinte de evento HyperlinkListener, para os links. E por se tratar de herança o Eclipse recomenda a criação da linha 10, atribuindo um serial.

Nosso construtor, sem parâmetros, declara na linha 12 um componente JEditorPane do tipo html; na linha 13, torno a edição falsa e na linha 14 pego o local de onde a classe está sendo executada, que se encontra na pasta bin deste projeto; lá iremos criar a pasta html e colocar as duas páginas html criadas, por isso o complemento com o caminho na linha 14.

Foi incluído um try/catch, linhas 15 a 19; onde na linha 16 tenta carregar o conteúdo da página; caso contrário, ele irá imprimir no console o erro com o uso de printStackTrace, linha 18. Já na linha 20 adiciono o ouvinte de evento ao editor e na linha 21, adicionamos o nosso componente a janela com o layout BorderLayout, direcionada na posição norte da janela.

O método principal, que já vimos, cria um objeto da classe, linha 24, e o utiliza para configurar as demais características da janela, linhas 25 a 27. Já o método da linha 29 será chamado quando um link for clicado, pegamos o componente responsável pela ativação do evento, linha 30, que é o nosso próprio JEditorPane, através de uma conversão explícita (JEditorPane); isso é só para demonstrar que não há obrigação em declarar o JEditorPane como global; já que o mesmo, assim como qualquer outro componente, poderá ser capturado.

Na linha 31, verifica se o link foi ativado, leia-se clicado; caso afirmativo, mais uma vez é realizada uma tentativa de carregamento da página com o uso de try/catch, linhas 33 a 37. O método getURL() retorna o endereço do link que foi clicado. A saída deste exemplo será:

ItemListener e ItemEvent

ItemListener é a interface responsável em receber eventos de item, ela é uma interface funcional; já que possui um único método abstrato que é o itemStateChanged(ItemEvent e), que é invocado quando um item for selecionado ou desmarcado pelo usuário.

A classe ItemEvent possui os seguintes métodos:

- getItem(): Retorna o item afetado pelo evento.
- getItemSelectable(): Retorna o originador do evento.
- getStateChange(): Retorna o tipo de mudança de estado como selecionado ou desmarcado.
- paramString(): Retorna uma string de parâmetro identificando este evento de item.

Deve ter percebido que este tipo de evento se aplica a caixas de seleção como JCheckBox, RadioBox, além de lista de seleção como JComboBox. Vamos dar uma olhada em um exemplo simples de como pode ser aplicado.

```
package com.exemplos;
import java.awt.FlowLayout;
import java.awt.event.ItemEvent;
import javax.swing.ButtonGroup;
import javax.swing.JComboBox;
import javax.swing.JFrame;
import javax.swing.JLabel;
import javax.swing.JOptionPane;
import javax.swing.JRadioButton;
public class OuveItem {
	private static JLabel resultado;
	public static void main(String[] args) {
		JFrame janela = new JFrame();
		janela.setLayout(new FlowLayout(FlowLayout.LEFT));
```

```
15              String[] frutas = {"Selecione a fruta favorita", "Manga", "Banana", "Uva", "Pêssego"};
16              JComboBox<String> comboBox = new JComboBox<String>(frutas);
17              resultado = new JLabel("Resultado: ");
18              JLabel op = new JLabel("Selecione sua preferência: ");
19              JRadioButton op1 = new JRadioButton("Carne");
20              JRadioButton op2 = new JRadioButton("Vegetais");
21
22              ButtonGroup bg = new ButtonGroup();
23              bg.add(op1);
24              bg.add(op2);
25
26              comboBox.addItemListener(e -> verifica(e));
27              op1.addItemListener(e -> verifica(e));
28              op2.addItemListener(e -> verifica(e));
29
30              janela.add(resultado);
31              janela.add(comboBox);
32              janela.add(op);
33              janela.add(op1);
34              janela.add(op2);
35
36              janela.setDefaultCloseOperation(JFrame.EXIT_ON_CLOSE);
37              janela.setBounds(100, 100, 200, 150);
38              janela.setVisible(true);
39      }
40      private static void verifica(ItemEvent e) {
41              if(e.getSource() instanceof JRadioButton)
42              {
43                      JRadioButton rb = (JRadioButton) e.getSource();
44                      if(rb.isSelected())
45                              JOptionPane.showMessageDialog(null,rb.getText());
46              }else if(e.getSource() instanceof JComboBox) {
47                      JComboBox<String> cb = (JComboBox<String>) e.getSource();
48                      if(cb.getSelectedIndex()!=0)
49                              resultado.setText("Resultado: " + cb.getSelectedItem());
50              }
51      }
52 }
```

Na linha 11 foi criado um componente do tipo estático, já que será utilizado no método principal main, que é estático, e por isso exige que este componente também seja do tipo estático; entretanto, este objeto também será utilizado em outro método e por isso foi declarado pela classe para ser uma variável global.

Dentro do método principal, temos o componente de janela, linha 13; onde na linha 14 é definido o layout da janela para FlowLayout, onde os componentes serão alinhados à esquerda ao invés do seu alinhamento padrão que é ao centro. Na linha 15 foi criado um array que será adicionado ao componente JComboBox da linha 16. Na linha 17 foi definido o restante do nosso componente label declarado na linha 11. E na linha 18 foi criada outra label, para servir de informação ao usuário.

Os componentes do tipo radio foram criados nas linhas 19 e 20 e criado um objeto ButtonGroup, linha 22; para ser adicionado aos botões do tipo radio, linhas 23 e 24; para que desta forma possa selecionar um radio por vez. Depois disso é utilizada a função lambda para chamar uma função, sem ser a padrão da interface, que é o verifica; onde será passado o objeto ao qual o usuário interagiu, linhas 26 a 28. Das linhas 30 a 34 é o adicionamento dos componentes à janela e das linhas 36 a 38 as configurações padrões que sempre são incluídas no código para configuração do nosso componente de janela.

O método verifica é estático devido ser chamado de método main, do contrário, precisaria declarar um objeto da própria classe para chamar o método não estático. Na linha 41, verifica o objeto responsável, que resgatamos com o método getSource() é um JRadioButton; graças a instanceof, onde podemos realizar este tipo de comparação. Se for verdadeiro entrará nesta condição, onde pegará o componente JRadioButton, linha 43, através de getSource(), que retorna um objeto que é convertido para JRadioButton sem ocasionar erro de programação; já que fazemos a verificação na linha 41, antes de realizar esta conversão.

Se o componente estiver marcado, linha 44, irá retornar true entrando no if e exibindo o texto deste componente, através de getText(), em uma caixa de diálogo. Do contrário, se não for um JRadioButton, mas sim, o JComboBox, linha 46, irá fazer a conversão do objeto para JComboBox, linha 47 e verificar, através de um if, se o que está selecionado não é a primeira opção; já que a primeira opção não é uma fruta, mas uma frase informativa: Selecione a fruta favorita.

Sendo qualquer opção, com exceção da primeira, irá pegar a label que possui o texto resultado e acrescentar a este texto o nome do item selecionado no JComboBox, através do método getSelectedItem(). A saída do programa será:

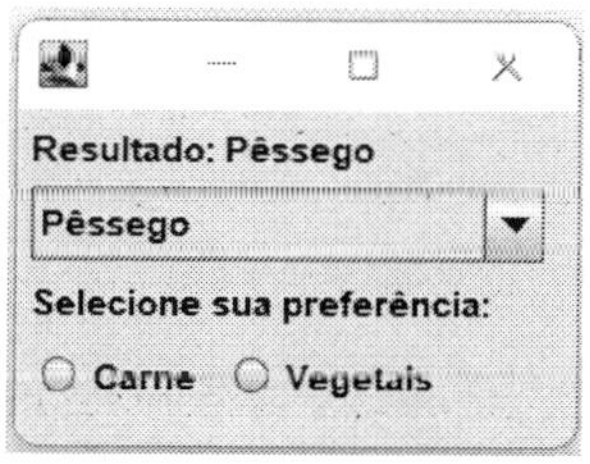

KeyListener e KeyEvent

O evento de teclado utiliza o KeyListener para "ouvir" as ações do usuário e KeyEvent para capturar as ações realizadas. Há três métodos que poderão ser acionados e que todos eles, assim como o mouse, deverão ser declarados:

- keyPressed(KeyEvent e): Quando o botão do teclado for pressionado.
- keyReleased(KeyEvent e): Quando o botão do teclado for liberado.
- keyTyped(KeyEvent e): Só é ativado este método se um caractere Unicode puder ser gerado. Teclas F1 a F12, por exemplo, não ativam este método.

Há alguns métodos interessantes de KeyEvent, a saber:

- getExtendedKeyCode(): Retorna um código (numeral) de chave estendida que acionou o evento.
- getExtendedKeyCodeForChar(int c): Retorna um código de chave estendido para um caractere unicode.
- getKeyChar(): Retorna o caractere associado à chave neste evento.

- getKeyCode(): Retorna um número associado à chave neste evento.
- getKeyLocation(): Retorna o número da localização da chave que originou este evento.
- getKeyText(int keyCode): Retorna uma String descrevendo a tecla pelo o keyCode passado.
- isActionKey(): Retorna true ou false se é uma chave de "ação".
- paramString(): Retorna uma string de parâmetro identificando este evento.

Vamos analisar um código que captura as teclas pressionadas pelo usuário e informa ao mesmo pelo componente JTextArea.

```
package com.exemplos;
import java.awt.Color;
import java.awt.event.KeyEvent;
import java.awt.event.KeyListener;
import javax.swing.JFrame;
import javax.swing.JScrollPane;
import javax.swing.JTextArea;
public class Teclado extends JFrame implements KeyListener {
	private static final long serialVersionUID = 1L;
	private JTextArea textArea = new JTextArea(7,20);
	private JScrollPane br = new JScrollPane(textArea);
	public Teclado(){
		super("Minha janela");
		textArea.setEnabled(false);
		textArea.setDisabledTextColor(Color.BLACK);
		add(br);
		addKeyListener(this);
	}
	public static void main(String[] args) {
		Teclado teclado = new Teclado();
		teclado.setDefaultCloseOperation(JFrame.EXIT_ON_CLOSE);
		teclado.pack();
		teclado.setVisible(true);
	}
	@Override
	public void keyTyped(KeyEvent e) {
		textArea.append("Caractere unicode pode ser gerado.\n");
	}
	@Override
	public void keyPressed(KeyEvent e) {
		textArea.append("Tecla " + KeyEvent.getKeyText(e.getKeyCode()) + " pressionada.\n");
	}
	@Override
	public void keyReleased(KeyEvent e) {
		textArea.append("Tecla " + e.getKeyChar() + " liberada.\n");
	}
}
```

Na linha 08 foi herdada a classe JFrame e implementado o ouvinte KeyListener de teclado, devido a herança, o eclipse sugere a criação de uma versão de serial, linha 09; na linha 10 foi criada uma área de texto já com as dimensões de altura e largura predeterminadas; além do contêiner JScrollPane para a inclusão da barra de rolagem da área de texto, linha 11.

No construtor, linha 12, definimos o título da janela, linha 13; além de deixar a edição da área de texto desativada, linha 14; quando desativado o texto fica bastante claro; por isso na linha 15 foi alterada a cor do texto desabilitado para a cor preta. Por fim, foi adicionado o contêiner que possui o nosso componente à janela, linha 16, e colocando o ouvinte de evento na própria janela, linha 17. O método principal são as demais configurações da janela, como já vimos.

O método KeyTyped será chamado quando a tecla pressionada for um caractere Unicode que pode ser gerado, por sinal esta mensagem é adicionada à área de texto, linha 27. Já o método keyPressed, linha 30, é quando alguma tecla é pressionada; onde pegamos o código da tecla com getKeyCode e o convertemos para um texto com getKetText, linha 31; adicionando este texto ao componente de área de texto. Por fim, temos o keyReleased que é chamado quando a tecla é liberada exibindo o caractere quando possível, como você verá no exemplo da execução do programa abaixo:

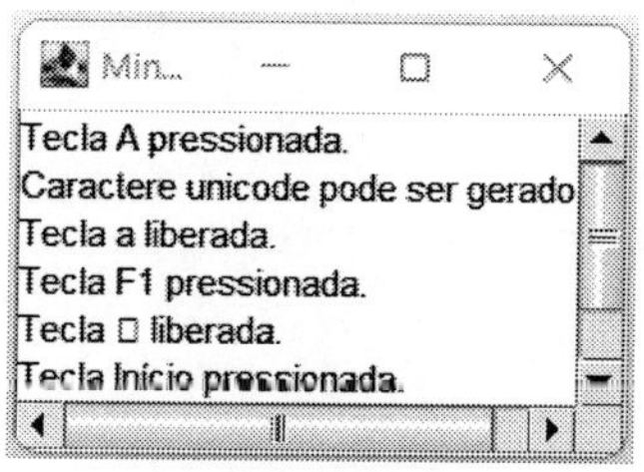

ListSelectionListener e ListSelectionEvent

O ouvinte é chamado quando um valor de seleção da lista é alterado. Seu único método abstrato é valueChanged(ListSelectionEvent e); que é chamado sempre que o valor da seleção for alterado.

ListSelectionEvent possui os seguintes métodos:

- getFirstIndex(): Retorna o índice da primeira linha cuja seleção pode ter sido alterada.
- getLastIndex(): Retorna o índice da última linha cuja seleção pode ter sido alterada.
- getValueIsAdjusting(): Retorna um valor booleano, se este for ou não um em uma série de vários eventos, onde as alterações ainda estão sendo feitas.
- toString(): Retorna uma String que exibe as propriedades deste objeto.

JTable

Este componente possui construtores sobrecarregados, onde se permite passar a quantidade de linhas e colunas que este objeto terá ou simplesmente passar os conteúdos da linha e coluna através de objetos arrays, por exemplo.

Eis alguns métodos da classe JTable:

- addColumn(TableColumn aColumn): Anexa uma nova coluna no final da tabela.

- clearSelection(): Desmarca todas as colunas e linhas selecionadas.

- getColumn(Object identifier): Retorna um TableColumn do objeto da coluna da tabela cujo identificador é igual a identifier, quando comparado usando equals.
- getColumnCount(): Retorna o número de colunas no modelo de coluna.
- getColumnModel(): Retorna o TableColumnModel que contém todas as informações da coluna desta tabela.
- getColumnName(int column): Retorna o nome da coluna que aparece na exibição da tabela.
- getColumnSelectionAllowed(): Retorna verdadeiro se as colunas puderem ser selecionadas.
- getDragEnabled(): Retorna se o manuseio automático de arrastar está ativo ou não.
- getDropLocation(): Retorna o local que este componente deve indicar visualmente em uma operação de arrasto ou null se nenhum local for mostrado no momento.
- getDropMode(): Retorna o DropMode deste componente.
- getEditingColumn(): Retorna o índice da coluna que contém a célula que está sendo editada no momento.
- getEditingRow(): Retorna o índice da linha que contém a célula que está sendo editada no momento.
- getGridColor(): Retorna a cor (Color) usada para desenhar linhas de grade.
- getIntercellSpacing(): Retorna o espaço horizontal e vertical (Dimension), entre as células.
- getModel(): Retorna o TableModel da tabela.
- getPrintable(JTable.PrintMode printMode, MessageFormat headerFormat, MessageFormat footerFormat): Retorna a Printable para uso na impressão desta JTable.
- getRowCount(): Retorna o número de linhas que podem ser mostradas no JTable.
- getRowHeight(): Retorna a altura de uma linha da tabela, em pixels.
- getRowHeight(int row): Retorna a altura, em pixels, da célula especificada.
- getRowMargin(): Obtém a quantidade de espaço vazio, em pixels, entre as células.
- getRowSelectionAllowed(): Retorna verdadeiro se as linhas puderem ser selecionadas.
- getSelectedColumn(): Retorna o índice da coluna selecionada ou -1 se nenhuma coluna foi selecionada.

- getSelectedColumnCount(): Retorna o número de colunas selecionadas.
- getSelectedColumns(): Retorna um array com os índices de todas as colunas selecionadas.
- getSelectedRow(): Retorna o índice da primeira linha selecionada ou -1 se nenhuma linha for selecionada.
- getSelectedRowCount(): Retorna o número de linhas selecionadas.
- getSelectedRows(): Retorna um array com todos os índices das linhas selecionadas.
- getSelectionBackground(): Retorna a cor (Color) de fundo das células selecionadas.
- getSelectionForeground(): Retorna a cor (Color) do texto das células selecionadas.
- getSelectionModel(): Retorna o ListSelectionModel que é usado para manter o estado de seleção de linha.
- getShowHorizontalLines(): Retorna true se a tabela desenha linhas horizontais entre as células, false se não.
- getShowVerticalLines(): Retorna true se a tabela desenha linhas verticais entre as células, false se não.
- getValueAt(int row, int column): Retorna o conteúdo da célula com base na linha e coluna passadas.
- isCellEditable(int row, int column): Retorna verdadeiro se a célula em row e column for editável.
- isCellSelected(int row, int column): Retorna verdadeiro se os índices especificados estiverem no intervalo válido de linhas e colunas e a célula na posição especificada estiver selecionada.
- isColumnSelected(int column): Retorna true se o índice especificado estiver no intervalo válido de colunas e a coluna nesse índice estiver selecionada.
- isEditing(): Retorna verdadeiro se uma célula estiver sendo editada.
- isRowSelected(int row): Retorna true se o índice especificado estiver no intervalo válido de linhas e a linha nesse índice estiver selecionada.
- moveColumn(int column, int targetColumn): Move a coluna column para a posição atualmente ocupada pela coluna targetColumn na exibição.
- print(): Um método de conveniência que exibe uma caixa de diálogo de impressão e a imprime JTableno modo PrintMode.FIT_WIDTH, sem texto de cabeçalho ou rodapé.

- print(JTable.PrintMode printMode): Um método de conveniência que exibe uma caixa de diálogo de impressão e a imprime JTableno modo de impressão fornecido, sem texto de cabeçalho ou rodapé.

- print(JTable.PrintMode printMode, MessageFormat headerFormat, MessageFormat footerFormat): Um método de conveniência que exibe uma caixa de diálogo de impressão e a imprime JTable no modo de impressão fornecido, com o texto de cabeçalho e rodapé especificado.

- print(JTable.PrintMode printMode, MessageFormat headerFormat, MessageFormat footerFormat, boolean showPrintDialog, PrintRequestAttributeSet attr, boolean interactive): Imprime esta tabela, conforme especificado pelo método completo print , com a impressora padrão especificada como o serviço de impressão.

- removeColumn(TableColumn Column): Remove a Column da JTable matriz de colunas deste.

- removeColumnSelectionInterval(int index0, int index1): Desmarca as colunas de index0 até index1.

- removeRowSelectionInterval(int index0, int index1): Desmarca as linhas de index0 até index1, inclusive.

- selectAll(): Seleciona todas as linhas, colunas e células na tabela.

- setCellSelectionEnabled(boolean cellSelectionEnabled) Define se esta tabela permite que uma seleção de coluna e uma seleção de linha existam simultaneamente.

- setColumnModel(TableColumnModel columnModel): Configura o modelo de coluna para esta tabela columnModele e registra notificações de ouvinte do novo modelo de coluna.

- setColumnSelectionAllowed(boolean columnSelectionAllowed): Define se as colunas neste modelo podem ser selecionadas.

- setColumnSelectionInterval(int index0, int index1): Seleciona as colunas de index0 até index1.

- setDragEnabled(boolean b): Ativa ou desativa o manuseio automático de arrasto.

- setDropMode(DropMode dropMode): Define o modo de soltar para este componente.

- setEditingColumn(int aColumn): Define a coluna da célula a ser editada.

- setEditingRow(int aRow): Define a linha da célula a ser editada.

- setGridColor(Color gridColor): Define a cor usada para desenhar linhas de grade e reexibir.

- setIntercellSpacing(Dimension intercellSpacing): Define o rowMargine o columnMargin; a altura e a largura do espaço entre as células como intercellSpacing.

- setModel(TableModel dataModel): Configura o modelo de dados para esta tabela dataModele registra com ela para notificações de ouvinte do novo modelo de dados.

- setRowMargin(int rowMargin): Define a quantidade de espaço vazio entre linhas adjacentes.

- setRowSelectionAllowed(boolean rowSelectionAllowed): Define se as linhas neste modelo podem ser selecionadas.

- setRowSelectionInterval(int index0, int index1): Seleciona as linhas de index0 até index1.

- setSelectionBackground(Color selectionBackground): Define a cor de fundo das células selecionadas.

- setSelectionForeground(Color selectionForeground): Define a cor de texto das células selecionadas.

- setSelectionMode(int selectionMode): Define o modo de seleção da tabela para permitir apenas seleções únicas, um único intervalo contíguo ou vários intervalos.

- setShowGrid(boolean showGrid): Define se a tabela desenha linhas de grade ao redor das células.

- setShowHorizontalLines(boolean showHorizontalLines): Define se a tabela desenha linhas horizontais entre as células.

- setShowVerticalLines(boolean showVerticalLines): Define se a tabela desenha linhas verticais entre as células.

- setUpdateSelectionOnSort(boolean update): Especifica se a seleção deve ser atualizada após a classificação.

- setValueAt(Object aValue, int row, int column): Define o valor da célula no modelo de tabela em row e column.

Vamos criar um exemplo com JTable utilizando o ListSelectionListener; para isso vamos capturar o objeto ListSelectionModel da nossa tabela. Toda vez que o usuário selecionar alguma célula aparecerá uma caixa de mensagem para que o usuário escolha entre obter os dados com base na linha ou com base na coluna onde está localizada a célula selecionada; exibindo os dados em outra caixa de mensagens; além disso, vou utilizar o método print(), para a impressão desta tabela, através da ação de um botão. Vamos ao exemplo:

```
package com.exemplos;
import java.awt.BorderLayout;
import java.awt.Color;
import java.awt.Font;
import java.awt.HeadlessException;
import java.awt.print.PrinterException;
import java.text.MessageFormat;
import javax.swing.JButton;
import javax.swing.JFrame;
import javax.swing.JLabel;
```

```
import javax.swing.JOptionPane;
import javax.swing.JScrollPane;
import javax.swing.JTable;
import javax.swing.ListSelectionModel;
import javax.swing.table.JTableHeader;
public class Table {
    public static void main(String[] args) throws HeadlessException, PrinterException {
        JFrame janela = new JFrame();
        String[] colunas = {"ID", "Nome", "Salário"};
        String[][] linhas = {{"1", "Fabiana", "4300"}, {"2", "Marcela", "4800"}, {"3", "João", "2900"}};
        JTable tabela = new JTable(linhas, colunas);
        JScrollPane tabelaScroll = new JScrollPane(tabela);
        MessageFormat head = new MessageFormat("Empresa S.A");
        MessageFormat footer = new MessageFormat("- {0} -");
        JTableHeader tabHead = tabela.getTableHeader();
        tabHead.setBackground(Color.black);
        tabHead.setForeground(Color.white);
        tabHead.setFont(new Font("Verdana", Font.BOLD, 14));
        JButton bt = new JButton("imprime");
        bt.addActionListener(e ->{
            try {
                tabela.print(JTable.PrintMode.FIT_WIDTH, head, footer);
            } catch (PrinterException erro) {
                JOptionPane.showMessageDialog(null, "Erro ao tentar imprimir!\n" + erro.getMessage());
            }
        });

        ListSelectionModel linhaSelecionada = tabela.getSelectionModel();
        linhaSelecionada.addListSelectionListener(e->{
            String dados="";
            Object[] lista = {"Linha", "Coluna"};
            int resp  = JOptionPane.showOptionDialog(null, "A partir da célula clicada desejar obter dados da:", "Obtenção de dados", JOptionPane.OK_CANCEL_OPTION,
                    JOptionPane.QUESTION_MESSAGE, null, lista, lista[0]);
            if(resp==1)
                dados+=tabela.getColumnName(tabela.getSelectedColumn())+"s: ";
            for(int i=0; i<tabela.getColumnCount(); i++)
            {
                if(resp==0)
                {
                    dados+=tabela.getColumnName(i)+": ";
                    dados+=tabela.getValueAt(tabela.getSelectedRow(), i);
                    dados+=i+1==tabela.getColumnCount()?".":", ";
                }
                else if(resp==1) {
                    dados+=tabela.getValueAt(i, tabela.getSelectedColumn());
                    dados+=i+1==tabela.getColumnCount()?".":", ";
```

```
57                          }
58                  }
59                  if(resp==0 || resp==1)
60                          JOptionPane.showMessageDialog(null, dados);
61          });
62          janela.add(new JLabel("<html><h3>Empresa S.A</h3></html>", JLabel.CENTER),
BorderLayout.NORTH);
63          janela.add(tabelaScroll, BorderLayout.CENTER);
64          janela.add(bt, BorderLayout.SOUTH);
65          janela.setDefaultCloseOperation(JFrame.EXIT_ON_CLOSE);
66          janela.setBounds(0, 0, 300, 172);
67          janela.setVisible(true);
68  }
69 }
```

No nosso método principal foi criado um objeto janela, linha 18, um array para representar o cabeçalho de cada coluna, linha 19 e na linha 20 o registro de cada linha; na linha 21 foi criada a nossa tabela passando estes valores para a mesma. Já na linha 22 atrelamos nossa tabela ao conteiner JScrollPane, é uma recomendação, para que o cabeçalho da tabela não seja ocultado.

Na linha 23, através da classe MessageFormat, iremos definir o conteúdo da cabeça da impressão, neste caso, o aparecimento do nome fictício de uma empresa; já na linha 24 é definido o rodapé da página de impressão, onde terá o número, através da instrução {0}; este número ficará entre dois traços. Na linha 25 pegamos o cabeçalho de nossa tabela para personalizar a sua cor de fundo, linha 26, a sua cor de texto, linha 27; além de sua fonte, linha 28, do tipo verdana, negritado e de tamanho 14.

Na linha 29 é criado um botão, e na linha seguinte um ouvinte de evento para este botão; aqui o conteúdo inserido entre try/catch será responsável em realizar o comando de impressão desta tabela. O JTable.PrintMode utiliza a constante FIT_WIDTH que faz com que a largura da tabela diminua, se necessário, para caber todo o seu conteúdo; há ainda a opção NORMAL, que não realiza reajuste algum durante a impressão.

Caso ocorra algum erro, durante a tentativa de impressão, irá cair no catch da linha 33 exibindo o erro em uma caixa de diálogo; já que é utilizado o objeto erro, provindo de PrinterException; onde é utilizado o método getMessage().

Na linha 38 pegamos com o método getSelectionModel() da tabela o ListSelectionModel, que é o estado atual da seleção e adicionamos um ouvinte de evento, linha 39. Graças a ListSelectionListener ser uma interface funcional, podemos aplicar a função lambda, onde foi criada uma String, linha 40, um array com as opções que serão incluídas no nosso showOptionDialog(), linha 41.

Se o valor retornado e atribuído à variável "resp" for um, linha 44, vamos concatenar na nossa String de nome dados o nome da coluna através do método getColumnName(), passando como argumento a posição que foi clicada pelo usuário getSelectedColumn(). E ainda foi adicionado um "s" para tornar o nome desta coluna no plural e ainda acrescentado de dois pontos e espaço ": ".

O laço que irá passear pela nossa tabela tomará por base a quantidade de colunas existentes na mesma, linha 46. Se for a primeira opção, onde "resp" vale zero, linha 48; pegamos o nome da coluna, acrescido de dois pontos e espaço, linha 50. Isso concatenando na nossa variável dados; depois disso, pegamos o valor existente na célula com base na linha selecionada e "passeando" nesta linha através de nosso contador "i" do laço for, que vale inicialmente zero (0) e quando retornar ao laço vai valer um (1), e assim por diante, até que a condição i<tabela.getColumnCount() seja falsa. Para finalizar é acrescido de ponto se for o último elemento presente, se o contador "i" acrescido de um for igual ao total do número de colunas, linha 52; do contrário, será concatenada uma vírgula com espaço.

Se for a segunda opção, quando "resp" vale um (1), neste caso fixamos na coluna selecionada e "passeamos" pela linha; através do contador "i" que vale zero (0), linha 55; onde é concatenado com ponto ou vírgula e espaço, linha 56; da mesma forma que foi imposta na linha 52.

A caixa de mensagem, linha 60; que se encontra fora do laço, só irá ser exibida se a variável "resp" for zero ou um, linha 59. Na linha 62 foi adicionado um texto centralizado e com formatação HTML; na distribuição deste e dos demais componentes será utilizado um BorderLayout; no caso da linha 62 o componente texto ficará ao norte, o contêiner que possui nossa tabela ao centro, linha 63 e o botão ao sul, linha 64; finalizando as demais configurações de janela, linhas 65 a 67. A apresentação deste programa será algo como:

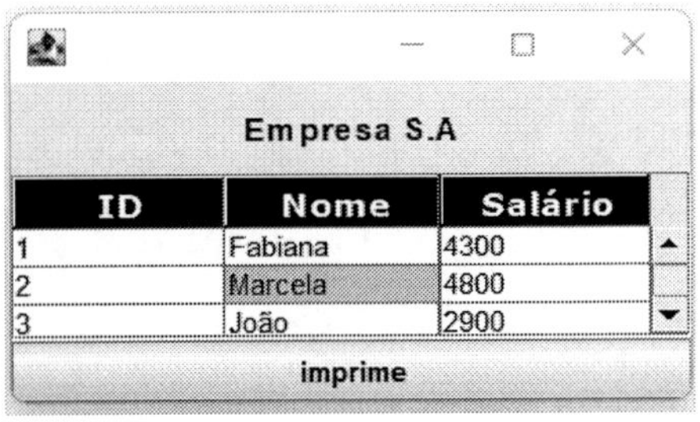

Ao clicar em qualquer célula, como o exemplo acima, uma caixa de diálogo com duas opções será demonstrada:

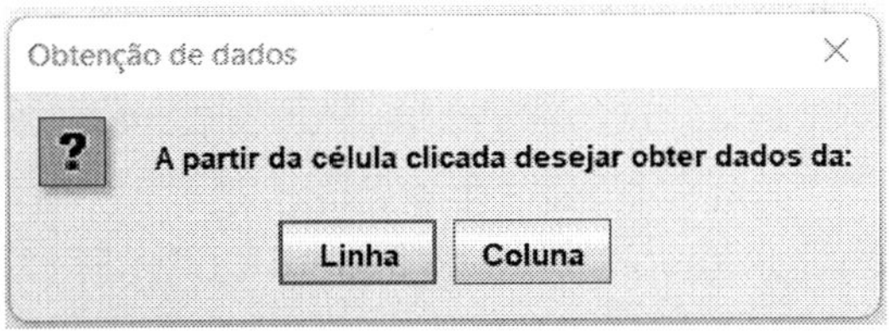

Se for escolhida a opção coluna, o resultado será:

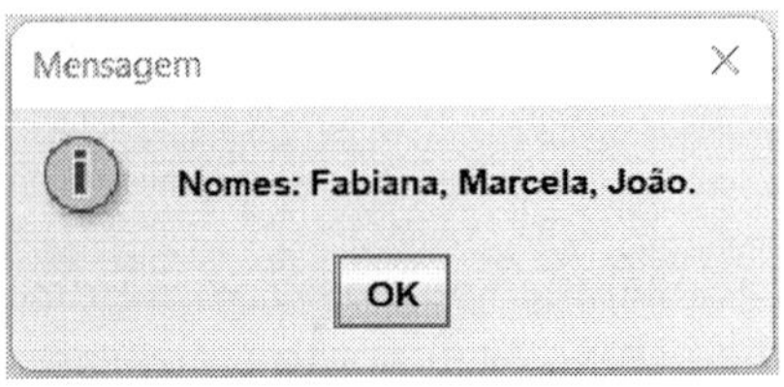

Se for escolhida a opção linha, o resultado será:

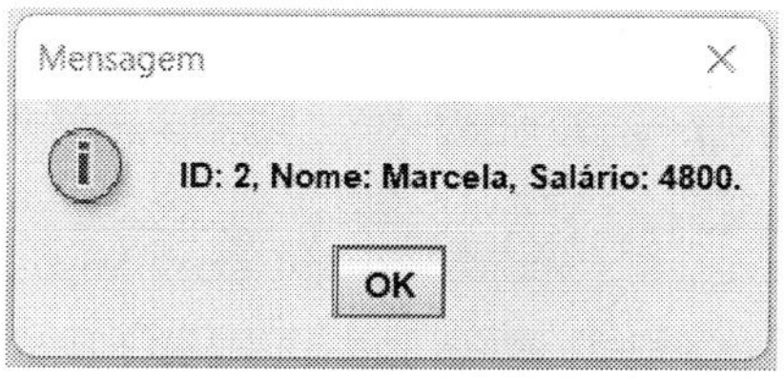

Se for clicado no botão de impressão, aparecerá a seguinte janela:

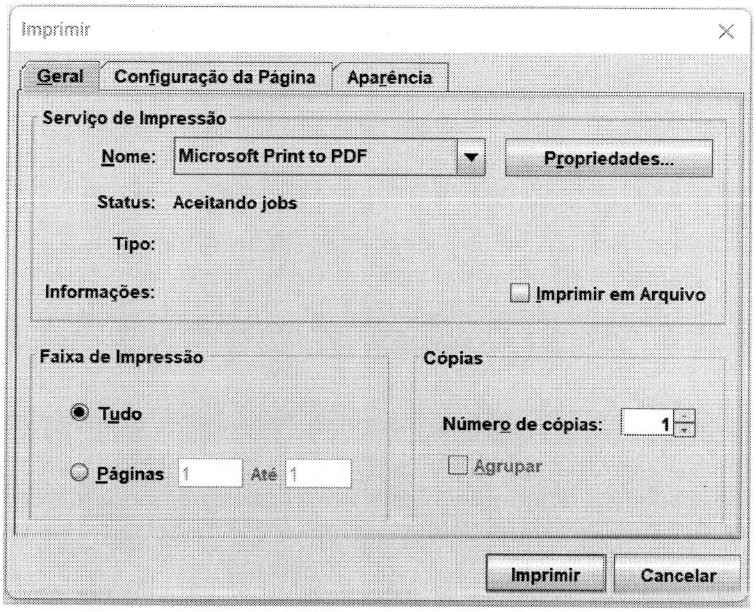

No exemplo acima optei por uma impressão em PDF, que irá gerar um arquivo como:

Empresa S.A

ID	Nome	Salário
1	Fabiana	4300
2	Marcela	4800
3	João	2900

MouseListener e MouseEvent

Para o ouvinte de evento do mouse vamos precisar do MouseListener, os métodos abstratos são:

- mouseClicked(MouseEvent e): Invocado quando o botão do mouse é clicado (pressionado e liberado) em um componente.
- mousePressed(MouseEvent e): Invocado quando um botão do mouse é pressionado em um componente.
- mouseReleased(MouseEvent e): Invocado quando um botão do mouse é liberado em um componente.
- mouseEntered(MouseEvent e): Invocado quando o mouse entra em um componente.

- MouseExited(MouseEvent e): Invocado quando o mouse sai de um componente.

Lembrando que independente dos métodos que serão utilizados, todos deverão ser declarados, por serem métodos abstratos. A classe MouseEvent que captura a ação realizada pelo mouse, possui alguns métodos como:

- getButton(): Retorna um numeral relativo aos botões do mouse foi ativado: direito (0), esquerdo (3) ou o botão de rolagem (2).
- getClickCount(): Retorna o número de cliques do mouse associados a este evento.
- getLocationOnScreen(): Retorna a coordenada absoluta x, y do evento.
- getPoint(): Retorna a coordenada x, y do evento em relação ao componente de origem.
- getX(): Retorna um número relativo à posição horizontal x do evento em relação ao componente de origem.
- getXOnScreen(): Retorna um número relativo à posição horizontal absoluta x do evento.
- getY(): Retorna um número relativo à posição vertical y do evento em relação ao componente de origem.
- getYOnScreen(): Retorna um número da posição vertical y absoluta do evento.
- isPopupTrigger(): Retorna true ou false se este evento do mouse é ou não o acionador do menu pop-up para a plataforma.

No exemplo abaixo vou adicionar um texto, dois botões e deixar um espaço vazio dentro do painel que abrigará estes componentes; pois todos os elementos possuirão o ouvinte de evento do mouse. Ao estacionar o mouse sobre um botão, as cores de fundo e texto irão mudar, ao retirar o mouse sobre o botão ele retornará a sua cor original, tanto a cor de fundo como a cor do texto. Se clicar sobre os botões ou texto, o componente texto avisará qual componente foi clicado, se clicar no espaço vazio do painel, o texto presente irá informar qual dos botões foi utilizado do mouse: direito, esquerdo ou o botão de rolagem. Vamos ao exemplo:

```
package com.exemplos;
import java.awt.Color;
import java.awt.GridLayout;
import java.awt.event.MouseEvent;
import java.awt.event.MouseListener;
import javax.swing.JButton;
import javax.swing.JFrame;
import javax.swing.JLabel;
import javax.swing.JPanel;
public class Mouse extends JFrame {
	private static final long serialVersionUID = 1L;
```

```
    JLabel lb = new JLabel("Uma label de informação");
    JButton bt1 = new JButton("Clique 1");
    JButton bt2 = new JButton("Clique 2");
    JPanel painel = new JPanel(new GridLayout(4,0));
    public Mouse(){
            super("Minha janela");
            OuvinteMouse OM = new OuvinteMouse();
            bt1.addMouseListener(OM);
            bt2.addMouseListener(OM);
            lb.addMouseListener(OM);
            painel.addMouseListener(OM);
            painel.add(lb);
            painel.add(bt1);
            painel.add(bt2);
            add(painel);
    }
    public static void main(String[] args) {
            Mouse mouse = new Mouse();
            mouse.setDefaultCloseOperation(JFrame.EXIT_ON_CLOSE);
            mouse.setBounds(0, 0, 300, 120);
            mouse.setVisible(true);
    }
private class OuvinteMouse implements MouseListener{
    @Override
    public void mouseEntered(MouseEvent e) {
            if(e.getSource()==bt1 || e.getSource()==bt2)
            {
                    e.getComponent().setBackground(Color.blue);
                    e.getComponent().setForeground(Color.white);
            }
    }
    @Override
            public void mouseExited(MouseEvent e) {
                    if(e.getSource()==bt1 || e.getSource()==bt2)
                    {
                        e.getComponent().setBackground(new JButton().getBackground());
                        e.getComponent().setForeground(Color.black);
                    }
            }
            @Override
            public void mouseClicked(MouseEvent e) {

                    if(e.getSource()==bt1 || e.getSource()==bt2)
                    {
                            JButton jb = (JButton)e.getSource();
                            lb.setText("Você clicou sobre: " + jb.getText());
                    }
                    else if(e.getSource()==lb)
```

```
60                      lb.setText("Você clicou sobre o texto");
61                  else if(e.getSource()==painel)
62                  {
63                      if(e.getButton()==1)
64                          lb.setText("Você clicou com o botão esquerdo do mouse");
65                      else if(e.getButton()==2)
66                          lb.setText("Você clicou com o botão de rolagem do mouse");
67                      else if(e.getButton()==3)
68                          lb.setText("Você clicou com o botão direito do mouse");
69                  }
70              }
71              @Override
72              public void mousePressed(MouseEvent e) {}
73              @Override
74              public void mouseReleased(MouseEvent e) {}
75      }
76 }
```

Na linha 10 a classe Mouse herda a classe JFrame e por isso o Eclipse recomenda a inserção de uma versão a qual se encontra na linha 11. Todos os componentes foram declarados dentro da classe para que se tornem objetos globais, linhas 12 a 15; onde na linha 15 temos o painel com o layout do tipo GridLayout com quatro linhas e zero colunas; fazendo com que cada componente fique um abaixo do outro, quando for adicionado ao painel.

O Construtor da nossa classe, linha 16, define o título da janela, linha 17, e declara um objeto da classe "OuvinteMouse", adicionamos o objeto desta classe, que possui o ouvinte de evento do mouse a todos os componentes, linhas 19 a 22; para depois adicionar os componentes ao painel, linhas 23 a 25; para adicionar o painel à janela, linha 26.

As linhas do método principal já conhecemos, então vamos direto à classe da linha 34, onde foi implementado o ouvinte de evento do mouse; na linha 36 este método será chamado quando o mouse estacionar em algum componente que possua o ouvinte de evento; porém só fará algo se for um dos botões, linha 37; caso afirmativo, irá mudar a cor de fundo do botão para azul, linha 39, e a cor do texto do botão para branco, linha 40.

Quando retirar o botão do mouse sobre o componente, o método da linha 44 é que será chamado; caso seja relacionado aos botões, linha 45, irá retornar a cor de fundo original do botão, linha 47; onde dentro de setBackground() foi declarada uma instância do botão, pegando sua propriedade de fundo original com getBackground(); enquanto na linha 48, a cor do texto do botão ficou novamente na cor preta.

Quando um dos componentes que possui ouvinte de evento for clicado, o método da linha 52 é que será chamado; caso seja um dos botões, linha 54, declaramos um novo botão e pegamos o componente que ativou o botão, convertendo de forma explícita para o componente do tipo JButton, na qual alteramos o texto do nosso JLabel, linha 57, informando qual botão foi clicado pegando o texto presente no botão com getText().

Caso contrário, linha 59, se for nosso componente de texto, simplesmente informamos que o usuário clicou no local onde se encontra o texto, linha 60; mas se for o painel, linha 61, é verificado com o método getButton() de MouseEvent qual dos botões foi utilizado pelo usuário, linhas 63 a 68; utilizando o componente de texto para informar ao usuário sobre isso. Há outros métodos que não foram utilizados, mas como havia dito, deverão mesmo assim ser declarados, linhas 71 a 74. O exemplo do programa será:

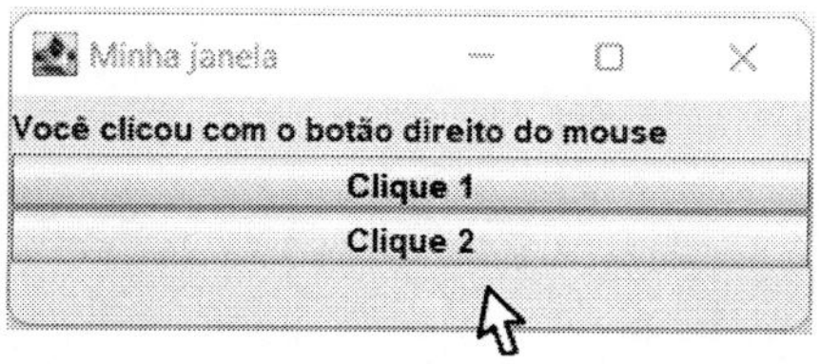

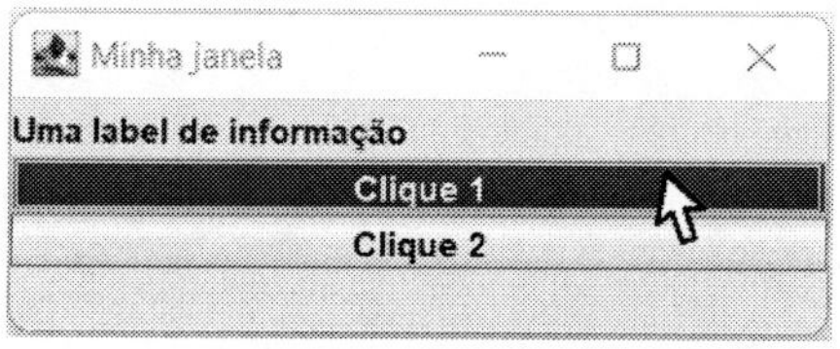

Mas em relação ao ícone, como ficaria? Vamos criar um novo exemplo com uso de ícones de pasta e disquete, para abertura de arquivos externos e do salvamento deste arquivo, respectivamente.

Estes ícones irão mudar ao passar o ponteiro do mouse sobre os mesmos. O botão com o ícone de abrir utilizará o JFileChooser, que é uma espécie de Windows Explore do Java, para procurarmos um arquivo do tipo txt, que é referente à extensão de arquivos do tipo bloco de notas; iremos exibir este texto dentro de um JTextArea.

O JFileChooser possui alguns métodos interessantes, a saber:

- FileNameExtensionFilter(): Define o filtro para qual tipo de arquivo poderá ser selecionado. Normalmente trabalhamos com dois argumentos:
  - Descrição do arquivo: O que irá aparecer para descrever o tipo de arquivo.
  - Extensão: A extensão do arquivo em si, sem uso de ponto; se trabalhar com mais uma extensão a mesma deverá vim separada por vírgula.

  Por exemplo, se eu desejar abrir arquivos do tipo .txt, faria da seguinte forma:
  FileNameExtensionFilter filtro = **new FileNameExtensionFilter**("Bloco de notas", "txt");

  Se eu desejar abrir arquivos do tipo .jpg, .png e .gif, faria da seguinte forma:
  FileNameExtensionFilter filtro = **new FileNameExtensionFilter**("Arquivos JPG, Gif e PNG", "jpg", "gif", "png");

- setSelectedFile(): Define, com base no filtro, qual tipo de arquivo poderá ser aberto.

- setFileSelectionMode(): Para definir o modo de seleção, que pode ser:
  - JFileChooser.FILES_ONLY: Apenas arquivos.
  - JFileChooser.DIRECTORIES_ONLY: Apenas diretórios (pastas).
  - JFileChooser.FILES_AND_DIRECTORIES: Arquivos e pastas.

- showOpenDialog(Component parent): Abre uma caixa de diálogo para abrir arquivo.
- showSaveDialog(Component parent): Abre uma caixa de diálogo para salvar arquivo.
  Tanto abertura de arquivo, como salvamento de arquivo retorna um valor inteiro que pode ser com base nas constantes:
  - JFileChooser.CANCEL_OPTION: Quando a ação é cancelada pelo usuário.
  - JFileChooser.APPROVE_OPTION: Quando a ação é aprovada pelo usuário.
  - JFileChooser.ERROR_OPTION: Quando um erro ocorre ou se a caixa de diálogo for descartada (fechada).

Será utilizado também o método de maximizar a janela, além da dica de ferramenta do botão para que o usuário saiba a função do botão ao estacionar o botão do mouse sobre o mesmo. Devido ao exemplo possuir um código extenso, decidi separá-lo em três partes.

```
package proj.blocodenotas;
import java.awt.BorderLayout;
import java.awt.Dimension;
import java.awt.FlowLayout;
import java.awt.event.MouseEvent;
import java.awt.event.MouseListener;
import java.io.FileWriter;
import java.io.File;
import java.io.FileNotFoundException;
import java.io.IOException;
import java.util.EventObject;
import java.util.Scanner;
import javax.swing.ImageIcon;
import javax.swing.JButton;
import javax.swing.JFileChooser;
import javax.swing.JFrame;
import javax.swing.JOptionPane;
import javax.swing.JPanel;
import javax.swing.JScrollPane;
import javax.swing.JTextArea;
import javax.swing.filechooser.FileNameExtensionFilter;
public class Editor implements MouseListener {
	private ImageIcon pastaOff = new ImageIcon(getClass().getResource("/img/pastaOff.png"));
	private ImageIcon pastaOn = new ImageIcon(getClass().getResource("/img/pastaOn.png"));
	private ImageIcon disqueteOff = new ImageIcon(getClass().getResource("/img/disqueteOff.png"));
	private ImageIcon disqueteOn = new ImageIcon(getClass().getResource("/img/disqueteOn.png"));
	private static JTextArea jTexto = new JTextArea();
	private static File arquivo=null;
	public static void main(String[] args) {
		JFrame janela = new JFrame("Exemplo");
		JPanel painel = new JPanel(new FlowLayout(FlowLayout.LEFT));

		JButton btAbrir = new JButton();
		btAbrir.setPreferredSize(new Dimension(30, 30));
		btAbrir.setToolTipText("Abrir Arquivo");
		btAbrir.setIcon(new Editor().pastaOff);
		btAbrir.addMouseListener(new Editor());
		btAbrir.setBorderPainted(false);
		btAbrir.setContentAreaFilled(false);
		btAbrir.setFocusPainted(false);
		painel.add(btAbrir);

		JButton btSalvar = new JButton();
```

```
44            btSalvar.setPreferredSize(new Dimension(30, 30));
45            btSalvar.setToolTipText("Salvar Arquivo");
46            btSalvar.setIcon(new Editor().disqueteOff);
47            btSalvar.addMouseListener(new Editor());
48            btSalvar.setBorderPainted(false);
49            btSalvar.setContentAreaFilled(false);
50            btSalvar.setFocusPainted(false);
51            painel.add(btSalvar);
52
53            jTexto.setLineWrap(true);
54            JScrollPane areaTexto = new JScrollPane(jTexto);
55            janela.add(painel, BorderLayout.NORTH);
56            janela.add(areaTexto, BorderLayout.CENTER);
57            janela.setDefaultCloseOperation(JFrame.EXIT_ON_CLOSE);
58            janela.setExtendedState(JFrame.MAXIMIZED_BOTH);
59            janela.setBounds(0, 0, 800, 200);
60            janela.setVisible(true);
61      }
```

Nossa classe se inicia na linha 22, onde é implementada pelo ouvinte do mouse (MouseListener); das linhas 23 a 28 foram declaradas como variáveis globais devido a possibilidade de serem manuseadas em mais de um método. E termo estático foi utilizado nas linhas 27 e 28 para ter certeza que o conteúdo presente na área de texto (JTextArea) ou do arquivo perdure ao longo do código.

No método principal foi declarado o objeto janela, linha 30, um painel com o layout do tipo FlowLayout, alinhado à esquerda, linha 31. Já na linha 33 foi declarado o botão, com dimensões idênticas ao tamanho da imagem que irá receber, linha 34. Uma dica de ferramenta também foi incluída, linha 35; já na linha 36 foi incluído o ícone; a variável do tipo ícone por não ser do tipo estático deverá vir acompanhada com alguma referência ou instância da classe, linha 36. Na linha 37 foi adicionado um ouvinte de evento ao botão, por main não possuir referência da classe foi passado uma instância. Antes de finalmente ser adicionado o botão ao painel, linha 41. Foram removidas bordas, linha 38, e o preenchimento padrão do botão, linha 40; inclusive quando ganha foco, linha 41. O botão salvar segue os mesmos padrões, linhas 43 a 51.

A nossa área de texto terá quebra de linha automática, linha 53, uma barra de rolagem, linha 54. E na linha 55 será adicionado o painel à janela, utilizando o layout do tipo BorderLayout ao norte; já a área de texto será ao centro, linha 56. Nas configurações padrão da janela foi acrescentado o método setExtendedState(), para que a janela seja maximizada, quando o programa for executado, linha 58.

```
62      @Override
63      public void mouseClicked(MouseEvent e) {
64            Object obj = ((EventObject) e).getSource();
65            JFileChooser fc = new JFileChooser();
66            FileNameExtensionFilter filtro = new FileNameExtensionFilter("Bloco de notas", "txt");
67            fc.setFileFilter(filtro);
68            fc.setFileSelectionMode(JFileChooser.FILES_ONLY);
69            int abrir, salvar;
70            if(obj instanceof JButton)
```

```
        {
            JButton bt = (JButton) obj;
            if(bt.getToolTipText()=="Abrir Arquivo") {
                String texto="";
                abrir = fc.showOpenDialog(null);
                if(abrir == JFileChooser.APPROVE_OPTION) {
                    arquivo = fc.getSelectedFile();
                    try (Scanner lerArq = new Scanner(arquivo)) {
                        while (lerArq.hasNextLine())
                            texto += lerArq.nextLine()+"\n";
                        jTexto.setText(texto);
                    } catch (FileNotFoundException erro) {
                        erro.printStackTrace();
                    }
                }
            }else if(bt.getToolTipText()=="Salvar Arquivo") {
                try {
                    if(arquivo==null) {
                        salvar = fc.showSaveDialog(null);
                        if (salvar == JFileChooser.APPROVE_OPTION) {
                            arquivo = fc.getSelectedFile();
                            String ext = arquivo.toString();
                            if(arquivo.toString().length()>4) {
                                ext = ext.substring(ext.length()-4, ext.length());
                                if(!ext.equals(".txt")) {
                                    arquivo = new File(fc.getSelectedFile()+".txt");
                                }
                            }else
                                arquivo = new File(fc.getSelectedFile()+".txt");
                        }
                    }
                    FileWriter addDados = new FileWriter(arquivo);
                    addDados.write(jTexto.getText());
                    addDados.close();
                    JOptionPane.showInternalMessageDialog(null, "Arquivo salvo com sucesso.", "Sucesso", JOptionPane.INFORMATION_MESSAGE);
                } catch (IOException erro) {
                    erro.printStackTrace();
                }
            }
        }
    }

```

O evento do mouse, linha 63, pega o objeto que chamou o evento na linha 64; além disso, é declarado um objeto do JFileChooser, linha 65; além de um filtro linha 66, para abrir só arquivos do tipo bloco de notas; este filtro foi acrescentado ao nosso JFileChooser na linha 67 e na linha 68 foi definido que só arquivos serão abertos por ele. Há ainda algumas variáveis inteiras criadas para nos auxiliar, linha 69.

Na linha 70, verifica-se se o objeto que sofreu a interação do mouse é um botão, caso afirmativo entra no if e converte o objeto em um botão, linha 72. Na linha 73 verifica se a dica de ferramenta é de abrir arquivo, caso afirmativo solicito a abertura de janela do nosso JFileChooser, linha 75 e resgato o valor inteiro referente à interação.

Se este valor for igual ao valor da constante da linha 76, então neste caso o usuário selecionou algum arquivo e solicitou que o mesmo fosse aberto, resgato este arquivo na linha 77 e tento ler este arquivo dentro de um try/catch, linhas 78 a 84. O laço presente em try, linha 79, irá pegar linha por linha com hasNextLine() que retorna true se houver uma próxima linha a ser lida. Pego o texto presente nesta linha e concateno a variável texto, junto com um pulo de linha, linha 80. Ao final do laço pegou todo o texto resgatado e acrescento a nossa área de texto, linha 81. Se algum erro ocorrer durante este processo, irá para o catch da linha 82, relatando o erro, linha 83.

Se for referente ao botão de salvar, linha 86, verifica se não há um arquivo aberto, ou seja, se nossa variável arquivo for nula, linha 87; caso afirmativo, peço a abertura da janela de salvamento, linha 89. A ação do usuário irá retornar um valor inteiro, se este valor for igual a constante de aprovação de salvamento, linha 90; então pego o nome do arquivo que o usuário digitou para salvação.

Nossa variável arquivo do tipo file poderá retornar o caminho do arquivo através de uma conversão para texto, com o uso de toString(), linha 92. Verifico se há mais de quatro caracteres, linha 93. Já que um arquivo salvo com o nome e sua extensão deverá ser no mínimo cinco caracteres. Ex: t.txt

Caso comprovado, entra no if e resgata os últimos quatro caracteres com o uso de substring(); se a extensão não for equivalente a desejada (.txt), linha 95, lembre-se o significado do símbolo de negação (!), que converte uma condição falsa em verdadeira e vice-versa. Por não ter a extensão digitada pelo usuário então acrescentamos a extensão ao arquivo, linha 96.

Do contrário, se o arquivo não possuir mais de quatro caracteres entra no else da linha 98 e acrescenta a extensão, linha 99. Na linha 102 pegou os dados deste arquivo com FileWriter, que permite a gravação do texto presente na nossa JTextArea para nosso arquivo, linha 103; que após a gravação a mesma é encerrada, linha 104; ao final é exibida uma caixa de diálogo relatando o sucesso do salvamento, linha 105. Se algum destes procedimentos gerar algum tipo de erro, então será remetido ao catch da linha 106, onde o erro será exibido, linha 107.

```
113     @Override
114     public void mouseEntered(MouseEvent e) {
115             Object obj = ((EventObject) e).getSource();
116             if(obj instanceof JButton)
117             {
118                     JButton bt = (JButton) obj;
119                     if(bt.getToolTipText()=="Abrir Arquivo")
120                             bt.setIcon(pastaOn);
121                     else
```

```
122                     bt.setIcon(disqueteOn);
123         }
124     }
125     @Override
126     public void mouseExited(MouseEvent e) {
127         Object obj = ((EventObject) e).getSource();
128         if(obj instanceof JButton)
129         {
130             JButton bt = (JButton) obj;
131             if(bt.getToolTipText()=="Abrir Arquivo")
132                 bt.setIcon(pastaOff);
133             else
134                 bt.setIcon(disqueteOff);
135         }
136     }
137     @Override
138     public void mousePressed(MouseEvent e) {}
139     @Override
140     public void mouseReleased(MouseEvent e) {}
141 }
```

Por fim, temos dois métodos que ainda formam implementados. O método mouseEntered que é chamado quando o ponteiro do mouse estaciona sobre o componente que possui o ouvinte de evento do mouse; fará com que o ícone do botão seja alterado através do conteúdo da dica de ferramenta. Se for referente a abrir arquivo, linha 119, mudará o ícone em escala cinza para o ícone com cores, linha 120; do contrário, linha 121, será o disquete colorido, linha 122.

De forma semelhante ocorre com o método mouseExited, linha 126, que é chamado quando o ponteiro do mouse sai do componente que possui o ouvinte do mouse, mas desta vez os ícones serão substituídos por aqueles preto e branco, linhas 131 a 134; mais uma vez com base no conteúdo presente na dica de ferramenta.

Mesmo não utilizando os outros métodos eles deverão ser declarados na sua assinatura de método, linhas 137 a 140, por serem abstratos. A saída do programa será algo como:

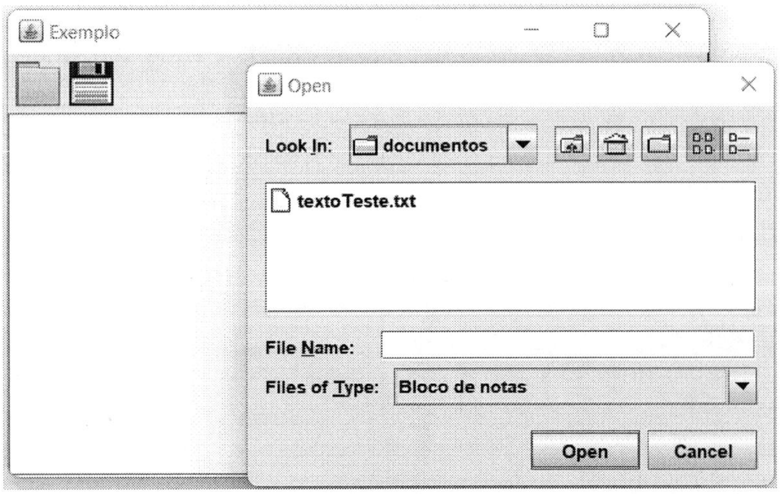

MouseMotionListener e MouseEvent

MouseMotionListener é responsável pela captura de eventos como movimentação do mouse ou de clique com arrasto. Os métodos abstratos que o mesmo possui são:

- mouseDragged(MouseEvent e): Invocado quando um botão do mouse é pressionado sobre um componente e depois arrastado.
- mouseMoved(MouseEvent e): Invocado quando o cursor do mouse foi movido para cima de um componente, mas nenhum botão foi pressionado.

Sabendo dos métodos presentes na classe MouseEvent, que vimos no tópico anterior, vamos dar uma olhada rápida nos dois através de um exemplo simples, que informa as coordenadas do mouse quando é movimentado sobre a janela ou quando é clicado e arrastado sobre a mesma, por isso a janela terá adicionado o ouvinte de evento MouseMotionListener.

```
package com.exemplos;
import java.awt.FlowLayout;
import java.awt.event.MouseEvent;
import java.awt.event.MouseMotionListener;
import javax.swing.JFrame;
import javax.swing.JLabel;
public class Mouse2 extends JFrame implements MouseMotionListener {
	private static final long serialVersionUID = 1L;
	private JLabel info = new JLabel();
	public Mouse2() {
		setLayout(new FlowLayout());
		addMouseMotionListener(this);
		add(info);
	}
	public static void main(String[] args) {
		Mouse2 janela = new Mouse2();
		janela.setDefaultCloseOperation(JFrame.EXIT_ON_CLOSE);
		janela.setBounds(0,0, 250, 150);
		janela.setVisible(true);
	}
	@Override
	public void mouseDragged(MouseEvent e) {
		info.setText("<html>Coordenadas de <span style=\"color:blue;\">arrasto</span> do mouse<br>"+e.getX()+" Y:"+e.getY()+"</html>");
	}
	@Override
	public void mouseMoved(MouseEvent e) {
		info.setText("<html>Coordenadas de <span style=\"color:blue;\">movimento</span> do mouse<br>"+e.getX()+" Y:"+e.getY()+"</html>");
	}
}
```

Nossa classe herda JFrame e implementa a interface MouseMotionListener, obrigando que todos os métodos sejam declarados, mesmo que não sejam utilizados. No construtor foi definido um layout para os componentes, linha 11, e adicionado o ouvinte de evento a própria janela, linha 12; na linha 13 foi adicionado o componente label que foi criado na linha 09.

Tanto o método de arrasto, linhas 22 a 24, quanto o método de movimentação, linhas 26 a 38; foram informadas as coordenadas do mouse sobre a janela através de getX() e getY(), através do elemento capturado por MouseEvent; a formatação é do tipo HTML para dar uma cor de destaque para as palavras de arrasto e movimento; dependendo do método chamado; cujas coordenadas serão demonstradas na próxima linha devido ao uso da tag de pulo de linha <br>. O \n não funciona em componentes JLabels, por isso mais uma razão parautilizar o formato HTML.

A tag <span> é um contêiner usado para marcar uma parte de um texto ou uma parte de um documento, com alguma estilização CSS; normalmente sendo utilizado o atributo class ou id, mas neste caso foi a estilização inline (em linha). Ela é uma tag muito parecida com o elemento <div>, mas <div> é um elemento de nível de bloco e <span> é um elemento embutido. A saída do programa será algo como:

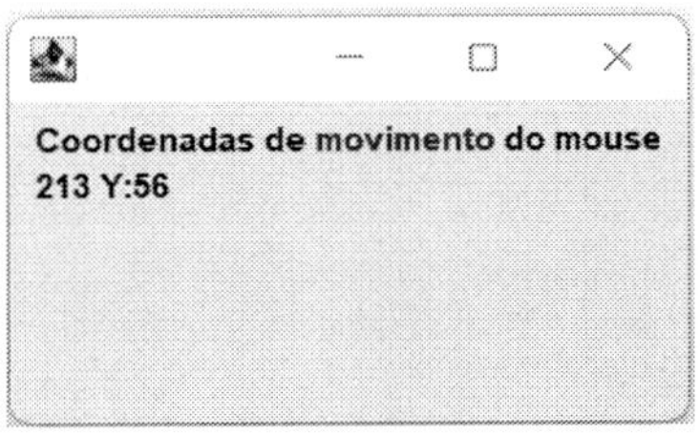

MouseWheelListener e MouseWheelEvent

Este ouvinte de evento serve para capturar o botão do meio do mouse, conhecido como botão de rolagem. Neste caso não utiliza o MouseEvent, mas sim o MouseWheelEvent. Ele possui um único método abstrato que é o mouseWheelMoved(MouseWheelEvent e); por isso é uma interface funcional que poderá incluir funções lambda. Assim como o anterior, será utilizado um exemplo simples para visualizar a captura deste evento.

```
package com.exemplos;
import java.awt.FlowLayout;
import javax.swing.JFrame;
import javax.swing.JLabel;
public class Mouse3 {
	private static int cont=0;
	public static void main(String[] args) {
		JFrame janela = new JFrame();
		JLabel info = new JLabel();
		janela.setLayout(new FlowLayout());
		janela.add(info);
		janela.addMouseWheelListener(e->{
			++cont;
			String texto = "<html>Número de vezes que o método é invocado: " + cont + "<br>";
			if(e.getWheelRotation()>0)
```

```
16                  texto+="Estar girando para <span style='color: red;'>baixo </span>.</html>";
17              else
18                  texto+="Estar girando para <span style='color: blue;'>cima </span>.</html>";
19              info.setText(texto);
20          });
21          janela.setDefaultCloseOperation(JFrame.EXIT_ON_CLOSE);
22          janela.setBounds(0,0, 300, 150);
23          janela.setVisible(true);
24      }
25 }
```

Nossa classe possui uma variável global, linha 06; que será utilizada na função lambda; dentro do método principal, temos um objeto janela de JFrame, linha 08; além de um componente label, linha 09. Na linha 10 foi definido o tipo de layout da janela e na linha 11 foi acrescentada a label à janela. Já na linha 12 temos o ouvinte de evento, que incrementa nossa variável global em um (1), linha 13, e na linha 15 foi criada uma variável texto, com o conteúdo de marcação HTML; dependendo do valor que o método getWheelRotation() retornar, informarei se o usuário está girando para baixo, linha 16, ou do contrário, linha 17, para cima, linha 18; acrescentando este texto a nossa label, linha 19. A saída do programa será algo como:

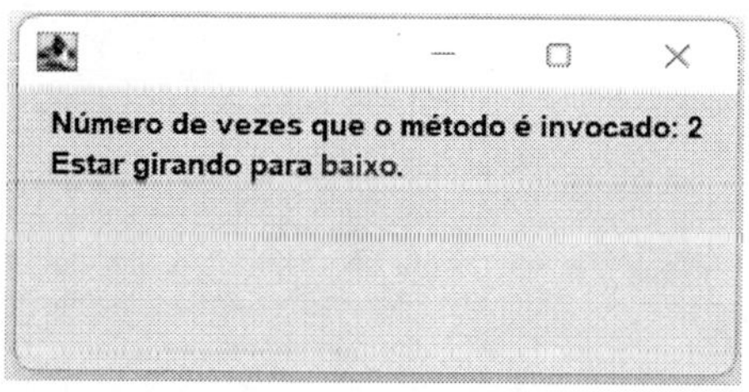

WindowListener e WindowEvent

Esta interface ouvinte de eventos é responsável em receber eventos da janela. A mesma possui os seguintes métodos abstratos:

- windowActivated(WIndowEvent e): Invocado quando a janela é ativada.
- windowClosed(WindowEvent e): Invocado quando a janela é fechada.
- windowClosing(WindowEvent e): Invocado quando o usuário tenta fechar a janela no menu do sistema da janela.
- windowDeactivated(WindowEvent e): Invocado quando a janela não é mais a janela ativa.
- windowDeiconified(WindowEvent e): Invocado quando a janela é alterada de um estado minimizado para um estado normal.
- windowIconified(WindowEvent e): Invocado quando a janela é alterada de um estado normal para um estado minimizado.
- windowOpened(WindowEvent e): Invocado na primeira vez que uma janela se torna visível.

Já a classe WindowEvent possui os seguintes métodos:

- getNewState(): Retorna um número relativo ao novo estado da janela.
- getOldState(): Retorna um número relativo ao estado anterior da janela.
- getOppositeWindow(): Retorna a janela relacionada a mudança de foco ou ativação.
- getWindow(): Retorna a janela responsável pela ativação do evento.
- paramString(): Retorna uma String de parâmetro deste evento.

Vamos a um exemplo simples; onde alguns dos métodos serão utilizados enquanto outros só serão declarados sua assinatura de método.

```
package com.exemplos;
import java.awt.FlowLayout;
import java.awt.event.WindowEvent;
import java.awt.event.WindowListener;
import javax.swing.JFrame;
import javax.swing.JLabel;
import javax.swing.JOptionPane;
public class Window extends JFrame implements WindowListener {
	private static final long serialVersionUID = 1L;
	private JLabel info = new JLabel();
	public Window() {
		setLayout(new FlowLayout());
		add(info);
		addWindowListener(this);
	}
	public static void main(String[] args) {
		Window janela = new Window();
		janela.setDefaultCloseOperation(JFrame.EXIT_ON_CLOSE);
		janela.setBounds(0,0, 250, 100);
		janela.setVisible(true);
	}
	@Override
	public void windowOpened(WindowEvent e) {
		info.setText("Janela aberta.");
	}
	@Override
	public void windowClosing(WindowEvent e) {
		int resp = JOptionPane.showConfirmDialog(null, "Fechamento", "Deseja realmente fechar a janela?",JOptionPane.YES_NO_OPTION, JOptionPane.QUESTION_MESSAGE);
		if (resp == JOptionPane.YES_OPTION)
			this.setDefaultCloseOperation(JFrame.EXIT_ON_CLOSE);
		else if (resp == JOptionPane.NO_OPTION)
			this.setDefaultCloseOperation(JFrame.DO_NOTHING_ON_CLOSE);
		else {
			this.setDefaultCloseOperation(JFrame.DO_NOTHING_ON_CLOSE);
			info.setText("Janela de opções fechada!");
		}
	}
	@Override
```

```
39      public void windowClosed(WindowEvent e) {}
40      @Override
41      public void windowIconified(WindowEvent e) {}
42      @Override
43      public void windowDeiconified(WindowEvent e) {
44              info.setText("Removido o estado minimizado da janela.");
45      }
46      @Override
47      public void windowActivated(WindowEvent e) {}
48      @Override
49      public void windowDeactivated(WindowEvent e) {}
50 }
```

Nossa classe herda JFrame e implementa o ouvinte de evento WindowListener, linha 08; foi criado um componente texto do tipo global, linha 10; já no construtor da classe, linha 11, foi definido o layout, linha 12; adicionado a label que foi criada na linha 10 e um ouvinte de evento a janela, linha 14.

Quando o aplicativo for executado, o método da linha 23 será ativado exibindo a mensagem que foi associada a nossa label, linha 24. Já no caso do usuário querer fechar a janela é ativado o método da linha 27; onde uma caixa de diálogo de confirmação de fechamento é exibida.

Dependendo da opção adotada pelo usuário será configurado o comportamento para que a janela seja fechada, linha 30, se a opção for sim, linha 29. Ou configurar para que não ocorra o fechamento da janela, linha 32, se a opção for não, linha 31. Se nenhuma dessas opções for executada é porque o usuário fechou a caixa de diálogo, para entrar no else da linha 33; informando que a janela de opções foi fechada. A saída do programa será algo como:

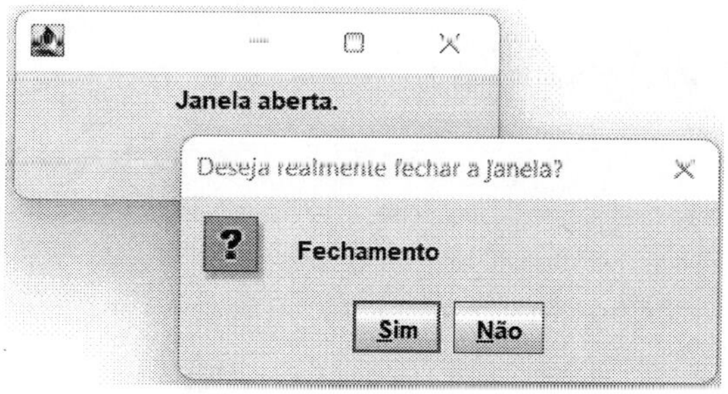

Lembrando que a Caixa de diálogo de confirmação, só irá aparecer se o usuário tentar fechar a janela.

Exercícios de interface gráfica

Nestes exercícios recomendo que se utilize da ferramenta do Eclipse para criar os modelos abaixo, como uma forma de exercitar o recurso de criação de interface gráfica que o Eclipse tem a oferecer.

1. (ActionListener) Faça um programa que o usuário informe a altura e o seu peso e calcule o IMC
   $IMC = peso / altura^2$

   Dependendo do valor adquirido a resposta poderá ser:
   Entre 18,5 e 24,9: Normal

Entre 25,0 e 29,9: Sobrepeso
Entre 30,0 e 39,9: Obesidade
Maior que 39,9: Obesidade mórbida.

2. (ActionListener) Crie uma calculadora em Java que realize operações de soma, multiplicação, subtração e divisão, conforme o exemplo:

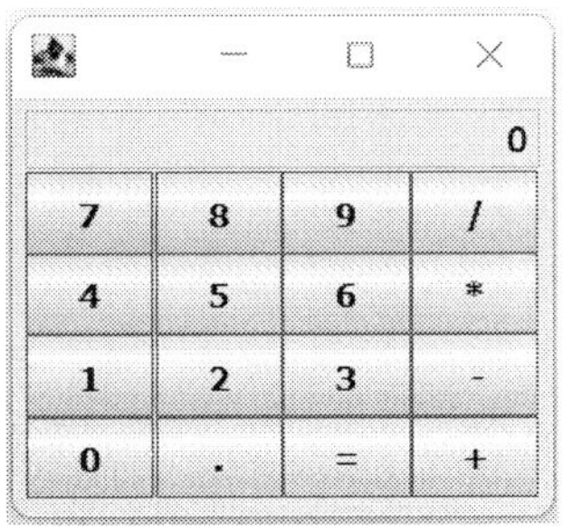

3. (ItemListener) Faça um programa que o usuário informe uma temperatura e através de uma lista de seleção informe as temperaturas de Celsius, Kelvin e Fahrenheit.

De -> Para	**Fórmula**
Kelvin -> Celsius	C = K – 273
Kelvin -> Fahrenheit	F = (K – 273).1,8 + 32
Celsius -> Kelvin	K = C + 273
Celsius -> Fahrenheit	F = C.1,8 + 32
Fahrenheit -> Celsius	C = (F-32)/1,8
Fahrenheit -> Kelvin	K = (F-32).5/9 + 273

4. (KeyListener) Crie um contêiner com uma label, que ao clicar no sinal de mais (+) aumente a fonte deste texto e com o sinal de menos (–) diminua.

Dica

Você precisará declarar uma nova fonte para a label, toda vez que o seu tamanho for alterado com texto.**setFont**(**new Font**(<tipo de fonte>, <formato da fonte>, tamanho));

- Tipo de fonte: É o local onde se especifica a fonte: Tahoma, Time New Roman, Calibri, etc.
- Formato de fonte: Utilizando a referência da classe, junto com constantes para definir formato como:
  - Font.PLAIN: Normal.
  - Font.BOLD: Negritado.
  - Font.ITALIC: Itálico.
- Tamanho: Relativo ao tamanho da fonte ao qual você deverá alterar.

Capítulo 3

MySQL

Conceito de banco de dados

Todo servidor de banco de dados é um Sistema de Gerenciamento de Banco de Dados (SGBD), do inglês *Data Base Management System* (DBMS), responsável por armazenar informações de forma segura e consistente, onde utilizamos a linguagem SQL para requisitar estas informações, excluir, cadastrar ou até mesmo alterá-las.

A linguagem SQL se tornou padronizada (ANSI e ISO) para bancos de dados em 1992, contudo, cada banco de dados possui características específicas, mas a base padrão SQL poderá ser aplicada a qualquer tipo de banco que suporte linguagem SQL, seja a realização de consultas, exclusões ou atualização. Quando se torna algo mais específico, essa estrutura pode sofrer variação. Ex:

MySQL

```
SELECT idade FROM pessoas ORDER BY idade ASC LIMIT 15
```

Microsoft SQL Server

```
SELECT TOP 15 * FROM pessoas ORDER BY idade ASC
```

Ambas as consultas puxam os quinze primeiros registros da tabela pessoas, ordenado por idade de forma ascendente.

Tipos de tabelas

Não querendo estender muito o assunto, já que não é um livro exclusivo sobre MySQL, quero apresentar dois tipos de tabelas que são bastante utilizadas o *MyIsam* e o *InnoDB*. Pois como sabemos, um banco de dados é composto de uma ou mais tabelas. Tabelas estas que armazenam informações (registros), que poderão se comportar de forma diferenciada em um mesmo banco de dados, dependendo do seu tipo.

MyIsam: São tabelas rápidas e simples. Utilizadas quando não precisa criar associação entre tabelas com o uso de chave estrangeira, não possui suporte a transações e seu nível de bloqueio é em nível de tabela, o que é uma desvantagem quando se trabalha de consultas em paralelo.

Quando há uma empresa repleta de funcionários realizando várias consultas simultâneas de atualização, por exemplo, de quantidade de produtos sendo repostos e retirados de um estoque. O programador normalmente se encarrega de realizar um bloqueio para que não haja comprometimento do registro. Pois pode haver mais de um funcionário que esteja querendo atualizar um mesmo registro ao mesmo tempo.

Contudo o *MyIsam* bloqueia toda a tabela e não unicamente aquele registro, o que resulta em uma lista de espera, tornando o sistema mais lento.

InnoDB: Quando se deseja criar um banco de dados complexo e robusto o *InnoDB* é a melhor opção, seu nível de bloqueio é de linha e não de tabela, ou seja, só aquele registro em específico será bloqueado até que a consulta de atualização, por exemplo, se encerre.

Apesar de ser relativamente mais lento que o *MyIsam*, ela faz compensar pois há recursos como chave estrangeira o que permite criar relação entre tabelas, além do suporte a transações.

Critérios de normalização

São conceitos simples, mas que toda tabela deve possuir para não comprometer os dados da mesma, evitando inconsistência e redundâncias de dados.

Toda tabela deverá possuir um campo de chave primária que identifique de forma única cada registro da tabela de forma específica. Nós tornamos um campo como chave primária quando esse tipo de requisito é atendido como CPF, que como sabemos, identifica unicamente e especificamente uma única pessoa.

Você poderá criar uma chave primária quando não há esse tipo de campo e mesmo com sua presença nada impede que você crie um campo de chave primária na tabela, que muitas vezes é mais aconselhado fazê-lo.

Quando um campo é declarado como chave primária o sistema de gerenciamento de banco de dados impede que este campo seja redundante, ou seja, se eu criar um campo de chave primária que possua um dado que identifique um produto como E380JF, por exemplo, e acidentalmente eu deseje gravar novamente esse dado em outro registro como chave primária, o sistema SGBD impedirá que a ação seja validada, como uma forma de manter a integridade do banco.

Querendo ou não uma chave primária toma pra si o dado como único e nenhum outro registro poderá possuir este mesmo dado, como uma forma de tornar aquele dado como uma identificação única, possibilitando alterá-lo, consultá-lo ou excluir especificamente aquele registro e não a tabela toda.

Mas a normalização de uma tabela não só se limita na presença da chave primária, ela deverá ter outras regras. Veremos três, que serão mais do que suficientes.

Primeira forma normal 1FN
Cada campo da tabela deve possuir um único dado por vez, nada de criar um campo telefone para armazenar todos os números de telefone do usuário de uma vez como celular, casa, trabalho, escritório, etc.

Isso inviabiliza consultas por número de telefone ou torna-se mais difícil realizá-las com a mesma eficácia desejada, além de ir contra a regra 1FN.

Além disso, a primeira forma normal trata de entidades, ou seja, não adianta criar campos que armazenem um único dado por vez se representar mais de uma entidade em uma única tabela.

Digamos que eu queira criar um banco de dados para armazenar produtos, fornecedores e funcionários. Acabei de citar três entidades, então deveria ter três tabelas ao invés de uma, do contrário, irá gerar lacunas de campos vazios e de difícil manuseamento.

Digamos que todas as três entidades pertençam a uma única tabela. Ao registrar o fornecedor terei que deixar o campo cargo, que faz parte da entidade funcionário, vazio. Da mesma forma quando eu cadastrar um funcionário terei que deixar em branco o campo CNPJ, por exemplo. O que resulta em incoerência fenomenal. E acredite, já vi isto em prática onde o "programador" colocou desta forma uma tabela para todas as entidades. Ao constatar fiquei assustado, depois rindo de nervoso, imaginando como resolver esta terrível catástrofe.

E, por fim, deve estar presente, obviamente, a chave primária, como uma forma de identificar cada registro da tabela.

Segunda forma normal 2FN

Primeiramente, deve estar em conformidade com a 1FN, deve-se verificar se todos os campos fazem realmente parte da tabela, ou seja, se são dados exclusivos da tabela. Do contrário, o campo deverá ser transferido para a entidade adequada, excluído quando desnecessário ou criada uma tabela, quando o dado ou dados identificados se comportam como uma entidade.

Por exemplo, se desejasse criar uma tabela para registrar os livros de uma biblioteca, teríamos campos para armazenar dados como:

Tabela Livros	
CP	Chave primária
Título	PHP e Ajax – Direto ao ponto
Ano	2014
Autor	Rodrigo Córdula
Editora	Ciência Moderna

Porém, há livros que têm mais de um autor, o que vai contra a 1FN normal. Ex:

Tabela Livros	
CP	Chave primária
Título	Java How to Program
Ano	2020
Autor	Paul J. Deitel, Harvey Deitel
Editora	Pearson Universidades

Em outras palavras, a 2FN é uma verificação para garantir que todos os campos atendam a 1FN, do contrário, uma solução deverá ser dada, que neste exemplo poderemos criar uma entidade para autor e realizar uma relação entre autor e tabela livros, que veremos mais à frente. Ex:

Tabela Autor	
CP	Chave primária
Escritor	Paul J. Deitel

Tabela Autor	
CP	Chave primária
Escritor	Harvey Deitel

No exemplo anterior temos uma tabela de nome Autor, que possui dois registros, não confundir com duas tabelas distintas.

TERCEIRA FORMA NORMAL 3FN

Para que ocorra a terceira forma normal, ela deverá estar em conformidade com a 1FN e a 2FN, além disso, os dados da tabela devem ser exclusivos, do contrário, os campos serão considerados como novas entidades, isso mesmo, tabelas deverão ser criadas para cada uma delas. Ou seja, se crio uma tabela de cadastro com campos como: Bairro, CEP, Rua, etc.

Em um momento esses dados irão se repetir, já que não existe uma única pessoa por bairro. Então terei que criar uma tabela, mas, CEP e Rua também correm esse risco e são criadas tabelas para os mesmos e assim por diante, criando-se uma teia de relações complexas. Isso se você desejar seguir a normalização ao pé da letra.

Relações entre tabelas

As relações têm por objetivo interligar tabelas de um senso comum, ou seja, que existe alguma relação entre elas. Há três tipos de relações: um-para-um, um-para-muitos e muitos-para-muitos. Será necessário criar uma tabela intermediária nesta relação para que haja uma associação única e não generalizada. Mas, vamos por partes.

Relação um-para-um (1:1)
Uma relação é considerada um-para-um quando a relação entre si é única e exclusiva, como o CPF que é única e exclusiva de uma pessoa. Outro exemplo genérico seria o casamento, onde um homem registra-se como casado com uma única mulher e vice-versa, já que nosso padrão de casamento é monogâmico.

Relação um-para-muitos (1:N)
É quando um único registro da tabela está associado a um ou mais registros de outra tabela. Por exemplo, um usuário pode ter um ou mais celulares e o celular pertence a um único dono (um-para-muitos) ou uma locadora pode ter um ou vários carros, mas o carro só pode pertencer a uma única locadora.

Relação de muitos-para-muitos (N:N)
É quando um ou mais registros de uma tabela se relaciona com um ou mais registros de uma outra tabela, neste caso uma tabela intermediária deverá ser criada para denotar a relação um-para-muitos para cada tabela associada na relação, para dessa forma não comprometer a chave primária entre as tabelas, o que resulta, com a tabela intermediária, uma relação muitos-para-muitos. Como no caso de livros que podem ter um ou mais autores, assim como um autor pode ter um ou mais livros publicados. Se colocarmos em modelagem conceitual ficaria da seguinte forma:

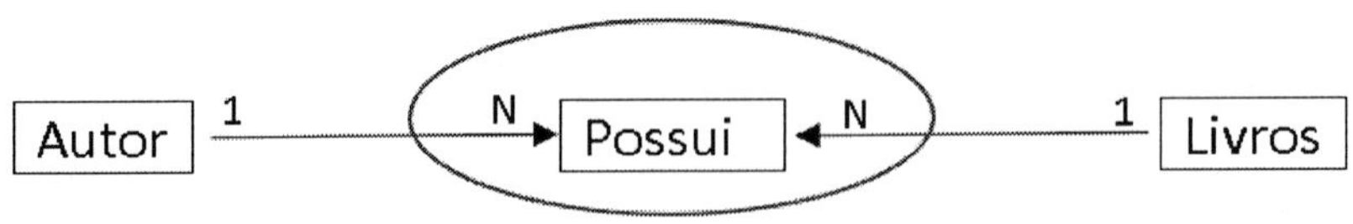

Reforçando, um autor possui um ou mais livros publicados, assim como um livro pode possuir um ou mais autores responsáveis. Nesse caso possui é uma entidade, já que deve haver uma tabela adicional para intermediar a relação muitos-para-muitos com duas relações um-para-muitos, pois desta forma não compromete a integridade da chave primária.

E já que falei sobre modelagem conceitual, vamos dar uma passadinha rápida sobre esse tópico.

Modelagem de banco de dados

Antes de "pôr a mão na massa", vamos rapidamente ir à modelagem de banco de dados. Que se divide em conceitual, lógica e física. A modelagem faz parte do processo para ter um banco de dados desenvolvido por etapas e corrigir possíveis erros encontrados durante as etapas. Já que é uma estrutura que se concentra tanto no corpo do banco de dados como nas entidades e dependências lógicas do mesmo.

O correto é desenvolver as etapas da modelagem do banco de dados antes de desenvolver o mesmo em sua etapa final, que é a modelagem física. Pois a modelagem nos ajuda a desenvolver etapas separadas antes de compor um banco de dados que seja de forma consistente, não redundante e perfeitamente aplicável a qualquer modelo de SGBD.

Modelagem conceitual: Ou modelo conceitual. É a primeira etapa do processo onde paramos para pensar em definir quais são as entidades e que tipo de relação as mesmas deverão possuir. Por sinal, criamos um modelo conceitual anteriormente, ao definir uma relação muitos-para-muitos de autores e livros. Vejamos outro exemplo com o uso de modelagem conceitual.

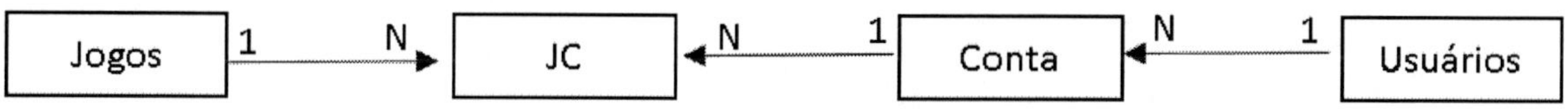

Vamos agora entender esta relação.
Um usuário pode ter uma ou mais contas como: *Steam*, GOG, *Epic Games*, etc. E só uma conta deve pertencer, exclusivamente, a um único usuário, o que nos resulta uma relação um-para-muitos.

Uma conta pode ter um ou mais jogos e um jogo pode estar presente, **não me refiro aqui em pertencer**, a uma ou mais contas. O que nos resulta uma relação muitos-para-muitos, onde JC (abreviatura para jogo conta) é uma tabela intermediária para juntar duas relações um-para-muitos e gerar uma relação muitos-para-muitos sem comprometer a integridade da chave primária entre as tabelas. Vamos entender melhor o porquê da relação muitos-para-muitos.

Posso ter o *game* GTA V, na conta da *Steam* e também pela *Epic Games*, por exemplo. Já que o *game* ficou gratuito, para adicionar a sua biblioteca de jogos na conta da *Epic,* se não estou enganado foi maio de 2020. Então o que faria? Repetiria o cadastro GTA V para que pudesse se referir que há também o mesmo *game* presente na conta da *Epic*? Não. Lembra de redundância de dados? Que o banco deve ser consistente? E por correr o risco deste e de outros games aparecerem repetidos para informar que está presente em uma ou mais contas é que houve a relação muitos-para-muitos; onde a tabela jogos guarda os nomes dos games e a tabela JC (Jogos conta) a relação destes jogos com as contas (tabela contas) evitando-se assim a redundância de dados, seguindo a 3FN.

Mas, se pensar dessa forma, não repetirão também os nomes das contas? Tipo João tem uma conta no GOG, *Origin* e *Epic*. Enquanto o cadastro de Carlos tem conta da *Steam* e *Epic*, ou seja, o nome *Epic* se repetiu duas vezes no cadastro de conta e lembrando da 3FN que não nos permite esse tipo de redundância.

Então devo criar uma nova tabela para compensar essa redundância? Sim, poderia, mas, para não tornar o exemplo mais complexo, o que pode dificultar ainda mais o entendimento do exemplo, vou resumir na criação de um campo do tipo *enum*, onde é permitido criar uma lista de dados de até 255 categorias.

Enum armazena os dados de forma compacta, onde os valores de entrada são codificados automaticamente como números e quando requisitados esses dados, os números são convertidos de volta para a sequência correspondente da categoria em questão. Alguns desenvolvedores adotam essa medida para resumir a complexidade das relações entre as tabelas, como criar uma lista *enum* para situação de sexo ou estado civil, por exemplo. Mas há aqueles que fazem questão de criar uma tabela, adotar ou não a inclusão de *enum* depende exclusivamente do desenvolvedor, mas torna-se recomendada quando é uma pequena lista de opções a serem criadas, como o nosso caso, já que acredito que não haja mais do que vinte contas distintas de *games*.

Fazer a lista de games torna-se impossível, já que contando com jogos *indie*, a lista passa dos 10mil. Neste caso, uma tabela separada obrigatoriamente deverá ser criada, como foi o nosso caso.

Modelo Lógico: Nesta etapa que incluímos os campos chaves primárias e estrangeiras entre as tabelas. Alguns modelos mais detalhados definem também os atributos e as propriedades de cada componente da tabela.

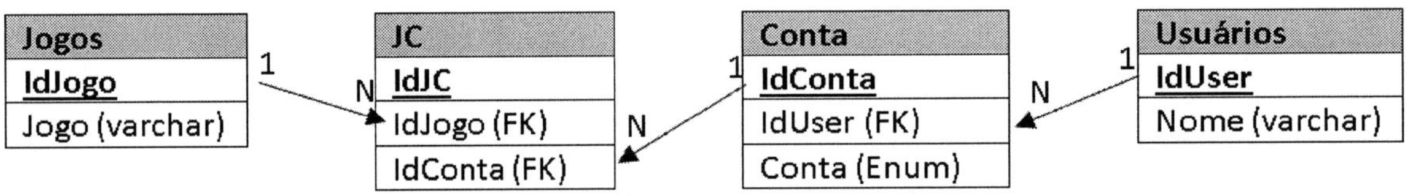

Campos em destaque (negritado e sublinhado) representam as chaves primárias das tabelas, alguns modelos ainda reforçam com o asterisco (*), enquanto campos acompanhados com (FK) representam chaves estrangeiras (Foreign Key) que fazem associação entre as tabelas. Poderia expandir o exemplo, mas resolvi torná-lo da forma mais resumida possível, para melhor entendimento, pois com a inclusão de certos campos corre o risco de ser criada uma nova entidade e assim aumentar a complexidade do exemplo.

Modelagem Física: Na modelagem física é a construção do banco de dados propriamente dita, com base nos modelos conceitual e lógico. Mas, para alcançarmos a modelagem física precisamos entender a linguagem SQL primeiro.

Atributos de campos

Todo campo do banco de dados criado em uma tabela, precisa de um identificador e a definição do seu tipo de dado. Por isso que neste tópico serão listados os dados:

Numéricos

Atributo	Intervalo
TINYINT	- 128 a 127
SMALLINT	- 32768 a 32767
MEDIUMINT	- 8388608 a 8388607
INT	- 2147483648 a 2147483647
BIGINT	- 9223372036854775808 a 9223372036854775807
FLOAT	- 3402823466E+38 a 117544351E-38
DOUBLE	- 1.797631348623157E+308 a 22250738585072014E-308

Textuais

Atributo	Intervalo
CHAR	0 – 255
VARCHAR	0 – 65.535
TINYTEXT	0 – 255
TEXT	0 – 65.535
MEDIUMTEXT	0 – 16777215
LONGTEXT	0 – 4GB
ENUM	("valor1" [,"valor2",...]) até 255 valores
SET	("valor1" [,"valor2",...]) até 64 grupos de valores

Char e Varchar - diferença

Char armazena uma quantidade fixa de dados, enquanto varchar ocupa a quantidade exata de caracteres mais um *byte*. Para entender melhor, vamos a um exemplo.

Digamos que eu crie um campo char com espaço de até 100 caracteres, que equivale a 100 bytes. E nele decida armazenar o nome de um jogo, por exemplo, *The Outer Worlds*, que é um RPG de mundo aberto. Ele não irá ocupar só os 16 bytes, que é o tamanho do texto, ele irá ocupar os 100 bytes, independentemente do tamanho, a ocupação de memória do campo será sempre 100% para o tipo *char*.

Mas se este campo fosse do tipo varchar que possuísse a mesma quantidade de espaço, 100 caracteres e sabendo que The Outer Worlds possui 16 caracteres então ele ocuparia 17 bytes, que é o tamanho do texto mais um. Por isso, sempre opte em colocar campos do tipo varchar.

Data e Hora

Atributo	Formato
DATE	AAAA – MM – DD
TIME	HH:MM:SS
DATETIME	AAAA – MM – DD HH:MM:SS
YEAR	AAAA
TIMESTAMP(2)	AA
TIMESTAMP(4)	AAMM
TIMESTAMP(6)	AAMMDD
TIMESTAMP(8)	AAAAMMDD
TIMESTAMP(10)	AAMMDDHHMM
TIMESTAMP(12)	AAMMDDHHMMSS
TIMESTAMP(14)	AAAAMMDDHHMMSS

Caso tenha alguma dúvida sobre o significado das letras, aqui vai uma pequena explicação.

- **A**: Representa ano, que pode ser composto de dois ou quatro caracteres dependendo da quantidade de As.
- **M**: Representa meses para *date* e *timestamp* de quatro até oito espaços ou minutos quando for 10 de espaço ou mais, como também sua representação é de minutos para *time*.
- **D**: Representação de dias.
- **H**: Representação de horas.
- **S**: Representação de segundos.

Além do atributo de um campo, você poderá adicionar propriedade. Eis algumas:

Propriedade	Descrição
UNSIGNED	Converte um intervalo numérico em positivo.
AUTO_INCREMENT	Autoincrementa o campo numérico em um a cada novo registro.
ZEROFILL	Funciona como UNSIGNED, além de preencher com zeros à esquerda.
DEFAULT	Se nenhum dado for inserido o valor padrão será utilizado.
NOT NULL	Não aceita valores vazios, do contrário um erro será gerado.
PRIMAY KEY	Torna o campo uma chave primária.
UNIQUE	Equivalente à chave primária, pois só aceita dados únicos.
INDEX	Torna o campo um índice.

Há algumas propriedades que precisam de um pouco mais de atenção para melhor entendimento e por isso serão descritos com mais detalhes.

- **ZEROFILL**: Como foi descrito, se comporta como UNSIGNED, mas também preenche com zeros à esquerda. Digamos que eu crie um campo X e o declare como inteiro (INT) e limite a sua extensão numérica a cinco espaços e utilize esta propriedade. Então qualquer número interior a cinco espaços será preenchido por zero. Ex:

  ```
  `X` INT(5) ZEROFILL
  ```

  Se N for 27, o valor de saída será 00027.

- **DEFAULT**: É um valor padrão, ou seja, se default for definido durante a inserção do campo, o valor padrão será utilizado.

  Digamos que eu tenha um campo na tabela de nome sexo e que seja do tipo Enum, que nos possibilita criar uma lista de opções válidas, claro que DEFAULT poderá ser utilizado em qualquer tipo de campo numérico, textual ou de data, também.

  ```
  01 sexo ENUM("Masculino", "Feminino", "Nada Consta") DEFAULT "Nada consta"
  02 -- O último registro será o valor padrão assumido
  03 INSERT INTO ex(sexo) VALUES("Masculino"), ("Feminino"), (DEFAULT);
  ```

  Na linha 01 temos um campo sexo do tipo ENUM que possui três categorias como exemplo: Masculino, Feminino e Nada Consta. Por padrão (DEFAULT) será assumido o valor Nada Consta se o mesmo for declarado neste campo.

  A linha 02 é um comentário de linha, comentários de linha podem ser declarados no Código SQL seguido de dois traços antes do comentário em si. Na realidade há três possibilidades de comentários que o SQL Editor do servidor de banco de dados MySQL aceita. Ex:

  ```
  -- Comentário de linha
  # Outro comentário de linha
  /* Comentário de
  Várias linhas */
  ```

  Já a linha 03 é uma consulta de inserção, que veremos, em detalhes, mais à frente os tipos de consultas, que seleciona tabela "ex" o seu campo sexo e insere três registros, cujo último foi declarado que receberá o valor padrão DEFAULT, que no caso será o conteúdo Nada Consta.

- **Index:** Comumente chamado de índice, torna a consulta daquele campo mais rápida já que a organiza de forma que não precise percorrer todos os registros da tabela para encontrar o registro específico de sua consulta. Mas quando se deseja puxar uma lista de registro, e não um registro em específico, a leitura padrão do banco de dados é mais rápida do que quando se trabalha em índice. Em outras palavras, índice é utilizado quando se trabalha em consultas específicas com aquele campo, para acelerar o processo de busca, mas ela só é efetiva quando há uma quantidade considerável de registros presente na tabela.

  Se eu desejasse tornar o campo de uma tabela indexada, simplesmente bastaria utilizar o termo index associado ao campo, contanto que o campo exista na tabela, ou seja, que tenha sido declarado antes de indexá-la. Ex:

```
nome varchar(200),
index(nome)
```

Modelagem física

Finalmente, com os conceitos básicos e outros que serão adicionados, partiremos para a modelagem física do banco de dados. Claro que podemos criar o banco de dados de forma manual com o uso da IDE do Workbench, mas com esse tipo de conhecimento torna-se autônoma a criação do banco de dados independente da IDE, o que nos torna programadores melhores ao invés de meros empilhadores de blocos, como cheguei a citar em uma das minhas apostilas do SENAC. A estrutura SQL aprendida aqui nos possibilita ser aplicada diretamente na linguagem C/C++, ou seja, podemos alterar o nome de uma tabela ou acrescentar um novo campo pelo código, por exemplo.

A seguir serão listados alguns comandos simples de criação de banco de dados.

Criando um banco de dados
CREATE DATABASE <nome>;
Quando se está em um ambiente *shell* do MySQL é utilizado o uso de crase para dar nome, seja em um banco de dados, tabela ou suas colunas. Ex:
CREATE DATABASE \`bd\`.

O exemplo acima criou um banco de dados de nome "bd". Mas, já que estamos no ambiente do *workbench* o uso ou não de crase torna-se opcional a não ser que você utiliza uma palavra reservada do banco de dados.

> **Importante**
> Caso ainda não tenha lido o apêndice referente ao gerenciador de banco de dados, sugiro que o faça.

Digamos que eu queira criar um banco de dados de nome *use*, que seria uma referência a um banco de dados com conteúdo exclusivo de usuários, por exemplo. O simples comando:
CREATE DATABASE use;

Não seria aceito, já que *use* é uma palavra reservada que tem por objetivo selecionar o banco de dados. Então, para criar um banco de dados com o nome use, o uso de crase neste caso seria obrigatório. Ex:
CREATE DATABASE \`use\`.

Durante a criação do banco de dados de nome "bd" que fizemos, você poderia, durante a sua criação, especificar o conjunto de caracteres padrão das tabelas do banco de dados com o uso de CHARACTER SET, que habitualmente utilizamos latin1, você ainda pode determinar que tipo de regra de comparação será aplicada com o uso de COLLATE da seguinte forma:

```
CREATE DATABASE bd CHARACTER SET latin1 COLLATE latin1_swedish_ci;
```

Há três tipos de regras de comparação para latin1, são elas:

- **latin1_general_cs**: Esta é uma regra rígida em que distingue letras maiúsculas de minúsculas durante a busca.

- **latin1_general_ci**: Nesta regra não há distinção entre maiúsculo e minúsculo, o conteúdo em questão será localizado independente deste fator.

- **latin1_swedish_ci**: Além de não distinguir palavras minúsculas de maiúsculas, ela ignora completamente cedilha e caracteres que estejam acentuados. Se busca por ação, serão localizadas, se houver, palavras como: acao, açao e ação.

Caso você tenha esquecido de acrescentar depois que criou o banco de dados e deseja realizar essa alteração é só digitar o comando ALTER da seguinte forma:

ALTER DATABASE <nome> [*CHARACTER SET* <conjunto>] [*COLLATE* <regras>];

E se eu desejasse excluir o banco de dados em questão seria:
DROP DATABASE <nome do banco de dados>;

Criando uma tabela
Para manusear uma tabela, o banco de dados deve estar selecionado. Então, antes de qualquer comando, deve-se utilizar:
USE <banco de dados>;

Comando responsável por selecionar o banco de dados.

O comando de criação de uma tabela é com o mesmo comando de criação de um banco de dados, com o uso de *CREATE* da seguinte forma:
CREATE table <nome> (<colunas e atributos>) [Opções avançadas];

Em cada coluna poderá ser definido como:
<`nome`> <tipo de dado> [UNSIGNED, NOT NULL] [DEFAULT <dado> |AUTO_INCREMENT] [PRIMARY KEY|INDEX|UNIQUE|FULLTEXT]

Há algumas ressalvas nesta estrutura, o termo *NOT NULL* torna-se desnecessário quando o campo é uma chave primária, já que seu preenchimento é obrigatório. *DEFAULT* não é utilizado quando o campo é uma chave primária (*PRIMARY KEY*), ou única (*UNIQUE*).

Em opções avançadas, nós podemos definir o tipo de engenharia (*ENGINE*), se é uma tabela do tipo *MyIsam* ou *InnoDB*, a especificação de caracteres da tabela (*CHARACTER SET*) e o tipo de regra (*COLLATE*). Da seguinte forma:

```
01 CREATE DATABASE IF NOT EXISTS bd;
02 USE bd;
03 DROP TABLE IF EXISTS `usuarios`;
04 CREATE TABLE `usuarios` (
05 `id` INT UNSIGNED AUTO_INCREMENT PRIMARY KEY,
06 `nome` VARCHAR (50),
07 `idade` TINYINT UNSIGNED
08 )ENGINE = MyISAM CHARACTER SET = latin1 COLLATE = latin1_swedish_ci;
```

Na primeira linha cria-se o banco de dados "bd", se o mesmo não existir, caso contrário, esse comando será ignorado. E todo comando finalizado deve-se encerrar com ponto e vírgula.

Na linha 02 seleciona o banco de dados recém-criado e na linha 03 exclui a tabela "usuarios", se ela existir. Este tipo de comando de exclusão de tabela é aceitável quando está criando a estrutura do banco de dados. Após populado, não é recomendado o seu uso por questões óbvias, já que irá excluir todos os registros presentes na tabela.

Na linha 04 é criada a tabela, onde a abertura de parênteses inicia-se a criação dos campos da tabela. Na linha 05 temos um campo de nome "id" que é do tipo inteiro (INT) que só aceita números positivos (UNSIGNED) autoincrementada (AUTO_INCREMENT) que se inicia na posição um e vai aumentando gradualmente de um em um a cada novo registro, além de ser uma chave primária (PRIMARY KEY).

Após definir as propriedades do campo, colocamos vírgula para inserir um novo, que no caso (linha 06) é o campo nome do tipo texto (VARCHAR) que aceita até cinquenta caracteres. Por fim, temos o último campo que é idade (linha 07), um inteiro pequeno (TINYINT) que só aceita números positivos (UNSIGNED), neste último campo não deve ser adicionado vírgula e fecham-se os parênteses.

Na linha 08 definimos a engenharia (ENGINE) do banco de dados como MyISAM e seu padrão de caracteres e regras. Se você definiu durante a criação do banco de dados torna-se desnecessária a reinclusão, a não ser que deseje alterar essas características específicas para essa tabela.

Visualizando o conteúdo das tabelas
SHOW TABLES;

Visualizando a estrutura de uma tabela (colunas)
DESCRIBE <nome da tabela>;

Alterando os campos da tabela
Para alterar o conteúdo de uma tabela o banco de dados deve estar selecionado, lembre-se disso. O comando de alteração seria:
ALTER TABLE <nome> <opções>;

As opções que temos são:

- **ADD**: Adiciona uma coluna na tabela. Ex:

ALTER TABLE <nome da tabela> **ADD** <nome da coluna> <tipo de dados> [**FIRST|AFTER** <coluna específica da tabela>];

FIRST nos indica que o campo adicionado será o primeiro campo da tabela e AFTER depois de uma coluna especificada, se não for detalhada a posição com FIRST|AFTER, já que é um argumento opcional, o campo será adicionado no final da lista de campos da tabela.

- **CHANGE**: Altera o campo de uma tabela.
  ALTER TABLE <nome da tabela > **CHANGE** <nome da coluna> <novo nome> <tipo de dado>;

- **DROP**: Remove o campo especificado da tabela.
  ALTER TABLE <nome da tabela > **DROP** <nome da coluna>;

Renomeando uma tabela
RENAME TABLE <nome> TO <novo nome>;

Excluindo uma tabela
DROP TABLE <nome da tabela>;

Para um melhor entendimento desses comandos, vamos colocar em prática a maioria deles. Vamos pegar a tabela que criamos e realizar algumas alterações para tornar a estrutura da tabela com dados um pouco mais relevantes de se trabalhar com consultas como a presença de cargo e salário.

1. Primeiro vamos atualizar o nome da tabela "usuario" para empregados.
```
USE bd;
RENAME TABLE usuario TO empregados;
```

2. Vamos acrescentar o campo sal, que é referente a salário e por isso será um dado de ponto flutuante (FLOAT).
```
ALTER TABLE bd.empregados ADD sal FLOAT;
```
   No exemplo acima não precisa selecionar o banco de dados já que foi embutido na consulta.

3. Digamos que eu não gostei do nome do campo, quero que seja "salBruto" em referência a salário bruto e que não aceite valores negativos.
```
ALTER TABLE bd.empregados CHANGE sal salbruto FLOAT UNSIGNED;
```

4. Vamos adicionar também o campo cargos do tipo ENUM, como primeiro campo da tabela.
```
ALTER TABLE bd.empregados ADD cargos ENUM("Caixa", "Repositor", "Subgerente", "Gerente") FIRST;
```

5. Mas, digamos que eu me arrependi de ter colocado o campo cargos como primeiro campo da tabela, ela deveria estar depois do campo nome. Então faria:
```
ALTER TABLE bd.empregados CHANGE cargos cargos ENUM("Caixa", "Repositor", "Subgerente", "Gerente") AFTER nome;
```
   Como pode perceber, tive que repetir todo o conteúdo do campo para manter suas características, para posteriormente alterar a sua posição.

6. Por fim, vamos excluir o campo idade, que é irrelevante.

```
ALTER TABLE bd.empregados DROP idade;
```

7. Vamos agora puxar a estrutura para ver como nossa tabela ficou:

```
DESCRIBE bd.empregados;
```

Field	Type	Null	Key	Default	Extra
id	int unsigned	NO	PRI	NULL	auto_increment
nome	varchar(50)	YES		NULL	
cargos	enum('Caixa','Repositor','Subgerente','Gerente')	YES		NULL	
salbruto	float unsigned	YES		NULL	

Comandos de consulta

Para que qualquer tipo de comando de consulta funcione adequadamente, o banco de dados deve estar selecionado. Para os exemplos de consulta, vamos considerar o banco de dados que criamos anteriormente e que sofreu algumas alterações. Pra quem não realizou as alterações é como se a tabela do banco de dados tivesse sido criada da seguinte forma:

```
CREATE DATABASE IF NOT EXISTS bd;
USE bd;
DROP TABLE IF EXISTS `empregados`;
CREATE TABLE `empregados` (
`id` INT UNSIGNED AUTO_INCREMENT PRIMARY KEY,
`nome` VARCHAR (50),
`cargos` ENUM('Caixa', 'Repositor', 'Subgerente', 'Gerente'),
`salbruto` FLOAT UNSIGNED
)ENGINE = MyISAM CHARACTER SET = latin1 COLLATE = latin1_swedish_ci;
```

Inserindo dados

INSERT INTO <tabela> [<campo1, campo2, ...>] VALUES <valor1, valor2, ...>;
Como pode perceber a descrição dos campos de uma tabela torna-se opcional numa consulta de inserção, contudo em sua ausência torna-se obrigatório a inserção de dados em todos os campos da tabela mesmo na presença de uma chave primária autoincrementada. Sendo que neste caso declaramos uma inserção vazia (NULL), da seguinte forma:

```
INSERT INTO bd.empregados VALUES (NULL, "Carla Boris", "Gerente", 7000);
```

Sempre encerrando a consulta SQL com ponto e vírgula (;).

Uma consulta de inserção nos permite inserir não só um, mas vários registros, bastando para isso separar por vírgula. Vamos incrementar mais registros em nossa tabela, desta vez determinando os campos:

```
INSERT INTO bd.empregados(nome, cargos, salbruto) VALUES("Cleber Martins", "Subgerente", 4500), ("Marcos Alison", "Repositor", 1700), ("Ana Moreira", "Caixa", 1900), ("Carla Amorim", "Caixa", 2038),("Adonis Fonseca", "Caixa", 1830), ("Jeniffer Lopes", "Repositor", 1648), ("Abraão Junior", "Caixa", 2117), ("Carla Silva", "Repositor", 1300), ("Nataniel Natan", "Subgerente", 2900), ("Cleber Marcos", "Repositor", 1500),("Marcos Alexandre", "Repositor", 1498);
```

Realizando uma consulta

SELECT <campos> FROM <tabela>;
Na consulta padrão de pesquisa nós determinamos quais campos serão exibidos e de que tabela. Ex:

```
USE bd;
SELECT nome, cargos FROM empregados;
```

Se você desejasse selecionar todos os campos de uma tabela, não haveria necessidade de citá-los um por um, bastaria utilizar o coringa (*) para isso:

```
SELECT * FROM bd.empregados;
```

Realizando exclusão e atualização de dados

DELETE FROM <tabela>;

Exclui todos os registros da tabela.

UPDATE <tabela> SET <coluna=valor, coluna n = valor n>;

Atualiza todos os registros da tabela, com base no campo e valor passado.

Em ambos os casos pode ser que não seja possível realizar esse tipo de consulta, já que muitos bancos de dados, incluindo o MySQL, possuem um sistema de segurança que impede que todos os registros sejam alterados ou excluídos ao mesmo tempo. Normalmente o SGBD exige que seja imposta uma condição com a cláusula WHERE, que veremos no próximo tópico.

Filtrando consultas

A filtragem de consultas é amplamente utilizada; você nunca deverá atualizar ou excluir um registro sem impor uma condição para isso; do contrário ao atualizar o campo CPF de um registro, sem uma condição imposta; fará com que todos os registros de uma tabela venham a possuir o mesmo CPF, o que é um erro gravíssimo.

Em qualquer consulta de atualização, exclusão; inclusive de pesquisa, podemos realizar uma filtragem com o uso da cláusula WHERE.

SELECT <campos> FROM <tabela> WHERE <condições>;

DELETE FROM <tabela> WHERE <condições>;

UPDATE <tabela> SET <coluna=valor, coluna n = valor n> WHERE <condições>;

Em condições, nós normalmente indicamos um campo da tabela e fazemos algum tipo de associação com base no uso de critérios lógicos como:

Operador	Descrição
=	Operador de comparação.
!=	Diferente de; também pode ser utilizada a simbologia <>
>	Maior que
<	Menor que
>=	Maior ou igual a
<=	Menor ou igual a
BETWEEN	Entre um intervalo especificado.
LIKE	Busca um padrão especificado.
IN	Procura por um conjunto de valores especificado.

Vamos puxar todos os registros que já cadastramos na tabela empregados.

```
SELECT * FROM bd.empregados;
```

A saída será algo como:

Id	Nome	Cargo	Salbruto
1	Carla Boris	Gerente	7000
2	Cleber Martins	Subgerente	4500
3	Marcos Alison	Repositor	1700
4	Ana Moreira	Caixa	1900
5	Carla Amorim	Caixa	2038
6	Adonis Fonseca	Caixa	1830
7	Jeniffer Lopes	Repositor	1648
8	Abraão Junior	Caixa	2117
9	Carla Silva	Repositor	1300
10	Nataniel Natan	Subgerente	2900
11	Cleber Marcos	Repositor	1500
12	Marcos Alexandre	Repositor	1498

Excluindo um registro específico da tabela

Se eu desejasse excluir o cadastro Adonis Fonseca, faria da seguinte forma:

```
DELETE FROM empregados WHERE id=6;
```

Com isso, irá excluir da tabela, empregados, o funcionário de id igual a seis (6). Na maioria das vezes realizada uma consulta de exclusão ou atualização pela chave primária, para ter certeza que só aquele registro em específico é que será afetado.

Atualizando um registro específico da tabela

Vamos atualizar o registro de id sete. Mudando o seu nome para Ana Nogueira, da seguinte forma:

```
UPDATE empregados SET nome='Ana Nogueira' WHERE id=7;
```

Executando consultas variadas

Se eu quisesse puxar todos os repositores do mercado:

```
SELECT * FROM bd.empregados WHERE cargos='Repositor';
```

A saída seria:

Id	Nome	Cargo	Salbruto
3	Marcos Alison	Repositor	1700
7	Ana Nogueira	Repositor	1648
9	Carla Silva	Repositor	1300
11	Cleber Marcos	Repositor	1500
12	Marcos Alexandre	Repositor	1498

Puxar todos os funcionários menos os repositores:

```
SELECT * FROM bd.empregados WHERE cargos!='Repositor';
```

A saída seria:

Id	Nome	Cargo	Salbruto
1	Carla Boris	Gerente	7000
2	Cleber Martins	Subgerente	4500
4	Ana Moreira	Caixa	1900

5	Carla Amorim	Caixa	2038
8	Abraão Junior	Caixa	2117
10	Nataniel Natan	Subgerente	2900

Puxa funcionários que ganhem acima de dois mil reais.

```
SELECT * FROM bd.empregados WHERE salbruto>2000;
```

A saída seria:

Id	Nome	Cargo	Salbruto
1	Carla Boris	Gerente	7000
2	Cleber Martins	Subgerente	4500
5	Carla Amorim	Caixa	2038
8	Abraão Junior	Caixa	2117
10	Nataniel Natan	Subgerente	2900

Puxa funcionários que ganhem abaixo de dois mil reais.

```
SELECT * FROM bd.empregados WHERE salbruto<2000;
```

A saída seria:

Id	Nome	Cargo	Salbruto
3	Marcos Alison	Repositor	1700
4	Ana Moreira	Caixa	1900
7	Ana Nogueira	Repositor	1648
9	Carla Silva	Repositor	1300
11	Cleber Marcos	Repositor	1500
12	Marcos Alexandre	Repositor	1498

Puxa funcionários que ganhem entre dois mil e três mil reais.

```
SELECT * FROM bd.empregados WHERE salbruto BETWEEN 2000 AND 3000;
```

Ou

```
SELECT * FROM bd.empregados WHERE salbruto>=2000 AND salbruto<=3000;
```

Na primeira consulta, puxa da tabela, empregados, os funcionários que tiverem o valor do salário bruto entre 2000 e 3000 reais. Na segunda consulta, pega-se da tabela empregados, os funcionários que possuam o salário bruto maior ou igual a dois mil e menor ou igual a três mil reais. A saída seria:

Id	Nome	Cargo	Salbruto
5	Carla Amorim	Caixa	2038
8	Abraão Junior	Caixa	2117
10	Nataniel Natan	Subgerente	2900

O operador LIKE é usado em uma cláusula WHERE para procurar um padrão especificado em uma coluna. Existem dois coringas que podem ser usados em conjunto com o operador LIKE.

O sinal de porcentagem (%) representa zero, um ou vários caracteres. E o sublinhado (_), que representa um único caractere.

Se desejássemos puxar todas as Carlas presentes no banco de dados com o uso de Like, faríamos da seguinte forma:

```
SELECT * FROM bd.empregados WHERE nome LIKE 'Carla%';
```

Com isso, o banco de dados irá puxar todas as pessoas que possuam o nome Carla independente do que vier após o nome. A saída será:

Id	Nome	Cargo	Salbruto
1	Carla Boris	Gerente	7000
5	Carla Amorim	Caixa	2038
9	Carla Silva	Repositor	1300

Se quisermos fazer o contrário, ou seja, puxar todos os funcionários, menos aqueles que possuam o nome Carla é só colocar o termo NOT. Ex:

```
SELECT * FROM bd.empregados WHERE nome NOT LIKE 'Carla%';
```

Há funcionários com os seguintes nomes:

Id	Nome	Cargo	Salbruto
3	Marcos Alison	Repositor	1700
11	Cleber Marcos	Repositor	1500
12	Marcos Alexandre	Repositor	1498

Se eu quisesse puxar todos os três pelo nome e não pelo cargo, por exemplo, eu deveria utilizar o fator comum que é Marcos, que dependendo do funcionário, pode ser um nome ou sobrenome. Então, como faríamos com o uso do LIKE? Da seguinte forma:

```
SELECT * FROM bd.empregados WHERE nome LIKE '%Marcos%';
```

Pois como sabemos, o sinal de porcentagem (%) representa zero, um ou vários caracteres. O que irá nos garantir puxar qualquer funcionário que possua Marcos, seja no nome ou sobrenome.

Para concluir, temos o operador IN, que podemos especificar um conjunto de dados. Se desejássemos puxar gerente e subgerente, poderíamos fazer da seguinte forma. Ex:

SELECT * FROM bd.empregados **WHERE** cargos **IN** ('Gerente', 'Subgerente');

Ou

SELECT * FROM bd.empregados **WHERE** cargos='Gerente' **OR** cargos='Subgerente';

Na primeira consulta puxamos todos os registros da tabela empregados, aqueles que façam parte do conjunto de dados estabelecidos com base no campo cargos. Na segunda consulta, pega-se da tabela empregados todos os funcionários que possuam o cargo Gerente ou Subgerente. Em consultas SQL pode-se utilizar && ou AND para o operador lógico "e" e OR ou || para o operador lógico "ou".

A saída será:

Id	Nome	Cargo	Salbruto
1	Carla Boris	Gerente	7000
2	Cleber Martins	Subgerente	4500
10	Nataniel Natan	Subgerente	2900

Order By

Organiza a exibição dos dados de uma tabela com base em um campo de forma ascendente (ASC) ou descendente (DESC). Se não for especificada a ordem, por padrão, a forma ascendente será utilizada.

```
SELECT * FROM bd.empregados ORDER BY nome ASC;
```

Ou

```
SELECT * FROM bd.empregados ORDER BY nome;
```

Id	Nome	Cargo	Salbruto
8	Abraão Junior	Caixa	2117
4	Ana Moreira	Caixa	1900
7	Ana Nogueira	Repositor	1648
5	Carla Amorim	Caixa	2038
1	Carla Boris	Gerente	7000
9	Carla Silva	Repositor	1300
11	Cleber Marcos	Repositor	1500
2	Cleber Martins	Subgerente	4500
12	Marcos Alexandre	Repositor	1498
3	Marcos Alison	Repositor	1700

Limit

Sua sintaxe é:

LIMIT X[, Y]

Onde X define a quantidade de registros a serem exibidos. Em conjunto com Y, X irá definir então a posição inicial dos registros, enquanto Y a quantidade de registros puxados a partir desta posição. Se eu desejar exibir cinco registros ordenados de forma ascendente, começando pela posição três, o código SQL seria:

```
SELECT * FROM bd.empregados ORDER BY nome ASC LIMIT 3,5;
```

Id	Nome	Cargo	Salbruto
5	Carla Amorim	Caixa	2038
1	Carla Boris	Gerente	7000
9	Carla Silva	Repositor	1300
11	Cleber Marcos	Repositor	1500
2	Cleber Martins	Subgerente	4500

Funções

Servem para nos auxiliar na busca de determinados resultados que podem ser demasiadamente complicados de se conseguir de outra forma. O MySQL nos fornece diversas funções facilitadoras no acesso de informações mais específicas, dentre eles:

Funções Numéricas	
COUNT	Conta a quantidade de registros de uma tabela com base em um campo.
SUM	Soma o campo e exibe o total.
AVG	Calcula a média dos valores de um campo.
MAX	Mostra o maior valor de um campo.
MIN	Mostra o menor valor de um campo.
ABS	Torna o campo um valor absoluto.
CEILING	O arredonda para o inteiro mais alto.
FORMAT (N, CD)	Formata o campo N, exibindo a vírgula nas casas de milhares, além de determinar quantas casas decimais (CD) deverão ser exibidas.
MOD (N1, N2)	Resto da divisão inteira entre N1 e N2. Pode-se utilizar o símbolo de porcentagem (%) ao invés de MOD.
POW (N1, N2)	N1 elevado ao número presente em N2.
RAND	Geração de um número aleatório entre 0 e 1.
ROUND (N1, N2)	Arredondando N1 para N2 casas decimais.
SQRT	Extrai a raiz quadrada de um número.

Para um melhor entendimento, vamos pôr em prática algumas funções.

Se desejasse saber a quantidade de registros de uma tabela, bastaria informar um dos campos da mesma com o uso de COUNT. Ex:

```
SELECT COUNT(nome) FROM bd.empregados;
```

Irá nos retornar 11 registros.

Se desejasse descobrir o custo total de todos os salários, utilizaríamos a função SUM com base no campo salbruto. Ex:

```
SELECT SUM(salbruto) FROM bd.empregados;
```

Irá nos retornar 28101.

Se quiser, podemos formatar a saída do total dos salários:

```
SELECT FORMAT(SUM(salbruto), 2) FROM bd.empregados;
```

Onde o número dois representa a quantidade de casas decimais. Desta forma, irá nos retornar 28,101.00

Se quisermos descobrir o maior salário pago a um funcionário

```
SELECT id, nome, MAX(salbruto) FROM bd.empregados;
```

Irá nos retornar:

Id	Nome	MAX(salbruto)
1	Carla Boris	7000

Sempre na exibição do cabeçalho irá nos retornar a fórmula que foi utilizada para obtê-lo, utilizo este termo, pois pode ser uma junção de várias funções e não simplesmente uma única, como vimos no exemplo anterior. Se desejarmos, podemos renomear o campo, ao invés de aparecer Max(salBruto) poderia aparecer MaiorSal, da seguinte forma:

```
SELECT id, nome, MAX(salbruto) AS 'MaiorSal' FROM bd.empregados;
```

Irá nos retornar:

Id	Nome	MaiorSal
1	Carla Boris	7000

O AS serve para criação de aliase, um pseudônimo ou apelido para o campo, nomeá-lo pode ser útil quando se deseja manipulá-lo dentro do código C++.

Funções Textuais	
UCASE	Coloca a cadeia de caracteres em maiúsculo.
CONCAT	Concatena dois ou mais campos de texto.
LCASE	Torna os caracteres todos em minúsculo.
TRIM	Remove espaços em branco antes ou depois de uma palavra ou frase.
LEN	Contabiliza o número total de caracteres presentes em um campo.
SUBSTRING (string, PI, PF);	Pega parte de um texto com base na posição inicial (PI) indicada, até a posição final (PF) indicada.
DISTINCT	Não mostra redundância de dados, se houver.

Digamos que eu deseje que apareça a simbologia de nossa moeda (R$) na exibição dos salários. Poderia utilizar o CONCAT para criar uma concatenação. Ex:

```
SELECT id, nome, CONCAT('R$: ', salbruto) AS 'Salário' FROM bd.empregados LIMIT 4;
```

A saída será:

Id	Nome	Salário
1	Carla Boris	R$: 7000
2	Cleber Martins	R$: 4500
3	Marcos Alison	R$: 1700
4	Ana Moreira	R$: 1900

Mas, digamos que eu ainda deseje formar com casas decimais e separador de milhares. Ficaria então:

```
SELECT id, nome, CONCAT('R$: ', FORMAT(salbruto, 2)) AS 'Salário' FROM bd.empregados LIMIT 4;
```

A formatação entra antes da concatenação, já que não há como formatar devidamente um número se ele vier acompanhado de algum texto. A saída será:

Id	Nome	Salário
1	Carla Boris	R$: 7,000.00
2	Cleber Martins	R$: 4,500.00
3	Marcos Alison	R$: 1,700.00
4	Ana Moreira	R$: 1,900.00

Digamos que eu deseje pegar só o sobrenome de Ana Moreira, poderia utilizar SUBSTRING da seguinte forma:

```
SELECT id, SUBSTRING(nome, 5, 7) AS 'Sobrenome', salbruto FROM bd.empregados WHERE id=4;
```

A saída será:

Id	Sobrenome	salbruto
4	Moreira	1900

O nome Ana e contando o espaço em branco nos dá quatro caracteres, mas queremos iniciar na posição cinco, pois é onde se inicia a primeira letra do sobrenome, que é composto de sete letras e por isso que foram passadas as posições cinco e sete na consulta.

Funções de Data	
CURDATE	A data atual do servidor.
CURTIME	A hora atual do servidor.
NOW	A data e hora atuais do servidor.
TIME_FORMAT	Formata a hora. Ex: TIME_FORMAT (campotempo, '%H:%i:%S');
DATE_FORMAT	Formata a data e a hora, se desejar. Ex: DATE_FORMAT (data, '%d/%m/%Y');

Parâmetros para as funções DATE_FORMAT() e TIME_FORMAT()

Termo	Uso	Exemplo
%e	Dia do mês	1-31
%d	Dia do mês, dois dígitos	01-31
%D	Dia com sufixo	1st-31st
%W	Nome do dia da semana	*Sunday-Saturday*
%a	Abreviado	Sun-Sat Nome do dia da semana
%c	Número do mês	1-12
%m	Número do mês, dois dígitos	01-12
%M	Nome do mês	*January-December*
%b	Nome do mês abreviado	Jan-Dec
%Y	Ano, quatro dígitos	2009
%y	Ano, dois dígitos	09
%l	Hora (L minúsculo)	1-12
%h	Hora, dois dígitos	02
%k	Hora, formato de 24 horas	0-23
%H	Hora, formato de 24 horas, dois dígitos	00-23
%i	Minutos	00-59
%S	Segundos	00-59
%r	Hora	8:17:02 PM
%T	Hora, formato de 24 horas	20:17:02
%p	AM ou PM	AM ou PM

Para ter algum exemplo com a manipulação de data, teremos que criar um campo em nossa tabela do tipo data. Para isso será criado o campo de nome "entrada" do tipo DATETIME que é o mais completo já que aborda tanto datas quanto horários.

```
ALTER TABLE bd.empregados ADD entrada DATETIME DEFAULT NOW() NOT NULL;
```

Com isso, alteramos a tabela "empregados" presente no banco de dados "bd", foi adicionando um novo campo de nome "entrada" do tipo DATETIME e por não permitir o campo vazio (NOT NULL), todos os registros além de receberem o novo campo, receberão também a data e hora atuais do servidor, graças ao uso da função NOW().

Poderíamos também ter adicionado a data em um registro específico para servir como exemplo.

```
UPDATE bd.empregados SET entrada=NOW() WHERE id=1;
```

Contudo, todos os campos já possuem algum valor de data e por isso torna-se desnecessário. Se puxarmos a primeira consulta veremos que a apresentação da data é um tanto quanto confusa.

```
SELECT * FROM bd.empregados WHERE id=1;
```

id	nome	cargos	salbruto	entrada
1	Carla Boris	Gerente	7000	2020-08-31 13:08:43

Se quisermos pegar a data formatada adequadamente podemos fazer da seguinte forma:

```
SELECT id, nome, cargos salbruto, DATE_FORMAT(entrada, '%d/%m/%Y - %T') AS data
FROM bd.empregados WHERE id=1;
```

id	nome	cargos	salbruto	data
1	Carla Boris	Gerente	7000	31/08/2020 - 13:08:43

Se acompanhar a formatação presente na tabela, verá que %d é para dia do mês com dois dígitos, assim como %m para mês, enquanto o %Y serve para ano com quatro dígitos. E por fim o %T é a hora no formato de 24 horas.

Foi utilizado um aliase para nomear o campo, caso venhamos a manipular o mesmo dentro do código C/C++ torna-se deveras útil.

Utilizando FULLTEXT

A propriedade FULLTEXT nos permite fazer uma busca textual em campos do tipo CHAR, VARCHAR ou TEXT. A sua vantagem é que permite a busca de várias palavras de forma simultânea, mas para isso o campo deve ser declarado como FULLTEXT. Ex:

FULLTEXT (<nome da coluna>)

Além disso, a busca é baseada com o uso de MATCH() e AGAINST (), onde em MATCH especificamos a(s) coluna(s) que desejamos procurar e AGAINST é onde especificamos a(s) palavra(s) que queremos procurar.

Vamos a um exemplo criando uma nova tabela no banco de dados "db" de nome artigos:

```
CREATE DATABASE IF NOT EXISTS bd;
USE bd;

DROP TABLE IF EXISTS artigos;
CREATE TABLE artigos(
id INT AUTO_INCREMENT PRIMARY KEY,
titulo VARCHAR(100),
artigo TEXT,
FULLTEXT(titulo, artigo)
)ENGINE = MyISAM CHARACTER SET = latin1 COLLATE = latin1_swedish_ci;
```

```
INSERT INTO artigos(titulo, artigo) VALUES ('RPG', 'RPG que significa Role-playing-game, que traduzindo a grosso modo é um jogo de interpretação/teatro, nascido dos games de estratégia de tabuleiro, criado por Gary Gygax e Dave Arneson, que ao apresentar o RPG, a empresa Avalon-Hill ao qual trabalhavam, foi motivo de gargalhadas; a justificativa é que o sistema não havia lógica alguma, já que era impossível determinar o vencedor se supostamente os jogadores deveriam cooperar entre si. "Vocês não têm como criar um jogo que não possui vencedor." Comentou um deles. Para que sua ideia fosse adiante Gary foi obrigado a fundar a TSR.');

INSERT INTO artigos(titulo, artigo) VALUES ('Cosplay', 'É a junção de duas palavras costume (fantasia) e roleplay (interpretação). Você poderá assumir qualquer personagem no mundo dos games, séries, animes, filmes, etc. Há campeonatos que avaliam critérios como fantasia e interpretação do personagem. Os prêmios para os vencedores no Brasil vão desde um prêmio simbólico de mil reais a um carro 0km. Mas, segundo fóruns, que reúnem tanto amadores, quanto profissionais, o campeonato mundial pode lhe render um pouco mais de 100 mil dólares. Das categorias de cosplay há uma bastante conhecida que é o cosplay pobre, que nos rende excelentes gargalhadas.');

INSERT INTO artigos(titulo, artigo) VALUES ('Anime', 'Normalmente voltado ao público adulto, possui histórias que podem ser algo simples como também complexo, como Vinland Saga, cuja profundidade tende a prender o espectador e a se envolver com o sofrimento do personagem, replet de referências históricas, drama, ódio e superação. Um anime pode abordar qualquer tema como: games, medieval, futurístico, sobrenatural ou um simples cotidiano e, ainda assim, prender a atenção do telespectador.').
```

Se eu desejasse procurar o artigo que possui o conteúdo referente ao *cosplay* pobre, poderia realizar a seguinte consulta:

```
SELECT * FROM bd.artigos WHERE MATCH(titulo, artigo) AGAINST('cosplay pobre');
```

Que iria nos retornar o artigo referente ao *cosplay*

	id	titulo	artigo
▶	2	Cosplay	É a junção de duas palavras costume (fantasia) e r...

Sabendo que todos os três artigos possuem o termo games, então se eu realizar uma consulta com esta palavra deveria me retornar todos os registros, correto? Errado. O MySQL utiliza o modo de busca *Natural Language* que nos diz que se a palavra procurada estiver presente em 50% ou mais nos registros, a consulta irá retornar nenhum resultado, a não ser que você altere a busca para booleana e é isso que iremos fazer ao acrescentar IN BOLEAN MODE em AGAINST, da seguinte forma:

```
SELECT * FROM bd.artigos WHERE MATCH(titulo, artigo) AGAINST('games' IN BOOLEAN MODE);
```

Que irá nos retornar:

	id	titulo	artigo
▶	1	RPG	RPG que significa Role-playing-game, que traduzi...
	2	Cosplay	É a junção de duas palavras costume (fantasia) e ..
	3	Anime	Normalmente voltado ao público adulto possui hist...

Nós poderemos utilizar operadores para facilitar ainda mais a filtragem dos resultados, quando tivermos utilizando a busca booleana, conforme o exemplo da tabela:

Operador	Significado
+	Deve estar presente em todas as correspondências.
-	Irá excluir o conteúdo de sua busca.
~	Baixa uma classificação de importância
*	Coringa, que representa qualquer caractere.
<	Diminui a importância de uma palavra.
>	Aumenta a importância de uma palavra.
º	Deve corresponder a frase exata.
()	Cria subexpressões ou subconjuntos.

Se eu desejar fazer uma busca por *game*, só irá nos retornar uma consulta, que é o artigo de RPG que possui essa palavra.

```
SELECT * FROM bd.artigos WHERE MATCH(titulo, artigo) AGAINST('game' IN BOOLEAN
MODE);
```

id	titulo	artigo
1	RPG	RPG que significa Role-playing-game, que traduzi...

Mas se eu desejasse que retornasse a consulta tanto para *game* ou *games*, eu poderia utilizar o coringa junto com a palavra *game* e com isso a busca retornará tanto *game* como *games*, já que o coringa considera todo e qualquer caractere.

```
SELECT * FROM bd.artigos WHERE MATCH(titulo, artigo) AGAINST('game*' IN BOOLEAN
MODE);
```

Tem as palavras vencedor no artigo de RPG e vencedores no artigo de *cosplay*, então para puxar ambos poderia utilizar dois coringas ou simplesmente citar os dois termos na busca separados por um espaço:

```
SELECT * FROM bd.artigos WHERE MATCH(titulo, artigo) AGAINST('vencedor**' IN
BOOLEAN MODE);
```

Ou

```
SELECT * FROM bd.artigos WHERE MATCH(titulo, artigo) AGAINST('vencedor
vencedores' IN BOOLEAN MODE);
```

A saída será:

id	titulo	artigo
1	RPG	RPG que significa Role-playing-game, que traduzi...
2	Cosplay	É a junção de duas palavras costume (fantasia) e ...

Digamos que eu deseje fazer uma busca pelos artigos sobre games, mas que não haja a palavra gargalhadas que está presente em *cosplay* e RPG. Faria da seguinte forma:

```
SELECT * FROM bd.artigos WHERE MATCH(titulo, artigo) AGAINST('games -
gargalhadas' IN BOOLEAN MODE);
```

Irá nos retornar:

	id	titulo	artigo
▶	3	Anime	Normalmente voltado ao público adulto possui hist...

Criando relacionamentos com chave estrangeira

Vimos relações entre tabelas de forma conceitual e lógica, mas não física. Para colocarmos a última estrutura em prática precisaremos entender primeiramente o conceito de chave estrangeira. A chave estrangeira (FOREIGN KEY) nos permite criar um vínculo entre as tabelas e o comportamento desse vínculo irá depender de como a estrutura da relação foi construída conforme a seguinte sintaxe:

FOREIGN KEY <coluna> REFERENCES <nome da tabela> <coluna>
[ON DELETE {CASCADE | SET NULL | NO ACTION | RESTRICT}]
[ON UPDATE {CASCADE | SET NULL | NO ACTION | RESTRICT}]

Como vimos, há três tipos de relações: um-para-um, um-para-muitos e muitos-para-muitos. As duas últimas são as mais utilizadas. Em uma relação um-para-muitos nos indica que um registro, que normalmente chamamos de pai, está associado a um ou a vários registros, que chamamos de filhos.

1. **ON DELETE RESTRICT:** A exclusão de um registro pai só será permitido se não estiver atrelado a nenhum registro filho.

2. **ON DELETE NO ACTION:** Será aguardado para ver o que ocorre com a integridade referencial. Se não se mantiver com a exclusão do registro pai, o comando irá falhar, semelhante à RESTRICT.

3. **ON DELETE CASCADE:** A exclusão em cascata irá excluir tanto o registro pai, como os registros filhos atrelados ao mesmo.

4. **ON DELETE SET NULL:** Se for especificado, os registros filhos são automaticamente atualizados e as colunas da chave estrangeira são definidas com o valor NULL, quando o registro pai for excluído.

Para entender de forma um pouco mais clara, vamos a uma pequena hipótese de uso de chave estrangeira.

Digamos que um cliente está realizando uma compra online e estão sendo gravadas as suas escolhas em um banco de dados, então podemos dizer que os dados do cliente estão guardados em uma tabela específica, enquanto os produtos escolhidos para compra em outra. E para associar os produtos ao cliente fazemos uma relação de um-para-muitos com o uso da chave estrangeira, correto? Onde esta relação nos afirma que o registro de um único cliente pode estar associado a um ou vários produtos selecionados para compra.

Então, se por acaso, o cliente pede para excluir a sua conta com os produtos selecionados, várias hipóteses poderão ocorrer, dependendo de qual comportamento você adotou durante a criação da tabela.

Poderão ficar com chave estrangeira sem referência se *ON DELETE SET NULL* for utilizado, como também o cliente e suas compras serão apagadas se *ON DELETE CASCADE* for escolhido. Ou podemos simplesmente afirmar que a conta não poderá ser excluída enquanto existir produtos selecionados na compra se ***ON DELETE RESTRICT* ou *ON DELETE NO ACTION* for escolhido.** A regra vale da mesma forma para *ON UPDATE*.

Com base nisso, vamos seguir regra a regra cada etapa da criação de um banco de dados em todas as relações citadas.

GALERIA DE IMAGENS (1:1)

As galerias de imagens, que sempre utilizo como exemplos em meus materiais, funcionam normalmente com a exibição de pequenas imagens que ocupam poucos *kbytes*, que ao clicar em alguma das imagens carrega a imagem maior da mesma, que chega a ter alguns *megas*. Se fosse criar um banco de dados para o gerenciamento de uma galeria de imagens faríamos uma relação 1:1, relação da imagem pequena com a imagem grande. Para isso, vamos seguir os princípios conceitual, lógico e físico.

MODELAGEM CONCEITUAL

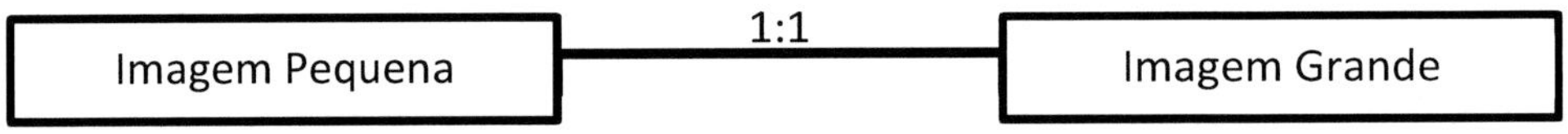

Normalmente, guardamos a referência da imagem e não a imagem propriamente dita no banco de dados, pois caso armazenasse as imagens no banco, o mesmo se tornaria enorme com uma centena de imagens, sabendo que há galerias de imagens com milhares de fotos. Para evitar a sobrecarga e lentidão do banco de dados, nós guardamos a referência da imagem, um cadastro normal onde o valor da chave primária irá fazer parte do nome da imagem após o upload da mesma, quando quisermos resgatá-la, basta fornecer o caminho + a chave primária do registro. Podemos criar outros campos, além da chave primária que servirá de referência para guardar outras informações da imagem.

MODELAGEM LÓGICA

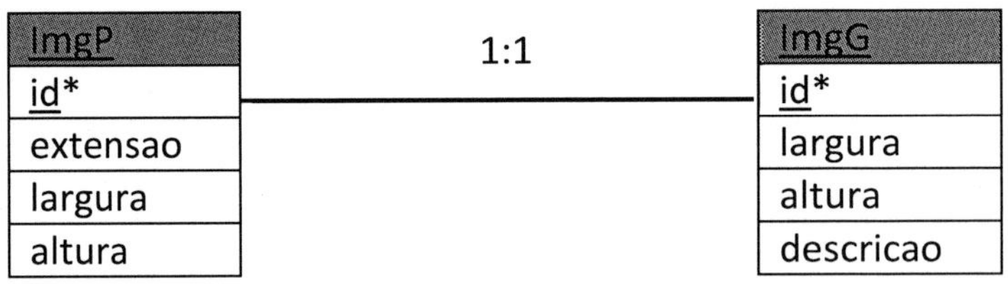

Finalmente, entramos na modelagem física onde criamos a estrutura SQL do banco de dados proposto.

```
CREATE DATABASE IF NOT EXISTS galeria;
USE galeria;

CREATE TABLE `imgP`(
`id` INT UNSIGNED AUTO_INCREMENT PRIMARY KEY,
`extensao` CHAR(3) NOT NULL,
`largura` SMALLINT UNSIGNED NOT NULL,
`altura` SMALLINT UNSIGNED NOT NULL) ENGINE = INNODB CHARACTER SET latin1 COLLATE latin1_swedish_ci;

CREATE TABLE `imgG`(
`id` INT UNSIGNED AUTO_INCREMENT PRIMARY KEY,
`descricao` VARCHAR(3000),
`largura` SMALLINT UNSIGNED NOT NULL,
```

```
14 `altura` SMALLINT UNSIGNED NOT NULL,
15 FOREIGN KEY (`id`) REFERENCES `imgP`(`id`) ON DELETE CASCADE) ENGINE = INNODB CHARACTER SET latin1 COLLATE latin1_swedish_ci;
16
17 INSERT INTO imgP (extensao, largura, altura) VALUES ('jpg',160,120), ('gif',120,160), ('png',160,160), ('jpg',120,120);
18 INSERT INTO imgG (largura, altura) VALUES (1600,1200), (1800,2400), (3200,3200), (1200,1200);
```

Na linha 01 crie o banco de dados galeria, se não existir; selecione o banco de dados galeria (linha 02). Crie a tabela "imgP" (linha 04). Na linha 05 criei um campo de nome id do tipo inteiro, onde os valores negativos foram convertidos para positivo (UNSIGNED), dobrando desta forma o intervalo positivo limite, autoincrementada, ou seja, o valor deste campo para o primeiro registro será 01, o segundo 02, o terceiro 03 e assim por diante e do tipo chave primária.

Na linha 06 criei um campo "extensao" que só aceita até três caracteres e não permite que este campo fique vazio no registro (*NOT NULL*). Na linha 07 e 08 são campos que aceitam valores inteiros e também seus valores negativos foram convertidos para positivos, dobrando o intervalo limite para valores positivos, além de ambos não aceitarem que seus campos fiquem vazios no registro (*NOT NULL*).

A engenharia da tabela é *INNODB* (linha 08), com configuração para caracteres do tipo latin1, anexado ao latin1_swedish_ci, cujas regras são menos rigorosas, como vimos.

Já a segunda tabela (linha 10) possui critérios bastante semelhantes, com a diferença que na linha 15 fazemos o uso de chave estrangeira (*FOREIGN KEY*) com um campo existente da tabela, que neste caso é sua própria chave primária referenciando (*REFERENCES*) da tabela imgP a sua chave primária, criando desta forma uma relação 1:1. Repare que coloquei a condição *ON DELETE CASCADE*. Como havíamos visto, se deletarmos algum registro do elemento pai (imgP), o registro do elemento filho (imgG) que referencia este elemento pai, será também excluído.

A linha 17 cria uma consulta de inserção, que insere a informação de quatro imagens na tabela imgP como exemplo, e na linha 18 cria uma consulta também de inserção, mas desta vez para a tabela ImgG.

Agora se quisermos puxar a relação destas imagens no banco de dados, deveremos colocar a relação que existe entre as tabelas na cláusula *WHERE*:
WHERE ImgP.id=ImgG.id;

Do contrário, irá puxar na ordem em que foram adicionados os registros na tabela, podendo ficar desordenados e desta forma ficar difícil enxergar a relação entre as tabelas.

Em *FROM*, deveremos obviamente informar as tabelas que iremos utilizar na consulta, além de informar os campos que queremos puxar nesta consulta, campos repetidos em ambas as tabelas deverão vir acompanhados com o nome da tabela, para que desta forma o SGBD saiba qual o campo de qual tabela deseja puxar a informação.

Se colocar o campo simplesmente e o mesmo exista em ambas as tabelas com o mesmo nome, o SGBD retornará um erro.

Com base nisso, a consulta ficará desta forma:

```
SELECT extensao, ImgP.id, ImgG.id, ImgP.largura AS "Largura Pequena",
ImgP.altura AS "Altura Pequena", ImgG.largura,
ImgG.altura FROM galeria.ImgP, galeria.ImgG WHERE ImgP.id=ImgG.id;
```

A saída ficará da seguinte forma:

extensão	id	id	Largura Pequena	Altura Pequena	Largura	Altura
jpg	1	1	160	120	1600	1200
gif	2	2	120	160	1800	2400
png	3	3	160	160	3200	3200
jpg	4	4	120	120	1200	1200

Se desejar comprovar o efeito de *ON DELETE CASCADE* faça o teste, eliminando um registro de uma das tabelas, verá que o registro associado a outra tabela também será excluído.

```
-- Excluindo um registro da tabela imgP
DELETE FROM galeria.imgP WHERE id=1;
-- Tentando puxar o mesmo número do registro na tabela imgG
SELECT * FROM galeria.imgG WHERE id=1;
-- Retorno da consulta será vazio
```

CONTA DE JOGOS (1:N)

Uma típica relação de um-para-muitos. Como foi dito, um usuário poderá ter várias contas, mas cada conta só poderá fazer referência a um único usuário. Tratando desta forma a relação 1:N.

MODELAGEM CONCEITUAL

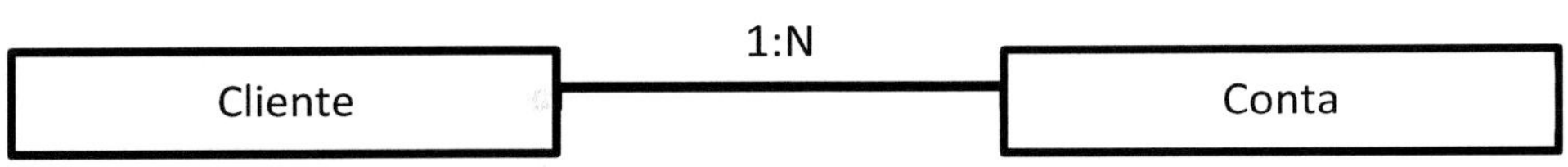

MODELAGEM LÓGICA

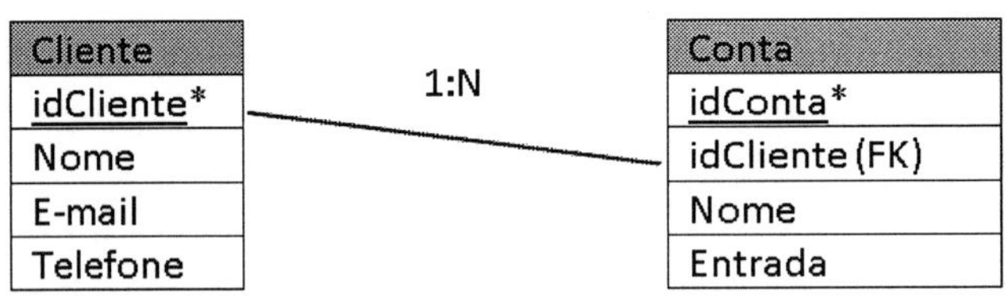

MODELAGEM FÍSICA

```
CREATE DATABASE IF NOT EXISTS bd;
USE bd;

CREATE TABLE `cliente`(
`idCliente` INT UNSIGNED AUTO_INCREMENT PRIMARY KEY,
`nome` VARCHAR(50) NOT NULL,
`e-mail` VARCHAR(50) NOT NULL,
`telefone` VARCHAR(9))ENGINE = INNODB CHARACTER SET latin1 COLLATE
latin1_swedish_ci;

CREATE TABLE `conta`(
`idConta` INT UNSIGNED AUTO_INCREMENT PRIMARY KEY,
```

```
`idCliente` INT UNSIGNED,
`nome` VARCHAR(30) NOT NULL,
`entrada` CHAR(4),
FOREIGN KEY(`idCliente`) REFERENCES `cliente`(`idCliente`) ON DELETE SET NULL
)ENGINE = INNODB CHARACTER SET latin1 COLLATE latin1_swedish_ci;

INSERT INTO cliente (nome, `e-mail`, telefone) VALUES
('Finn','finn@ooo.com','1234567'), ('Jake','cao@ooo.com','1234567'), ('Suzana
Forte','sf@ooo.com','1111122'), ('Lady Íris','li@ooo.com','2211111');

INSERT INTO conta (idCliente, nome, entrada) VALUES (1, 'Steam', '2014'), (2,
'Steam', '2014'), (2, 'GOG', '2016'), (2, 'Uplay', '2015'), (2, 'Social Club',
'2016'), (2, 'Epic Games', '2020'), (3, 'Microsoft', '2020'), (4, 'Steam',
'2011'), (4, 'Origin', '2017');
```

A chave estrangeira foi criada na tabela conta, conforme as regras, com o detalhe de ser *ON DELETE SET NULL*, ou seja, se excluir um elemento pai na tabela cliente, os elementos filhos, presentes na tabela conta, que estejam associados a mesma ficarão com sua chave estrangeira vazia.

Logo depois de eu ter criado as tabelas, criei consultas de inserção para conta, onde quatro registros foram inseridos, com nomes baseados nos personagens de "Hora de Aventura". O e-mail está entre crase, devido à presença do caractere especial traço (-). Campos de nomes compostos, palavras reservadas ao SGBD ou na presença de caracteres especiais devem estar sempre entre crases.

Para apresentar algum conteúdo foram inseridos nove registros na tabela conta, passando o valor da chave primária dos registros recém-cadastrados da tabela cliente para que desta forma haja a associação do registro pai cliente aos registros filhos de conta, em outras palavras, a inserção deverá ser feita primeiramente na tabela pai, para depois inserir os dados na tabela filha, devido a necessidade da existência de valores da chave primária na tabela pai, para se realizar esta associação.

Vamos agora gerar uma consulta:

```
USE bd;
SELECT cliente.idCliente AS id, idConta, cliente.nome AS cliente, conta.nome AS
Conta, entrada FROM cliente, conta WHERE cliente.idCliente = conta.idCliente
ORDER BY cliente;
```

Já que o campo idCliente e o campo nome possui referência tanto na tabela clientes, como em contas, é obrigatório especificar de que tabela você está puxando o campo, por isso os termos cliente.idCliente, cliente.nome e conta.nome são necessários. Para manipular os mesmos em uma estrutura de código, como já foi falado, é recomendado renomeá-los utilizando um *alias* (AS), para dar uma definição ao campo.

Para puxarmos a relação de forma organizada criamos a associação em *WHERE*, onde definimos que *idCliente*, em ambas as tabelas devam estar associadas, mais uma vez é necessário especificar a tabela e o campo, por causa do campo ter o mesmo nome em ambas as tabelas. A saída ficará da seguinte forma:

Id	idConta	Cliente	Conta	Entrada
1	1	Finn	Steam	2014
2	2	Jake	Steam	2014
2	3	Jake	GOG	2016
2	4	Jake	Uplay	2015
2	5	Jake	Social Club	2016

2	6	Jake	Epic Games	2020
4	8	Lady Íris	Steam	2011
4	9	Lady Íris	Origin	2017
3	7	Suzana Forte	Microsoft	2020

Se fôssemos excluir algum registro pai.

```
USE bd;
DELETE FROM cliente WHERE idCliente=2;
```

Se agora for realizar uma consulta simples na tabela de contas em busca da chave estrangeira vazia, o resultado será este:

```
USE bd;
SELECT * FROM conta WHERE conta.idCliente IS NULL;
```

idConta	idCliente	nome	entrada
2	NULL	Steam	2014
3	NULL	GOG	2016
4	NULL	Uplay	2015
5	NULL	Social Club	2016
6	NULL	Epic Games	2020

CONTA DE JOGOS (N:N)

Durante o desenvolvimento da relação usuários e contas, você deve ter percebido que o nome *Steam* se repete para *Finn, Jake* e *Lady Íris*. Se você deseja seguir à risca a normalização, perceberá que este tipo de estrutura está infringindo a 3FN (Terceira forma normal), por isso, para que o nome *Steam* ou qualquer outro nome da lista de contas não se repita é recomendado criar uma tabela separada com os nomes e associá-los à conta, mas também, um simples campo do tipo ENUM, porém, para a relação ser (N:N) vamos optar em criar uma tabela em separado.

Sabendo que o nome de uma empresa, como a *Steam*, pode estar associado a uma ou mais contas, a associação torna-se um-para-muitos.

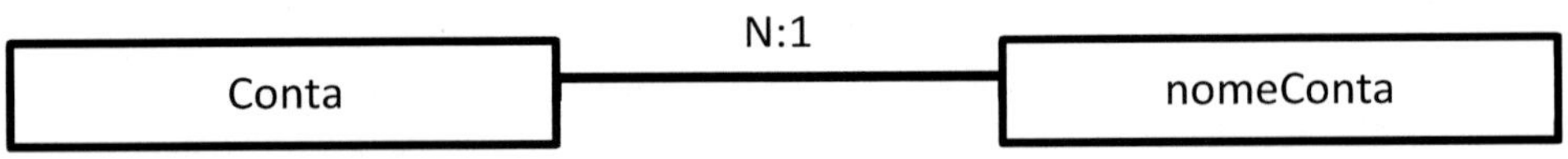

Porém, como vimos, na tabela conta há uma associação de um-para-muitos, em relação à tabela cliente, o que nos faz ter a seguinte modelagem conceitual:

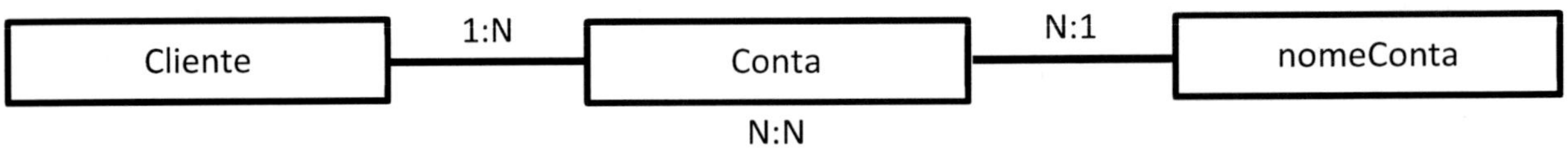

Revisando o conceito, um cliente pode ter uma ou mais contas de jogos, mas cada conta só pode pertencer a um único cliente (um-para-muitos). O nome de uma conta, por exemplo, *Steam*, deve ser único, para que não haja redundância de dados e que este nome possa estar associado a uma ou várias contas, criando uma relação de um-para-muitos. A junção dessas duas relações nos resulta da criação de uma nova entidade que nomeei de conta a qual une as duas relações, criando uma associação de muitos-para-muitos (N:N).

Modelagem Lógica

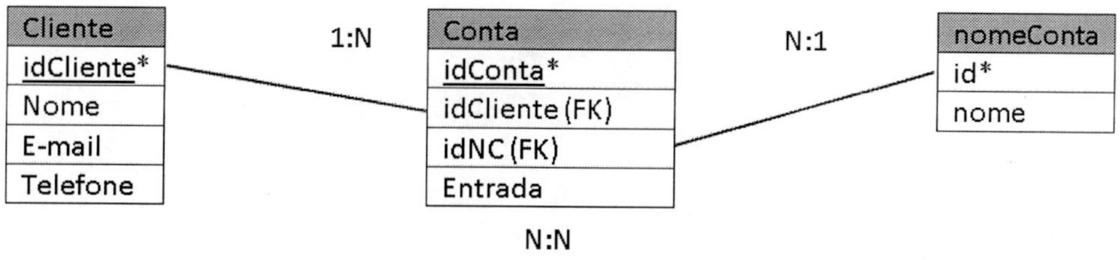

Modelagem Física

```
01 CREATE DATABASE IF NOT EXISTS bd;
02 USE bd;
03
04 CREATE TABLE `cliente`(
05 `idCliente` INT UNSIGNED AUTO_INCREMENT PRIMARY KEY,
06 `nome` VARCHAR(50) NOT NULL,
07 `e-mail` VARCHAR(50) NOT NULL,
08 `telefone` VARCHAR(9))ENGINE = INNODB CHARACTER SET latin1 COLLATE latin1_swedish_ci;
09
10 CREATE TABLE `nomeConta`(
11 `id` INT UNSIGNED AUTO_INCREMENT PRIMARY KEY,
12 `nome` VARCHAR(30) NOT NULL)ENGINE = INNODB CHARACTER SET latin1 COLLATE latin1_swedish_ci;
13
14 CREATE TABLE `conta`(
15 `idConta` INT UNSIGNED AUTO_INCREMENT PRIMARY KEY,
16 `idCliente` INT UNSIGNED,
17 `idNC` INT UNSIGNED,
18 `entrada` CHAR(4),
19 FOREIGN KEY(`idCliente`) REFERENCES `cliente`(`idCliente`) ON DELETE RESTRICT,
20 FOREIGN KEY(`idNC`) REFERENCES `nomeConta`(`id`) ON DELETE RESTRICT
21 )ENGINE = INNODB CHARACTER SET latin1 COLLATE latin1_swedish_ci;
22
23 INSERT INTO cliente (nome, `e-mail`, telefone) VALUES ('Finn','finn@ooo.com','1234567'), ('Jake','cao@ooo.com','1234567'), ('Suzana Forte','sf@ooo.com','1111122'), ('Lady Íris', 'li@ooo.com', '2211111');
24
25 INSERT INTO nomeConta (nome) VALUES ('Steam'), ('GOG'), ('Uplay'), ('Social Club'), ('Epic Games'), ('Microsoft'), ('Origin');
26
27 INSERT INTO conta (idCliente, idNC, entrada) VALUES (1, 1, '2014'), (2, 1, '2014'), (2, 2, '2016'), (2, 3, '2015'), (2, 4, '2016'),
28 (2, 5, '2020'), (3, 6, '2020'), (4, 1, '2011'), (4, 7, '2017');
```

Já que as tabelas cliente e nomeConta estão associadas à tabela conta, deve-se criar antes as mesmas para poder associá-las. Da mesma forma no cadastro, para haver uma associação ou vínculo, deve-se ter cadastro tanto na tabela cliente, como também na tabela nomeConta. E com isso podemos criar o cadastro que se associam, conforme feito na linha 27.

```
USE bd;
SELECT cliente.idCliente AS id, cliente.nome AS nome, nomeConta.nome AS conta, entrada FROM cliente, conta, nomeConta WHERE cliente.idCliente = conta.idCliente AND nomeConta.id = conta.idNC;
```

Id	Nome	Conta	Entrada
1	Finn	Steam	2014
2	Jake	Steam	2014
2	Jake	GOG	2016
2	Jake	Uplay	2015
2	Jake	Social Club	2016
2	Jake	Epic Games	2020
4	Lady Íris	Steam	2011
4	Lady Íris	Origin	2017
3	Suzana Forte	Microsoft	2020

Devido à chave estrangeira ser restrita, se eu desejasse excluir, o nome *Steam* presente na tabela nomeContas, eu devo primeiramente excluir os vínculos da conta filha (conta) atrelado a este nome à conta pai (nomeConta). Do contrário um erro será retornado, como podemos ver no exemplo:

```
USE bd;
DELETE FROM nomeconta WHERE id=1;
```

Na tabela nomeConta temos como primeiro nome registrado Steam, por isso que o id equivale a um (1); que é o nome que desejamos excluir. Contudo com a restrição, será retornado o seguinte erro:

```
Error Code: 1451. Cannot delete or update a parent row: a foreign key constraint fails (`bd`.`conta`, CONSTRAINT `conta_ibfk_2` FOREIGN KEY (`idNC`) REFERENCES `nomeconta` (`id`) ON DELETE RESTRICT)
```

Basicamente, nos informando que não é possível excluir ou atualizar uma linha pai, devido a uma restrição de chave estrangeira filha.

Agora, se excluímos primeiramente tudo em contas que esteja vinculado ao nome *Steam* presente na tabela pai nomeConta, essa exclusão será possível.

```
USE bd;
DELETE FROM conta WHERE idNC=1;
DELETE FROM nomeconta WHERE id=1;
```

E com isso vimos a modelagem física das relações e agora temos uma noção de como funcionam as restrições da chave estrangeira na teoria e na prática.

Visões, transações e bloqueio

Visões

Visões nos permite atribuir toda uma consulta a um nome. Então quando precisarmos desta consulta não haverá necessidade de digitá-la novamente, basta para isso passar o nome da visão. É como se criássemos uma variável e atribuísse a consulta à mesma, se precisarmos desta consulta, basta utilizar a variável que possui a consulta. Mas, diferente de uma variável, cujo conteúdo é armazenado de forma temporária, visões ficam armazenadas de forma permanente para usos futuros.

A criação de uma visão é bastante simples:
CREATE VIEW <nome da visão> AS <expressão SQL>;

Como exemplo, vamos pegar a consulta anterior que criamos na relação muitos-para-muitos e torná-la uma visão. Ex:

```
SELECT cliente.idCliente AS id, cliente.nome AS nome, nomeConta.nome AS conta, entrada FROM cliente, conta, nomeConta WHERE cliente.idCliente = conta.idCliente AND nomeConta.id = conta.idNC;
```

Vamos agora criar uma visão desta consulta:

```
CREATE VIEW contas AS SELECT cliente.idCliente AS id, cliente.nome AS nome, nomeConta.nome AS conta, entrada FROM cliente, conta, nomeConta WHERE cliente.idCliente = conta.idCliente AND nomeConta.id = conta.idNC;
```

Para acessar esta visão, seria a realização de uma consulta simples passando, neste caso, o nome da visão, que é contas.

```
SELECT * FROM contas;
```

O que diminui drasticamente o número de caracteres a ser digitado, toda vez que for necessário realizar este tipo de consulta.

EXCLUINDO UMA VISÃO

USE <nome do banco de dados>;
DROP VIEW [<nome>];

ALTERANDO UMA VISÃO

Pode ser recriando a visão ou utilizando o comando REPLACE para alterá-la.
USE <nome do banco de dados>;
REPLACE VIEW <nome da visão a ser alterada> AS <nova expressão SQL>;

Transações

São possíveis de serem realizadas em tabelas do tipo *InnoDB*, em que toda transação possui atomicidade, em outras palavras, ou todas as operações são realizadas com sucesso ou tudo é cancelado dentro de uma transação, para iniciar uma transação, nós inserimos o seguinte comando:

```
START TRANSACTION
```

Há outros comandos de inicialização como BEGIN ou BEGIN WORK, porém, estão em desuso por não seguirem os novos padrões do SQL. Depois de iniciada uma transação, podem inserir as instruções SQL normalmente. Você pode criar pontos de salvamento durante uma transação com o uso de
SAVEPOINT <nome>;

Em que nome define o identificador deste ponto salvo, em que posso utilizá-lo para retornar a esse ponto, se assim desejar, com o comando:
ROLLBACK TO SAVEPOINT <nome>;

Como posso também desfazer todas as operações de uma transação, se assim desejar, com o uso do comando ROLLBACK. E para concluir uma transação, o comando COMMIT deve ser utilizado no final.

SLembram do nosso último exemplo da relação (1:N) com a relação a clientes e suas contas? Vou utilizá-lo para um simples exemplo de transação.

```
01 START TRANSACTION;
02 USE bd;
03 UPDATE cliente SET nome="Marceline", `e-mail`="Marc@ooo.com", telefone='777333' WHERE idCliente=2;
04 SAVEPOINT salvo01;
05 INSERT INTO conta (idCliente, nome, entrada) VALUES (2, 'Microsoft', '2020');
06 COMMIT;
```

Na primeira linha iniciamos a transação, enquanto na segunda linha selecionamos o banco de dados de nome "bd", já na linha 03 inicia-se uma consulta de atualização, alterando os dados de *Jake*, para os dados de *Marceline*.

Na linha seguinte criamos um *SAVEPOINT*, linha 04, de nome salvo01 que podemos retornar a partir deste ponto se *ROLLBACK TO SAVEPOINT* for utilizado. Deste ponto em diante iniciamos uma consulta de inserção, linha 05, acrescentando mais uma nova conta, a conta de *Marceline*. Por fim, concluímos a transação, linha 06, com o uso de *COMMIT*.

LOCK e UNLOCK TABLES

BLOQUEIO SÓ PARA LEITURA

LOCK TABLES <nome da tabela> READ;

- A sessão que detém o bloqueio pode ler a tabela (mas não escrever).
- Várias sessões podem adquirir uma *READ* de bloqueio para a tabela ao mesmo tempo.
- Outras sessões podem ler a tabela sem adquirir explicitamente um *READ* de bloqueio.

Você não pode bloquear várias vezes uma tabela em uma única consulta, usando o mesmo nome. Use *alias* em vez disso:

LOCK TABLE tabela WRITE, tabela AS tab READ;

Se suas declarações se referem a uma tabela por meio de um *alias*, você deve bloquear a tabela usando o mesmo *alias*. Ele não funciona para bloquear a tabela sem especificar o *alias*:

LOCK TABLE tabela READ;

SELECT * FROM tabela AS meualias;

ERROR 1100: Tabela 'meualias' não foi travada com LOCK TABLES

Por outro lado, se você bloquear uma tabela utilizando um *alias*, você deve se referir a ele em suas declarações:

LOCK TABLE tabela AS meualias READ;

SELECT * FROM tabela;

ERROR 1100: Tabela 'tabela' não foi travada com LOCK TABLES

SELECT * FROM tabela AS meualias;

BLOQUEIO SÓ PARA ESCRITA (INSERÇÃO, ATUALIZAÇÃO E EXCLUSÃO DE REGISTROS)

LOCK TABLE <nome da tabela> WRITE;

- A sessão que detém o bloqueio pode ler e escrever na tabela.
- Apenas a sessão que mantém o bloqueio pode acessar a tabela. Não existe nenhuma outra sessão que possa acessá-la até que o bloqueio seja liberado.

Em ambos os casos, seja bloqueio de escrita ou bloqueio de leitura, você deverá finalizar este bloqueio com *UNLOCK TABLE*.

Criando um exemplo com banco de dados I

Antes de iniciar este tópico, recomendo a leitura do apêndice relacionado à instalação do servidor de banco de dados MySQL. O intuito deste tópico é entender como criar a conexão e manipulação dos dados presentes no banco de dados; no primeiro exemplo não haverá o uso de interface gráfica e tentarei deixar o mais simples e completo.

Vamos utilizar a importação do pacote Java.sql. O mesmo possui algumas estruturas úteis, a saber:

DriverManager
Responsável por gerenciar um conjunto de drivers JDBC (Java Data Base Connection). Ele possui um método bastante utilizado que é o getConnection(); onde tenta estabelecer uma conexão com a URL do banco de dados fornecida, junto com os demais dados. Dentre as possibilidades opto em utilizar a seguinte estrutura:

Connection getConnection(String URL_BD, String usuário, String senha)

- URL_BD: Aqui você deverá especificar o driver, o servidor do banco de dados, a porta de conexão e o nome do banco de dados também poderá ser incluso se desejar. Ex: "jdbc:mysql://localhost:3306/bd".
- Usuário: O usuário do banco de dados que foi criado ou o padrão root.
- Senha: A senha de conexão com o servidor do banco de dados.

Há outros métodos, porém o que é mais utilizado é:

- Driver getDriver(String URL): Tenta localizar o driver pela URL fornecida. Ex: "jdbc:mysql://localhost:3306/"
- deregisterDriver(Driver driver): Remove o driver especificado.

Connection
Armazena uma conexão (sessão) com um banco de dados. Com ele é possível criar um objeto de declaração (Statement), com o uso do método createStatement() para poder utilizá-lo e enviar instruções SQL ao banco de dados.

- Statement: Responsável em executar instruções SQL poderá retornar ou não resultados com base no método utilizado. Que pode ser:
  - executeQuery(String sql): Para a realização de consultas simples com SELECT; onde irá retornar o resultado, através de um ResultSet.
  - executeUpdate(String sql): Para consultas de INSERT, UPDATE ou DELETE que não retorna nada, como uma instrução SQL DDL.

Tanto Connection como Statement possui o método close() que libera o banco de dados deste objeto e os recursos JDBC imediatamente em vez de esperar que eles sejam liberados automaticamente.

Um objeto padrão ResultSet que possui os registros da consulta; como vimos acima é obtido quando se utiliza um executeQuery() de um Statement, não é atualizável e possui um cursor que se move apenas para frente, por padrão. Com o uso de determinadas constantes, que irei apresentar, você poderá produzir

ResultSet roláveis e/ou atualizáveis, se assim desejar. Vamos dar uma olhada nas constantes, antes de vermos um exemplo:

- CLOSE_CURSORS_AT_COMMIT: O ResultSet será fechado quando a transação atual for confirmada.
- CONCUR_READ_ONLY: O ResultSet NÃO pode ser atualizado.
- CONCUR_UPDATABLE: O ResultSet pode ser atualizado.
- FETCH_FORWARD: As linhas dos resultados serão processadas para frente; do primeiro ao último.
- FETCH_REVERSE: As linhas dos resultados serão processadas na direção inversa; do último para o primeiro.
- FETCH_UNKNOWN: A ordem na qual as linhas de resultados serão processadas é desconhecida.
- HOLD_CURSORS_OVER_COMMIT: O ResultSet permanecerá aberto quando a transação atual for confirmada.
- TYPE_FORWARD_ONLY: O ResultSet terá um cursor que só poderá avançar.
- TYPE_SCROLL_INSENSITIVE: O ResultSet é rolável, mas não é sensível a alterações nos dados subjacentes ao arquivo.
- TYPE_SCROLL_SENSITIVE: O ResultSet é rolável e sensível a alterações nos dados subjacentes ao arquivo.

Durante a criação de um Statement, você poderá utilizar estas constantes para a flexibilização ou não do banco de dados, como:

Connection connection = DriverManager.**getConnection**(URL_BD, user, senha);
Statement statement = connection.**createStatement**(ResultSet.TYPE_SCROLL_SENSITIVE, ResultSet.CONCUR_UPDATABLE);

No exemplo acima nos resulta em um ResultSet rolável e não rígido. Vamos agora ver o ResultSet que é tanto falado.

ResultSet
Quando você realiza uma consulta para geração de algum resultado, como o uso de statement.executeQuery(). Você precisará armazenar este resultado em um resultSet. O mesmo possui alguns métodos que lhe serão úteis como:

- absolute(int linha): Move-se o cursor para o número da linha fornecida.

- close(): Libera o ResultSet do banco de dados deste objeto e os recursos JDBC imediatamente em vez de esperar que isso aconteça quando ele for fechado automaticamente.

- deleteRow(): Exclui a linha atual desse ResultSet e do banco de dados subjacente.

- first(): Move o cursor para a primeira linha.

- getArray(int columnIndex): Recupera o dado da coluna designada pelo número fornecido, na forma de um array de objeto.

- getArray(String columnLabel): Recupera o valor da coluna designada pelo nome fornecido, na forma de um array de objeto.

- getCursorName(): Recupera o nome do cursor SQL usado por este ResultSet.
- getMetaData(): Recupera o número, tipos e propriedades na forma de ResultSetMetaData; em relação ao resultado de uma consulta realizada no banco de dados.
- getObject(int columnIndex): Obtém o valor da coluna designada por um número na linha atual como objeto (Object).
- getObject(String columnLabel): Obtém o valor da coluna designada pelo nome na linha atual como objeto (Object).
- getRow(): Recupera o número da linha atual.
- getSQLXML(int columnIndex): Recupera o valor da coluna designada por um número. na linha atual como um java.sql.SQLXML.
- getSQLXML(String columnLabel): Recupera o valor da coluna designada pelo nome, na linha atual como um java.sql.SQLXML.
- getStatement(): Recupera o Statement do objeto que produziu este ResultSet.
- getString(int columnIndex): Recupera o valor da coluna designada por um número na linha atual como uma String.
- getString(String columnLabel): Recupera o valor da coluna designada pelo nome na linha atual como uma String.
- getWarnings(): Recupera o primeiro aviso relatado por chamadas do ResultSet.
- insertRow(): Insere o conteúdo da linha de inserção neste ResultSet e no banco de dados.
- isClosed(): Retornar uma valor booleano informando se este ResultSet foi fechado.
- isFirst(): Retornar uma valor booleano informando se o cursor está na primeira linha.
- isLast(): Retornar uma valor booleano informando se o cursor está na última linha.
- last(): Move o cursor para a última linha.
- moveToCurrentRow(): Move o cursor para a posição do cursor lembrada, geralmente a linha atual.
- moveToInsertRow(): Move o cursor para a linha de inserção.
- next(): Move o cursor para frente uma linha de sua posição atual.
- previous(): Move o cursor para a linha anterior.

- refreshRow(): Atualiza a linha atual com seu valor mais recente no banco de dados.
- relative(int rows): Move o cursor um número relativo de linhas, positivo ou negativo.
- rowDeleted(): Recupera se uma linha foi excluída.
- rowInserted(): Recupera se a linha atual teve uma inserção.
- rowUpdated(): Recupera se a linha atual foi atualizada.
- updateArray(int columnIndex, Array x): Atualiza a coluna designada por um número, com um java.sql.Array.
- updateArray(String columnLabel, Array x): Atualiza a coluna designada por um nome, com um java.sql.Array.
- updateNull(int columnIndex): Atualiza a coluna designada por um número com null (valor nulo).
- updateNull(String columnLabel): Atualiza a coluna designada pelo nome com null (valor nulo).
- updateObject(int columnIndex, Object x): Atualiza a coluna designada por um número, com um Object.
- updateObject(String columnLabel, Object x): Atualiza a coluna designada pelo nome, com um Object.
- updateRow(): Atualiza o banco de dados subjacente com o novo conteúdo da linha atual.
- updateSQLXML(int columnIndex, SQLXML xmlObject): Atualiza a coluna, por um número, com um objeto java.sql.SQLXML.
- updateSQLXML(String columnLabel, SQLXML xmlObject): Atualiza a coluna, pelo nome, com um objeto java.sql.SQLXML.
- wasNull(): Informa, por um valor booleano se a última coluna lida tem um valor de SQLNULL.

ResultSetMetaData

O ResultSetMetaData é utilizado em conjunto com ResultSet, para pegar determinados dados da tabela, como a quantidade de colunas ou o nome de colunas, por exemplo. Eis alguns de seus métodos:

- getCatalogName(int coluna): Obtém o nome do catálogo da tabela.
- getcolunaCount(): Retorna o número de colunas.
- getcolunaLabel(int coluna): Obtém o título sugerido da coluna designada para uso em impressões e exibições.

- getcolunaName(int coluna): Obtém o nome da coluna.
- getTableName(int coluna): Obtém o nome da tabela.
- isAutoIncrement(int coluna): Informa, por um valor booleano, se a coluna é numerada automaticamente.
- isCaseSensitive(int coluna): Informa, por um valor booleano, se a coluna é case sensitive.
- isCurrency(int coluna): Informa, por um valor booleano, se a coluna é de corrente monetária.
- isReadOnly(int coluna): Informa, por um valor booleano, se a coluna é só de leitura.
- isSearchable(int coluna): Informa, por um valor booleano, se a coluna pode ser utilizada em uma cláusula where.
- isSigned(int coluna): Informa, por um valor booleano, se os valores na coluna são números.
- isWritable(int coluna): Informa, por um valor booleano, se é possível realizar uma gravação na coluna.

Na instalação do MYSQL, foi incluído o nosso driver JDBC e vamos precisar do mesmo. Por padrão, o caminho de instalação do JDBC é:
C:\Program Files (x86)\MySQL\Connector J 8.0\mysql-connector-java-8.0.30.jar

Quando estiver criando um projeto, durante a tela de criação clique em next ao invés do botão finish.

Lá haverá várias abas, dentre elas selecione libraries (bibliotecas), após selecione a opção classpath e depois clique no botão Add External JARS... Conforme o exemplo da imagem:

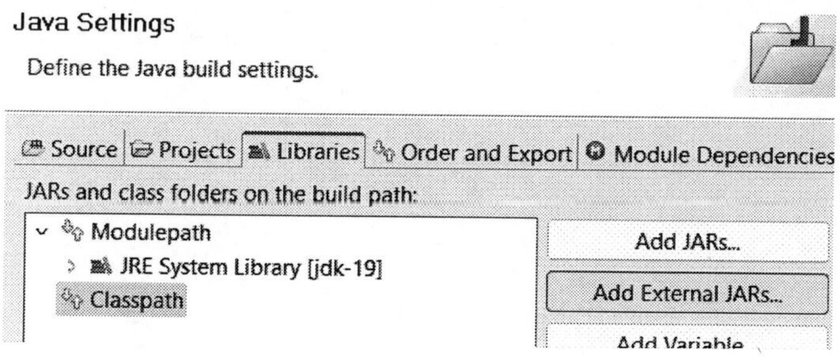

Busque pelo driver JDBC e depois clique em finish.

O classpath é um parâmetro onde podemos especificar a localização de classes ou pacotes. Se for um projeto já criado, você terá que clicar com o botão direito do mouse sobre o nome do projeto e no menu de contexto escolher properties (propriedades) e ir em Java Build Path, escolher a aba libraries, selecionar classpath e depois clicar em Add External JARs... Você irá até o local onde se encontra o driver JDBC. E depois clicar em Apply and Close para que as alterações sejam aplicadas e a janela fechada.

Vamos criar um banco de dados para este exemplo de nome Empresa_SA, com a tabela empregados, com os seguintes campos:

```
01 CREATE DATABASE IF NOT EXISTS Empresa_SA;
02 USE Empresa_SA;
03 DROP TABLE IF EXISTS `empregados`;
04 CREATE TABLE `empregados` (
05 `id` INT UNSIGNED AUTO_INCREMENT PRIMARY KEY,
06 `nome` VARCHAR (30) NOT NULL,
07 `sal` FLOAT UNSIGNED NOT NULL,
08 `cargo` ENUM('Contador', 'Estagiário', 'Administrador') DEFAULT 'Estagiário',
09 `entrada` DATE NOT NULL DEFAULT (CURRENT_DATE))
10 ENGINE = MyISAM CHARACTER SET = latin1
11 COLLATE = latin1_swedish_ci;
12
13 INSERT INTO empregados VALUES (NULL, 'Marcos Alberto', 3200, 'Contador', '2003-11-23'), (NULL, 'Carla Pontes', 4800, 'Administrador', '2011-08-18'), (NULL, 'Igor Neurudo', 1000, DEFAULT, '2022-09-23');
```

O CURRENT_DATE da linha 09 atribui a data atual ao campo entrada, se DEAFULT for utilizado; de forma semelhante ocorre com cargo, onde o termo estagiário será assumido. Na linha 13 foram acrescidos só três registros de exemplo, já que nosso programa será possível também realizar cadastro de novos funcionários.

Após criado o banco de dados que iremos manipular, abra o Eclipse e siga os passos padrões, para a criação deste novo exemplo:

1. Crie um novo projeto de nome BD1.
2. Adicione o driver JDBC a este projeto, conforme já explicado.
3. Crie um pacote (package): bd.exemplo.
4. Dentro deste pacote crie as seguintes classes: BDConecta, BDConsulta, BDExecuta e BDMain.

A classe BDConecta é responsável pela conexão com o banco de dados; além de poder alterar o nome de usuário e senha assim como as especificações da URL relacionadas ao driver, servidor e banco de dados.

BDConecta.java

```
package bd.exemplo;
import java.sql.*;

public class BDConecta {
	private String URL_BD = "jdbc:mysql://localhost:3306/";
	private String user = "root";
	private String senha = "1234";
	protected Statement getStatement () throws SQLTimeoutException
	{
		try{
			Connection connection = DriverManager.getConnection(URL_BD, user, senha);
			return connection.createStatement(ResultSet.TYPE_SCROLL_SENSITIVE, ResultSet.CONCUR_UPDATABLE);
		}
		catch(SQLException e)
```

```
15              {
16                      System.out.println("Erro!\nOcorreu um erro ao tentar acessar o banco de dados");
17                      return null;
18              }
19      }
20      protected void alteraConecta(String... dados)
21      {
22              switch(dados.length)
23              {
24                      case 3: URL_BD = dados[2];
25                      case 2: user = dados[1];
26                      case 1: senha = dados[0]; break;
27                      default:
28                              System.out.println("AVISO\nO método aceita de um à três argumentos");
29              }
30      }
31 }
```

Das linhas 05 a 07 foram criadas variáveis do tipo String, com as informações de conexão para o nosso banco de dados. Na linha 08 temos um método que retorna um objeto Statement, que é responsável em executar instruções SQL e retornar dados, quando possível.

Nas linhas 10 a 18 temos a estrutura try/catch; onde na linha 11, através de DriverManager; solicitamos a conexão do banco de dados, através do método getConnection(), que retorna a conexão, que será guardada pelo objeto connection; onde na linha 12 retornamos o Statement desta conexão de forma flexível através das constantes comentadas. Caso ocorra um erro durante a tentativa de conexão então o catch é que será executado na linha 14, fazendo com que uma mensagem de aviso seja exibida, linha 16; com um retorno vazio, linha 17.

O método alteraConecta(), da linha 20, possui um número indefinido de parâmetros devido a estrutura varargs criada. Para controlar isso foi criado um switch() na linha 22, que verifica se foram três valores passados, linha 24; caso afirmativo, ele pega o último dado e atribui a variável URL_BD; por este caso, assim como os demais, não terem um break para realizar a interrupção, então automaticamente entra no segundo caso, pegando o segundo dado passado e atribuindo a variável user, depois pega o primeiro dado passado e atribui a variável senha e só assim é utilizado o break; ou seja, se forem passados dois valores, o segundo e terceiro casos serão executados, linhas 25 e 26, devido a ausência de break. Isso é uma forma de economizar algumas linhas de comando. Se nenhum dos casos atender, então default será executado, linha 27, informando que o método só aceita até três argumentos, linha 28.

A estrutura BDConsulta irá herdar a classe BDConecta e realizar a consulta que for passada para a mesma, exibindo o resultado. Vamos dar uma olhada em sua estrutura.

BDConsulta.java

```
package bd.exemplo;
import java.sql.*;
public class BDConsulta extends BDConecta{
        public void consultaSQL(String sql) throws SQLException
        {
```

```
06		try{
07			boolean vazio=true;
08			Statement statement = getStatement ();
09			ResultSet resultSet = statement.executeQuery(sql);
10			ResultSetMetaData metaData = resultSet.getMetaData();
11			int numeroColunas = metaData.getColumnCount();
12			for(int i=1; i<=numeroColunas; i++) {
13				System.out.printf(i%2==0?"%-8s\t":"%-3s\t", metaData.getColumnName(i));
14			}
15			System.out.println();
16			while(resultSet.next())
17			{
18				vazio=false;
19				for(int i=1; i<=numeroColunas; i++)
20					System.out.printf(i%2==0?"%-8s\t":"%-3s\t", resultSet.getObject(i));
21				System.out.println();
22			}
23			if(vazio)
24				System.out.println("AVISO.\nNão foram encontrados resultados para esta consulta.");
25		}
26		catch(SQLTimeoutException e)
27		{
28			System.out.println("Erro!\nO tempo limite especificado pelo setQueryTimeout foi excedido.");
29		}
30	}
31 }
```

A classe BDConsulta herda a classe BDConecta que possui a conexão com o banco de dados; dentro do método consultaSQL, que espera como argumento uma consulta SQL a ser passada e executada na linha 09.

Dentro do nosso método há o try/catch. Dentro de try foi criada uma variável booleana, linha 07, como um verificador de resultados da consulta. Na linha 08 é solicitado o objeto Statement, linha 08. Lembrando que este método pertence à classe BDConecta. E na linha 09, através de nosso objeto Statement executamos a consulta passada como argumento e retornamos o ResultSet desta consulta.

Com o objeto resultSet em mãos pego dados na forma de metadados, linha 10, através do método getMetaData() de ResultSet e com ele pega-se a quantidade de colunas com getColumnCount(); onde é atribuído o resultado à variável inteira "numeroColunas", linha 11. Na linha 12 é criado um laço por contador, onde exibimos o cabeçalho das colunas com algum tipo de formatação, dependendo do resultado obtido pelo contador "i" do laço, linha 13; através de um operador ternário.

Pulamos uma linha, linha 15, para iniciar os registros; onde next() do nosso objeto "resultSet" irá pegar um registro por vez, retornando true se algum registro for encontrado; se nossa consulta gerou algum resultado, então o retorno de resultSet.next() será true; entrando assim no laço; com isso definimos nossa variável booleana vazio como falso, linha 18; já que há pelo menos um registro a ser exibido; dentro do nosso laço for, linha 19 e 20; realizamos a exibição do dado de cada coluna, com a formatação idêntica feita no cabeçalho; sempre pulando uma linha, linha 21, ao final da inclusão das colunas de um registro.

Caso não tenha entrado no while da linha 16; então nossa variável booleana vazio ainda será true, linha 23; e uma mensagem será exibida, alertando que nenhum resultado foi encontrado, linha 24. Se durante a realização da consulta se ultrapasse o tempo limite, então irá entrar em catch(), linha 26, exibindo a mensagem da linha 28.

A classe BDExecuta será responsável em executar consultas SQL de atualização, inserção ou exclusão; por isso ao invés de se utilizar executeQuery(), será utilizado executeUpdate(), na realização de suas consultas.

BDExecuta.java

```
01 package bd.exemplo;
02 import java.sql.*;
03 public class BDExecuta extends BDConsulta{
04     public void atualizaSQL(String sql) throws SQLException
05     {
06         try{
07             if(getStatement ().executeUpdate(sql)>=1)
08             {
09                 if(sql.contains("DELETE"))
10                     System.out.println("Exclusão realizada com sucesso!");
11                 else if(sql.contains("UPDATE"))
12                     System.out.println("Alteração realizada com sucesso!");
13                 else
14                     System.out.println("Cadastro realizado com sucesso!");
15             }
16             else
17                 System.out.println("Não houve alteração no banco de dados");
18         }
19         catch(SQLTimeoutException e)
20         {
21             System.out.println("Erro!/nO tempo limite especificado pelo setQueryTimeout foi excedido.");
22         }
23     }
24 }
```

A classe BDExecuta irá herdar a nossa classe BDConsulta; a classe possui o método atualizaSQL; onde se espera uma consulta SQL a ser passada como argumento; retornando uma mensagem do resultado desta operação. Dentro de try/catch pegamos diretamente o Statement retornado por getStatement(), linha 08, e executamos a consulta de alteração da tabela do banco, linha 07, com base no SQL passado, que deverá retornar o valor um; afirmando desta forma que houve alteração de nossa tabela, do contrário, irá cair no else da linha 17, alertando que nenhuma alteração foi realizada no banco de dados.

Para saber o que informar analisamos a própria SQL passada, se contém a palavra DELETE, linha 09; será exibida uma mensagem de exclusão, linha 10; se possui a palavra UPDATE, linha 11; será exibida uma mensagem de atualização ou do contrário, linha 13, que só nos sobra a mensagem de que um novo cadastro foi realizado, linha 14. O catch() aqui presente é o mesmo da classe BDConsulta. Que é exibido quando o tempo limite de setQueryTimeout for excedido.

Por fim, teremos a classe BDMain, que se utilizará das classes que foram criadas, para a realização de consultas simples ou de cadastro, alteração e exclusão. Esta classe iremos criar em outro pacote de nome bd.principal. Ficando desta forma a seguinte configuração de nosso exemplo:

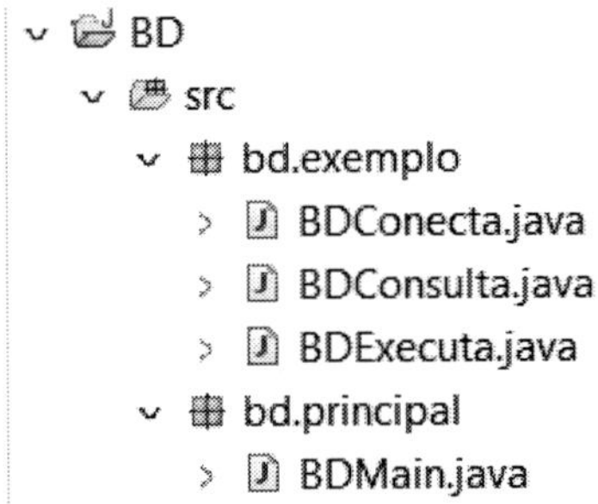

BDMain.java

```
package bd.principal;
import java.sql.SQLException;
import java.util.Scanner;
import bd.exemplo.BDExecuta;
public class BDMain extends BDExecuta{
	public static void main(String[] args) throws SQLException
	{
		int op=0, id=0, opCargo;
		String nome, nomeCargo, data="", sql="";
		float sal;
		BDExecuta bd = new BDExecuta();
		try (Scanner sr = new Scanner(System.in)) {
			while(op!=6)
			{
				System.out.println("[1] - Ver dados cadastrados.");
				System.out.println("[2] - Realizar consulta pelo nome.");
				System.out.println("[3] - Alterar dados cadastrais.");
				System.out.println("[4] - Realizar novo cadastro.");
				System.out.println("[5] - Excluir cadastro.");
				System.out.println("[6] - Sair");
				op = sr.nextInt();
				sr.skip("\\R?");
				switch(op){
					case 1:
						sql="SELECT id, nome, sal, cargo, DATE_FORMAT(entrada, '%d-%m-%Y') 'Entrada' FROM Empresa_SA.empregados ORDER BY nome";
						bd.consultaSQL(sql);
					break;
```

```
                    case 2:
                        System.out.print("Digite o primeiro nome: ");
                        nome = sr.nextLine();
                        sql = "SELECT id, nome, sal 'Salário', cargo, DATE_FORMAT(entrada, '%d-%m-%Y') 'Entrada' FROM Empresa_SA.empregados WHERE nome LIKE '" + nome + "%'";
                        bd.consultaSQL(sql);
                    break;
                    case 3:
                        System.out.print("Digite o ID do usuário a ser atualizado: ");
                        id = sr.nextInt();
                        System.out.print("Digite sua data de entrada (YYYY-MM-DD): ");
                        sr.skip("\\R?");
                        data = sr.nextLine();
                    case 4:
                        System.out.print("Digite o nome e sobrenome: ");
                        nome = sr.nextLine();
                        System.out.print("Digite o salário: ");
                        sal = sr.nextFloat();
                        System.out.println("Escolha o cargo:");
                        System.out.println("[1] - Administrador");
                        System.out.println("[2] - Contador ");
                        System.out.println("[3+] - Estagiário ");
                        opCargo = sr.nextInt();
                        nomeCargo = switch(opCargo) {
                            case 1->"Administrador";
                            case 2 ->"Contador";
                            case 3 ->"Estagiário";
                            default -> "Estagiário";
                        };
                        if(op==3)
                            sql = "UPDATE Empresa_SA.empregados SET nome='"+nome+"', sal="+sal+", cargo='"+nomeCargo+"', entrada='"+data+"' WHERE id=" + id;
                        else if(op==4)
                            sql = "INSERT INTO Empresa_SA.empregados VALUES(NULL, '"+nome+"',"+sal+",'"+nomeCargo+"', DEFAULT)";
                        bd.atualizaSQL(sql);
                    break;
                    case 5:
                        System.out.print("Digite o ID do usuário a ser excluído: ");
                        id = sr.nextInt();
                        sql = "DELETE FROM Empresa_SA.empregados WHERE id=" + id;
                        bd.atualizaSQL(sql);
                    break;
                    case 6:
                        System.out.println("Programa finalizado.");
```

```
70                              break;
71                              default:
72                                      System.out.println("Erro!\nDigite uma opção válida.");
73                      }
74              }
75          }
76      }
77 }
```

Nossa classe BDMain herda BDExecuta que possui as demais classes: BDConsulta e BDConecta. No método principal foram criadas algumas variáveis para nos auxiliar, linhas 08 a 10, com algumas já inicializadas. Mesmo herdado é necessário criar um objeto da classe BDExecuta, linha 11, para poder utilizarmos de seus métodos não estáticos que precism para isso a referência da classe dentro do método principal estático. Foi criado um objeto da classe Scanner, linha 12, utilizando o conceito try-with-resources. O objeto Scanner de nome "sr" será responsável por capturar os dados provindos do usuário.

Na linha 13 foi criado um laço while para a apresentação de um menu; onde será encerrado quando a opção for de valor seis (6); o valor digitado pelo usuário será atribuído à variável "op", linha 21. Depois disso, a variável "op" é analisada, linha 23, caso seja o valor um (1), linha 24, uma consulta padrão de exibição dos dados será apresentada; onde foi utilizado DATE-FORMAT(), para formatar a data para o nosso padrão. Na consulta foram selecionados o banco de dados e a tabela, ordenada por nome, linha 25, e solicitada a realização desta consulta, linha 26. E depois encerrado o caso, linha 27.

Caso seja a opção dois, linha 28, que é de consulta por nome, é solicitado o primeiro nome, linha 29; e capturamos o nome digitado pelo usuário na linha 30. Na linha 31 criamos uma nova consulta com base no nome passado e executamos, linha 32. E na linha 33 é interrompido o caso.

Caso seja a opção três, linha 34, é solicitado o id do usuário, linhas 35 e 36. É solicitada uma nova data de entrada, linhas 37 a 39, onde é utilizado o método skip() de Scanner para ignorar a tecla ENTER como entrada de dados; perceba que este caso não possui break e por isso entrará no quarto caso automaticamente, linha 40, que é referente a cadastro; onde pedirá os demais dados como nome completo, salário e cargo; este último será apresentado um menu com as opções dos cargos, linhas 45 a 48, evitando assim que haja erros de digitação por parte do usuário; que dependendo da opção escolhida será retornado o cargo apropriado através da análise de um switch(), linhas 50 a 55. Opção 3 ou outro número será considerado o cargo como estagiário, linhas 53 e 54.

Dentro deste caso é analisada novamente a opção que o usuário escolheu, já que o terceiro caso não possui break a opção pode ter sido três (3) ao invés de quatro (4). Por isso verifica se o valor da opção é três, linha 56; caso afirmativo, é criada uma consulta de atualização, linha 57; passando os dados que foram capturados pelas variáveis. Do contrário se for a opção quatro, linha 58, será criada uma consulta de inserção; onde a data de entrada será a data atual do sistema; já que neste campo foi utilizado DEFAULT na consulta de inserção SQL. E desta forma é chamado o método atualizaSQL() para a execução, linha 60. E na linha 61 é utilizado o break para interromper o caso.

Caso seja a opção cinco, linha 62, é solicitado o ID do usuário a ser excluído, linha 63, capturado pela linha 64 o dado digitado pelo usuário na variável "id"; e incluído esta variável em uma consulta de exclusão, linha 65, para que assim seja executado, linha 66 e encerrado o caso, linha 67. Se for a opção seis, linha 68, só informa que o programa foi finalizado e uma opção fora dos casos, linha 71, informará que a opção escolhida é inválida, linha 72. A saída do programa será algo como:

```
[1] - Ver dados cadastrados.
[2] - Realizar consulta pelo nome.
[3] - Alterar dados cadastrais.
[4] - Realizar novo cadastro.
[5] - Excluir cadastro.
[6] - Sair
1
id    nome              sal         cargo          Entrada
2     Carla Pontes      4800.0      Administrador  18-08-2011
3     Igor Neurudo      1000.0      Estagiário     23-09-2022
1     Marcos Alberto    3200.0      Contador       23-11-2003
[1] - Ver dados cadastrados.
[2] - Realizar consulta pelo nome.
[3] - Alterar dados cadastrais.
[4] - Realizar novo cadastro.
[5] - Excluir cadastro.
[6] - Sair
3
Digite o ID do usuário a ser atualizado: 1
Digite sua data de entrada (YYYY-MM-DD): 2003-11-23
Digite o nome e sobrenome: Marcos Nalberto
Digite o salário: 3300
Escolha o cargo:
[1] - Administrador
[2] - Contador
[3+] - Estagiário
2
Alteração realizada com sucesso!
[1] - Ver dados cadastrados.
[2] - Realizar consulta pelo nome.
[3] - Alterar dados cadastrais.
[4] - Realizar novo cadastro.
[5] - Excluir cadastro.
[6] - Sair
1
id    nome              sal         cargo          Entrada
2     Carla Pontes      4800.0      Administrador  18-08-2011
3     Igor Neurudo      1000.0      Estagiário     23-09-2022
1     Marcos Nalberto 3300.0  Contador             23-11-2003
[1] - Ver dados cadastrados.
[2] - Realizar consulta pelo nome.
[3] - Alterar dados cadastrais.
[4] - Realizar novo cadastro.
[5] - Excluir cadastro.
[6] - Sair
6
Programa finalizado.
```

O que está em negrito é relativo aos dados que foram alterados.

Criando um exemplo com banco de dados II

Inicialmente havia pensado em criar um novo banco de dados com muito mais campos, mas não iria trazer nada de novo, só dar mais trabalho na realização de testes de inserção, atualização ou cadastro, por exemplo. Já que temos campos do tipo: texto, real e data. Acrescentar outros campos como inteiro é totalmente irrelevante. Este exemplo será dividido em dois tópicos; onde neste será acompanhado das seguintes etapas:

1. Criando um projeto em Maven.
2. Acrescentando as dependências em POM.
3. Criando a manipulação do banco de dados.
4. Criando a interface gráfica.
5. Criando o ouvinte de eventos.
6. Acrescentando código na interface gráfica construída.
7. Criando o relatório imprime.jrxml (próximo tópico).

Criando um projeto em Maven

O Maven visa facilitar o desenvolvimento de um projeto; principalmente quando este projeto requer a execução de relatórios, que faz parte, por sinal, do ciclo normal de construção do Maven e é por isso que iremos utilizá-lo.

A distribuição Eclipse for JEE Developers já vem com uma instalação do Maven. Você poderá constatar isso indo ao menu principal em help > Eclipse Marketplace e na aba search digitar maven, você verá que o mesmo já se encontrará instalado. Ex:

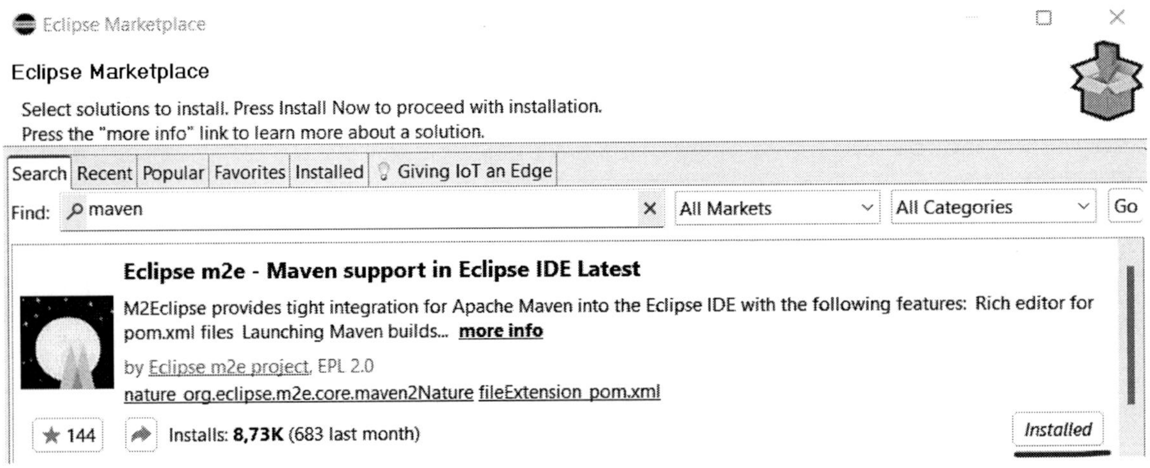

Caso não esteja instalado, o que acho improvável, instale a ferramenta.

1. Vá ao menu principal do Eclipse em File > New >Project...
2. Aparecerá uma janela para que você selecione um assistente; vá à pasta Maven e escolha Maven Project, conforme o exemplo da imagem:

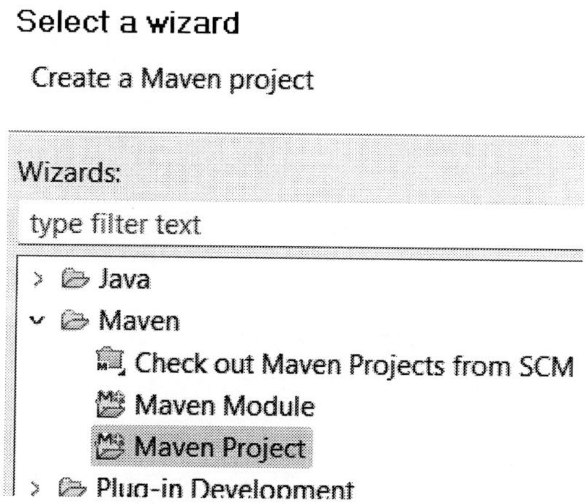

3. Marque para a criação de um projeto simples. Selecionando Create a simple project (skip archtype selection):

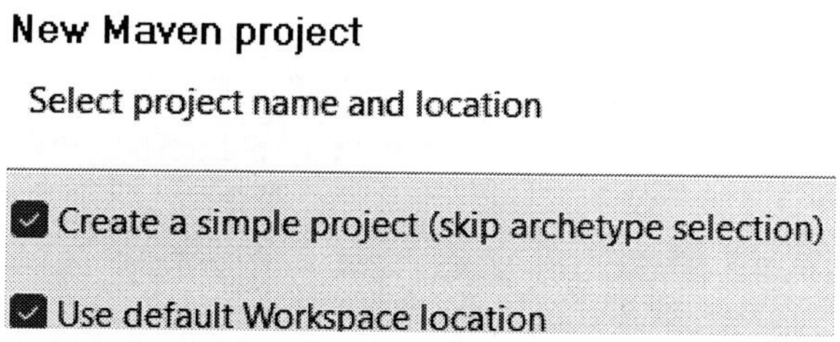

4. Clique em next e na próxima janela preencha os seguintes campos:
   - Group Id: bd.maven.graf
   - Artifact Id: BD2

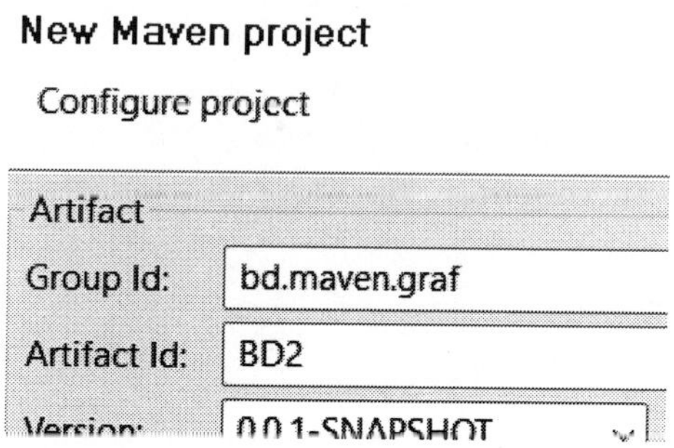

5. Clique em finish.

Acrescentando as dependências em POM

Um Project Object Model (Modelo de objeto do projeto) ou POM é a unidade fundamental de trabalho do Maven. É um arquivo XML que contém informações sobre o projeto e detalhes de configuração usados pelo Maven para construir o projeto.

Vamos acrescentar algumas informações neste arquivo, com base no site: https://mvnrepository.com/

É um site que disponibiliza artefatos maven, que estão disponíveis para recuperação e inclusão de projetos.

1. Abra o site https://mvnrepository.com/ e realize a busca por Maven Compiler Plugin. Uma imagem como esta será mostrada:

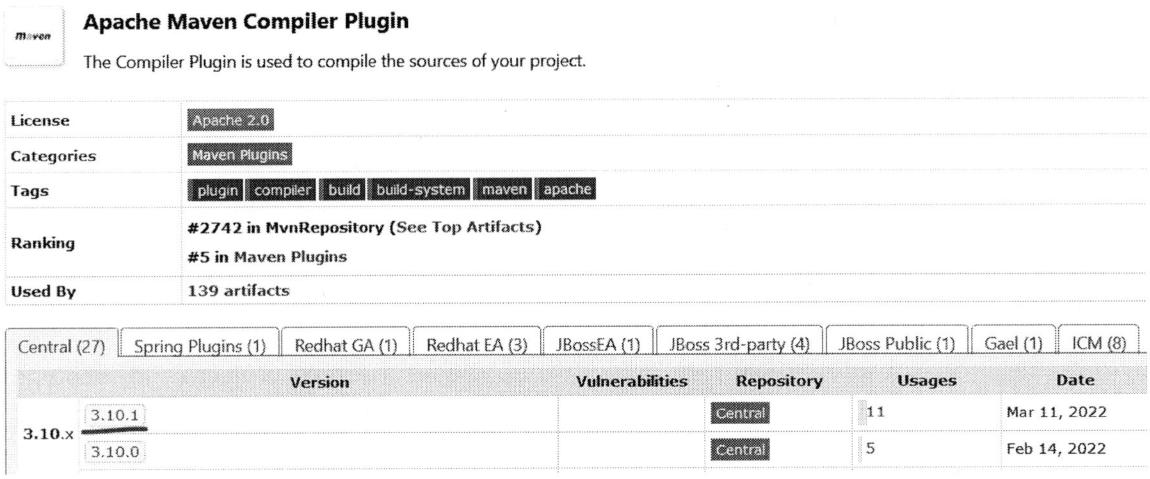

2. Clique na última versão e copie as configurações da mesma, como groupId, artifactId e version. Ex:
<groupId>org.apache.maven.plugins**</groupId>**
<artifactId>maven-compiler-plugin**</artifactId>**
<version>3.10.1**</version>**

3. Vamos adicionar estas informações dentro da tag Project, do nosso arquivo xml. Com a seguinte estrutura:

```
<build>
        <plugins>
                <plugin>
                        <groupId>org.apache.maven.plugins</groupId>
                        <artifactId>maven-compiler-plugin</artifactId>
                        <version>3.10.1</version>
                        <configuration>
                                <source>19</source>
                                <target>19</target>
                        </configuration>
                </plugin>
        </plugins>
    </build>
```

Que se refere ao plugin utilizado na construção e a versão Java, que é a 19; já na finalização deste livro a versão 19 já estava disponível.

4. Crie uma tag, dentro da tag de projetos de nome dependencies, com abertura <dependencies> e fechamento </dependencies>. Dentro dela incluiremos as seguintes informações:
   4.1. Fazer uma busca por jasperreports no site mvnrepository. Clicar em jasperreports library, clicar na última versão, onde terá um conteúdo xml, copie e cole entre a tag dependencies.

4.2. Fazer uma busca por MiGLayout Swing no site mvnrepository; abri-lo clicando sobre o mesmo e clicar na última versão, onde terá um conteúdo xml, copie e cole entre a tag dependencies.

4.3. Fazer uma busca por MySQL Connector Java, clicar em MySQL Connector/J, na última versão, copiar o xml, colar dentro da tag dependencies.

Ao final o conteúdo do arquivo POM.xml ficará da seguinte forma:

```
<project xmlns="http://maven.apache.org/POM/4.0.0" xmlns:xsi="http://www.w3.org/2001/XMLSchema-
instance" xsi:schemaLocation="http://maven.apache.org/POM/4.0.0
https://maven.apache.org/xsd/maven-4.0.0.xsd">
<modelVersion>4.0.0</modelVersion>
<groupId>com.exemplo</groupId>
<artifactId>BDGraf</artifactId>
<version>0.0.1-SNAPSHOT</version>
<!-- removido a tag project, que será incluída no final para fechamento -->
<!—Adicionado a seguinte estrutura -->
<dependencies>
        <dependency>
                <groupId>net.sf.jasperreports</groupId>
                <artifactId>jasperreports</artifactId>
                <version>6.20.0</version>
        </dependency>
        <dependency>
                <groupId>com.miglayout</groupId>
                <artifactId>miglayout-swing</artifactId>
                <version>11.0</version>
        </dependency>
        <dependency>
                <groupId>mysql</groupId>
                <artifactId>mysql-connector-java</artifactId>
                <version>8.0.30</version>
        </dependency>
</dependencies>
        <build>
                <plugins>
                        <plugin>
                                <groupId>org.apache.maven.plugins</groupId>
                                <artifactId>maven-compiler-plugin</artifactId>
                                <version>3.10.1</version>
                                <configuration>
                                        <source>19</source>
                                        <target>19</target>
                                </configuration>
                        </plugin>
                </plugins>
        </build>
</project><!-- colocado a tag Project de fechamento no final -->
```

Salve e atualize o arquivo POM.xml; clicando sobre o nome o seu projeto, com o botão direito do mouse, e no menu de contexto escolhendo Maven > Update Project...

Criando a manipulação do banco de dados

O nome da classe será BD, que englobará o que vimos no tópico anterior; com pequenos acréscimos; além de algumas modificações.

```
package bd.maven;
import java.sql.Connection;
import java.sql.DriverManager;
import java.sql.ResultSet;
import java.sql.SQLException;
import java.sql.SQLTimeoutException;
import java.sql.Statement;
import javax.swing.JOptionPane;
public class BD {
	private String URL_BD = "jdbc:mysql://localhost:3306/";
	private String user = "root";
	private String senha = "1234";
	protected Statement getStatement() throws SQLTimeoutException
	{
		try{
			Connection connection = getConecta();
			return connection.createStatement(ResultSet.TYPE_SCROLL_SENSITIVE, ResultSet.CONCUR_UPDATABLE);
		}
		catch(SQLException e)
		{
			JOptionPane.showMessageDialog(null, "Ocorreu um erro ao tentar acessar o banco de dados", "Erro",JOptionPane.ERROR_MESSAGE);
			return null;
		}
	}
	protected void alteraConecta(String... dados)
	{
		switch(dados.length)
		{
			case 3: URL_BD = dados[2];
			case 2: user = dados[1];
			case 1: senha = dados[0]; break;
			default:
				JOptionPane.showMessageDialog(null, "O método aceita de um a três argumentos", "Erro",JOptionPane.ERROR_MESSAGE);
		}
	}
	public Connection getConecta() throws SQLException
	{
		return DriverManager.getConnection(URL_BD, user, senha);
	}
```

```
40      public ResultSet consultaSQL(String sql) throws SQLException
41      {
42              try{
43                      Statement statement = getStatement();
44                      return statement.executeQuery(sql);
45              }
46              catch(SQLTimeoutException e)
47              {
48                      JOptionPane.showMessageDialog(null,"O tempo limite especificado pelo setQueryTimeout foi excedido.", "Erro",JOptionPane.ERROR_MESSAGE);
49              }
50              return null;
51      }
52      public void atualizaSQL(String sql) throws SQLException
53      {
54              try{
55                      if(getStatement().executeUpdate(sql)==1)
56                      {
57                              if(sql.contains("DELETE"))
58                                      JOptionPane.showMessageDialog(null,"Exclusão realizada com sucesso!");
59                              else if(sql.contains("UPDATE"))
60                                      JOptionPane.showMessageDialog(null,"Alteração realizada com sucesso!");
61                              else
62                                      JOptionPane.showMessageDialog(null,"Cadastro realizado com sucesso!");
63                      }
64                      else
65                              JOptionPane.showMessageDialog(null,"Não houve alteração no banco de dados", "Aviso",JOptionPane.WARNING_MESSAGE);
66              }
67              catch(SQLTimeoutException e)
68              {
69                      JOptionPane.showMessageDialog(null,"O tempo limite especificado pelo setQueryTimeout foi excedido.", "Erro",JOptionPane.ERROR_MESSAGE);
70              }
71      }
72 }
```

Há um método novo da linha 36, que quando chamado nos retorna a conexão (Connection); veja que o método de consulta, linha 40, agora é um método que retorna um ResultSet. Os demais seguem o mesmo critério anterior, com a diferença que agora foram utilizadas caixas de mensagem (JOptionPane).

Criando a interface gráfica

1. Adicione o driver JDBC a este projeto, conforme já explicado; que é clicando com o botão direito do mouse sobre o projeto e no menu de contexto escolha propriedades e nas abas presentes na janela

aberta selecione libraries (bibliotecas), selecione a opção classpath e depois clique no botão Add External JARS para adicionar o arquivo mysql-connector-java-8.0.30.jar. Que deve se encontrar em: *C:\Program Files (x86)\MySQL\Connector J 8.0\mysql-connector-java-8.0.30.jar*

2. No local de src/main/java, crie um pacote (package): bd.maven.
3. Dentro deste pacote crie uma classe de nome BDMain; conforme o exemplo:

```
package bd.maven;
import javax.swing.JFrame;
public class BDMain {
        public static void main(String[] args) {
                JFrame janela = new JFrame("Empresa SA");
                janela.setDefaultCloseOperation(JFrame.EXIT_ON_CLOSE);
                janela.setBounds(0,0, 700, 400);
                janela.setVisible(true);
        }
}
```

Vamos criar os componentes gráficos pela janela design disponível no Eclipse, para isso clique sobre a nossa classe recém-criada e no menu de contexto, utilizando o botão direito do mouse, escolha Open With > WindowBuilder Editor.

1. Selecione contentPane na janela de estruturas (Structure) e na janela de propriedades (properties), altere o layout padrão para BorderLayout.

2. Depois clique em JTabbedPane na janela de paletas (palette) e clique na parte superior da sua janela. Conforme o exemplo:

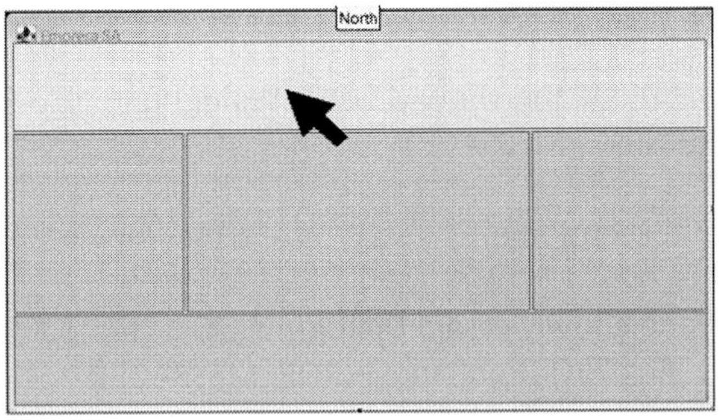

3. Altere o nome deste objeto indo na janela propriedades e em variable altere o nome para principal, pois será o nosso contêiner principal.

4. Adicione dois contêineres do tipo JPanel ao nosso contêiner de nome principal. Você poderá fazer isso, simplesmente:
   4.1. Clicando no JPanel, presente na janela de paletas e depois clicando em principal, presente na hierarquia da janela de estruturas. Ou clicando no JPanel e depois clicando diretamente na janela que está sendo exibida; fica ao seu critério.

5. Selecione o primeiro JPanel e altere seu nome para "painelRelatorio", indo na janela de propriedades e em variable. Depois expanda a propriedade Tab e altere de lá o title para relatório.

6. Faça o mesmo com o segundo painel para o nome "painelFormulario" e o title para formulário.

7. No JTabbedPane referente a aba de relatório faça os seguintes procedimentos:

   7.1. Escolha o layout do tipo BorderLayout pela janela de paletas e depois clique em "painelRelatorio", presente na janela de estruturas.

   7.2. Escolha agora outro JPanel e coloque-o na parte de cima.

      7.2.1. Se estiver com dificuldade de escolher a opção norte ao adicionar este novo painel; simplesmente clique em JPanel e depois clique em "painelRelatorio".

      7.2.2. Na janela de propriedades do painel recém-adicionado vá ao constraints e verifique se está na posição norte (North).

   7.3. Nomeie este painel para "painelOps". E verifique se já não possui por padrão o layout do tipo FlowLayout.

   7.4. Adicione três botões (JButton), um campo de texto (JTextField), uma lista de seleção (JComboBox) e mais outro botão (JButton).

   7.5. Nomeie seus objetos e rótulos, se houver, para os seguintes termos:

Componente	Variable	Text
JButton	imprimir	Imprimir
JButton	alterar	Alterar
JButton	excluir	Excluir
JTextField	procurar	-
JComboBox	ops	-
JButton	consultar	Consultar

   7.6. Em JTextField de nome procurar altere no número de colunas (columns) para 20; selecionando o componente pela janela de estruturas, por exemplo, e indo na janela de propriedades.

   7.7. Em JComboBox, selecione o componente e em propriedades clique nas reticências de model e acrescente as opções: ID, Nome e Cargo; conforme o exemplo:

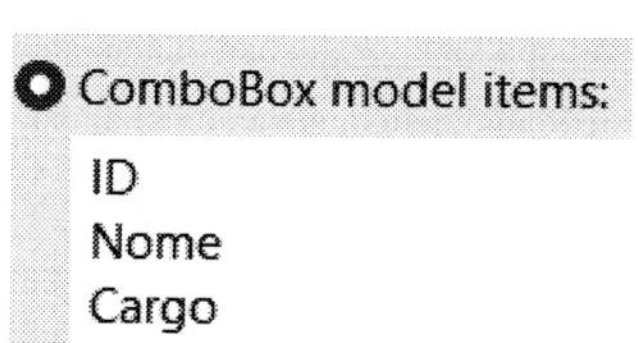

7.8. Ainda na aba de relatório, do nosso contêiner principal do tipo JTabbedPane, adicione um JTable na parte sul do BorderLayout da mesma. Altere o seu nome para tabela e é nela que iremos colocar os registros do nosso banco de dados.

7.9. Acrescente uma Jlabel no painelRelatorio e configure o BorderLayout no centro. Altere o nome da variável para dadosEmpresa e acrescente o título da empresa. Ex: Empresa S.A Incorporações

7.10. Altere a fonte desta label para 18, e alinhado horizontalmente ao centro; indo à janela de propriedades do mesmo. Ex:

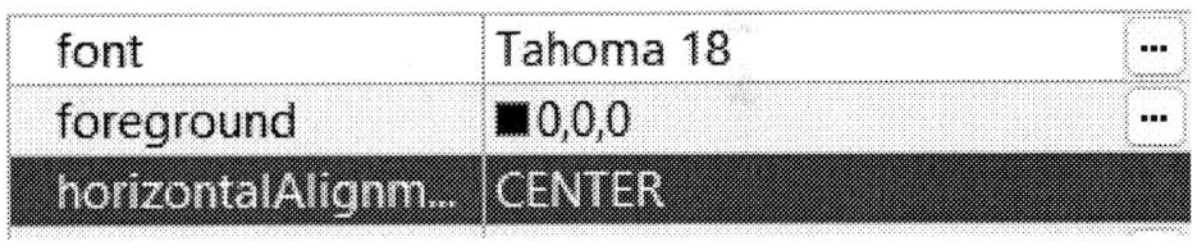

7.11. Como sabemos, um componente do tipo tabela, para ser visualizado corretamente, precisa estar presente em um JScrollPane, o ideal seria adicionar um JScrollPane e depois acrescentar dentro dele a tabela, clicando em JTable e depois clicando em JScrollPane; porém algumas vezes esse comando não é bem entendido pela IDE; então vou considerar que você venha a ter este tipo de problema. A solução é simples, basta ir ao código e acrescentar as seguintes linhas de comando:

```
JScrollPane scroll = new JScrollPane(tabela);
painelRelatorio.add(scroll, BorderLayout.SOUTH);
```

7.12. A visualização da hierarquia final será algo como:

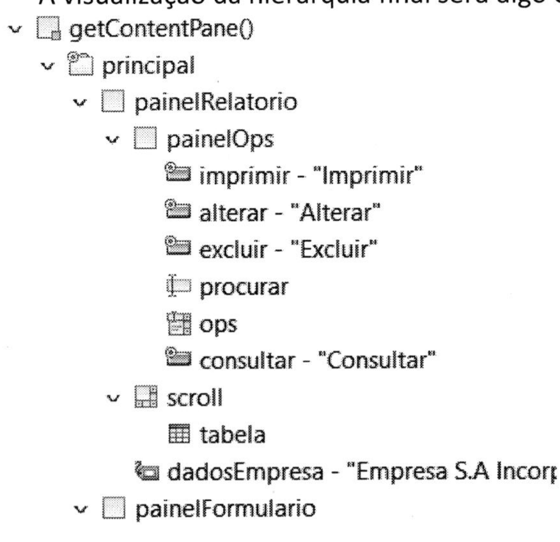

7.13. A visualização da primeira aba será como:

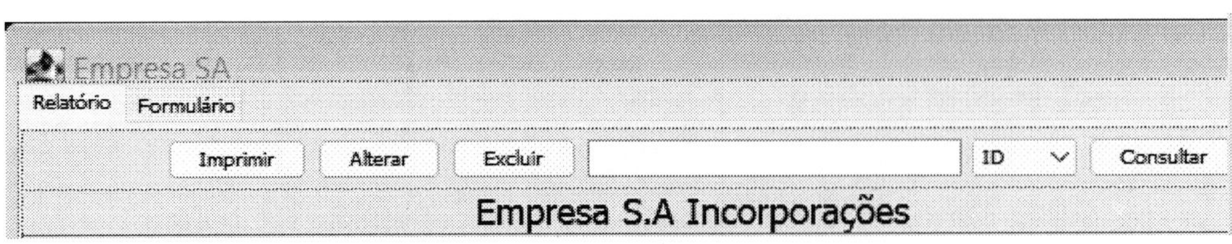

8. No painel da aba de formulário faça os seguintes procedimentos:

8.1. Altere o alinhamento do layout padrão (FlowLayout) para left.

8.2. Adicione um JPanel e nomeie-o como painelForm. E altere o layout, na janela de propriedades, para GridLayout e expanda as propriedades do layout e deixe com quatro linhas e duas colunas.

8.3. Clique sobre o painelForm na janela de hierarquia de componentes e adicione os seguintes componentes, conforme a ordem demonstrada: JLabel, JTextField, JLabel, JFormattedTextField, JLabel, JComboBox, JLabel, JFormattedTextField e dois JButtons.

8.4. Altere o texto das labels para nome, salário, selecione o cargo e data. E os campos de texto as suas variáveis para nomeTexto, salTexto, cargoTexto, dataTexto. Nos botões coloque um rótulo de ok e cancelar, respectivamente. Na identificação destes componentes, coloque o mesmo nome.

8.5. Já a nossa lista de seleção, que será referente aos cargos, possuirá as seguintes opções na propriedade model (modelo): Estagiário, Contador e Administrador.

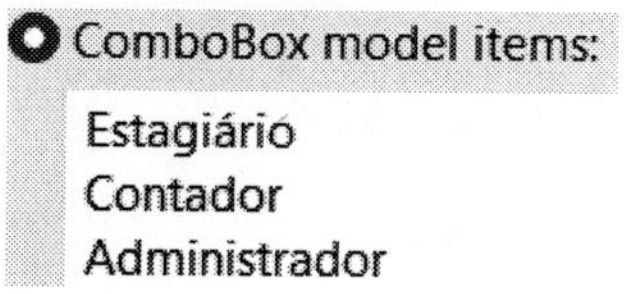

8.6. Ao final a hierarquia desta aba ficará da seguinte forma:

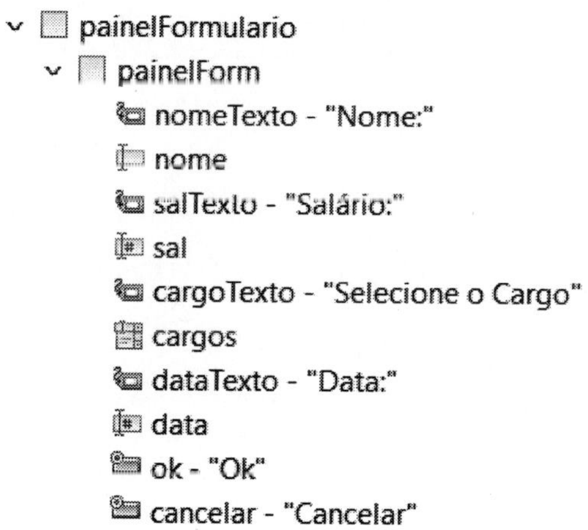

Renomear as labels foi mero capricho, já que o nome de suas variáveis não será utilizado neste exemplo.

8.7. No segundo JFormattedTextField, que será referente a data, vá em propriedades e desmarque a opção habilitado.

8.8. Ao final ficará algo como:

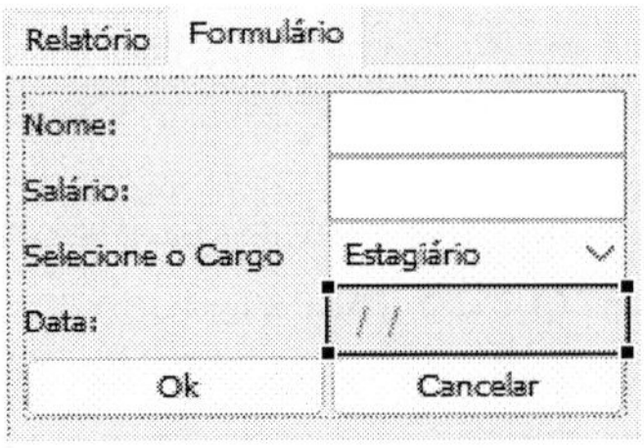

Este pequeno formulário de exemplo irá nos facilitar para realização de testes rápidos de cadastro ou alteração de registros, mas você poderá ampliar este formulário; lembre-se que se for o caso, alterar não só o formulário, mas também a estrutura da tabela do banco de dados.

Criando o ouvinte de eventos

Será uma classe responsável na manipulação dos eventos; normalmente é construída separada da estrutura responsável pela interface gráfica; diferentemente como eram feitos os pequenos exemplos anteriores. Ela herdará a classe que possuirá a interface gráfica, que possuirá o nome de BDMain. Devido ao código ser bem extenso, decidi separar o mesmo em algumas partes para tentar facilitar ao eleitor o entendimento do código.

```
package bd.maven;
import java.awt.event.ActionEvent;
import java.awt.event.ActionListener;
import java.sql.ResultSet;
import java.sql.ResultSetMetaData;
import java.sql.SQLException;
import java.util.HashMap;
import javax.swing.JButton;
import javax.swing.JOptionPane;
import javax.swing.JTable;
import javax.swing.event.ChangeEvent;
import javax.swing.event.ChangeListener;
import javax.swing.event.ListSelectionEvent;
import javax.swing.event.ListSelectionListener;
import javax.swing.table.DefaultTableModel;
import net.sf.jasperreports.engine.JRException;
import net.sf.jasperreports.engine.JasperCompileManager;
import net.sf.jasperreports.engine.JasperFillManager;
import net.sf.jasperreports.engine.JasperPrint;
import net.sf.jasperreports.engine.JasperReport;
import net.sf.jasperreports.view.JasperViewer;
public class MonitoraEventos extends BDMain implements ListSelectionListener, ChangeListener,
ActionListener {
        private String sql, nome, sal, cargo, data, procura;
        private static String compSQL="id>0 ORDER BY nome";
        private static long id=0;
        private static boolean update=false;
        private static DefaultTableModel modelo;
        private BD bd = new BD();
        @Override
```

```
30      public void valueChanged(ListSelectionEvent e) {
31              if(tabela.getSelectedRow() > -1)
32                      id = (long) tabela.getValueAt(tabela.getSelectedRow(), 0);
33      }
```

Na linha 01 temos o pacote onde está incluída a nossa classe e das linhas 02 a 21 as importações necessárias. A classe, como dito anteriormente, extende (herda) a classe BDMain, que ainda será criada e implementa vários ouvintes de evento: ListSelectionListener, ChangeListener e ActionListener. Foram criadas algumas variáveis, linhas 23 a 27; sendo algumas do tipo estático, para garantir a perduração dos dados destas variáveis. A variável "compSQL" da linha 24, servirá para puxar relatórios para impressão de forma personalizada, com base na consulta solicitada pelo usuário; além de termos um objeto da classe BD, linha 28.

O método valueChanged(), linha 30, é chamado quando o componente em questão possui um ChangeListener; será incluído unicamente em nossa tabela (JTable) e por isso não irei verificar o tipo de componente que está chamando este método. O método getSelectedRow(), presente no if da linha 31, retorna o número da linha selecionada ou -1 se nenhuma linha for selecionada. No caso de uma linha selecionada pelo usuário, irei pegar o primeiro elemento da tabela. O método getValueAt() retorna o conteúdo com base na linha e coluna informados. Como sabemos, o método getSelectedRow() irá retornar o número da linha selecionada e a primeira coluna, já que está sendo passado o valor zero (0); esta primeira coluna possuirá o dado referente ao ID do registro.

```
34      @Override
35      public void actionPerformed(ActionEvent e) {
36              Object obj = e.getSource();
37              if(obj instanceof JButton){
38                      JButton bt = (JButton)obj;
39                      if(bt.getText()=="Excluir"){
40                              if(id!=0){
41                                      int resp = JOptionPane.showConfirmDialog(null, "Tem certeza que deseja excluir o registro?", "Exclusão de Registro", JOptionPane.YES_NO_OPTION);
42                                      if (resp == JOptionPane.YES_OPTION){
43                                              try{
44                                                      String sql = "DELETE FROM Empresa_SA.empregados WHERE id=" + id;
45                                                      bd.atualizaSQL(sql);
46                                                      int linha = tabela.getSelectedRow();
47                                                      modelo.removeRow(linha);
48                                                      id=0;
49                                              }catch(SQLException e2) { e2.printStackTrace(); }
50                                      }
51                              }
52                              else
53                                      alerta("Você deve selecionar um registro.");
54                      }
55                      else if(bt.getText()=="Alterar"){
56                              if(id!=0){
57                                      update=true;
```

```
58                          nome = (String) tabela.getValueAt(tabela.getSelectedRow(), 1);
59                          sal = (String) tabela.getValueAt(tabela.getSelectedRow(), 2);
60                          cargo = (String) tabela.getValueAt(tabela.getSelectedRow(), 3);
61                          data = (String) tabela.getValueAt(tabela.getSelectedRow(), 4);
62                          BDMain.nome.setText(nome);
63                          BDMain.sal.setText(sal);
64                          cargos.setSelectedItem(cargo);
65                          BDMain.data.setText(data);
66                          BDMain.data.setEnabled(update);
67                          principal.setSelectedIndex(1);
68                  }else
69                          alerta("Você deve selecionar um registro.");
```

No método actionPerformed, pegamos o componente que ocorreu a interação do usuário, linha 36, e é verificado se é um botão, linha 37; caso afirmativo, criamos um botão, através deste objeto, linha 38. É verificado se o rótulo deste botão é excluir, linha 39; caso afirmativo, verifica se há algum registro selecionado; para tanto, a variável estática id deverá ser diferente de zero, linha 40; do contrário, irá para o else da linha 52, onde o método alerta irá exibir a mensagem alertando o usuário, linha 53.

Dentro do if é criada uma caixa de diálogo de confirmação, onde a resposta escolhida pelo usuário é armazenada na variável "resp" e verificada na linha 42 se foi sim; caso afirmativo é criada uma consulta de exclusão, linha 44, com base no id capturado quando o usuário selecionou um registro na tabela. E na linha 45 é executada esta consulta.

Para atualizarmos a tabela, pegamos a linha selecionada, linha 46, e removemos do modelo da tabela, linha 47 e finalmente zeramos o id, linha 48.

Se o rótulo do botão não for excluir e sim alterar, linha 55, é verificado se o id não é diferente de zero, linha 56; do contrário, irá para o else, linha 68, chamando o método alerta, linha 69. Dentro do if da linha 56, pegamos nossa variável estática booleana e atribuímos true a ela, linha 57. Resgatamos os dados presentes na tabela, linhas 58 a 61 e atribuímos aos componentes de nosso formulário, presentes na classe BDMain; utilizamos a referência desta classe na grande maioria, linhas 62 a 66, devido aos nomes das variáveis serem idênticas aos nomes dos componentes do formulário. Isso irá servir para popular o nosso formulário que está presente na aba formulário de JTabbedPane.

```
70          }else if(bt.getText()=="Consultar"){
71                  procura = procurar.getText();
72                  String op = (String) ops.getSelectedItem();
73                  sql="SELECT id, nome, sal, cargo, DATE_FORMAT(entrada, '%d-%m-%Y') FROM Empresa_SA.empregados WHERE ";
74                  if(procura.isEmpty()){
75                          compSQL = "id>0 ORDER BY "+op;
76                          sql+=compSQL;
77                  }else if(op.contains("ID")){
78                          compSQL = "id= "+procura;
79                          sql+=compSQL;
80                  }else {
81                          compSQL = op+" LIKE '"+procura+"%'";
```

```
82                  sql+=compSQL;
83              }try {
84                  puxaTabela(sql);
85              } catch (SQLException e1) {
86                  e1.printStackTrace();
87              }
```

Ainda continuando a verificação do botão, verifica-se se é o botão de consultar, linha 70; caso afirmativo, pegamos o campo de procura o que usuário digitou e a opção de seleção escolhida para esta consulta, linha 72. Na linha 73 foi criada uma estrutura SQL de consulta padrão, que será complementada com base nos critérios de busca do usuário.

Se o conteúdo de procura for vazio, linha 74, será realizada uma consulta simples de ordenação. A variável "compSQL" será utilizada para puxar relatórios. A consulta de relatório terá um WHERE obrigatoriamente, por isso devemos passar algum critério a este WHERE, mesmo que seja um critério inútil, como procurar registros com id maior do que zero id>0, já que a numeração de todos os ids da tabela são todos maiores do que zero; para assim poder acrescentar a cláusula ORDER BY de ordenação, junto com a opção escolhida pelo usuário, da lista de seleção. Ex:

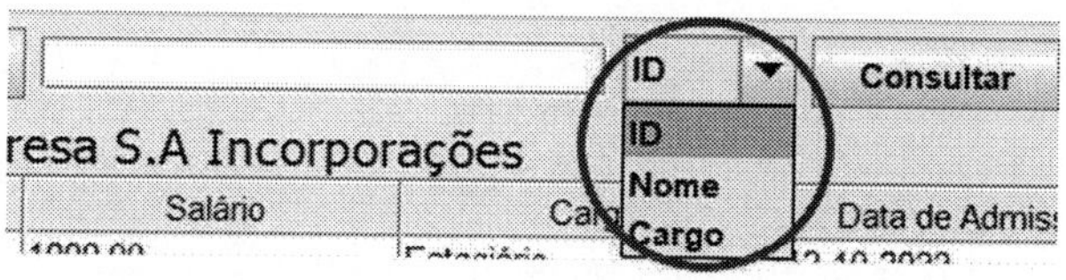

Do contrário, se não estiver vazio o campo JTextField de procura, então será verificado na linha 77, se na lista de seleção foi escolhido o ID; caso afirmativo, pegamos o número digitado pelo usuário e atribuímos a variável complementar SQL, linha 78; onde concatenamos este complemento SQL a nossa consulta padrão, linha 79.

Do contrário, se não for ID, então é um campo referente a texto; o que irá entrar no else da linha 80; pegando a opção selecionada e utilizando o termo like; onde o conteúdo a ser procurado estará entre aspas simples, linha 81; concatenando o complemento sql à consulta padrão, linha 82. Na linha 84 são puxados os dados para a tabela, com base na consulta que foi criada. O método puxaTabela(), será explicado mais à frente.

```
88          }else if(bt.getText()=="Ok") //cadastro ou atualização
89          {
90              nome = BDMain.nome.getText();
91              sal = BDMain.sal.getText();
92              sal = sal.replace(".", "");
93              sal = sal.replace(",", ".");
94              cargo = (String) cargos.getSelectedItem();
95              data = BDMain.data.getText();
96              if(nome.isEmpty() && sal.isEmpty() && cargo.isEmpty())
97                  alerta("Todos os campos devem estar preenchidos.");
98              else {
99                  if(update)
100                 {
```

```
                              String[] arrayData = data.split("-");
                              String formatoSQLData="";
                              for(int i=arrayData.length-1; i>=0; i--)
                                   formatoSQLData+=arrayData[i];
                              sql = "UPDATE Empresa_SA.empregados SET nome='"+nome+"', sal="+sal+", cargo='"+cargo+"', entrada='"+formatoSQLData+"' WHERE id=" + id;
                         }else
                              sql = "INSERT INTO Empresa_SA.empregados VALUES(NULL, '"+nome+"',"+sal+",'"+cargo+"', DEFAULT)";
                         try {
                              bd.atualizaSQL(sql);
                              update=false;
                              id=0;
                              limpaCampos();
                         } catch (SQLException e1) { e1.printStackTrace(); }
                    }
               }
               else if(bt.getText()=="Cancelar"){
                    limpaCampos();
               }
               else if(bt.getText()=="Imprimir"){
                    try {
                         HashMap<String, Object> paramRelat = new HashMap<>();
                         paramRelat.put("nomeEmpresa", "Empresa S.A Incorpora\u00E7\u00F5es");
                         paramRelat.put("endEmpresa", "Rua Dalton\u00EDzio Jaburit\u00ED Cardoso de Hordelando Melo Costa Mastegantes de Crici\u00FAma Medeiros Ramos de Souza Alvez Jurema Neto III");
                         paramRelat.put("contatoEmpresa", "E-mail: @@@.com.br - Tel: 1111-11111");
                         paramRelat.put("compSQL", compSQL);
                         JasperReport jr = JasperCompileManager.compileReport(getClass().getResourceAsStream("/imprime.jrxml"));
                         JasperPrint jp = JasperFillManager.fillReport(jr, paramRelat, bd.getConecta());
                         JasperViewer jv = new JasperViewer(jp, false);
                         jv.setVisible(true);
                    } catch (JRException e1) {
                         e1.printStackTrace();
                    } catch (SQLException e1) {
                         e1.printStackTrace();
                    }
               }
          }
     }
```

O botão de ok, que faz parte do nosso formulário de cadastro, ao ser clicado, será responsável em resgatar os dados preenchidos pelo usuário; devido à formatação padrão de valores, Ex:

```
1.572,47
```

Deveremos realizar algumas alterações neste padrão, com o uso de replace; já que o Java considera o ponto um separador de números fracionados e por isso deverá ser removido, linha 92, e a vírgula, que no nosso padrão é um separador de números fracionados, deverá ser substituída por ponto, linha 93. As demais linhas é um resgate normal de dados do formulário sendo atribuídos a variáveis.

Antes de continuar, verifica-se se não estão vazios alguns campos, linha 96, se tiver uma mensagem de alerta será mostrado, linha 97; do contrário, linha 98, verifica-se se é uma atualização, linha 99. Neste caso, o campo data está ativo, podendo o usuário digitar algum dado, por isso dividimos cada dado presente em data em um array, linha 101; com base no traço de separação presente. E é feito um array de trás para frente, para deixar o campo de data válido para incluir no banco de dados que apresenta o formato YYYY/MM/DD. E criada a consulta de atualização, linha 105; do contrário, linha 106, é criada uma consulta de inserção; ambos com base nos dados do formulário.

Na linha 109 é chamado o método, que já conhecemos, para a execução da consulta; depois são zeradas as variáveis updade e id, para seus valores padrão; além de chamar o método limpaCampos(), linha 112. Se o usuário pressionar o botão cancela, linha 116, o método limpaCampos(), também será chamado. Do contrário, se for o botão de imprimir, linha 119; é requerido o relatório, ocódigo será explicado no próximo tópico.

```
138     private void limpaCampos() {
139             BDMain.nome.setText("");
140             BDMain.sal.setText("");
141             cargos.setSelectedItem("");
142             BDMain.data.setText("");
143             BDMain.data.setEnabled(false);
144     }
145     private void alerta(String mg) {
146             JOptionPane.showMessageDialog(null, mg, "Alerta", JOptionPane.WARNING_MESSAGE);
147     }
148     @Override
149     public void stateChanged(ChangeEvent e) {
150             try {
151                     puxaTabela();
152             } catch (SQLException e1) {
153                     e1.printStackTrace();
154             }
155     }
```

O método privado limpaCampos, simplesmente remove o texto dos campos e torna o campo data inativo, caso não esteja; enquanto o método de alerta, exibe a mensagem passada em uma caixa de diálogo. E o método stateChanged é chamado assim que é iniciada a classe principal, fazendo com que o método puxaTabela() seja chamado.

```
156     private void puxaTabela() throws SQLException {
```

```
157             sql="SELECT id, nome, sal, cargo, DATE_FORMAT(entrada, '%d-%m-%Y') FROM Empresa_SA.empregados WHERE "+compSQL;
158             puxaTabela(bd.consultaSQL(sql));
159     }
160     private void puxaTabela(String sql) throws SQLException {
161             puxaTabela(bd.consultaSQL(sql));
162     }
163     private void puxaTabela(ResultSet resultSet) throws SQLException {
164             ResultSetMetaData metaData = resultSet.getMetaData();
165             int nColunas = metaData.getColumnCount();
166             String[] colunas = {"ID", "Nome", "Salário", "Cargo", "Data de Admissão"};
167             resultSet.last();
168             int nLinhas = resultSet.getRow();
169             resultSet.beforeFirst();
170             Object[][] dados = new Object[nLinhas][nColunas];
171             int local = 0;
172             while(resultSet.next())
173             {
174                     for(int i=1; i<=nColunas; i++)
175                     {
176                             if(resultSet.getObject(i) instanceof Float)
177                                     dados[local][(i-1)]=String.format("%.2f", resultSet.getObject(i));
178                             else
179                                     dados[local][(i-1)]= resultSet.getObject(i);
180                     }
181                     ++local;
182             }
183             modelo = new DefaultTableModel(dados, colunas);
184             if(tabela==null)
185                     tabela = new JTable(modelo);
186             else
187                     tabela.setModel(modelo);
188     }
189 }
```

O método puxaTabela() é sobrecarregado, podendo ser chamado sem nenhum argumento, linha 156, que neste caso é criada uma consulta SQL padrão, linha 157, utilizada para chamar novamente o método utilizando o objeto de classe BD, que chama o método consultaSQL(); que irá retornar um objeto ResultSet; fazendo com que o método da linha 163 seja executado. O método das linhas 160 a 162 é semelhante, com a diferença que a consulta SQL é passada como argumento a este método.

O método da linha 163 espera como argumento um objeto ResultSet, utilizado para pegar os metadados, linha 164, para determinar o número de colunas, linha 165. Desta vez fiz diferente, optei em criar um array com o nome das colunas, para ser incluído em nossa tabela (JTable). Utilizo o método last(), linha 176, para ir até o último registro; onde pego a quantidade de registros, linha 168, e depois retorno à primeira linha do registro, linha 169. Crio um array multidimensional com base nestes valores, linha 170. Vou procurando registro por registro com next(), linha 172, quando tiver registro presente este método irá retornar true, fazendo com que o nosso laço while se repita.

Dentro do laço ando pelas colunas do registro, com base no número de colunas, através de um laço controlado por contador, linha 174; se nossa coluna for um número real, linha 176, irei definir com String.format() duas casas decimais para não ficar aparecendo apenas uma, como era de costume; do contrário, linha 178, simplesmente resgato o dado e atribuo ao nosso array.

Devido ao contador "i" valer inicialmente um, faço uma subtração, para preencher a primeira coluna de nosso array, que como sabemos inicia no valor zero (0). A variável local representa as linhas de nosso array que inicialmente vale zero (0). Mas a cada encerramento do laço for, esta variável é incrementada em um, linha 181. Ao se repetir o laço desta vez irá preencher a segunda linha deste array, já que a variável local foi incrementada e desta forma irá preencher todo o array.

Utilizaremos este array para definir o nosso modelo de tabela, passando os dados dos registros (dados) e o cabeçalho de nossa tabela (colunas). Se a tabela é nulo, linha 184, é porque ainda não foi definido um modelo para a mesma e por isso a declaração será da linha 185; do contrário, linha 186, se há um modelo presente irei substituir este modelo pelo modelo mais atual, linha 187, atualizando assim a exibição dos dados desta tabela.

Acrescentando código na interface gráfica construída.
Já na nossa classe BDMain, irei definir várias variáveis como globais, estáticas e protegidas, com o intuito de que possam ser utilizadas no nosso método principal estático main, mas que também possam ser manipuladas pela classe MonitoraEventos que irá resgatar os dados destes componentes, assim como alterar seus dados, quando necessário, como vimos no código anterior. Por isso a estrutura inicial da classe principal ficará da seguinte forma:

```
public class BDMain{
        protected static JTextField procurar;
        protected static JTable tabela;
        protected static JTextField nome;
        protected static JComboBox<String> cargos;
        protected static JFormattedTextField sal;
        protected static JFormattedTextField data;
        protected static JComboBox<String> ops;
        protected static JTabbedPane principal;
        public static void main(String[] args) throws SQLException, ParseException {
                MonitoraEventos ME = new MonitoraEventos(); //adicionado
```

E como pode perceber foi declarado um objeto da classe MonitoraEventos, que iremos utilizar dentro da classe BDMain, mas antes lembre-se de remover a declaração dos componentes conforme o exemplo:

De:

```
JTextField procurar = new JTextField();
JTable tabela = new JTable();
JTextField nome = new JTextField();
JComboBox<String> cargos = new JComboBox<String>();
JFormattedTextField sal = new JFormattedTextField();
JFormattedTextField data = new JFormattedTextField();
JComboBox<String> ops = new JComboBox<String>();
```

```
JTabbedPane principal = new JTabbedPane();
```

Para:

```
procurar = new JTextField();
tabela = new JTable();
nome = new JTextField();
cargos = new JComboBox<String>();
sal = new JFormattedTextField();
data = new JFormattedTextField();
ops = new JComboBox<String>();
principal = new JTabbedPane();
```

Já que estes componentes foram declarados fora do método, como variáveis globais. Lembre-se ainda de adicionar os ouvintes de eventos aos componentes. Ex:

```
principal.addChangeListener(ME);
imprimir.addActionListener(ME);
alterar.addActionListener(ME);
excluir.addActionListener(ME);
consultar.addActionListener(ME);
ok.addActionListener(ME);
cancelar.addActionListener(ME);
```

Além disso, serão adicionadas algumas linhas de código, como o acréscimo de JScrollPane a nossa tabela, como já vimos, para que a mesma apareça de forma correta:

```
JScrollPane scroll = new JScrollPane(tabela);
painelRelatorio.add(scroll, BorderLayout.SOUTH); //retirar tabela e colocar scroll
ListSelectionModel linhaSelecionada = tabela.getSelectionModel();
linhaSelecionada.addListSelectionListener(ME);

NumberFormat formataN =  NumberFormat.getInstance();
formataN.setMaximumIntegerDigits(5);
formataN.setMaximumFractionDigits(2);
formataN.setMinimumFractionDigits(0);
sal = new JFormattedTextField(formataN); //Adicionar formataN

MaskFormatter maskData = new MaskFormatter("##-##-####");
data = new JFormattedTextField(maskData); //Adicionar maskData
```

Como pode ver também foi incluída uma formatação numérica, uma mascará; além de colocarmos um ouvinte de evento.

Criando relatórios com Jaspersoft

Para concluir o nosso pequeno projeto, devemos ter a opção, através do nosso botão de impressão que criamos, a exibição de relatórios para impressão. E para facilitar o nosso trabalho vamos incluir uma ferramenta importante na geração de relatórios que é o Jaspersoft. Para isso siga os seguintes passos.

1. Vá ao menu principal do Eclipse e escolha Help > EclipseMakertPlace...

2. Na barra de busca, presente na aba Search, digite algo como jasper e pressione a tecla ENTER. Com isso deverá aparecer a opção Jaspersoft Studio 6.20 ou uma versão superior, ex:

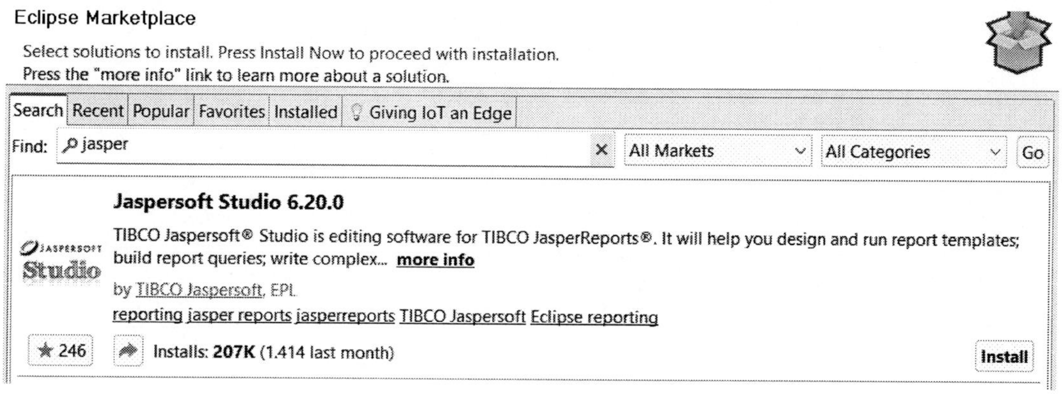

3. Clique em install e ele pedirá para aceitar os termos, clique em aceitar e next.

4. Depois disso espere o término da instalação; onde ele pedirá para o programa ser reiniciado.

5. Ao reiniciar o programa, feche a janela de boas-vindas e no menu principal vá em file > new > Jasper Report.
6. Escolha o primeiro modelo que é uma página em branco o Blank A4.
7. Selecione o nosso projeto BD2 e vá até o caminho: BD2/src/main/resources
   7.1. Em file name, nomeie o arquivo para *imprime.jrxml.*
   7.2. Finalmente clique em next.

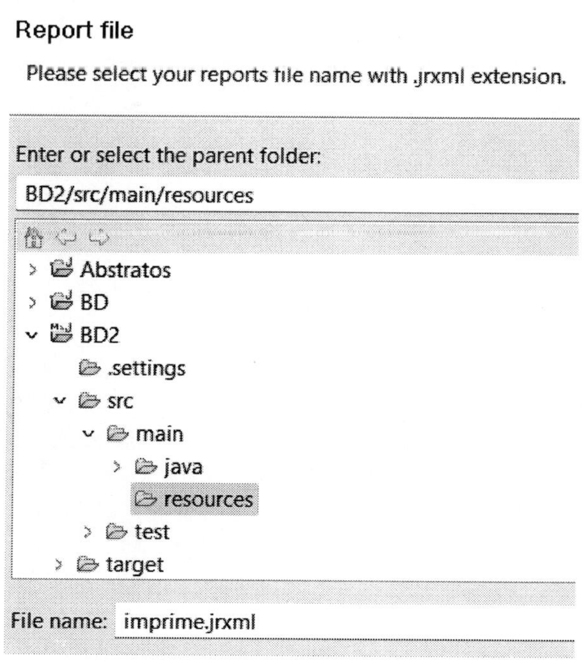

8. Ele vai solicitar um data source, clique no botão new e escolha Database JDBC Connection, conforme o exemplo da imagem e clique em next.

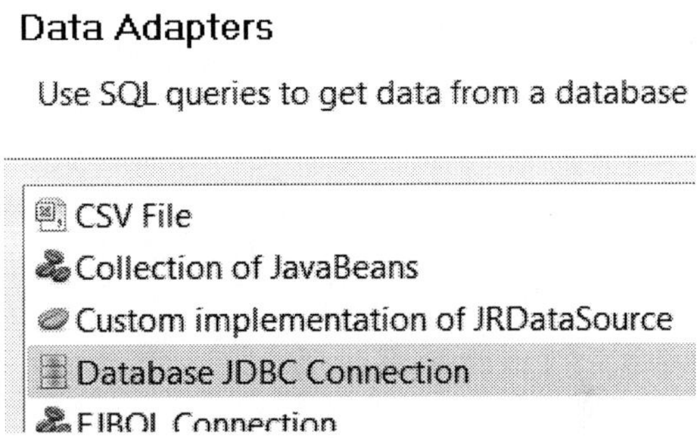

9. Nesta tela nomeie o arquivo como jasperConecta e preencha os campos, conforme o exemplo:
   - JDBC Driver: MySQL (com.mysql.jdbc.Driver)
   - JDBC URL: jdbc:mysql://localhost/Empresa_SA
   - Usuário: root
   - Senha: 1234

   O JDBC Driver é uma lista de seleção, lembre-se de selecionar, entre as opções, o driver certo, conforme apresentado acima.

10. Na parte debaixo há três opções: Database Location, Connection Properties e Driver Classpath. Clique neste último, conforme o exemplo:

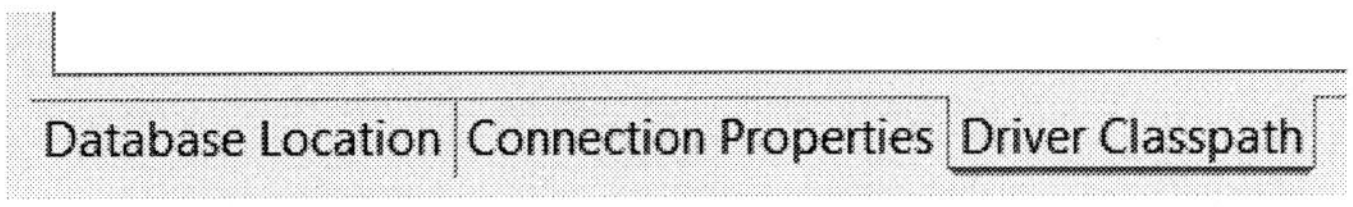

11. Lá você deverá clicar no botão Add, para selecionar o nosso arquivo jar de conexão com o banco de dados, conforme o exemplo:

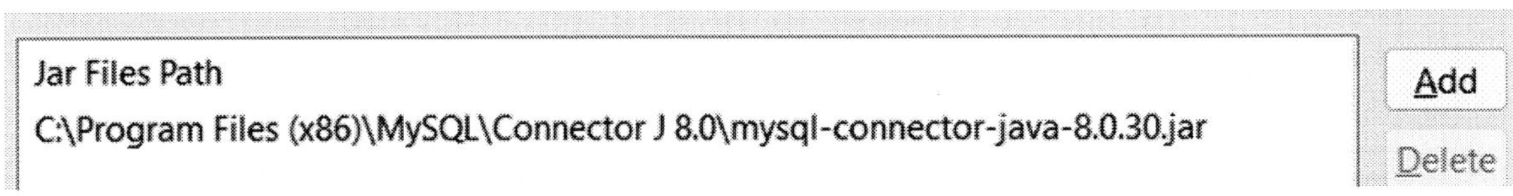

12. Clique no botão test; onde irá aparecer que a conexão foi um sucesso, salvo se o seu banco de dados, usuário, senha do servidor MySQL for diferente ou não tenha selecionado o drive JDBC corretamente. E depois em finish.

13. Com a conexão recém-criada e selecionada, você verá na coluna da esquerda os bancos de dados criados e na coluna da direita você deverá criar alguma consulta SQL para puxar os dados da tabela desejada. Porém, há uma maneira prática de fazer isso, clique em Diagram e arraste a tabela empregados, conforme o exemplo da imagem:

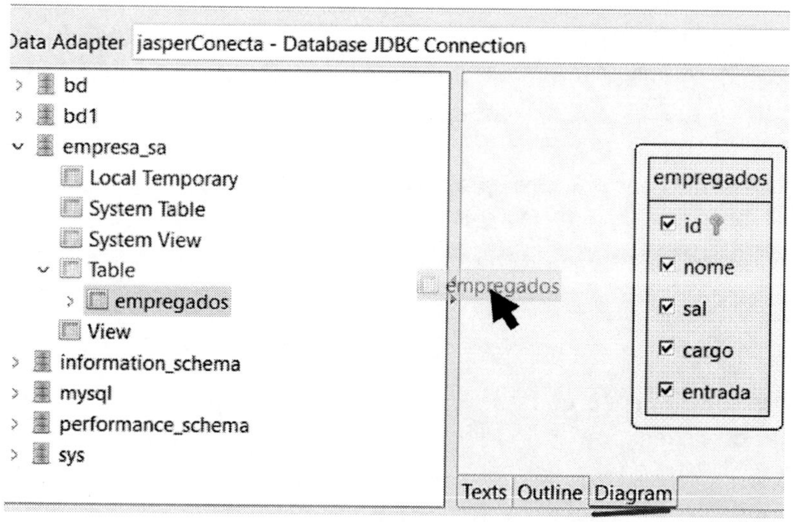

Com isso ao retornar para a primeira aba de Texts verá que há uma consulta SQL padrão criada. Ex:

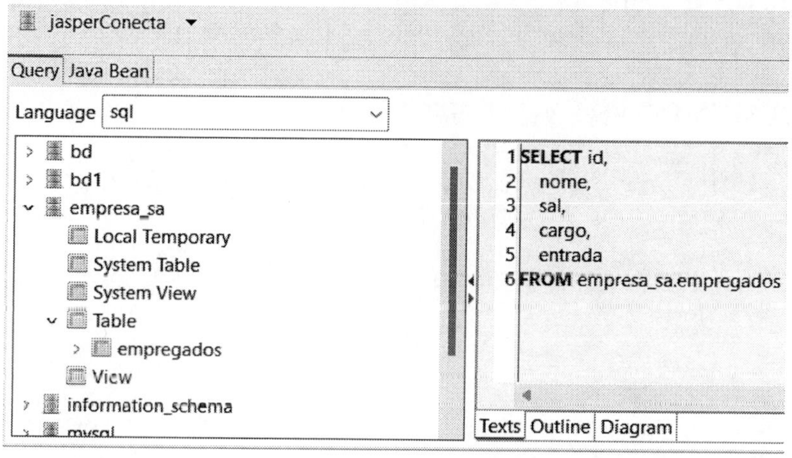

14. Clique agora em next e coloque todos os campos presentes em Dataset Fields para Fields, clicando no botão de seta dupla.

15. Clique em next e repita novamente o procedimento agora de Group para Fields e depois finish.

Depois disso, teremos nosso arquivo imprime.jrxml, recomendo que salve-o. O mesmo possuirá uma página dividida em algumas seções, a saber:

- Title (título): Aparece na primeira página.

- Page Header (Cabeçalho da página): Aparece em todas as páginas impressas.

- Column Header (Cabeçalho da coluna): Aparece em todas as páginas, normalmente utilizado para mostrar o cabeçalho das colunas de uma tabela.

- Detail 1 (detalhe): Utilizado para mostrar os registros da tabela, podendo propiciar várias páginas, na inclusão dos campos nos registros resgatados.

- Column Footer (Rodapé da coluna): Aparece no final do registro, podendo ser utilizado para informar o nome completo de colunas que estão abreviadas, por exemplo.

- Page Footer (Rodapé da página): Utilizado para numeração de páginas ou demais informações.

- Summary (resumo): Aparece na última página, normalmente utilizado para dar informações de cálculos como saldo, média, total etc.

Importante
O data source, iniciada a sua criação no quesito 8, você poderá excluí-lo ou alterar o mesmo, que às vezes se faz necessário, indo no menu principal do Eclipse, em Window > Show View > Other > JasperReports > Repository Explorer e clicando em open.

Criando parâmetros
Parâmetros são informações que poderemos passar ao nosso relatório, que pode ser incluído um ou mais parâmetros na nossa página de relatório, como também em nossa consulta SQL. A localização da lista de parâmetros pode ser vista indo ao menu principal do Eclipse, em Window > Show View > Out Line.

1. Clique com o botão direito em parameters e escolha Create Parameter.

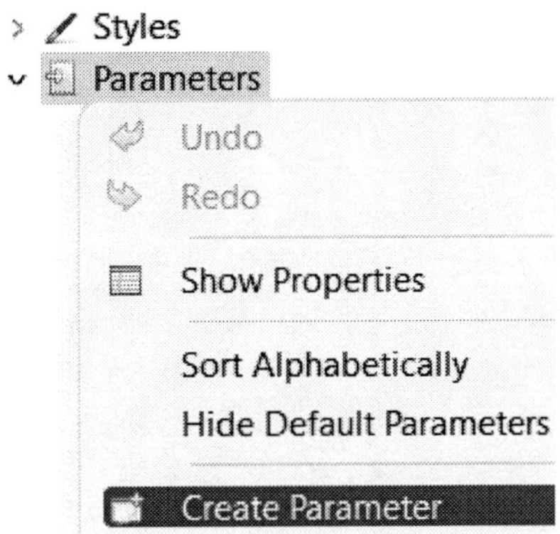

2. Com o parâmetro criado, no menu de contexto, sobre o mesmo, escolha a opção Show Properties, para mostrar a janela de propriedades.

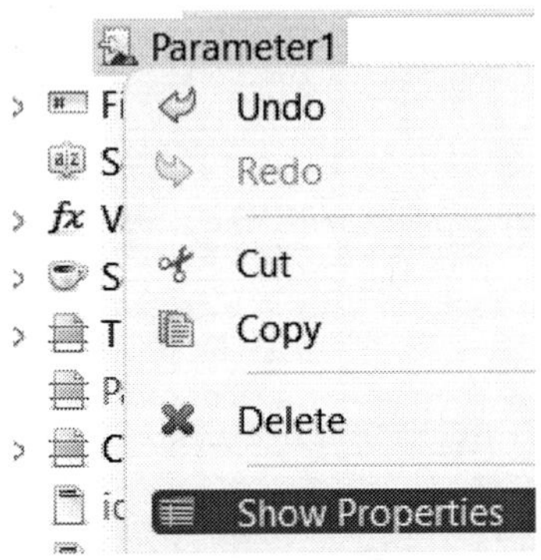

3. Recomendo que arraste tanto a janela Outline como Properties, para ficarem à direita de nossa janela de palette, conforme o exemplo:

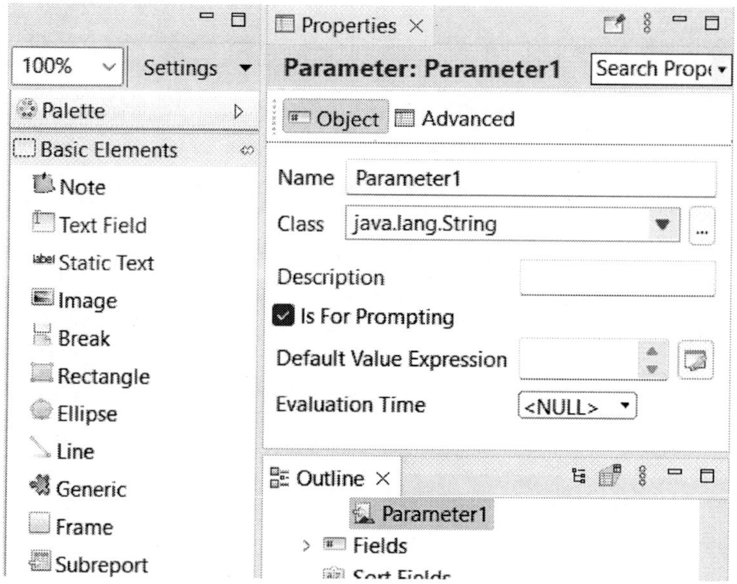

É uma forma de facilitar o trabalho de manipulação de objetos contidos em Outline e suas propriedades.

4. Crie quatro parâmetros, todos do tipo String, de nomes: compSQL, nomeEmpresa, endEmpresa, contatoEmpresa. Ex:

5. Com os parâmetros criados, vamos inserir o parâmetro compSQL em nossa consulta SQL; para isso clique no primeiro ícone à direita na nossa janela de relatório. Conforme o exemplo abaixo:

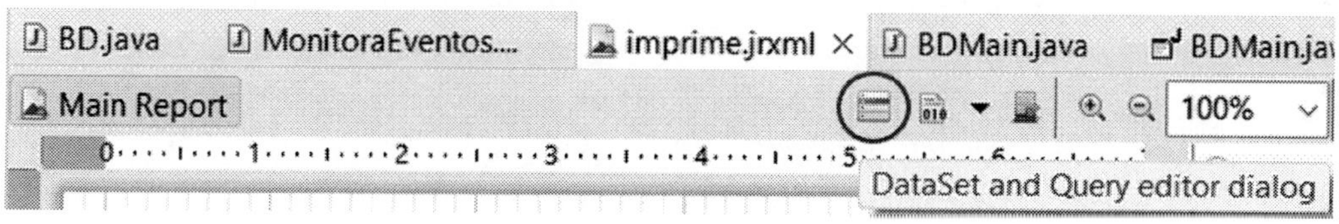

6. Altere a consulta para:

```
SELECT id,
   nome,
   sal,
   cargo,
   entrada
FROM empresa_sa.empregados
WHERE $P!{compSQL}
```

Há duas formas de declarar um parâmetro na consulta SQL, a saber:

- $P{param}: Parâmetro

- $P!{param}: Expressão literal

A expressão literal, que foi utilizada no exemplo acima, não se limita a um dado ou o nome de um campo da tabela. O que possibilita a inclusão de uma estrutura SQL inteira após o WHERE, em outras palavras, nos possibilita a criação de vários relatórios com um único relatório criado; graças a esta expressão literal.

Criando o estilo zebra

Normalmente as tabelas exibidas mostram um estilo zebra, para ajudar o leitor a não confundir o dado de um registro com outro. Pensando nisso, vamos criar um estilo para ser incluído em nosso relatório.

1. Na janela de Outline, clique com o botão direito do mouse sobre Styles e dentro das opções do menu de contexto, escolha create style.

2. Nomeie este estilo, na janela de propriedades, para zebra. Com o botão direito do mouse escolha Create Conditional Style.

3. Dê um duplo clique na condição que foi criada. Aparecerá uma janela onde você poderá inserir uma expressão a esta condição, um pouco abaixo do campo de expressão há três colunas. Na coluna à esquerda clique em F_x Variables e logo em seguida clique em REPORT_COUNT, conforme o exemplo da imagem:

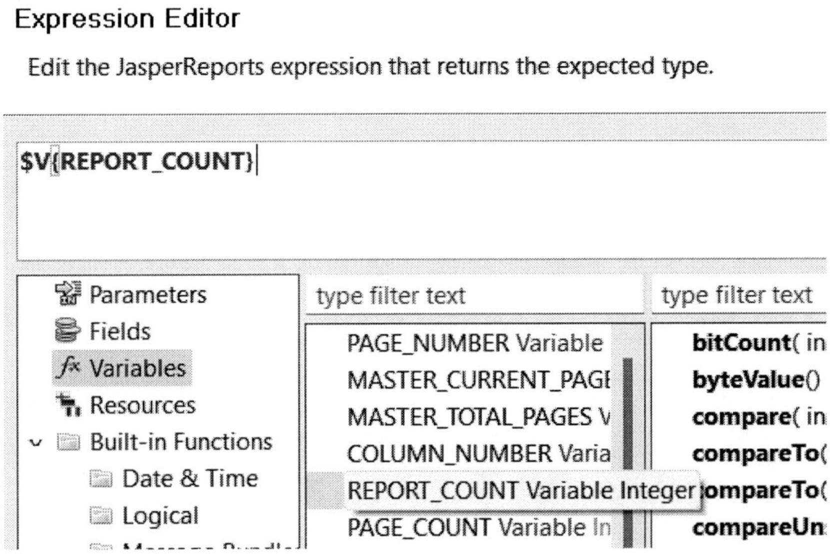

REPORT_COUNT é um contador de registros; responsável em contabilizar cada registro que for encontrado na consulta. Como pode perceber há outras variáveis interessantes como número de páginas (PAGE_NUMBER), por exemplo, como também as colunas presentes em nossa consulta.

4. Com a variável incluída, acrescente uma divisão por números inteiros da seguinte forma: *$V{REPORT_COUNT}%2==0*
   Quando este resultado for verdadeiro, ou seja, quando a linha de relatório for um número par, o estilo poderá ser aplicado.

5. Foi imposta uma regra, mas ainda não aplicamos nenhum estilo; para aplicar a cor de fundo, por exemplo, clique em Appearance, presente na janela de propriedades e em BackColor, escolha uma cor; se a caixa de seleção Transparent, estiver marcada, desmarque-a, conforme o exemplo:

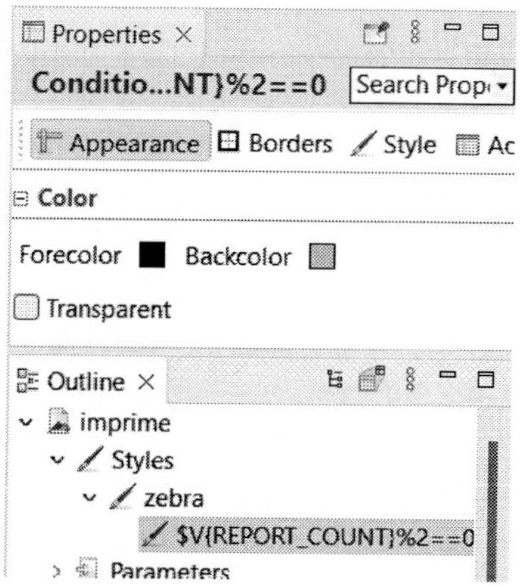

Com o estilo pronto e os parâmetros criados, está na hora de definir nossa página de relatório.

Definida a página de relatório
Título (Title)
No campo de título (Title), gostaria que você fosse à janela de Outline, em parâmetros, e puxasse três para o campo de título: nomeEmpresa, endEmpresa e contatoEmpresa, conforme o exemplo:

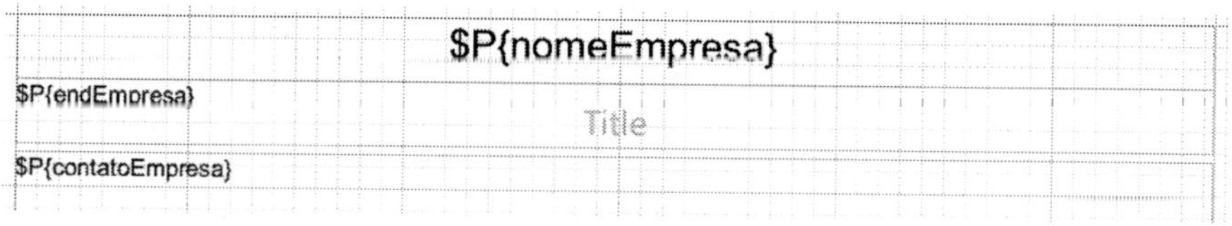

Para deixar desta forma, há ferramenta de edição parecida com o Word, como estas:

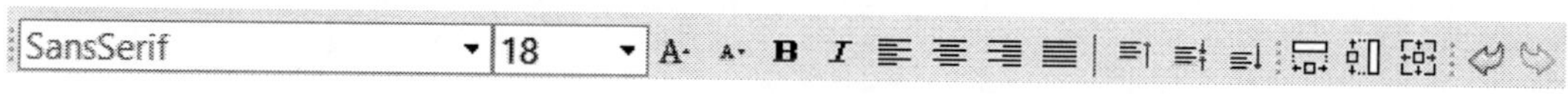

Coloque o nome da empresa no tamanho 18. E demais parâmetros com tamanho 12. Expanda estes Text Fields, de forma que ocupe toda a extensão horizontal da página, conforme o exemplo acima; clicando nas extremidades de cada um e com o botão do mouse pressionado arrastando.

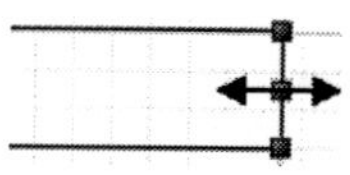

Digamos que sobrou algum espaço na parte inferior de nosso título, que estamos trabalhando; a recomendação é que você clique com o botão direito do mouse e no menu de contexto escolha Stretch To Content, conforme o exemplo:

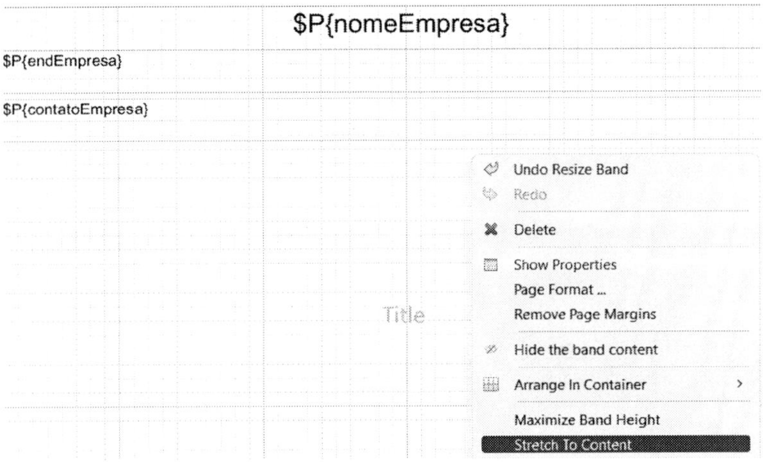

Definindo Column Header e Detail 1

Vá a Fields (campos), presente na janela Outline, selecione todos, conforme o exemplo da imagem:

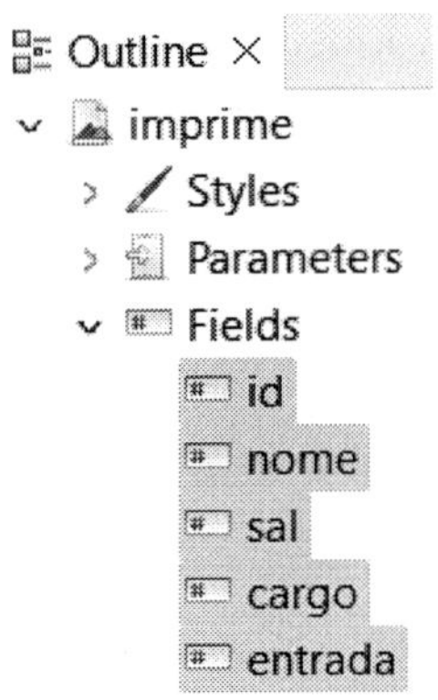

E os arrastem para a área Detail 1 de nosso relatório. Ex:

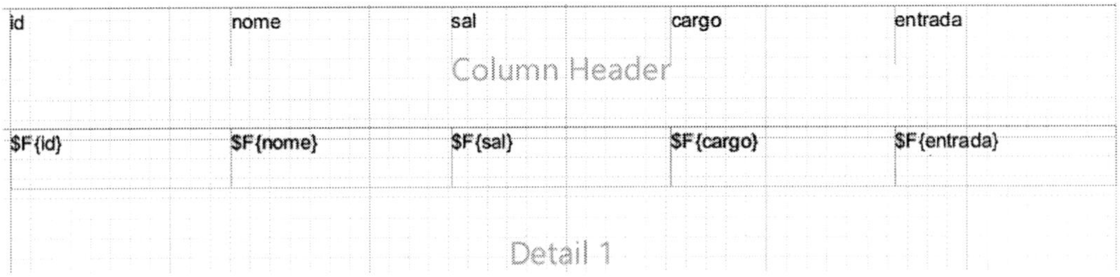

Agora selecione todos com o mouse e diminua um espaço, conforme o exemplo:

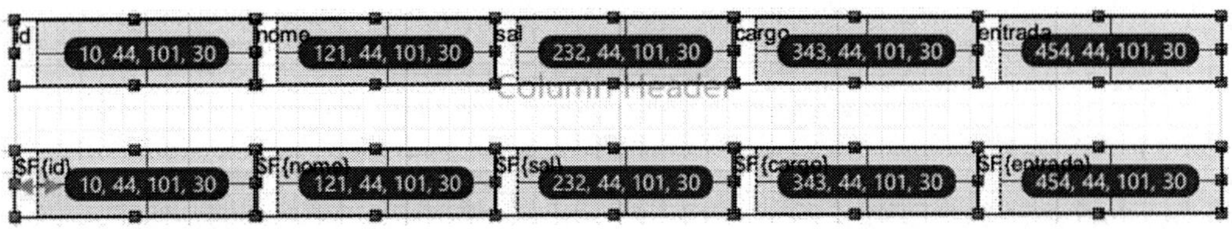

Perceba a seta dupla do mouse no canto inferior esquerdo da imagem, que ao diminuir uma célula, por estarem todas selecionadas, as demais também são diminuídas.

Depois disso empurre todos, para ficarem uns colados com os outros no canto direito. E acrescente um campo estático com o rótulo Nº em Column Header e outro do tipo Text Field em Detail 1. Ex:

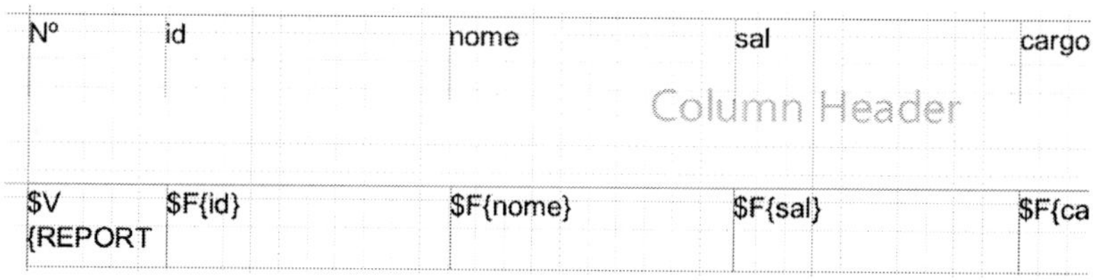

Dê um duplo clique no Text Field para aparecer aquela janela de expressões, vá até variáveis e dê um duplo clique em REPORT_COUNT; para ficar igual a imagem acima. Este campo será responsável em contabilizar os registros.

Selecione novamente todos e vá à janela propriedades e em bordas, selecione a opção que coloque todas as bordas; aproveite para renomear os campos.

Ao clicar em preview, que se encontra na parte inferior da janela. Ex:

Você deverá preencher os parâmetros para visualizar o seu relatório; coloque em compSQL id>0 e os demais qualquer coisa só para podermos enxergar como está ficando o relatório e depois clique na seta verde, onde está escrito Java, conforme o exemplo:

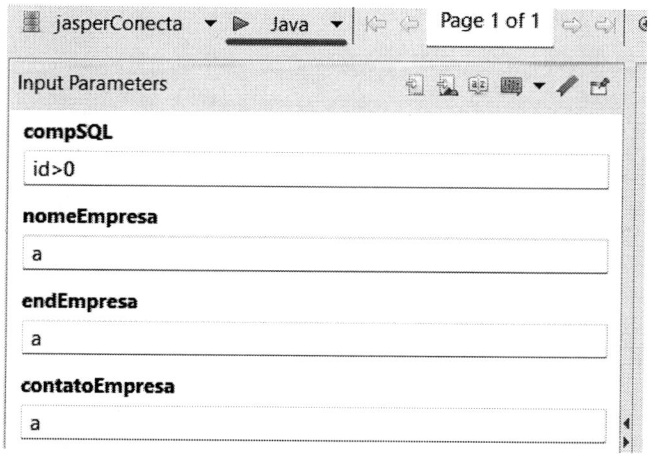

Você terá uma prévia de seu relatório. Ex:

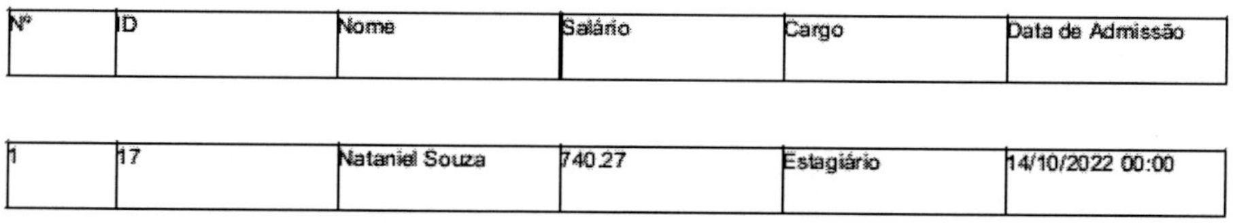

Sugiro clicar com o botão direito do mouse sobre a parte vazia em Column Header, assim como em detail 1 e no menu de contexto escolher a opção Stretch To Content, para remover o espaço excedente. Aproveite e negrite o cabeçalho, coloque uma cor de fundo, tamanho da fonte... Enfim, personalize o mesmo. Ao clicar novamente em Preview a exibição será algo como esta:

Nº	ID	Nome	Salário	Cargo	Data de Admissão
1	17	Nataniel Souza	740.27	Estagiário	14/10/2022 00:00
2	4	Carla Herculano	4800.0	Administrador	08/10/2022 00:00
3	12	Amanda Pontes	1000.0	Estagiário	12/10/2022 00:00
4	7	Lindaura Herculano	30000.0	Contador	08/10/2020 00:00
5	11	Jeniffer	800.0	Estagiário	08/01/2022 00:00

Aproveitei e diminuí a altura dos campos e alterei o alinhamento tanto vertical, como horizontal. Vamos agora alterar a exibição de dois dados: salário e data.

Dê um duplo clique sobre o campo referente a salário, que está presente em detail1, para abrir a janela de expressões e acrescente o seguinte código:
"R$ "+ String.format("%.2f", **$F{sal}**)

Isso fará com que o R$ apareça junto com o valor de salário, formatado em duas casas decimais devido ao uso de String.format(); como pode perceber a janela de expressões também aceita comandos Java.

Agora selecione o campo referente à data, que está em dateil1 e desta vez vá à janela de propriedades escolha Text Field e clique no botão de reticências em pattern. Ex:

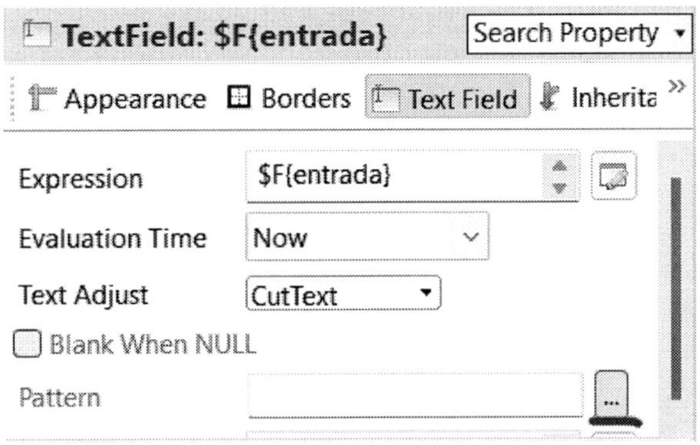

Lá você poderá informar o tipo de formatação que o dado terá, se é um número, uma porcentagem, data, etc. Selecione date e escolha a formatação de data desejada ou digite diretamente no campo pattern dd/MM/Y, conforme o exemplo da imagem:

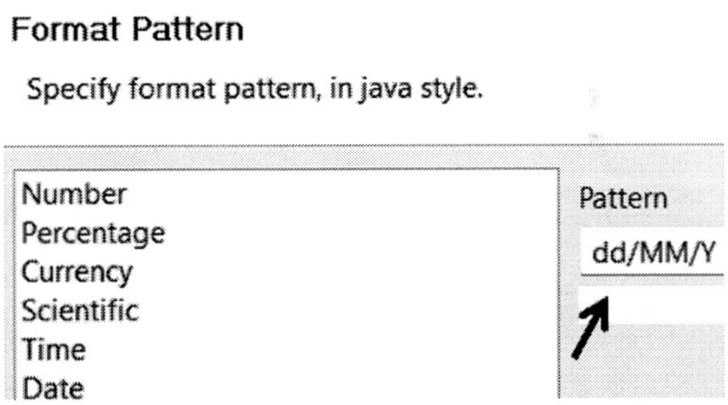

Agora em page footer, você adicionará outro campo do tipo text field, que ao dar um duplo clique para abrir a janela de expressões, lá você irá em variáveis (F_x Variables) e na opção PAGE_NUMBER, dando um duplo clique; com isso poderá numerar as páginas de seu relatório.

Para encerrar, selecione todos os campos em details 1. Ex:

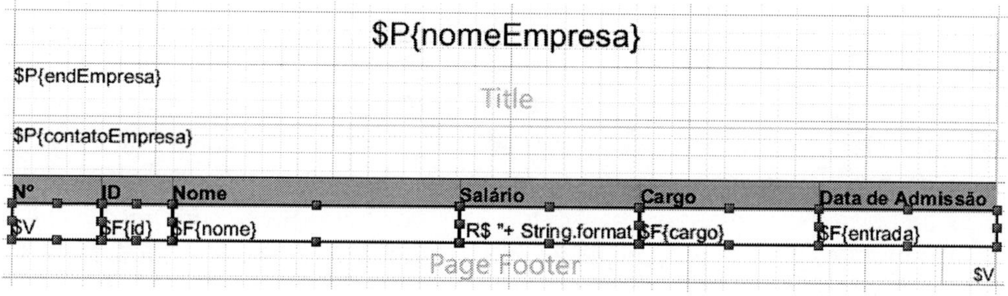

Em Appearance, presente na janela de propriedades, desça a janela até encontrar Style e selecione o estilo que criamos que é zebra. Ex:

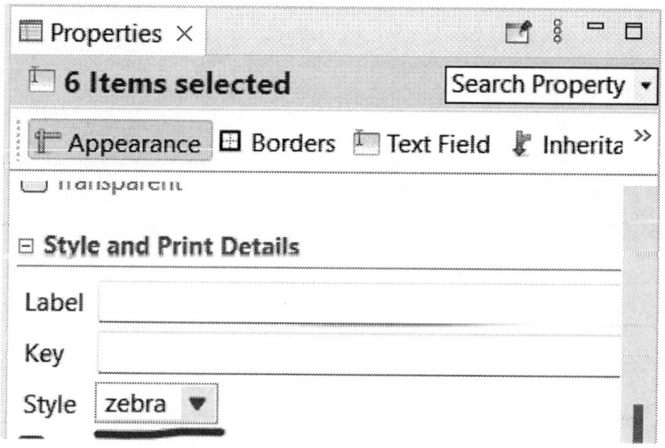

Salve todas as alterações e menu de contexto sobre o projeto, escolha Maven > Update Project.

Antes de encerrar este tópico, vamos entender finalmente o que foi inserido na classe MonitoraEventos, relativo ao botão imprimir:

```
else if(bt.getText()=="Imprimir"){
        try {
                HashMap<String, Object> paramRelat = new HashMap<>();
                paramRelat.put("nomeEmpresa", "Empresa S.A Incorpora\u00E7\u00F5es");
                paramRelat.put("endEmpresa", "Rua Dalton\u00EDzio Jaburit\u00ED Cardoso de Hordelando Melo Costa Mastegantes de Crici\u00FAma Medeiros Ramos de Souza Alvez Jurema Neto III");
                paramRelat.put("contatoEmpresa", "E-mail: @@@.com.br - Tel: 1111-11111");
                paramRelat.put("compSQL", compSQL);
                JasperReport jr = JasperCompileManager.compileReport(getClass().getResourceAsStream("/imprime.jrxml"));
                JasperPrint jp = JasperFillManager.fillReport(jr, paramRelat, bd.getConecta());
```

```
128                 JasperViewer jv = new JasperViewer(jp, false);
129                 jv.setVisible(true);
130         } catch (JRException e1) {
131                 e1.printStackTrace();
132         } catch (SQLException e1) {
133                 e1.printStackTrace();
134         }
135     }
```

Na linha 121 foi criado um HashMap, assunto que já vimos; terá dois dados, um do tipo String e outro do tipo objeto; utilizaremos para informar os parâmetros presentes em nossa página imprime.jrxml, lembra-se deles? Criamos os seguintes parâmetros em nosso relatório: nomeEmpresa, endEmpresa, contatoEmpresa e compSQL. Estamos aqui informando o parâmetro e o valor que o mesmo irá ter. Na linha 122 será o nome da empresa, na linha 123 o endereço; linha 124 dados de contato e, por fim, a linha 125, o complemento SQL; cujo parâmetro está presente na estrutura SQL do relatório.

Na linha 126 pegamos o relatório, pegando o caminho da classe, junto com o nome do arquivo. Com o relatório em mãos é utilizado fillReport, passando como argumento o relatório, os parâmetros e a conexão, linha 127. Tendo a estrutura completa em mãos, podemos nos utilizar de JasperViewer; passando como primeiro argumento objeto JasperPrint e o segundo argumento o conteúdo falso (false); para quando fechar a janela do relatório, o nosso programa não feche junto. E na linha 129 é deixado o relatório visível.

Ao testar a sua aplicação realizando consultas por campo: id, nome ou cargo. Ele irá ordenar a tabela com base no campo selecionado ou realizar uma busca com base no campo selecionado e no que foi digitado no campo de procura. Ao clicar no botão imprimir, o relatório será exibido da mesma forma que a consulta. Ex:

Empresa S.A Incorporações

Rua Daltonízio Jaburití Cardoso de Hordelando Melo Costa Mastegantes de Criciúma Medeiros Ramos de Souza Alvez Jurema Neto III

E-mail: @@@.com.br - Tel: 1111-11111

Nº	ID	Nome	Salário	Cargo	Data de Admissão
1	4	Carla Herculano	R$ 4800,00	Administrador	08/10/2022
2	7	Lindaura Herculano	R$ 30000,00	Contador	08/10/2020
3	11	Jeniffer	R$ 800,00	Estagiário	08/01/2022
4	12	Amanda Pontes	R$ 1000,00	Estagiário	12/10/2022
5	17	Nataniel Souza	R$ 740,27	Estagiário	14/10/2022

Neste caso o relatório gerado foi com base na consulta por ID, sem preencher nada no campo referente à procura e clicando no botão consultar, fazendo com que os registros fossem organizados por ID ao invés de nome; ao clicar em imprimir, o conteúdo similar acima será exibido. Já que nossa variável "compSQL" irá carregar o seguinte complemento para nossa consulta SQL, presente no relatório:

```
compSQL = "id>0 ORDER BY "+op;
```

Já que o usuário selecionou o campo ID e clicou em consultar, a nossa variável "op" terá o nome ID; então é o mesmo que:

```
compSQL = "id>0 ORDER BY ID";
```

E a estrutura SQL do nosso relatório que é:

```
SELECT id,
       nome,
       sal,
       cargo,
       entrada
FROM empresa_sa.empregados
WHERE $P!{compSQL}
```

Ao receber os dados deste parâmetro será o mesmo que:

```
SELECT id,
       nome,
       sal,
       cargo,
       entrada
FROM empresa_sa.empregados
WHERE id>0 ORDER BY ID
```

Lembrando que o conteúdo desta variável "compSQL" irá variar com base na consulta realizada pelo usuário, puxando assim o relatório aquedado. Ex:

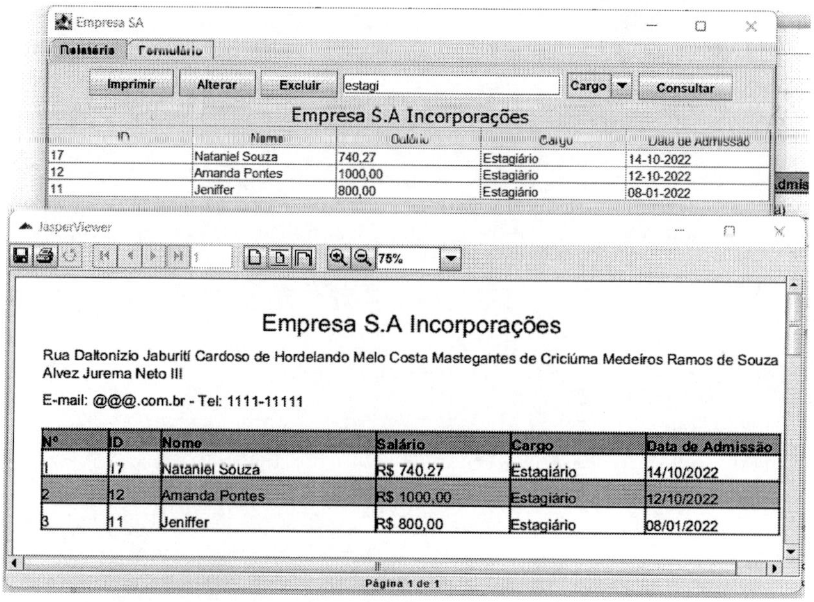

Neste outro exemplo, no campo procurar digitei estagiário e selecionei o campo cargo e cliquei em consultar, gerando a consulta correspondente; graças ao uso de LIKE. Ex:

```
op+" LIKE '"+procura+"%'"
```

Onde op possui o nome do campo (cargo) e procura o conteúdo digitado pelo usuário (estagi) e o sinal de % é para puxar qualquer conteúdo que vier após o conteúdo "estagi". Então é o mesmo que:

cargo **LIKE** estagi%

Este complemento SQL será atribuído a variável "compSQL", fazendo com que a consulta de relatório seja:

```
SELECT id,
       nome,
       sal,
       cargo,
       entrada
FROM empresa_sa.empregados
WHERE cargo LIKE estagi%
```

Por isso, ao clicar em imprimir sai um relatório de mesmo conteúdo.

Apêndice A

Eclipse

Instalação

Primeiramente baixe o Eclipse em:
https://www.eclipse.org/downloads/

A instalação do Eclipse é simples e intuitiva; no início da instalação você deverá selecionar Eclipse IDE for Java Developers, conforme o exemplo da imagem:

Na segunda tela aparece o caminho dos arquivos que serão instalados, além do Eclipse, o JRE* (Java Runtime Environment) do Java também será instalado, em sua versão 18.0.1. Você poderá alterar a versão do JRE, simplesmente clicando e escolhendo a opção mais adequada, neste caso deixe como está e clique em instalar.

*JRE é o ambiente de Execução Java, onde é composto por bibliotecas e pela Máquina virtual Java.

Por fim, uma tela pergunta onde você deseja salvar seus trabalhos em Java. Ex:

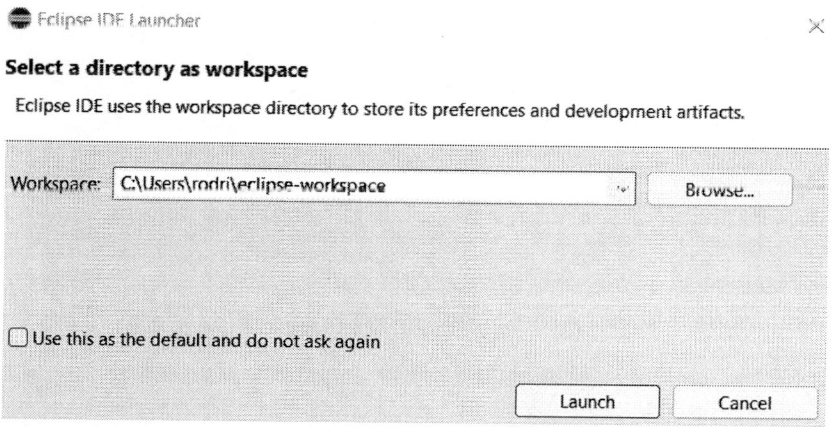

Altere para o local que achar mais apropriado, e lá crie uma pasta, ou simplesmente deixe como está.

Quando você iniciar o Eclipse, uma janela de boas-vindas (Welcome) aparece, simplesmente feche-a.

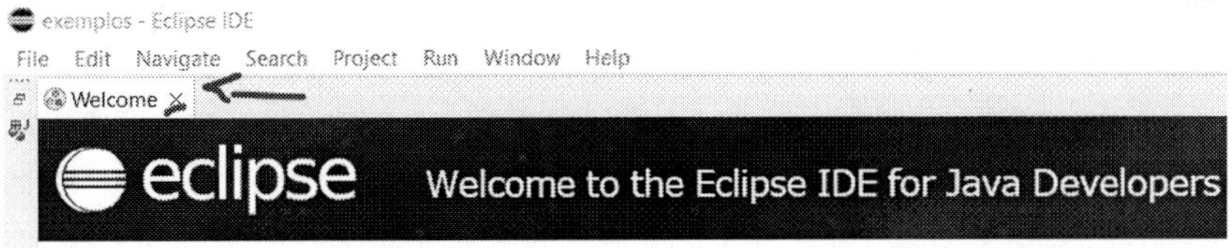

Em package Explorer clique em Create a Java Project, conforme o exemplo:

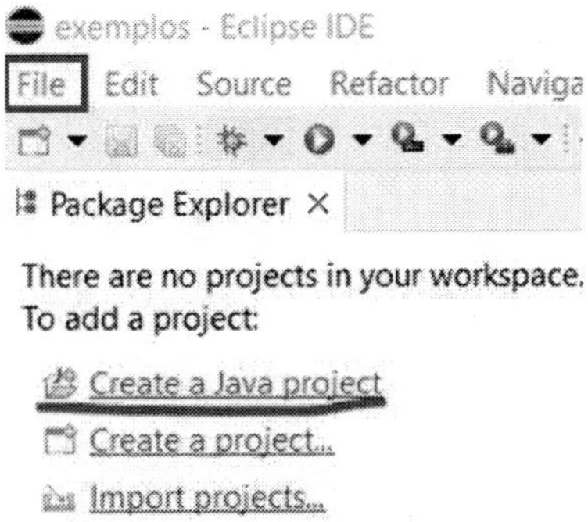

Ou você poderá ir ao menu principal em File > New > Java Project... Ele vai pedir que você nomeie o seu projeto, simplesmente digite Ex (abreviação para exemplo) e clique em finish. Ele vai perguntar se você deseja criar um módulo de mesmo nome:

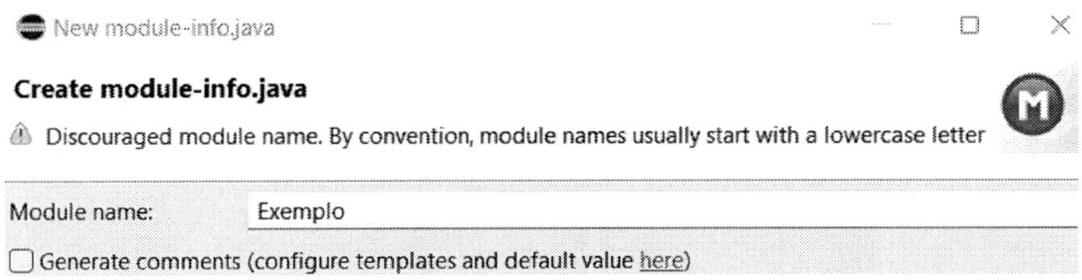

Isso ocorre, pois por padrão, o Eclipse deixa a opção de criação de módulo marcada. Ex:

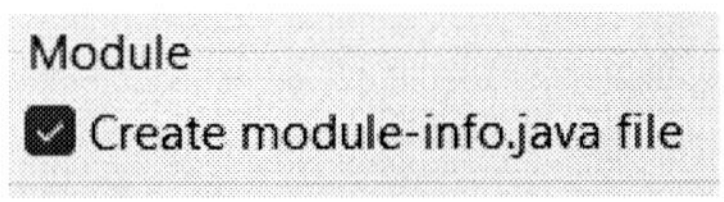

Simplesmente clique em create, para criar o arquivo module-info.java (detalhes sobre o mesmo você verá durante a leitura do livro).

Toda classe criada deverá estar presente em um pacote, por isso clique com o botão direito sobre src, abra o menu de contexto e escolha new > package.

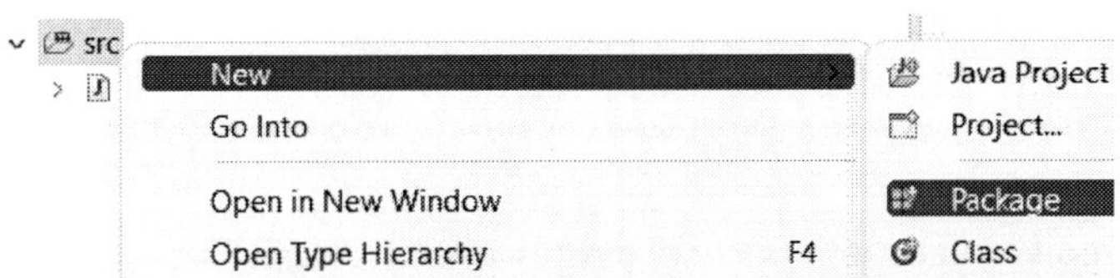

Digite exemplos e clique em Finish. Dentro do pacote você irá criar uma classe, então sobre o pacote exemplos abra o menu de contexto, clicando sobre o botão direito do mouse e escolhendo New > Class.

Nomeie a classe como Ex1 e marque a opção public static void main (String[] args), na pergunta Which method stubs would you like to create? Que basicamente pergunta quais métodos você gostaria de criar em sua classe e clique em Finish.

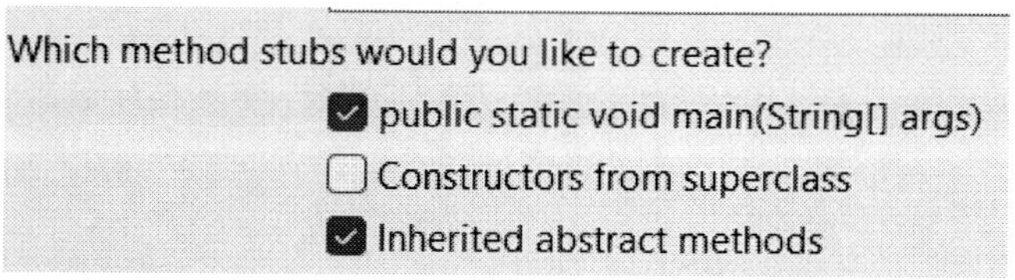

O main é o método principal e dentro dele insira uma linha de comando conforme o exemplo:

```
01 package exemplos;
02
03 public class Ex1 {
04
05    public static void main(String[] args) {
06       // TODO Auto-generated method stub
07       System.out.print("Meu primeiro exemplo");
08    }
09 }
```

A linha 06 é um simples comentário e a linha 07, que foi inserida, é um pequeno texto que será exibido ao executar o programa. Para isso clique na seta de depuração ou CTRL + F11.

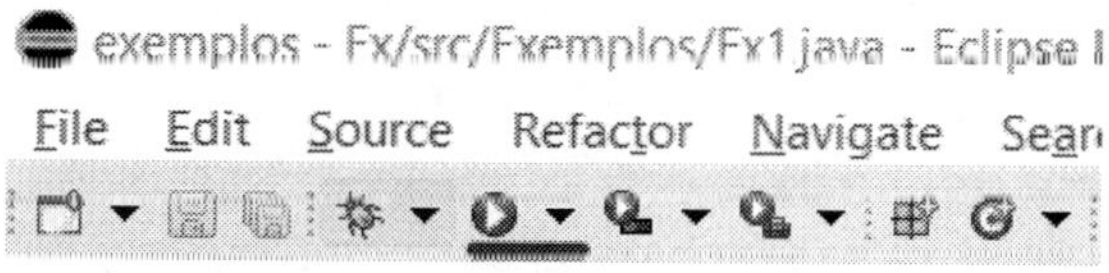

A mensagem será exibida na janela do console na parte inferior. Ex:

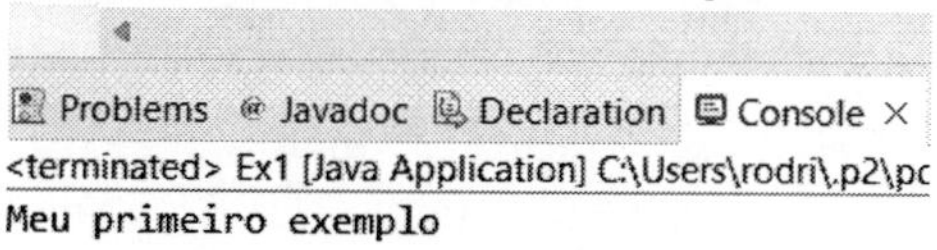

Visão básica

Vamos dar uma olhada na visão geral do Eclipse, veja o exemplo da imagem abaixo:

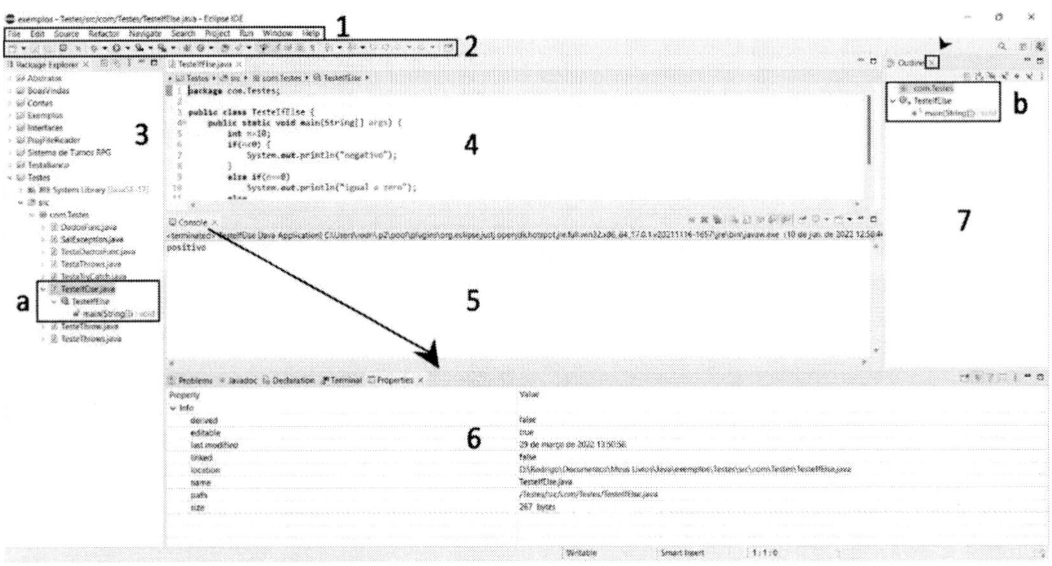

Logicamente, dependendo da versão da ferramenta ou da sua configuração no Eclipse, essa tela poderá sofrer alterações. Aqui é só um exemplo de como poderia estar disponíveis as funções desta tela.

1. Barra do menu principal.
2. Barra de ícones.
3. Janela de projetos.
4. Janela de códigos.
5. Janela de console.
6. Agrupamento de janelas em abas.
7. Janela de Outline.

Numerei a imagem para que você leitor identifique quando me referir nos exemplos algo como menu principal ou a barra de ícones, por exemplo. Perceba que o item "a" é idêntico ao item "b", demonstrado na imagem acima. Por isso recomendo fechar a janela de Outline para ampliar mais horizontalmente a janela de código.

Por sinal a janela de console, que exibe as informações de saída do programa, poderia estar incluída no agrupamento de janelas do quesito seis. Se o seu Eclipse estiver conforme o exemplo acima, recomendo clicar no título da janela de console e arrastar o mouse até a posição demonstrada na seta que está presente na imagem acima. O agrupamento de janelas permite que cada janela em questão seja ativada, clicando simplesmente no seu título; a janela atual ativa é a de propriedades (Properties), que descreve algumas características como o local em que foi salvo o arquivo, a data de criação, tamanho, etc.

Fechando a janela Outline e arrastando a janela de Console para o agrupamento de janelas, ao final ficará algo como:

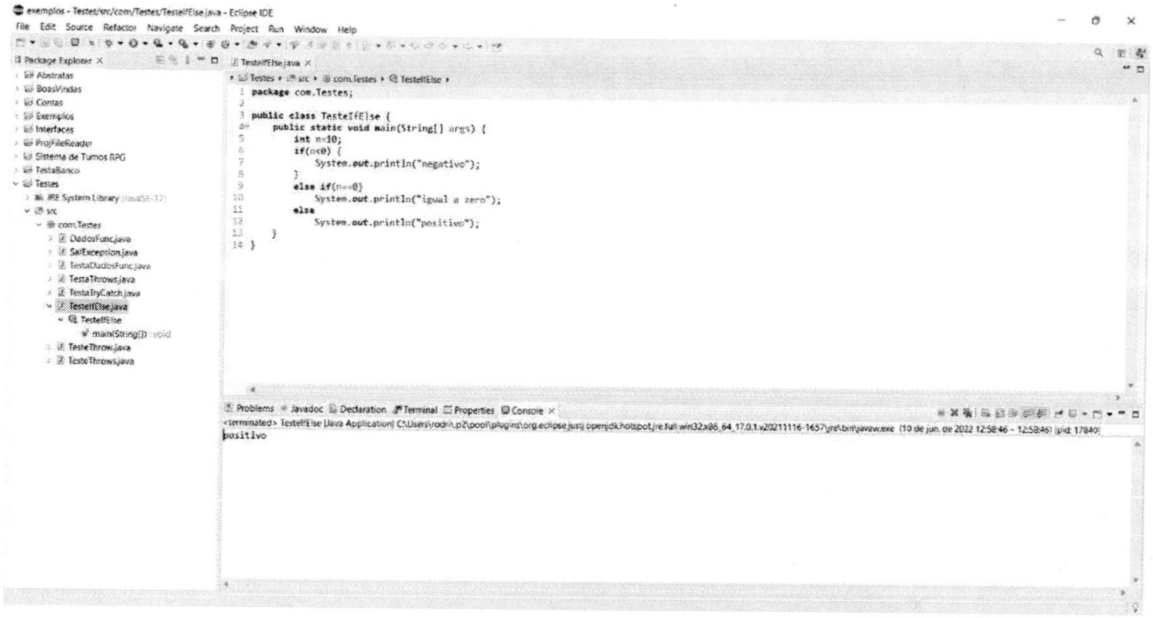

Ficando mais organizado, na minha opinião, e melhor de se trabalhar com a ferramenta. Mas digamos que você fechou acidentalmente alguma janela que não queria ou simplesmente gostaria de por a janela Outline novamente, que foi fechada; para isso você simplesmente iria ao menu principal em Window > Show View > Outline. Conforme o exemplo abaixo:

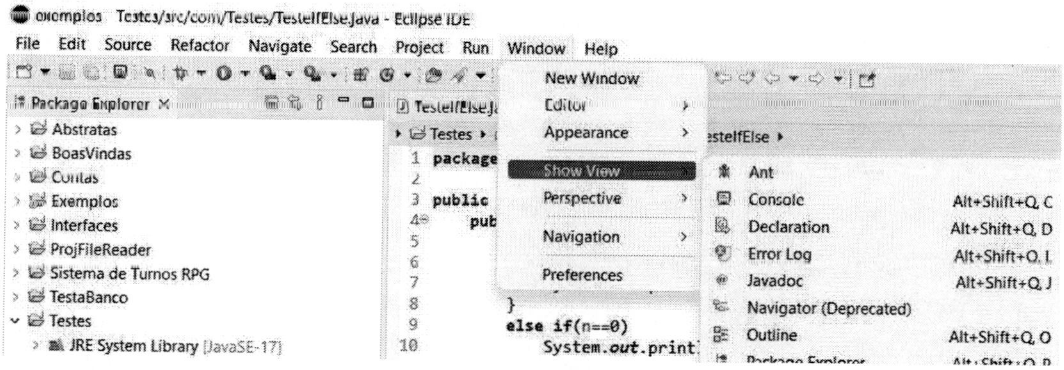

Não terei por hábito ficar demonstrando caminhos por imagem, mas simplesmente irei citá-los; separando cada etapa do caminho pelo símbolo maior que ">".

Configurando a interface gráfica do Java

O Eclipse normalmente não vem com o padrão configurado para puxar as interfaces gráficas do Java, como janelas, botões ou caixas de texto, por exemplo. Para isso ocorrer você deverá realizar uma pequena instalação, conforme demonstrado nas etapas abaixo:

1. Vá ao menu principal em Help > Eclipse Marketplace
2. Na barra de busca digite Window e pressione a tecla <ENTER>.
3. Feito isso, irá aparecer o WindowBuilder, conforme o exemplo da imagem:

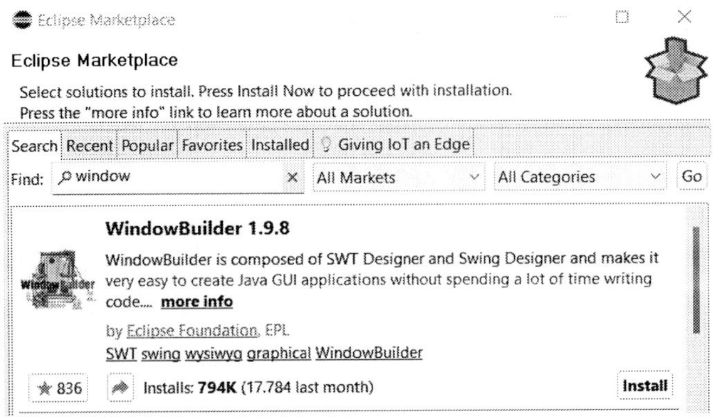

4. Clique em instalar, depois em Confirm.

5. Irá aparecer uma tela para você aceitar os termos, aceite e clique em Finish. Aguarde a finalização da instalação.

6. Se esta janela aparecer, clique em Select All e depois Trust Selected.

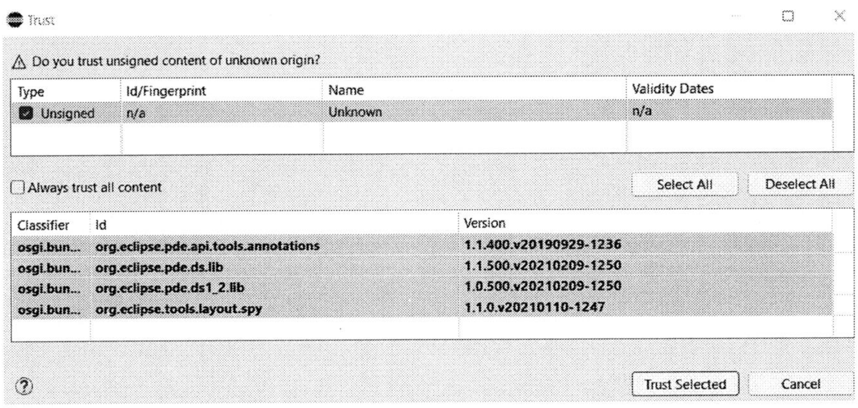

7. O programa pedirá para ser reiniciado, aceite e espere que o programa seja reaberto.

Quando você decide criar um exemplo com interface gráfica, o procedimento muda um pouco, no lugar de clicar com o botão direito do mouse sobre o pacote e escolher New > Class, dentro da pasta de um projeto, você opta em escolher em New a opção Orther... Lá você deverá expandir a pasta WindowBuilder e depois a pasta Swing Designer.

Dentro desta última pasta haverá as ferramentas de interface gráfica; selecione a JFrame, que é responsável em criar a janela do programa, conforme o exemplo da imagem abaixo:

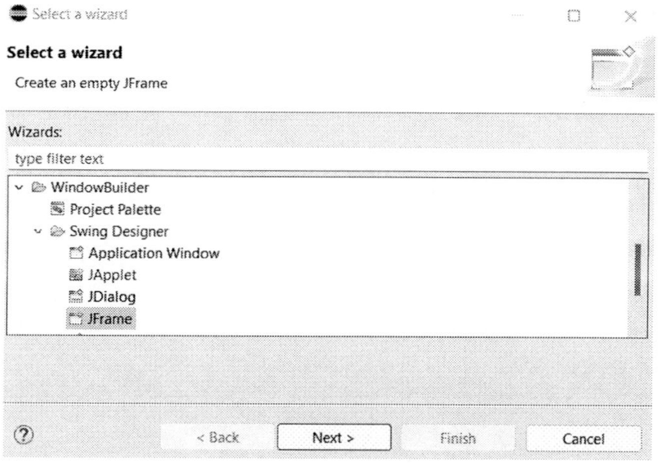

Clique em next. Ao clicar em executar o exemplo, uma janelinha como esta será apresentada:

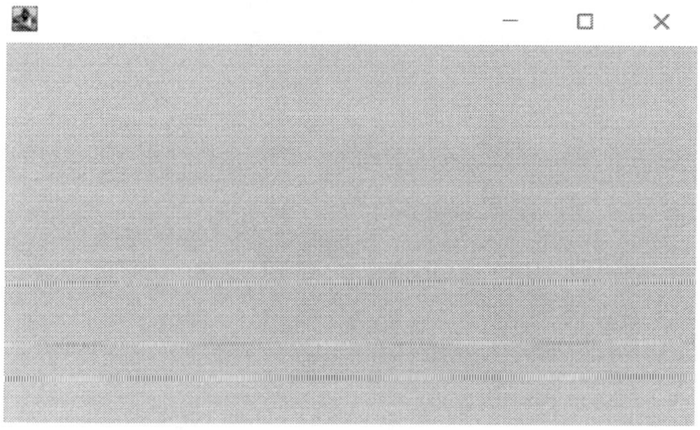

Neste tipo de projeto haverá duas abas, o source, referente ao código e o Design, referente aos componentes que poderão vir a ser incluídos em seu projeto, conforme o exemplo da imagem:

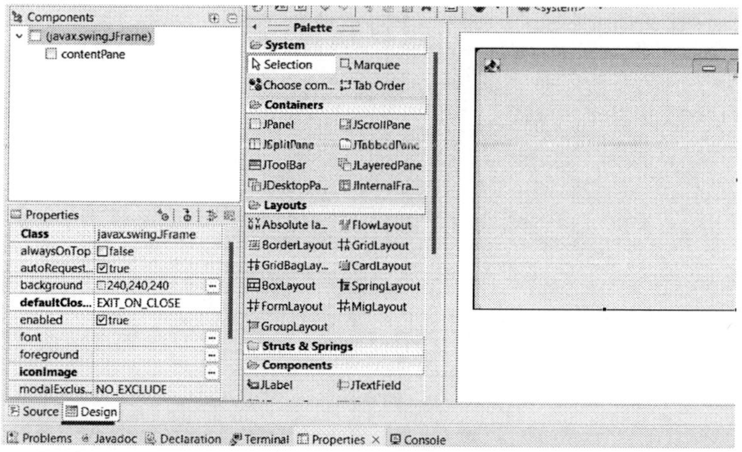

É com o uso de Design, demonstrado na imagem acima, que normalmente os programadores se utilizam para escolher o melhor contêiner, layout e demais componentes necessários para o seu projeto.

Incluindo a janela Design ao seu projeto

Se você possui o componente gráfico principal, que é a janela (JFrame). Ex:

```
package ex.graf;
import javax.swing.JFrame;
public class Graf {
        public static void main(String[] args) {
                JFrame janela = new JFrame();
                janela.setDefaultCloseOperation(JFrame.EXIT_ON_CLOSE);
                janela.setBounds(0,0, 700, 400);
                janela.setVisible(true);
        }
}
```

E decide incluir a janela desing para criação manual dos demais componentes, você não precisará excluir o seu projeto e criar um novo, basta abrir o menu de contexto sobre a sua classe, clicando com o botão direito do mouse, e escolher Open With > WindowBuilder Editor. Conforme o exemplo da imagem:

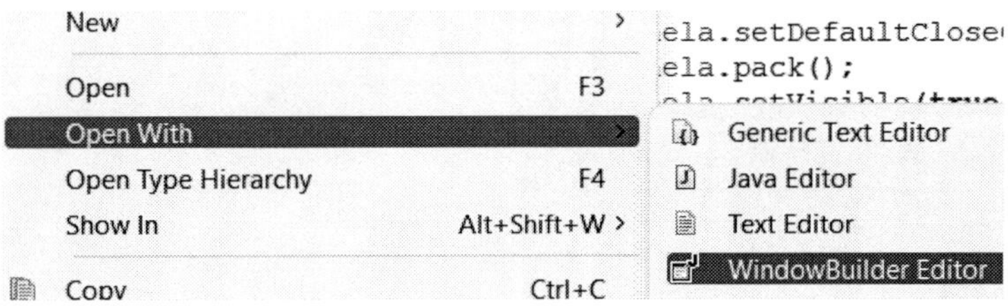

Quando você ler o tópico relacionado a gráficos com Java, ao se familiarizar com os componentes, torna-se praticamente intuitivo saber como construir uma janela com os elementos disponíveis. Mas para não deixar passar, explicarei passo a passo no tópico de Java gráfico com banco de dados e nas respostas dos exercícios propostos que possua alguma interface gráfica.

Criando arquivos .jar do seu projeto

Para se ter algo de exemplo, crie um simples projeto seguindo as seguintes etapas:

1. No menu principal do Eclipse vá em File>New>Java Project
2. Nomeie o projeto como Janela Simples. Depois vá, novamente, no menu principal em File>New>Other...
3. Como explicado anteriormente, selecione JFrame que se encontra dentro de WindowBuilder > Swing Designer.

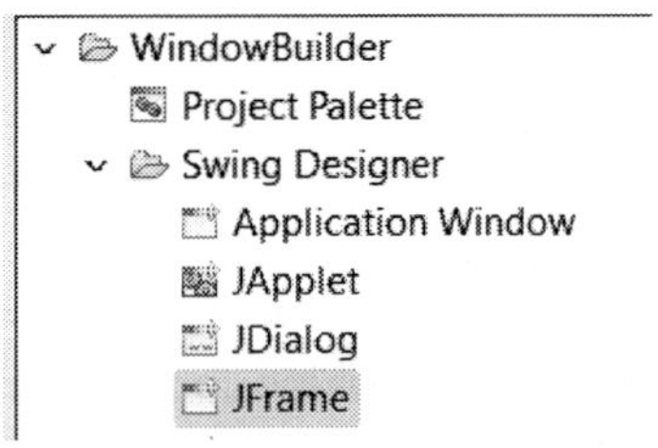

4. Depois clique em next e verifique ou preencha os seguintes campos:
   - Source folder (pasta de origem): Se a pasta do projeto está selecionada.

- Package (pacote): Crie um pacote como proj.janela.simples.
- Name: Nomeie a classe como Janela.

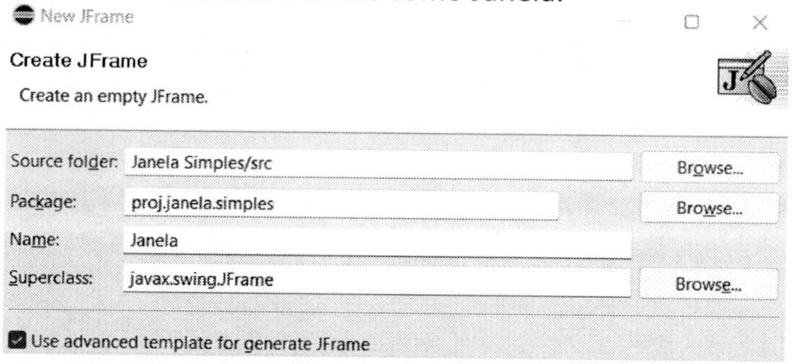

5. Clique em finish. E estará pronto nosso pequeno projeto.

Criando um arquivo .jar sem complemento

Este projeto criado anteriormente não tem nenhum complemento, como imagens a serem incluídas ou arquivos .jar externos; por isso a criação de um arquivo .jar para este primeiro projeto é supersimples.

1. Selecione a pasta do seu projeto e com o botão direito do mouse escolha no menu de contexto a opção Export...
2. Vá até Java e opte pela opção JAR file, conforme o exemplo:

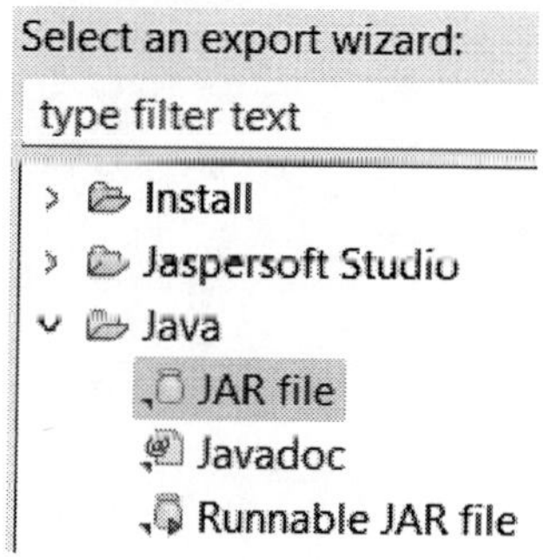

3. Verifique se seu projeto está selecionado e a pasta src, junto com o package do seu projeto e as extensões classpath e project.

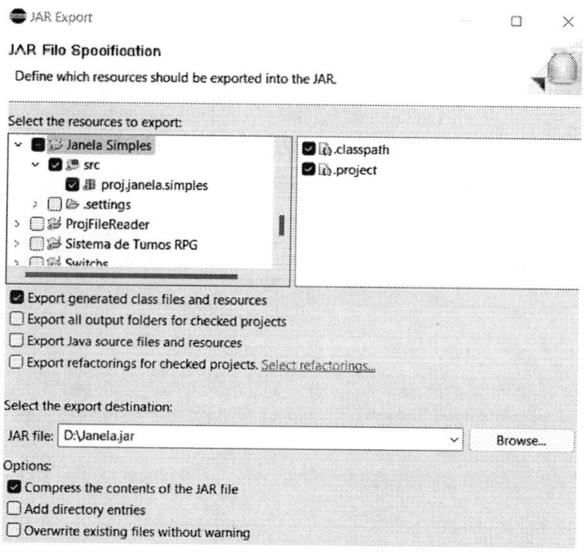

Deixe marcado:

- **Export generated class files and resources**: Exportar arquivos e recursos de classe gerados.
- **Compress the contentes of the JAR file**: Comprimir o conteúdo do arquivo JAR.

4. Clique em next duas vezes, para chegar à janela JAR Manifest Specification (especificação do manifesto JAR). Lá você selecionará a classe principal que deverá ser executada. Neste caso será a classe Janela, presente no pacote proj.janela.simples.

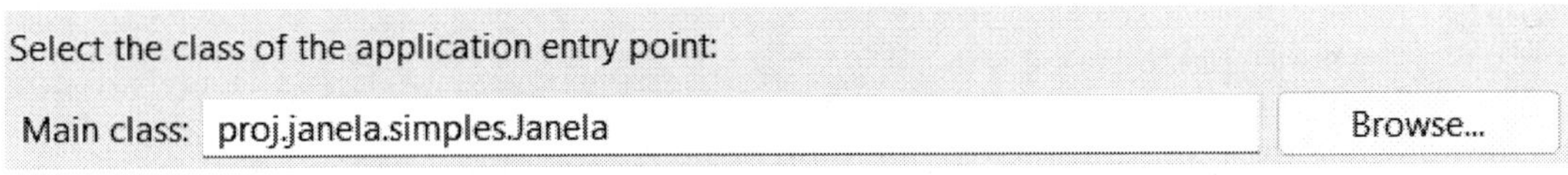

Recomendo que utilize o botão Browse para isso.

Para executar, você dará um duplo clique e o mesmo será executado. Caso o arquivo seja reconhecido para ser aberto por outro programa, basta abrir o menu de contexto e escolher a opção abrir com > Java ™ Platform SE binary. Isso se tiver a máquina virtual Java instalada no computador em questão.

Criando um arquivo .jar com complemento

Vamos incluir uma imagem no nosso projeto e criar um arquivo JAR que acompanhe a imagem junto com o projeto. Dentro do construtor acrescente as seguintes linhas de código:

```
01 public Janela() {
02         setDefaultCloseOperation(JFrame.EXIT_ON_CLOSE);
03         setBounds(100, 100, 100, 160);
04         contentPane = new JPanel();
05         ImageIcon disquete = new ImageIcon(getClass().getResource("/img/disquete.png"));
06         JButton bt = new JButton(disquete);
07         contentPane.add(bt);
08         contentPane.setBorder(new EmptyBorder(5, 5, 5, 5));
09         setContentPane(contentPane);
10     }
```

Na linha 03 foram alteradas as dimensões da janela. Na linha 05 foi resgatada uma imagem e na linha 06 foi inserida esta imagem dentro de um componente de botão; este componente foi acrescentado ao painel da janela com o método add, linha 07.

Todo projeto criado possui duas pastas: src e bin. Dentro da pasta bin você deverá criar uma pasta de nome img e colocar a imagem lá para ser importada, não necessariamente um disquete. Ex:

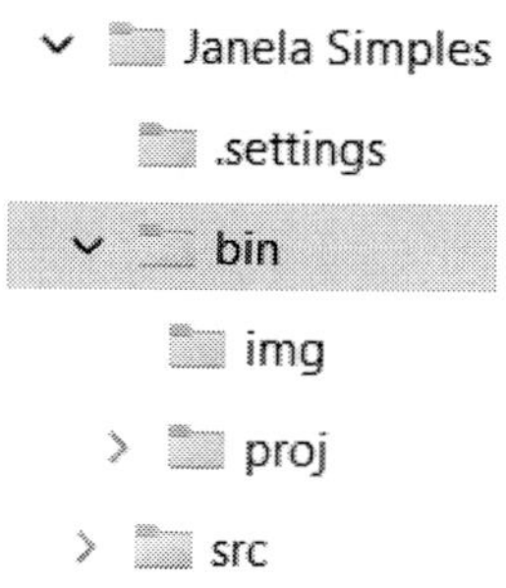

Digamos que eu terminei o meu projeto; não há mais nada a ser feito e agora desejo criar um arquivo JAR, como ficaria o procedimento? Siga as seguintes etapas:

1. Você deverá zipar (.zip) a pasta com as imagens, outro tipo de formato de compactação não será reconhecido.

2. Feito isso, você irá abrir o menu de contexto, com o botão direito do mouse sobre o seu projeto e escolher propriedades (properties).

3. Lá você deverá selecionar Java Build Path, ir para Classpath e clicar no botão Add External JAR

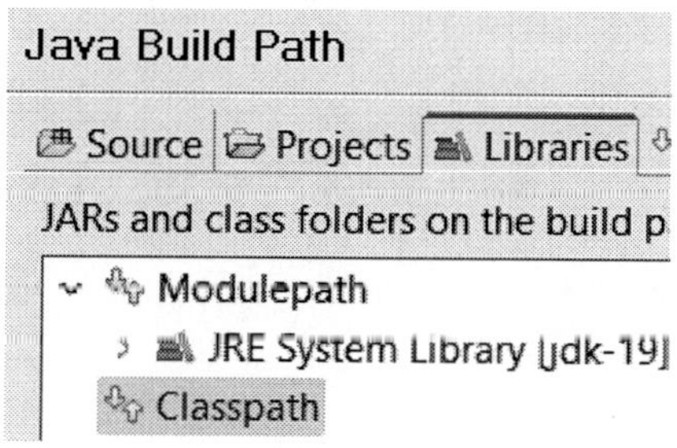

4. Você irá localizar e selecionar o arquivo zipado; desta forma o caminho onde estão localizadas a(s) imagem(ns) ficará descriminado, conforme o exemplo:

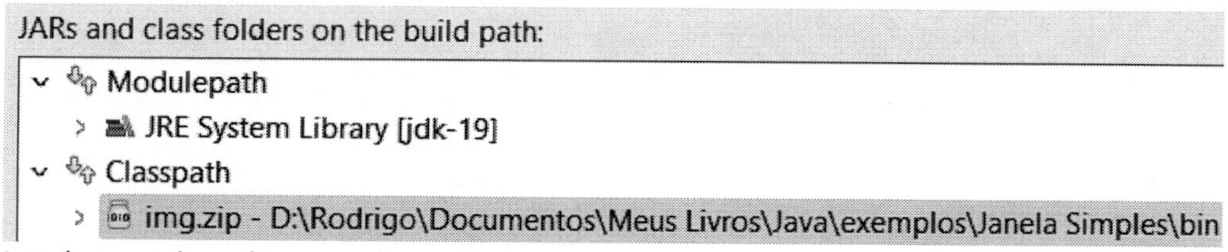

Lembre-se de aplicar as alterações.

5. Agora abra o menu de contexto sobre o projeto e escolha export. Sendo que desta vez você irá escolher Runnable JAR File, conforme o exemplo:

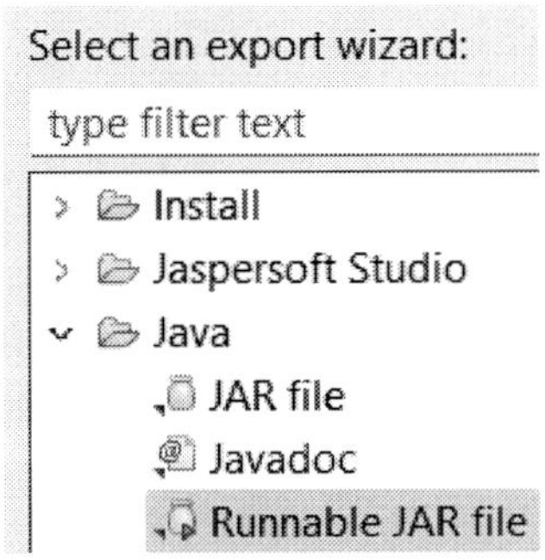

6. Nesta janela siga os seguintes passos:
   - Em Launch Configuration escolha o projeto que acabamos de criar.
   - Em Export destination escolha o local para salvar este arquivo, nomeie como Janela.jar.
   - Em library handling escolha a segunda opção: package required libraries into generated JAR. Onde pede que sejam empacotadas as bibliotecas para este JAR gerado, ou seja, o nosso arquivo de imagem adicionado no classpath será incluído.

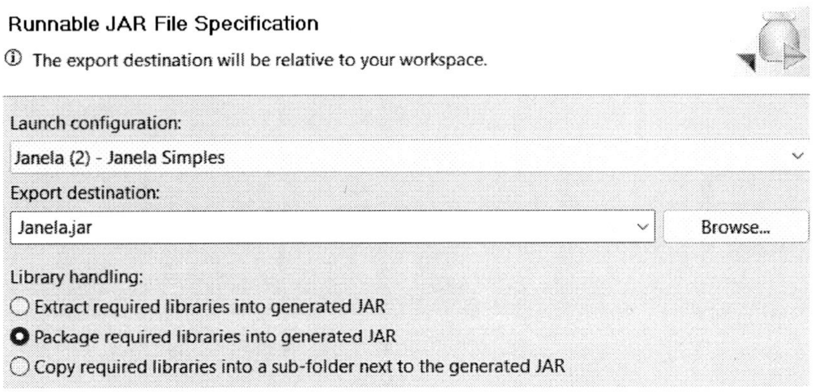

7. Finalize o processo de criação e teste sua aplicação.

Atualizando o Eclipse e o JDK

Atualizando o Eclipse

Para atualizar o Eclipse é só ir ao menu principal em Help>Check for Updates. Lá aparecerá o que precisa ser atualizado; do contrário uma mensagem de aviso será dada como esta:

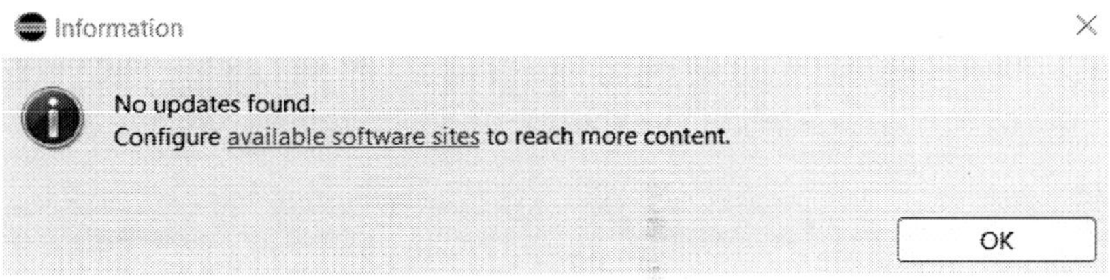

Informando que não há atualizações no momento.

Atualizando o JDK

Aqui você terá que baixar antes o JDK que você deseja incluir no Eclipse, por isso vá ao seguinte link: https://www.oracle.com/java/technologies/downloads/

Lá você deverá selecionar o seu SO (sistema operacional), no meu caso é o Windows. Optei em escolher o arquivo zipado, clicando na opção x64 Compressed Archive. Ao terminar de baixar, você obviamente terá que extrair o arquivo em algum local; no meu caso extraí em:
D:\Programas Instalados

Com o JDK mais atualizado em mãos, abra o Eclipse e no menu principal vá para Window > Preferences > Java. Expanda a opção Java até encontrar Installed JREs; lá você clicará no botão Add:

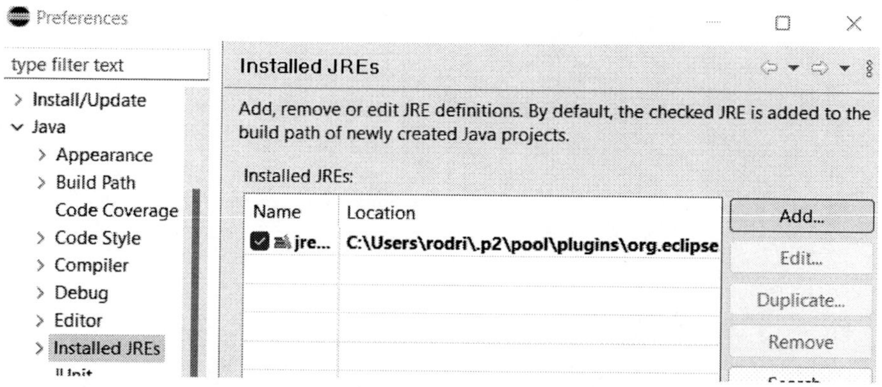

Aparecerá uma outra janela, recomendo que deixe como Standard VM e clique em next. No meu caso o arquivo mais recente é o JDK 19; em JRE home indiquei onde está localizada a pasta deste arquivo, que foi:
D:\Programas Instalados\jdk-19

Lembre-se de selecionar o diretório correto no seu computador; se estiver tudo certo, será reconhecido o JRE name e a livraria de extensão jar que deverá ser referenciada. Conforme o exemplo:

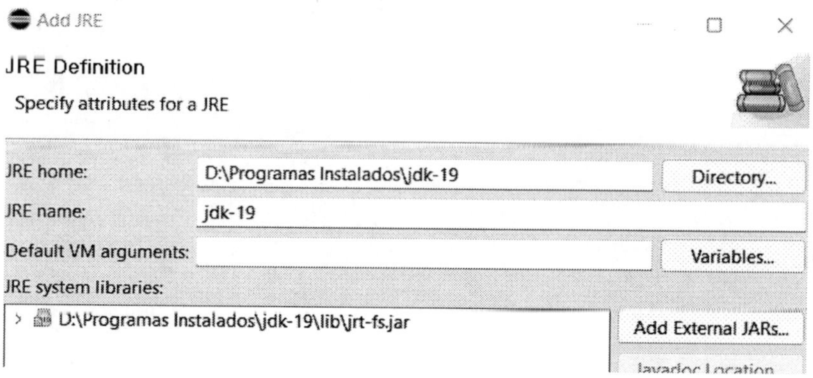

Clique em finish para finalizar. Depois clique em Apply and Close para que as alterações sejam concretizadas. Quando for criar um novo projeto em Java e desejar utilizar a nova JDK instalada; selecione Use a Project specific JRE; conforme o exemplo da imagem:

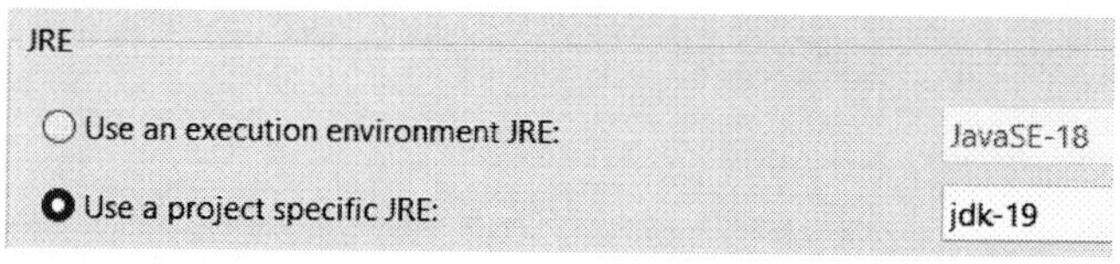

Caso não tenha escolhido esta opção ou deseja alterar a versão atual de algum projeto é só clicar sobre a versão JDK atual do projeto:

E com o botão direito do mouse ir para propriedades (properties). Lá você selecionará a opção Alternate JRE, conforme o exemplo da imagem:

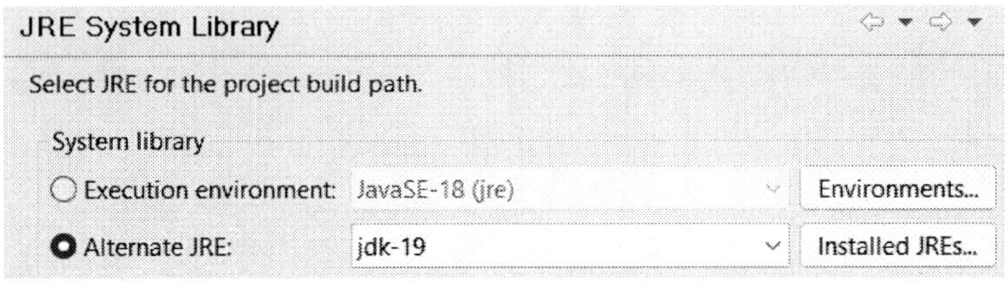

E depois Apply and Close, para que a alteração seja aplicada.

Apêndice B

Jshell

Utilizando no Eclipse

O Jshell, assim como módulos, foi um recurso novo incluído no Java SE* 9. Ela permite a execução de trechos de código Java sem a necessidade do programa ser compilado; ao invés disso o Jshell interpreta os comandos durante a criação da estrutura.

Muitos alunos incomodados com a poluição que é gerada ao utilizar o Jshell me perguntam como se limpa a tela do ecrã**, o comando é CTRL + L. Alguns ainda desejam que este comando seja inserido por linha de código; dentre as várias opções poderíamos utilizar o seguinte comando:
System.out.**print**("\033[H\033[2J");

O \033 Representa o caractere de escape (ESC) em ANSI*** ; enquanto "[" Representa a sequência de escape; o "H" move o cursor para o canto superior esquerdo do Ecrã. E ainda temos o \033[2J; sabendo da parte /033[, vamos partir para o 2J. O "J" apaga parte do ecrã; já o número representa como este comando de apagar será executado.

Se valer zero (0), ele apaga desde a localização do cursor até o final do terminal; no caso de valer um (1), o ecrã é apagado no princípio até a posição do cursor; e se valer dois (2) tudo presente na tela é apagado. Com base nisso poderíamos ter escrito desta forma:
System.out.**print**("\033[H\033[J");

Já que o "H" move o cursor para o início da tela e o valor zero, que não precisa ser incluído em "J", pois o programa subentende que seu valor é zero; irá apagar da localização do cursor até o final do ecrã. Como poderíamos ter escrito:
System.out.**print**("\033[1J");

Que apaga todo ecrã do início até onde se encontra o cursor; já que não foi redirecionado para o início com o uso de "H", irá apagar tudo que estiver presente na tela.

*SE é a sigla para Standard Edition ou Edição Padrão em português.
**Ecrã é o termo utilizado para terminal, prompt de comando (CMD).
***ANSI (American National Standards Institute - Instituto Nacional Americano de Padrões).

Coloquialmente, o termo ANSI é usado para várias codificações diferentes:

- ISO 8859-x
- Windows CP1252

No âmbito da programação, na terminologia da API do Win32, é um padrão para sinalização em banda para controlar a localização do cursor, cor, estilo da fonte e outras opções em terminais de prompt de comando.

Mas como se utiliza o Jshell?
Geralmente ele não está configurado para ser executado no prompt de comando, mas, sim, pelo Eclipse. Quando você abre o Eclipse na barra de ícone há um na forma de um monitor, conforme o exemplo da imagem:

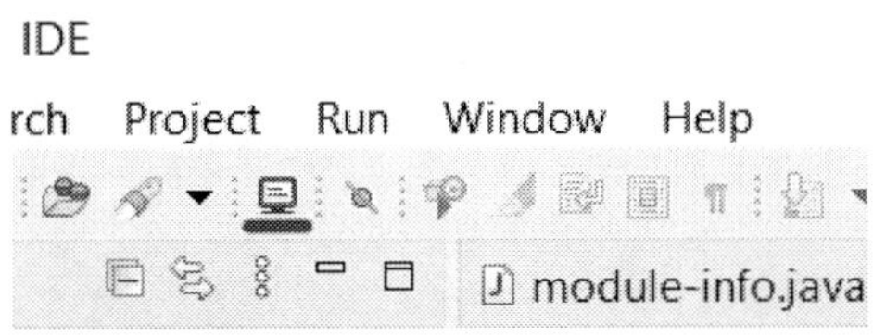

Ao clicar sobre o mesmo, uma nova aba surge onde fica o agrupamento de janelas, caso a janela do terminal ainda não esteja presente. E por lá você poderá utilizar o comando jshell. Ex:

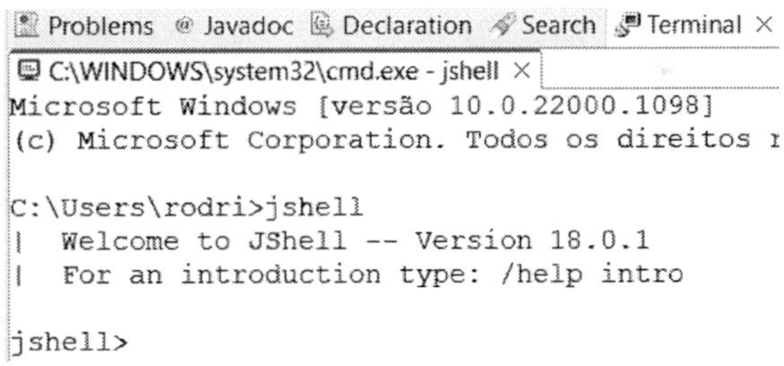

Contudo, torna-se trabalhoso ter de abrir o jshell pelo Eclipse, por isso vou lhe explicar como configurar a variável de ambiente, para que possa funcionar no prompt de comando do Windows.

Configurando a variável ambiente

Na pasta onde foi instalado o eclipse, você encontrará o arquivo Eclipse.ini; você poderá abrir o mesmo com um simples bloco de notas. Verá, dentro do arquivo, o caminho para o JRE instalado, no meu caso foi: C:/Users/rodri/.p2/pool/plugins/org.eclipse.justj.openjdk.hotspot.jre.full.win32.x86_64_17.0.1.v20211116-1657/jre/bin

Copie o seu caminho e abra o sistema de busca no Windows (um ícone na forma de uma lupa ou uma caixa de entrada), que se encontra na barra de tarefas presente na área de trabalho:

caso não esteja presente, abra o menu de contexto da barra de tarefas e configure para que o mesmo seja incluído. Lá você digitará na busca a palavra variáveis, conforme o exemplo:

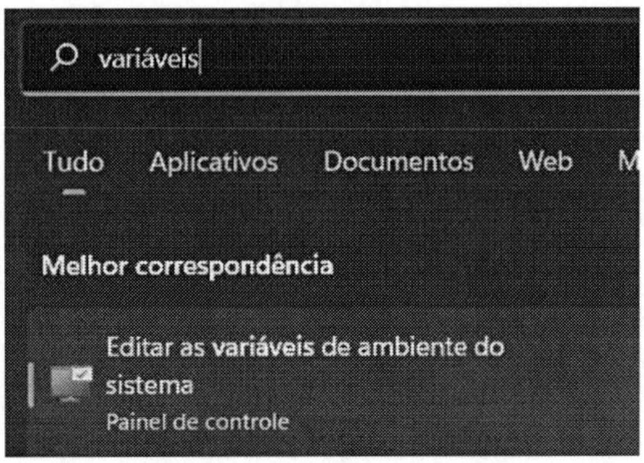

Aparecerá a opção de editar as variáveis de ambiente do sistema; o mesmo caminho pode ser obtido se você:

1. Abrir o painel de controle.
2. Alterar a visualização de exibir por, para ícones grandes.
3. Clicar em sistema.
4. Por fim clicar em configurações avançadas do sistema.

Opto pela primeira opção por ser mais direto, uma janela será mostrada com o botão variáveis de ambiente:

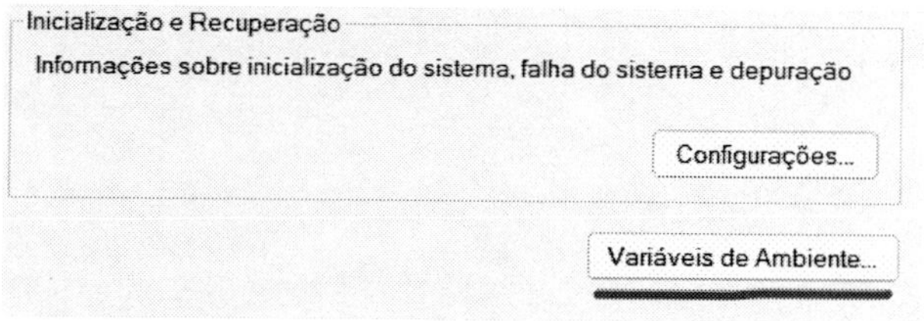

Lá você irá clicar em variáveis de ambiente e depois irá selecionar Path, conforme a imagem abaixo e clicar em editar:

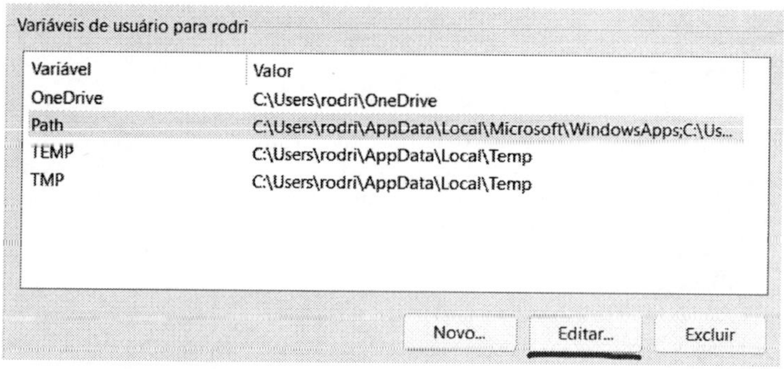

Lá você irá clicar em um campo vazio e colar o caminho:

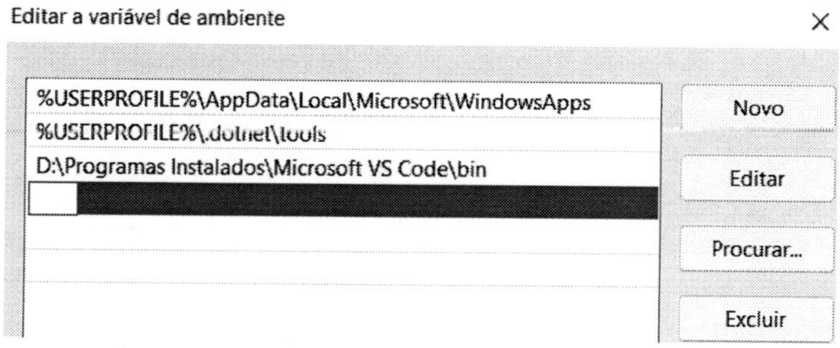

Porém, as barras deverão ser invertidas, ao invés de colocar, por exemplo:
C:/Users/rodri/.p2/pool/plugins/org.eclipse.justj.openjdk.hotspot.jre.full.win32.x86_64_17.0.1.v20211116-1657/jre/bin

Você irá colar como:
C:\Users\rodri\.p2\pool\plugins\org.eclipse.justj.openjdk.hotspot.jre.full.win32.x86_64_17.0.1.v20211116-1657\jre\bin

Ao clicar em ok e abrir o prompt de comando, ocê poderá realizar uma busca pelo mesmo. Ex:

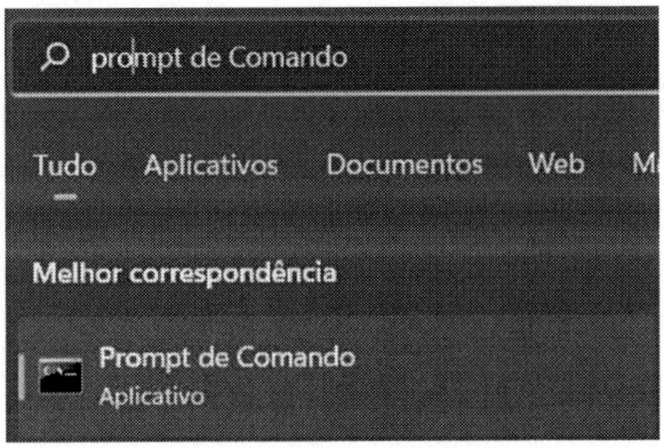

Quando você inserir o jshell, o comando será reconhecido, faça o teste.

Utilizando pelo Prompt de Comando

Com o jshell ativo eu poderia testar um comando simples, que exiba uma mensagem, por exemplo:

```
Prompt de Comando - jshell
jshell> System.out.print("Meu primeiro exemplo");
Meu primeiro exemplo
```

Já que System.out.**print**() é um comando de saída. Poderia inclusive testar uma classe:

```
Prompt de Comando - jshell
jshell> public class Ex1 {
   ...>     public static void main(String[] args) {
   ...>         System.out.prin("Meu primeiro exemplo");
   ...>     }
   ...> }
|  Error:
|  cannot find symbol
|    symbol:   method prin(java.lang.String)
|          System.out.prin("Meu primeiro exemplo");
|          ^-------------^
```

No exemplo acima um erro foi gerado, já que o comando correto seria System.out.**print**() e não System.out.**prin**(); a ausência do "t" ocasionou o erro, relatando que o símbolo de referência não foi encontrado:

```
Error:
Cannot find symbol
```

Você não precisa digitar tudo novamente, já que o que foi digitado fica armazenado, um simples toque na tecla direcional para cima [⇧] fará com que todo o código anteriormente digitado seja mostrado; onde você poderá utilizar as teclas direcionais para "andar" sobre o código; ao acrescentar o "t" e pressionando a tecla Enter, um aviso será dado:

```
Create class Ex1
```

Relatando que a nossa classe Ex1 foi criada com sucesso. Mas como utilizar a mesma? Simples, basta criar um objeto da classe e executá-la da seguinte forma:

```
jshell> Ex1 ex = new Ex1();
ex ==> Ex1@1593948d

jshell> ex.main(null)
Meu primeiro exemplo
```

No primeiro comando criamos um objeto da classe de nome "ex" e no segundo foi utilizado este objetp, puxando o método principal main, passando um argumento ao seu parâmetro como nulo.

Claro que se a classe e o método fossem estáticos, não haveria necessidade de instanciar a classe, bastaria simplesmente executar direto:
Jshell> Ex1.main(null);

Se fosse só o método main, sem estar presente em uma classe; neste caso você não precisaria instanciar um objeto de classe e sim só executar o método. Ex:
Jshell>main(null)

Vendo comandos básicos do Jshell

Se desejar visualizar as variáveis "soltas" que já foram criadas no jshell o comando é:
/vars
Quando me refiro às soltas, são variáveis que não fazem parte de métodos ou classes.

Se desejar visualizar os métodos já criados o comando é:
/methods
Contanto que os métodos não façam parte de uma classe.

Se você quiser resetar o jshell, limpando as classes criadas, métodos, variáveis, etc. O comando é:
/reset

Se você quiser pular uma linha na construção do código no jshell o comando é
CTRL+ Enter

Muitas vezes o aluno prefere criar o seu código em um bloco de notas, por exemplo, e depois requisitar este arquivo pelo Jshell. Isso poderá ser feito pelo comando open, seguido do caminho de onde se encontra o arquivo que você criou; que obrigatoriamente deverá ter sido salvo com a extensão Java. Da seguinte forma:
jshell> /open c:\java\Teste.java

Onde c:\java é o caminho onde está localizado o arquivo e Teste.java é o arquivo a ser executado pelo Jshell.

Se deseja utilizar deste conceito, recomendo que não utilize um bloco de notas comum, mas o notepad++, que poderá ser baixado de forma gratuita em: https://notepad-plus-plus.org/downloads/

Se você quiser sair do jshell o comando é:
/exit

Correção dos caracteres especiais

Infelizmente, quando você utiliza caracteres especiais como cê-cedilha e assentos de um modo geral, o jshell não os reconhece corretamente. Ex:
jshell> System.out.print("Ação");
AþÒo

Para resolver este pequeno problema, primeiramente, quero que você saia do Jshell; digitando o seguinte comando:
jshell> /exit

O problema que poderá ocorrer aqui é que o código ativo do prompt de comando deve estar diferente do código ativo presente no Jshell, por isso este problema no reconhecimento dos caracteres especiais. Para saber o código ativo atual digite o seguinte comando:
C:\> chcp
Página de código ativa: 850

O chcp exibe o número da página de código do console ativo, que no caso deveria ser mostrado como o exemplo acima. O código 850 nos informa que é multilíngue (Latino I); com base no próprio site da Microsoft.
https://learn.microsoft.com/pt-br/windows-server/administration/windows-commands/chcp

Digite chcp 1252 para ativação de caractere Unicode que resolverá o problema:
C:\> chcp 1252
Página de código ativa: 1252

Agora entre no Jshell e teste novamente:
jshell> System.out.print("Ação");
Ação

Apêndice C

MySQL

Instalação

1. Vá ao site de downloads do MySQL: https://dev.mysql.com/downloads/windows/installer/

2. Escolha o Sistema operacional e a opção de instalação. No caso do Windows será a segunda opção:

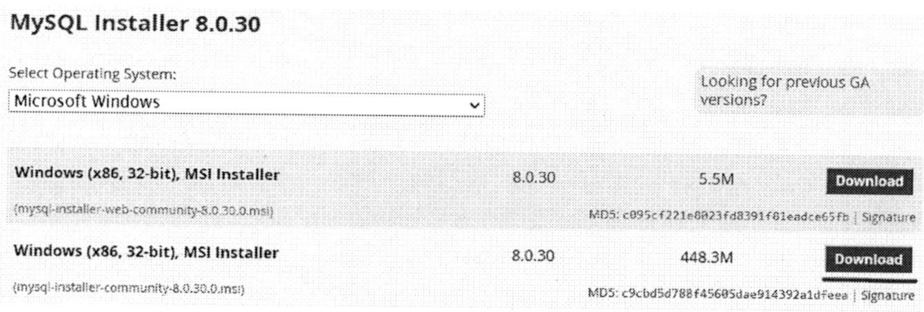

3. Ao clicar em download, o site vai pedir para logar em uma das opções; simplesmente ignore e clique no link: **No thanks, just start my download**.

4. Na opção de instalação selecione custom.
   4.1. Expanda MySQL Servers até localizar o MySQL Server 8.0.30.
   4.2. Expanda Applications até localizar MySQL Workbench 8.0.30 - X64.
   4.3. Expanda MySQL Connectors até localizar Connector/J 8.0.30 - X86.
   4.4. Selecione um por um e clique na seta para que seja incluso na instalação.

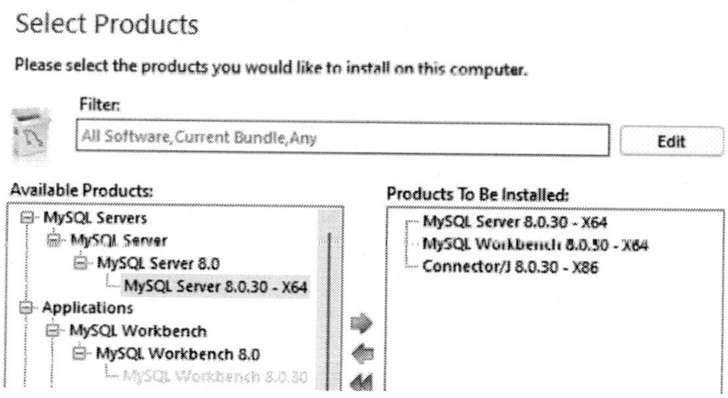

O MySQL Server é o nosso servidor de banco de dados; já o Workbench é um aplicativo facilitador na criação e gerenciamento de banco de dados, seja na realização de uma simples consulta, até a alteração de tabelas ou criação de backups, por exemplo. Por fim o Connector/J é o responsável por realizar a ponte de ligação do Java com o servidor MySQL.

5. Em Type and Networking não altere nada e clique em next.

6. Em Authentication Method não altere nada e clique em next.

7. Em Accounts and Roles devemos criar uma senha de acesso ao servidor do banco de dados; já que aqui é meramente didático, digite uma senha como: 1234. É esta senha que utilizarei. Se desejar criar outra, lembre-se de substituir a senha que eu utilizo por aquela que você criou nos meus exemplos. E clique em next.

8. Depois disso, vá clicando em next até encontrar a opção execute. Espere o final da configuração do seu servidor de banco de dados. E depois disso pode fechar a janela.

Criando um banco de dados pelo Workbench

Execute o Workbench; se não tem a mínima ideia de onde localizá-lo, vá à ferramenta de busca do Windows, que se localiza na barra de tarefas, e digite Workbench.

Caso você não possua a ferramenta de pesquisa na barra de tarefas, clique com o botão direito do mouse em um local vazio da barra de tarefas e no menu de contexto escolha a opção configurações da barra de tarefas; com isso irá abrir uma janela e dentre as opções uma delas será o item de pesquisa, clique em ativar.

Com o Workbench aberto vá ao menu principal e escolha a opção Database > Connect to Database... Conforme o exemplo abaixo:

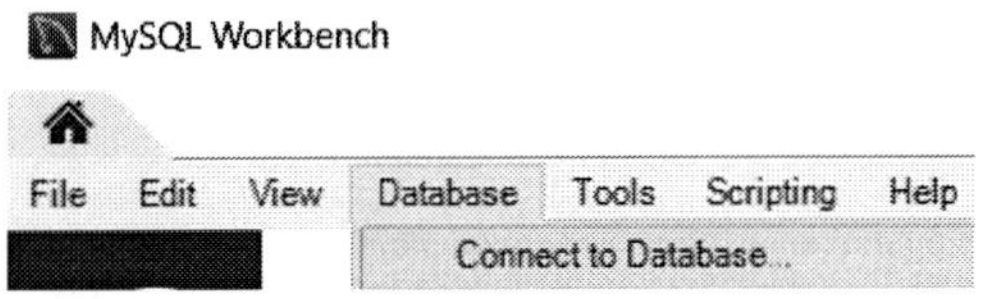

Lá verifique se está selecionado o nosso servidor de banco de dados, que por padrão assume o nome de MySQL80. Deixe o usuário padrão que é root e clique em Store in Vault... Presente em password. Lá ele pedirá a senha que foi criada durante a instalação do MySQL. No meu caso digitarei a senha que utilizei: 1234.

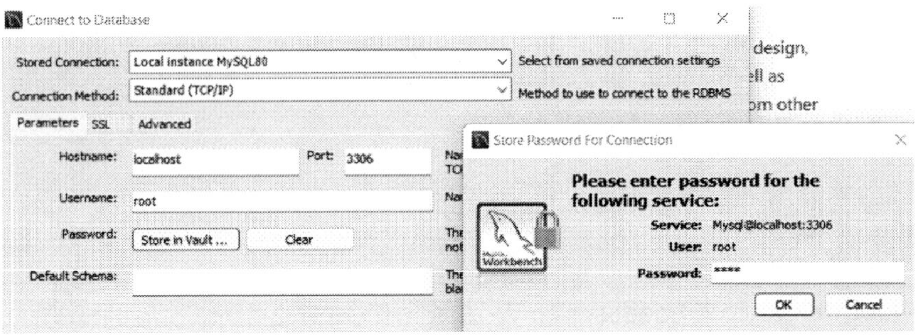

Vamos agora criar um banco de dados diretamente pelo Workbench:

1. Clique no ícone de criação de banco de dados, que se assemelha mais com um bolo, com o sinal de mais: 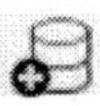
2. Digite o nome deste banco de dados como bd1 e selecione em Default Charset latin1 e Default Collation swedish ci.

3. Clique em Apply, se abrir outra janela, com o código SQL, simplesmente clique novamente em Apply.

4. Depois de criado o seu primeiro banco de dados pelo Workbench, vá até a janela Navigator, que fica do lado esquerdo; você verá duas abas no canto inferior desta janela: Administration (local onde estamos) e Schemas. Selecione Schemas e lá você verá o seu banco de dados criado, conforme o exemplo:

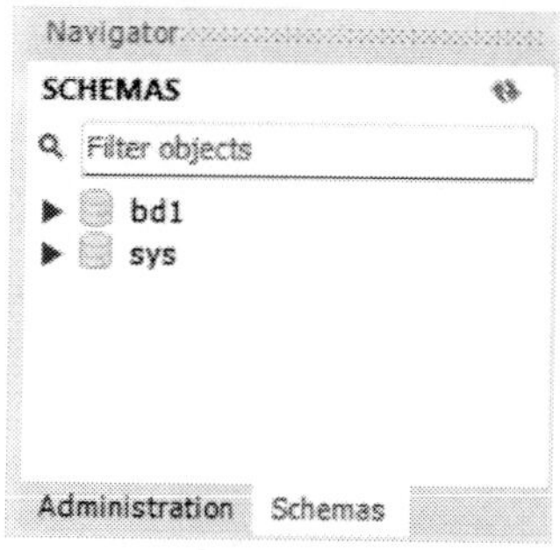

5. Dê um duplo clique para selecionar o nosso banco de dados recém-criado e depois clique no ícone de criação de tabelas, que é no formato de uma tabela com sinal de mais: .

6. Digite o nome da tabela como empregados e em Charset/Collation deixe as mesmas configurações que foram sugeridas na criação do banco de dados.

7. Não altere o engine InnoDB, conforme demonstrado na imagem abaixo, e dê um duplo clique em column name, digite ID e não altere Datatype, que é o tipo de dado que esta coluna irá armazenar. Marque as opções PK (primary key), NN(Not Null) e AI (Auto Increment). Conforme o exemplo:

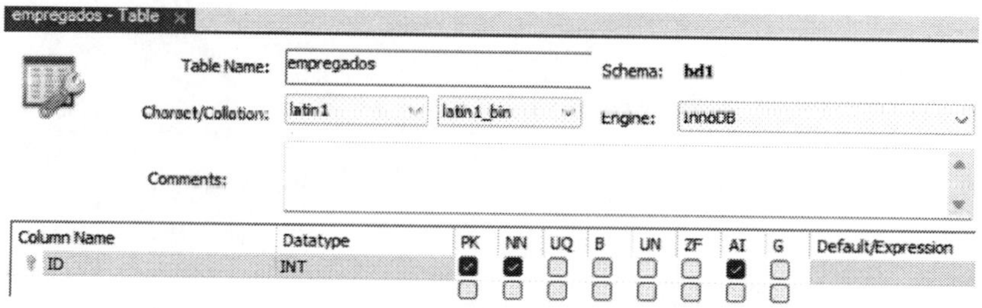

8. Clique na linha debaixo para poder inserir outra coluna na tabela. Os campos que a tabela terá são mais dois:

Column Name	Datatype	Marcados	Default/Expression
Nome	VARCHAR(45)	NN	
Proventos	FLOAT	NN	
Cargo	ENUM('Porteiro', 'Contador', 'Gerente')		'Porteiro'

Esta tabela foi feita desta forma, para vermos como alterar ou excluir uma coluna de uma tabela já criada. Caso não esteja mais nesta janela onde criamos a tabela, simplesmente já em Schemas, expanda o nosso banco de dados e na tabela que foi criada, clique no ícone em forma de uma chave inglesa, conforme o exemplo da imagem:

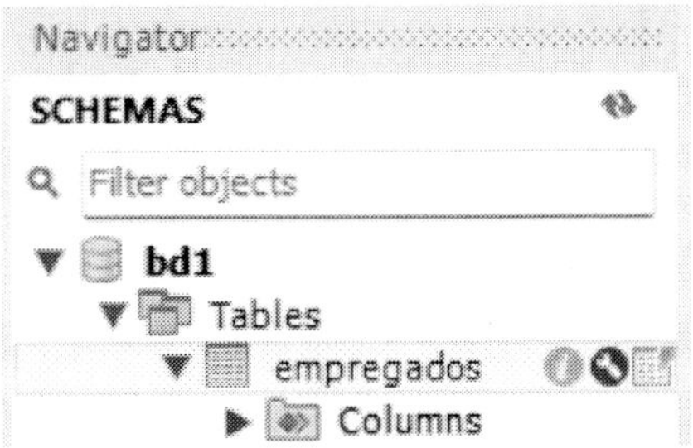

Gerenciando e importando dados pelo Workbench

Excluindo a coluna de uma tabela
Para excluir a última coluna, clique com o botão direito do mouse e escolha a opção Deleted Selected.

Alterando a coluna de uma tabela
Altere a coluna Cargo para os seguintes critérios:

Column Name	Datatype	Marcados	Default/Expression
Cargos	ENUM('Porteiro(a)', 'Contador(a)', 'Gerente')		'Porteiro(a)'

Depois clique em Apply e Finish

Importando um banco de dados
Digamos que você não queira criar um banco de dados manualmente do zero e suas tabelas, mas importar um banco de dados já devidamente criado e populado. Conforme o nosso pequeno exemplo:

```
CREATE DATABASE IF NOT EXISTS bd;
USE bd;
DROP TABLE IF EXISTS `usuarios`;
CREATE TABLE `usuarios` (
`id` INT UNSIGNED AUTO_INCREMENT PRIMARY KEY,
`nome` VARCHAR (30) NOT NULL,
`idade` TINYINT UNSIGNED NOT NULL,
`sexo` ENUM('Masculino', 'Feminino', 'Nada Consta') DEFAULT 'Nada consta')
ENGINE = MyISAM CHARACTER SET = latin1
COLLATE = latin1_swedish_ci;

INSERT INTO bd.usuarios VALUES(NULL, 'Marcos', 32, 'Masculino'), (NULL, 'Manoela', 27, 'Feminino'), (NULL, 'Renata', 21, DEFAULT), (NULL, 'Maísa', 44, 'Feminino'), (NULL, 'Gabi', 19, 'Feminino'), (NULL, 'Junior', 40, DEFAULT), (NULL, 'Rogério', 29, 'masculino');
```

Crie este arquivo pelo Notepad++ e salve-o com a extensão .sql. No meu caso o arquivo foi salvo como bd.sql no caminho D:\Rodrigo\Java\BDs.

1. Com o Workbench aberto vá ao menu principal em server > Data Import.

2. Lá escolha a segunda opção e cole o caminho onde está localizado o seu arquivo, conforme o exemplo:

3. Lá você deverá clicar em Start Import, se não estiver localizando este botão sugiro diminuir a janela OutPut que se encontra na parte de baixo; estacionando o mouse sobre a borda da janela e esperando que o ícone do mouse se transforme em seta dupla; clicando e arrastando para baixo.

Você poderá também abrir um arquivo SQL e executar, simplesmente clicando no ícone SQL com uma pasta . E clicando depois no ícone de um raio para executá-la.

Visualizando o banco de dados recém-importado
É bem capaz de você não ver o seu banco de dados pelo Schemas; mas para resolver este problema é muito simples, clique no símbolo de refresh (atualizar), conforme demonstrado na imagem.

Visualizando registros de uma tabela
Vamos agora visualizar os registros de uma tabela através do Workbench. Para isso clique no nosso banco de dados bd e expanda até encontrar a tabela usuários. Lá selecione o último ícone na forma de uma tabela com um raio, conforme o exemplo da imagem:

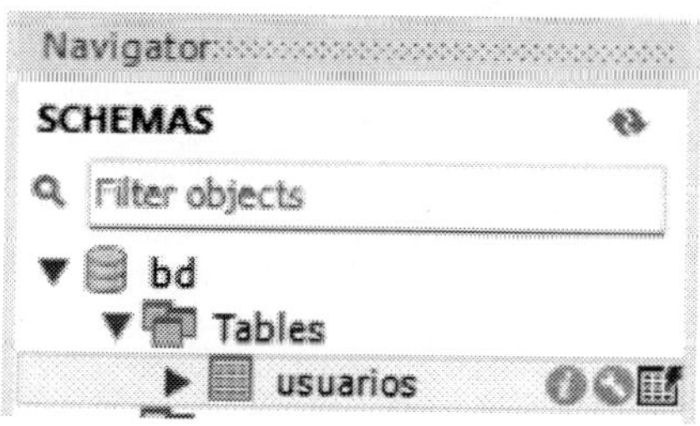

Lá uma consulta padrão será realizada nesta tabela:
SELECT * **FROM** bd.usuarios;

E logo abaixo serão demonstrados os registros encontrados; você poderá alterar a consulta SQL padrão e executá-la clicando no ícone em forma de raio. Não entrarei em detalhes de consultas, pois é um assunto relacionado ao tópico do MySQL.

Ainda nesta janela você poderá excluir um ou mais registros manualmente; selecionando o registro desejado e clicando no ícone de tabela com um símbolo de menos conforme o exemplo:

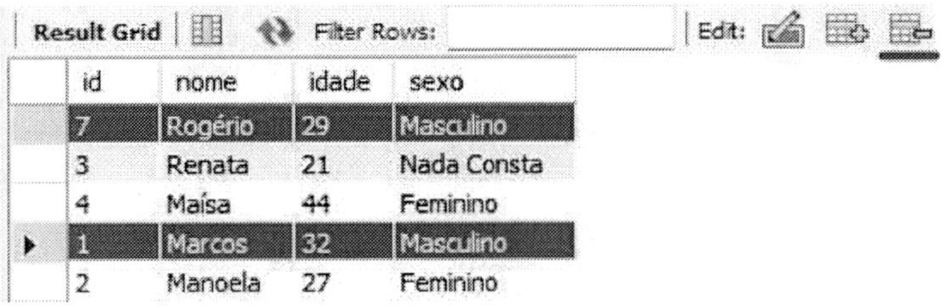

Para selecionar um ou mais registros em sequência é só clicar com o mouse no campo vazio antes do "id" e arrastar até onde deseja. Registros não sequenciais, conforme o exemplo acima, deverá ser clicado um por um com o uso da tecla control (Ctrl) pressionada.

Já o ícone de tabela com o símbolo de mais é para inserir um novo registro ou simplesmente clicar no último registro da tabela, que se encontra vazio, e inserir um novo registro.

Não pretendo me estender mais neste assunto, já que o que veremos no tópico relacionado a banco de dados, se tornará um tanto desnecessária a utilização do workbench; mas incluí aqui, pois alguns alunos optam em manuseá-lo ao invés de criar um banco em SQL puro.

Apêndice D

Utilizando Launchj4

Criando um arquivo executável a partir de um arquivo JAR

Muitos alunos me perguntaram se dá para criar um arquivo executável com base no arquivo JAR criado. Bem, há diversas ferramentas disponíveis, a que vejo sendo mais utilizada é o launchj4.

Infelizmente, o launchj4 não possui uma assinatura digital válida. O que faz com que o Windows o alerte sobre este problema ao tentar instalar o programa pela primeira vez, alertando que o software é de um fornecedor desconhecido:

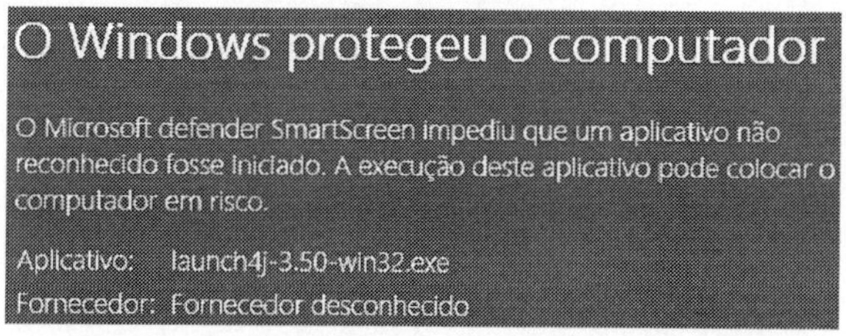

Desta forma, fica a seu critério e responsabilidade se deseja instalar ou não o aplicativo. O que eu habitualmente uso é a versão zipada do Windows, onde extraio e executo o programa e até o presente momento não me proporcionou nenhuma dor de cabeça com relação a vírus, malwares ou outro problema do gênero. Mas como havia dito, fica a seu critério e responsabilidade.

1. O launch4j pode ser adquirido em: https://launch4j.sourceforge.net/
2. Clique em downloads e escolha o instalador de sua preferência, com base no seu S.O.
3. Depois de instalado, abra o programa e na janela basic escolha o local que será salvo o arquivo executável, nomeie este arquivo com a extensão .exe
4. E selecione o arquivo JAR a ser transformado em um arquivo executável.
5. O exemplo deverá ficar algo como:

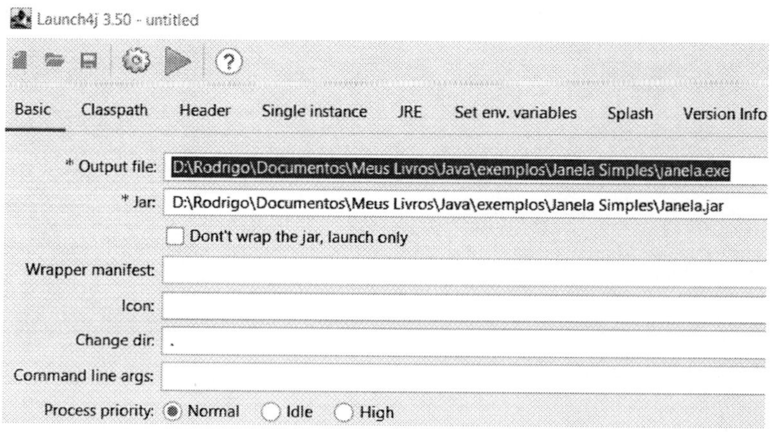

Ainda nesta janela, você poderá escolher um ícone para seu executável, se assim desejar.

6. Clique no ícone em forma de engrenagem, pois lá ele pedirá para salvar um arquivo de extensão XML com as especificações de configuração do launch4j, em relação ao arquivo .exe que está sendo criado.

Pronto, seu arquivo executável será gerado. A documentação do mesmo poderá ser vista em: https://launch4j.sourceforge.net/docs.html

Com relação ao suporte recomendo acessar: https://sourceforge.net/p/launch4j/discussion/332684/

Apêndice E

Resposta dos Exercícios

Estruturas condicionais, operador ternário e estudo de caso

1. Preencha a tabela abaixo corretamente, sabendo que T é relacionado a true e F é relacionado a false, com relação as duas variáveis booleanas A e B:

A	B	A && B	A || B	!A	!B
T	T	T	T	F	F
F	F	F	F	T	T
T	F	F	T	F	T
F	T	F	T	T	F

2. Escreva T (true) ou F (false) para o resultado das seguintes operações; sabendo que A é true e B false.
   a) (A && B) || (B || B) F
   b) (B || A) && (!A || A) T
   c) (B && A) || (A && !B) T
   d) !((B || A) && (!B && A)) F
   e) (!B && (A && !B) && !(B && A) T

3. Faça um programa que o usuário digite o valor do produto e o número de parcelas. Dependendo da quantidade de parcelas haverá ou não juros, com base na tabela:

Parcelas até	Juros
X3	0%
X6	10%
X12	15%

Veja o exemplo:
Digite o valor do produto ....: 200
Digite o número de parcelas ....: 5
Juros...: 10%
Valor final do produto ....: R$ 220.0
Valor das parcelas...: R$ 44.0

O que está negritado são as informações inseridas pelo usuário, o resto são informações fornecidas pelo programa.

Resposta

Optei em criar todas as respostas utilizando o notepad++, com relação aos exercícios que foram respondidos com o uso do jshell ao invés do Eclipse. As respostas dos exercícios sempre estarão dentro do método principal main; a estrutura abaixo foi criada dentro de um arquivo de nome Parcelas.java, com o seguinte conteúdo:

```
01 public static void main(String[] args) {
02       float valor, valorParcela, juros = 0;
03       int parcelas;
04       Scanner sr = new Scanner(System.in);
05       System.out.print("Digite o valor do produto: ");
06       valor = sr.nextFloat();
07       System.out.print("Digite a quantidade de parcelas (1 a 12): ");
08       parcelas = sr.nextInt();
09       if(parcelas>3 && parcelas<=6)
10             juros = 0.1f;
11       else if(parcelas>6)
12             juros = 0.15f;
13       valor += valor * juros;
14       valorParcela = valor/parcelas;
15       System.out.printf("Juros: %.0f%%\n", juros*100);
16       System.out.printf("Valor final do produto: R$ %.2f\n", valor);
17       System.out.printf("Valor das parcelas: R$ %.2f\n", valorParcela);
18 }
```

Nas linhas 02 e 03 são as variáveis que irei utilizar durante o desenvolvimento; já que preciso de informações provindas do usuário, foi criado o objeto Scanner na linha 04. Na linha 05 informo para inserir o valor do produto, capturado na linha 06 e atribuído a variável valor; assim como a quantidade de parcelas, que é atribuído a variável parcelas, linha 08.

Se as parcelas forem maiores do que três ou menores ou iguais a seis, linha 09, irá entrar na condição do if, definindo juros como 0.1f; mesmo que 10% na matemática. Do contrário, se forem maiores do que seis, linha 11, a variável juros assumirá 0.15f, mesmo que 15%.

Na linha 13 nós adicionamos ao valor os juros, que será valor x juros. Se juros ainda for zero, então a soma por zero não irá interferir no valor atual do produto. E na linha 14 obtemos o valor da parcela, que é a divisão do valor pelo número de parcelas.

Para ficar mais apresentável os juros, faço uma multiplicação por 100, linha 15; onde se repete o símbolo de porcentagem duas vezes para que possa ser exibido (%%); para que o comando de saída interprete o símbolo de porcentagem como um caractere e não um símbolo de formatação. A saída do programa será algo como:

```
C:\Users\rodri>jshell
|  Welcome to JShell -- Version 19
|  For an introduction type: /help intro

jshell> /open d:/rodrigo/java/Parcelas.java

jshell> main(null)
```

```
Digite o valor do produto: 2300
Digite a quantidade de parcelas (1 a 12): 10
Juros: 15%
Valor final do produto: R$ 2645,00
Valor das parcelas: R$ 264,50
```

4. Escreva um programa que leia o número de horas trabalhadas **em um mês** e o valor da hora trabalhada. No final informe a quantidade de horas extras, o valor da hora extra e o salário mensal final.

Salário mensal
Serão as horas trabalhadas x o valor da hora. Se não houver horas extras.

Horas Extras
Se um funcionário trabalha em média 40 horas semanais, então por mês são 160 horas. Já que um mês tem a duração média de quatro semanas: 40 x 4 = 160. O que passar disso será considerado hora extra, que terá um acréscimo de 50% do valor/hora.

Veja o exemplo:
Digite a quantidade de horas trabalhadas em um mês .....: 190
Digite o valor da hora trabalhada ....: 10
Quantidade de horas extras ....: 30
Valor das horas extras ....: R$ 150
Salário mensal final ....: 2050.0

O que está negritado são as informações inseridas pelo usuário, o resto são as informações fornecidas pelo programa. O que está sublinhado é para aparecer, se houver horas extras a serem calculadas; do contrário, só o salário mensal final é que deverá ser mostrado.

Resposta
A estrutura a seguir foi criada dentro de um arquivo de nome HorasExtras.java, com o seguinte conteúdo:

```
public static void main(String[] args) {
        int horas, horasExtras;
        float sal, valorHora, valorHoraExtra = 0;
        Scanner sr = new Scanner(System.in);
        System.out.print("Digite a quantidade de horas trabalhadas: ");
        horas = sr.nextInt();
        System.out.print("Digite o valor da hora: ");
        valorHora = sr.nextFloat();
        horasExtras = horas - 160;
        if(horasExtras>0) {
                valorHoraExtra = (float) ((horasExtras * valorHora) * 1.50);
                System.out.println("Quantidade de horas extras: " + horasExtras);
                System.out.printf("Valor das horas extras: R$ %.2f\n", valorHoraExtra);
                sal = (horas-horasExtras) * valorHora + valorHoraExtra;
        }else
                sal = horas * valorHora;
```

```
17        System.out.printf("Salário mensal final: R$%.2f\n", sal);
18 }
```

Nas linhas 02 e 03 foram criadas as variáveis que serão necessárias para este exercício; além do objeto da classe Scanner, linha 04, para capturar as horas trabalhadas e atribuir a variável horas, linha 06; além do valor da hora, para ser atribuído à variável "valorHora", linha 08. Depois disso, é realizado o cálculo com base no que foi informado no exercício, linha 09.

Na linha 10 é verificado se há horas extras, ou seja, se o valor é maior do que zero; caso afirmativo, é realizado o cálculo de horas extras vezes o valor da hora, acrescido de 50% ou 1.5. Já que horas extras é uma variável inteira, reafirmei que este cálculo será um dado do tipo float, antes de ser atribuído a nossa variável do tipo float de nome "valorHoraExtra".

Após, são exibidos os dados de horas extras, linha 12; valor da hora extra, linha 13; e realizado o cálculo das horas menos as horas extras, que já temos o valor das horas extras separado em outra variável; depois dessa subtração é multiplicado pelo valor da hora e somado ao valor das horas extras. Do contrário, se não houver horas extras a serem calculadas, o cálculo se dará no else das linhas 15 e 16; onde finalmente é exibido o valor do salário mensal, linha 17. A saída do programa será algo como:

```
jshell> /open d:/rodrigo/java/HorasExtras.java
jshell> main(null)
Digite a quantidade de horas trabalhadas: 190
Digite o valor da hora: 10
Quantidade de horas extras: 30
Valor das horas extras: R$ 450,00
Salário mensal final: R$2050,00
```

Laços e recursão

1. Faça um programa para aparecer um pequeno menu de texto que o usuário escolhe para exibir um triângulo ou quadrado. E que o mesmo informe a altura da forma escolhida. Digamos que o usuário digite o valor (4), a saída deverá ser com caracteres de zeros (0), que poderá variar, conforme a forma escolhida:

Triângulo	Quadrado
0 00 000 0000	0000 0000 0000 0000

Resposta

A estrutura abaixo foi criada dentro de um arquivo de nome Formas.java, com o seguinte conteúdo:

```
public static void main(String[] args) {
        String forma="";
        int op, tamanho;
        Scanner sr = new Scanner(System.in);
```

```
05     System.out.println("Escolha o tipo de forma a ser feito com zeros:");
06     System.out.println("1 - Triângulo retângulo");
07     System.out.println("2 - Quadrado");
08     op = sr.nextInt();
09     System.out.print("Digite o tamanho da forma:");
10     tamanho = sr.nextInt();
11     for(int i=1; i<=tamanho; i++)
12     {
13             forma+="0";
14             if(op==1)
15                     System.out.println(forma);
16     }
17     if(op==2) {
18             for(int i=1; i<=tamanho; i++)
19                     System.out.println(forma);
20     }
21 }
```

Crio variáveis nas linhas 02 e 03 para me auxiliar neste exercício. Além de Scanner para capturar a opção escolhida pelo usuário e atribuir a variável "op", linha 08. Além do tamanho da forma, linha 10. O laço irá de um até o valor de tamanho; concatenando com zero (0) a variável forma, linha 13, que poderá ser exibida logo em seguida, se a opção for um (1), linhas 14 e 15. Ou se for a opção dois (2), linha 17; cria-se um novo laço para exibir o conteúdo da variável forma, linhas 18 e 19; que possuirá a quantidade de caracteres zeros igual ao que foi determinado pela variável tamanho; devido ao fato de ter sido concatenado com zero (0) a cada laço, linha 13, referente ao laço anterior da linha 11. A saída do programa será algo como:

```
jshell> /open d:/rodrigo/java/Formas.java
jshell> main(null)
Escolha o tipo de forma a ser feito com zeros:
1 - Triângulo retângulo
2 - Quadrado
1
Digite o tamanho da forma:8
0
00
000
0000
00000
000000
0000000
00000000
```

2. Faça um programa que o usuário digite as idades, que ao digitar a entrada flag zero (0). O programa informe a quantidade de idades inseridas e a média das idades.

Resposta

A estrutura abaixo foi criada dentro de um arquivo de nome Idades.java, com o seguinte conteúdo:

```
public static void main(String[] args) {
        int totalIdades = 0, idade=-1, quantIdades = 0;
```

```
03      Scanner sr = new Scanner(System.in);
04      while(idade!=0)
05      {
06              System.out.print("Digite uma idade ou zero (0) para sair: ");
07              idade=sr.nextInt();
08              quantIdades += idade!=0?1:0;
09              totalIdades+=idade;
10      }
11      System.out.println("Quantidade de idades inseridas..: " + quantIdades);
12      System.out.println("Média da soma de todas as idades: " + totalIdades/quantIdades);
13 }
```

Na linha 02 foram criadas variáveis inteiras e já atribuídos valores às mesmas. A variável idade começa com um valor diferente de zero, para que possa entrar na condição do while da linha 04. Que este valor de idade é logo substituído pela entrada no usuário, linha 07. A variável da linha 08 é somada a um (1), se o valor digitado pelo usuário não foi a entrada flag, ou seja, zero (0); isso é verificado pelo operador ternário.

Se idade for diferente de zero (idade!=0), será somado a "quantIdades" o valor um; do contrário, será somado a zero (0), que não interfere em absolutamente nada. Quando o usuário entrar com a entrada flag (0); o laço irá se encerrar e mostrar na linha 11 a quantidade de idades inseridas, e na linha seguinte a média das idades, que será o total das idades dividido pela quantidade de idades que foram digitadas. A saída do programa será algo como:

```
jshell> /open d:/rodrigo/java/Idades.java
jshell> main(null)
Digite uma idade ou zero (0) para sair: 10
Digite uma idade ou zero (0) para sair: 20
Digite uma idade ou zero (0) para sair: 38
Digite uma idade ou zero (0) para sair: 0
Quantidade de idades inseridas..: 3
Média da soma de todas as idades: 22
```

3. Faça um programa que o usuário escolha determinados produtos numa lista; a lista e os preços ficam por sua conta, some os gastos. Crie uma entrada flag para encerrar o laço, e que exiba a quantidade de cada produto e o valor total do gasto do usuário.

Resposta
A estrutura abaixo foi criada dentro de um arquivo de nome Produtos.java, com o seguinte conteúdo:

```
public static void main(String[] args) {
        int op=0, divinity = 0, disco = 0, fallout76 = 0;
        float total;
        Scanner sr = new Scanner(System.in);
        System.out.println("Escolha um jogo da Steam em promoção:");
        System.out.println("1 - Divinity: Original Sin - The Source Saga R$ 30,00");
        System.out.println("2 - Disco Elysium R$ 18,87");
        System.out.println("3 - Fallout 76 R$ 38,75");
```

```
09    System.out.println("4 - Sair");
10    while(op!=4)
11    {
12        op = sr.nextInt();
13        if(op==1)
14            ++divinity;
15        else if(op==2)
16            ++disco;
17        else if(op==3)
18            ++fallout76;
19    }
20    total = divinity * 30f + disco * 18.87f + fallout76 * 38.75f;
21    System.out.println("Quantidade de produtos comprados de:");
22    System.out.println("Divinity: Original Sin - The Source Saga.: " + divinity);
23    System.out.println("Disco Elysium.........................................: " + disco);
24    System.out.println("Fallout 76.............................................: " + fallout76);
25    System.out.printf("Total de gasto R$..................................: %.2f", total);
26 }
```

Crio algumas variáveis para me auxiliar, linhas 02 e 03; além do objeto da classe Scanner, linha 04; para capturar a opção escolhida pelo usuário, linha 12. O nosso laço irá se repetir quando o número quatro (4), não for digitado, linha 10. Dependendo da opção é incrementada a variável inteira, que possui o nome inicial do jogo; linhas 13 a 18.

Ao sair do laço são realizados os cálculos com base no valor do jogo vezes a quantidade comprada deste jogo. Se a quantidade comprada for zero, o resultado será zero em uma multiplicação. Das linhas 22 a 24 é exibida a quantidade comprada e na linha 25 o total a ser gasto. A saída do programa será algo como:

```
jshell> /open d:/rodrigo/java/Produtos.java
jshell> main(null)
Escolha um jogo da Steam em promoção:
1 - Divinity: Original Sin - The Source Saga R$ 30,00
2 - Disco Elysium R$ 18,87
3 - Fallout 76 R$ 38,75
4 - Sair
1
3
3
2
3
4
Quantidade de produtos comprados de:
Divinity: Original Sin - The Source Saga . : 1
Disco Elysium .......................... : 1
Fallout 76 ............................. : 3
Total de gasto R$ ...................... : 165,12
```

4. Faça um programa que o usuário digite um número e mostre quantos números primos podem ser encontrados no intervalo deste número.

Resposta
A estrutura abaixo foi criada dentro de um arquivo de nome Primos.java, com o seguinte conteúdo:

```
01 public static void main(String[] args) {
02         int n, div = 0;
03         Scanner sr = new Scanner(System.in);
04         System.out.print("Digite o número a ser pesquisado: ");
05         n = sr.nextInt();
06         System.out.print("Os números primos são: ");
07         for(int i=2; i<=n; i++)
08         {
09                 for(int i2=1; i2<=i; i2++)
10                         if(i%i2==0)
11                                 div++;
12                 if(div==2)
13                         System.out.print(i+" ");
14                 div=0;
15         }
16 }
```

Um laço dentro de outro laço é criado, pois pegamos cada elemento de dois (2), até o número que o usuário digitou; já que o número um (1) não é primo e já podemos descartar logo de cara; pois para um número ser primo ele precisa ser divisível por um e por ele mesmo.

No laço mais interno pega-se o contador do primeiro laço e são realizadas as divisões de um (1) até o número atual que está sendo analisado, com base no valor contador do laço mais externo (i); a cada divisão realizada com sucesso é incrementada a variável "div", relacionada a contabilizar o número de divisões.

Depois de encerrado o laço mais interno, linhas 09 a 11, é verificado se a quantidade de divisões foi igual a dois; caso afirmativo, exibimos este número primo. E ao final limpamos a variável "div", linha 14 para quando for verificar o próximo número, esta variável que conta as divisões esteja zerada. A saída do programa será algo como:

```
jshell> /open d:/rodrigo/java/Primos.java
jshell> main(null)
Digite o número a ser pesquisado: 20
Os números primos são: 2 3 5 7 11 13 17 19
```

Array e método varargs

1. Faça um programa que o usuário determine o tamanho do array e que este armazene os múltiplos de dois. Exiba os seus múltiplos.

Resposta
A estrutura abaixo foi criada dentro de um arquivo de nome Multiplos.java, com o seguinte conteúdo:

```
public static void main(String[] args) {
```

```
02      int[] array;
03      int tamanho, multiplos=2;
04      Scanner sr = new Scanner(System.in);
05      System.out.print("Digite o tamanho do array: ");
06      tamanho = sr.nextInt();
07      array = new int[tamanho];
08      for(int i=0; i<array.length; i++)
09      {
10              array[i]=multiplos;
11              multiplos*=2;
12      }
13      for(int n:array)
14              System.out.print(n+" ");
15 }
```

Na linha 02 é declarado um array, sem determinar a sua quantidade de elementos; pois precisaremos da quantidade determinada pelo usuário e que será capturada na linha 06; com isso podemos definir o tamanho deste array com base no valor resgatado, linha 07. A variável multiplos, que está atrelando o seu valor à primeira posição de nosso array, linha 10, possui o valor inicial dois (2); onde na linha seguinte será multiplicado por dois, linha 11; a cada laço atribuindo o novo valor de multiplos a uma nova posição do array; até que o laço termine.

Há um novo laço na linha 13, que pegará cada elemento contido neste array e irá ebixir através de um comando de saída da linha 14. A saída do programa será algo como:

```
jshell> /open d:/rodrigo/java/Multiplos.java
jshell> main(null)
Digite o tamanho do array: 10
2 4 8 16 32 64 128 256 512 1024
```

2. Faça um programa que o usuário insira cinco números e que sejam armazenados em um array e no final haja a opção para exibir estes números de forma crescente ou decrescente.

Resposta

A estrutura abaixo foi criada dentro de um arquivo de nome OrdenaArray.java, com o seguinte conteúdo:

```
public static void main(String[] args) {
        int[] array = new int[5];
        int op;
        Scanner sr = new Scanner(System.in);
        for(int i=0; i<array.length; i++)
        {
                System.out.printf("Digite o %dª valor do array: ", i+1);
                array[i] = sr.nextInt();
        }
        Arrays.sort(array);
        System.out.println("Digite 1 para mostrar de forma crescente os valores.");
        System.out.println("Digite 2 para mostrar de forma decrescente os valores.");
```

```
13        op = sr.nextInt();
14        if(op==1)
15                for(int n:array)
16                        System.out.print(n+" ");
17        else if(op==2)
18                for(int i=array.length-1; i>=0; i--)
19                        System.out.print(array[i]+" ");
20 }
```

Na linha 02 é criado um array de cinco posições e na linha 03 uma variável inteira que irá capturar a opção escolhida pelo usuário na questão da ordem ser crescente ou decrescente. Por ser um array, foi utilizado um laço for para pegar cada posição deste array e atrelar o valor digitado ao mesmo, linha 08. O comando de formatação de saída da linha 07 utiliza o próprio contador do laço para enumerar cada posição do array a ser incluso um valor; por causa do contador "i" iniciar com valor zero foi somado um ao mesmo.

A linha 10 ordena o array e nas linhas 11 e 12 é solicitade ao usuário a escolha de uma opção que será resgatada na linha 13. Se a opção for um (1), linha 14, é criado um laço para exibir os dados deste array, linhas 15 e 16; contudo se for a opção dois (2) é criado um laço de forma decrescente onde o contador "i", se inicia na última posição deste array e vai decrescendo em um até que "i" seja maior ou igual a zero. O comando length irá nos retornar o número total de elementos que serão cinco (5); mas como sabemos, um array de cinco posições vai da posição zero (0) até (4), e por isso que é subtraído o total deste array por menos um:
i=array.length-1

A saída deste programa será algo como:

```
jshell> /open d:/rodrigo/java/OrdenaArray.java
jshell> main(null)
Digite o 1ª valor do array: 4
Digite o 2ª valor do array: 17
Digite o 3ª valor do array: 2
Digite o 4ª valor do array: 30
Digite o 5ª valor do array: 22
Digite 1 para mostrar de forma crescente os valores.
Digite 2 para mostrar de forma decrescente os valores.
2
30 22 17 4 2
```

Array bidimensional

1. Faça uma matriz 3x3, para receber números digitados pelo usuário, que ao final informe a quantidade de números pares, ímpares e a posição de onde se encontra o maior número digitado nesta matriz.

   Resposta
   A estrutura abaixo foi criada dentro de um arquivo de nome Matriz1.java, com o seguinte conteúdo:

```
public static void main(String[] args) {
        int[][] matriz = new int[3][3];
        int par = 0, impar = 0, maior=0;
```

```
04      String pos = null;
05      Scanner sr = new Scanner(System.in);
06      for(int l=0; l<matriz.length; l++)
07      {
08              for(int c=0; c<matriz[0].length; c++)
09              {
10                      System.out.printf("Digite o valor da %dª linha da %dª coluna: ", l+1, c+1);
11                      matriz[l][c] = sr.nextInt();
12                      if(matriz[l][c]>maior)
13                      {
14                              maior=matriz[l][c];
15                              pos = "["+(l+1)+", "+(c+1)+"]";
16                      }
17                      if(matriz[l][c]%2==0)
18                              ++par;
19                      else
20                              ++impar;
21              }
22      }
23      System.out.println("Quantidade de números pares: " + par);
24      System.out.println("Quantidade de números ímpares: " + impar);
25      System.out.println("Posição do maior elemento desta matriz: " + pos);
26 }
```

Já que é um array bidimensional vamos precisar de dois laços, para andar em cada linha e em suas colunas, linhas 06 e 08. Para informar o andamento do progresso ao usuário são utilizados os contadores para linha e coluna, acrescida de +1, já que ambos iniciam na posição zero, linha 10. Onde se espera o dado digitado pelo usuário, linha 11, a ser atribuído a nossa matriz.

Dentro do próprio laço é verificado se o conteúdo que foi guardado na matriz é maior do que o conteúdo presente na variável maior, que inicialmente vale zero; caso afirmativo é atribuído este valor a variável maior, linha 14, e guardada a posição entre colchetes, linha 15. Onde foi somado um (1) a linha e coluna, para desconsiderar o zero da matriz como a primeira posição.

Se o valor guardado na matriz obter zero numa divisão inteira por dois (2), linha 17, será incrementado a variável par, linha 18; do contrário, será incrementada a variável ímpar, linha 20. A saída do programa será para exibir os dados que foram capturados, linhas 23 a 25. Como podemos ver no exemplo abaixo:

```
jshell> /open d:/rodrigo/java/Matriz1.java
jshell> main(null)
Digite o valor da 1ª linha da 1ª coluna: 1
Digite o valor da 1ª linha da 2ª coluna: 8
Digite o valor da 1ª linha da 3ª coluna: 17
Digite o valor da 2ª linha da 1ª coluna: 23
Digite o valor da 2ª linha da 2ª coluna: 44
Digite o valor da 2ª linha da 3ª coluna: 11
Digite o valor da 3ª linha da 1ª coluna: 20
Digite o valor da 3ª linha da 2ª coluna: 50
Digite o valor da 3ª linha da 3ª coluna: 12
```

```
Quantidade de números pares: 5
Quantidade de números ímpares: 4
Posição do maior elemento desta matriz: [3, 2]
```

2. Crie uma matriz 5x5 populada com valor dois e exiba a soma dos valores vizinhos desta matriz, isso inclui somar o valor das linhas e colunas adjacentes, se tiver. Ex:

Matriz original

2	**2**	2	2	2
2	2	2	2	2
2	2	2	2	2
2	2	2	**2**	2
2	2	2	2	2

Matriz final

06	**08**	08	08	06
08	10	10	10	08
08	10	10	10	08
08	10	10	**10**	08
06	08	08	08	06

Resposta

A estrutura abaixo foi criada dentro de um arquivo de nome Matriz2.java, com o seguinte conteúdo:

```
public static void main(String[] args) {
    int[][] matriz1 = {{2, 2, 2, 2, 2}, {2, 2, 2, 2, 2},
              {2, 2, 2, 2, 2}, {2, 2, 2, 2, 2}, {2, 2, 2, 2, 2}};
    int[][] matriz2 = new int[5][5];
    int n=0;
    for(int l=0; l<matriz1.length; l++)
    {
        for(int c=0; c<matriz1[0].length; c++)
        {
            if(l>0)
                n+=matriz1[l-1][c];
            if(c>0)
                n+=matriz1[l][c-1];
            if((l+1)<matriz1.length)
                n+=matriz1[l+1][c];
            if((c+1)<matriz1[0].length)
                n+=matriz1[l][c+1];
            n+=matriz1[l][c];
            matriz2[l][c] = n;
            n=0;
        }
    }
    for(int l=0; l<matriz1.length; l++)
    {
        System.out.println();
        for(int c=0; c<matriz1[0].length; c++)
            System.out.printf("%02d ", matriz2[l][c]);
    }
}
```

Na linha 02 temos uma matriz populada, conforme foi pedido no exercício, e na linha 04 uma matriz que receberá estes novos valores, com base no critério que foi estabelecido. Foi criada uma variável "n" que irá nos auxiliar neste exercício. Por ser uma matriz precisaremos de dois laços: um para andar sobre as linhas e outro sobre as colunas.

Dentro do laço mais interno for, linha 08, é verificado se estamos em uma linha posterior à primeira linha, linha 10; caso afirmativo, sabemos que há uma linha anterior, que precisaremos pegar o seu valor, que será somado ao valor atual de "n", linha 11; por ser uma linha anterior será o valor do "l" atual menos um (l-1); de forma semelhante se faz com a coluna, quando não estiver no primeiro elemento da coluna, ou seja, o valor de "c" for maior do que zero, linha 12; deveremos pegar o dado da coluna anterior para ser somada, ou seja, c-1; como foi feito na linha 13.

Se pegamos o valor da linha atual e somamos com mais um, linha 14, e ainda assim não desrespeitar o limite de elementos desta matriz, é porque há uma linha abaixo, onde teremos que pegar o seu valor, linha 15; desta vez somando o valor de "l" com mais um (l+1). De forma semelhante, ocorre com a coluna para verificar se há ainda elementos a frente da coluna atual, linha 16; caso afirmativo, pega o valor do elemento à frente, linha 17.

Os laços criados nas linhas 23 e 26 são só para exibir como ficou a segunda matriz; onde em cada laço iniciado em relação à linha é pulada uma linha, linha 25; para exibir os dados da coluna, linhas 26 e 27. A saída deste programa será:

```
jshell> /open d:/rodrigo/java/Matriz2.java
jshell> main(null)
06 08 08 08 06
08 10 10 10 08
08 10 10 10 08
08 10 10 10 08
06 08 08 08 06
```

Expressões regulares

1. Faça um programa que o usuário digite um número e com divisões sucessivas por dois, sempre pegando o resto da divisão, informe o valor binário do mesmo. Ex:

Valor Atual	Divido por dois Resulta	Resto
125	62	1
62	31	0
31	15	1
15	7	1
7	3	1
3	1*	1

* Quando a divisão por dois terminar com o valor 1 ou zero, encerre o laço.

Desta forma 125 ficará representado como 111101, ou seja, a forma invertida do que é obtida com o resto da divisão.

Resposta

A estrutura abaixo foi criada dentro de um arquivo de nome Bin.java, com o seguinte conteúdo:

```
01 public static void main(String[] args) {
02      int n=0;
03      String bin="", nBin="";
04      Scanner sr = new Scanner(System.in);
05      System.out.print("Digite um número a ser convertido em binário: ");
06      n = sr.nextInt();
07      while(n>2)
08      {
09              bin+=""+n%2;
10              n = n/2;
11      }
12      for(int i=bin.length()-1; i>=0; i--)
13              nBin +=String.valueOf(bin.charAt(i));
14      System.out.println("Número binário: " + nBin);
15 }
```

Na linha 02 foi criada uma variável que irá receber o número digitado pelo usuário, linha 06; depois é criado um laço, entre as linhas 07 a 11; neste laço irá concatenar o resto da divisão da variável "n" por dois, linha 09; depois disso o valor de "n" é dividido por dois, linha 10. Em algum momento esta divisão fará com que "n" não seja maior do que dois; tornando a condição presente no laço for falsa; fazendo com que saia do laço.

Antes de exibir, devemos inverter nosso resultado, linhas 12 e 13; pegando do último caractere até o primeiro, concatenando sempre com a String "nBin", que será exibida na linha 14. A saída do programa será algo como:

```
jshell> /open d:/rodrigo/java/Bin.java
jshell> main(null)
Digite um número a ser convertido em binário: 125
Número binário: 111101
```

2. Faça um programa que ao digitar uma frase informe o número de caracteres e de palavras.

Resposta

A estrutura abaixo foi criada dentro de um arquivo de nome DadosFrase1.java, com o seguinte conteúdo:

```
public static void main(String[] args) {
     String frase;
     String[] palavras;
     int caracteres, totalPalavras = 0;
     Scanner sr = new Scanner(System.in);
     System.out.print("Digite uma frase: ");
```

```
07        frase = sr.nextLine();
08        caracteres = frase.length();
09        palavras = frase.split(" ");
10        for(String palavra:palavras)
11                if(palavra.length()>=2)
12                        totalPalavras++;
13        System.out.println("Total de caracteres digitados: " + caracteres);
14        System.out.println("Total de palavras digitadas..: " + totalPalavras);
15 }
```

Indo direto ao ponto, na linha 07 capturamos o texto digitado pelo usuário e na linha 08 obtemos a quantidade de caracteres que esta frase possui, através do uso de length(). Já que cada palavra é separada por espaço usei o split(), que divide o texto com base no argumento passado a slipt(); neste caso é o espaço em branco, linha 09. Já que serão vários dados, precisarei de um array, criado na linha 03 e utilizado nesta linha 09.

Como havia dito, só será considerada uma palavra se houver dois caracteres ou mais, por isso é realizado um laço for, linha 10; onde se pega palavra por palavra e verifica se cada uma possui dois ou mais caracteres, linha 11; caso afirmativo, incrementamos nossa variável que contabiliza o total de palavras encontradas, linha 12. Ao final são exibidos os dois dados requisitados pelo exercício, linhas 13 e 14. A saída do programa será algo como:

```
jshell> /open d:/rodrigo/java/DadosFrase1.java
jshell> main(null)
Digite uma frase: O jogo Disco Elysium é poderoso, poético, assombroso e hilário.
Total de caracteres digitados: 63
Total de palavras digitadas..: 7
```

3. Faça um programa que ao digitar uma frase a transforme em uma sigla. Ex:
   Rapadura por um real -> R.P.U.R
   Entre o bem e mal -> E.B.M

```
public static void main(String[] args) {
        String frase, sigla="";
        String[] palavras;
        Scanner sr = new Scanner(System.in);
        System.out.print("Digite uma frase: ");
        frase = sr.nextLine();
        palavras = frase.split(" ");
        for(int i=0; i<palavras.length; i++)
                if(palavras[i].length()>=2) {
                        sigla += String.valueOf(palavras[i].charAt(0));
                        sigla += (i+1)<palavras.length?".":"";
                }
        sigla = sigla.toUpperCase();
        System.out.println("Sigla da frase: " + sigla);
}
```

Na linha 06 capturamos a frase digitada pelo usuário, através do nosso objeto Scanner, que foi criado na linha 04. Na linha 07 é utilizado o split() para separar as palavras pelos espaços em branco encontrados; o retorno será um array em que o array palavras irá capturar. Na linha 08 é criado um laço em que verifica se cada palavra armazenada no array possui pelo menos duas linhas, linha 09; caso afirmativo, pega na posição deste array a primeira letra, com o uso de charAt(0), que retorna um caractere (char) e por isso deverá ser convertido para uma String com o uso de String.valueOf().

O acréscimo de ponto ou nada, depende se está na última palavra neste array ou não, por isso através de um operador ternário é verificado se (i+1) ainda é menor do que o limite do array (palavras.length); caso afirmativo é concatenado um ponto (.); do contrário nada será adicionado. E antes de encerrar torna todo o conteúdo presente na variável de texto sigla em maiúscula, linha 13, para finalmente exibir o resultado, linha 14. A saída deste programa será algo como:

```
jshell> /open d:/rodrigo/java/Sigla.java
jshell> main(null)
Digite uma frase: Baldur's Gate três é ambientado no mundo de Dungeons and Dragons.
Sigla da frase: B.G.T.A.N.M.D.D.A.D
```

4. Faça um programa que informe quantas vogais e consoantes o texto digitado possui.

Resposta
A estrutura abaixo foi criada dentro de um arquivo de nome DadosFrase2.java, com o seguinte conteúdo:

```
01 public static void main(String[] args) {
02     try (Scanner sr = new Scanner(System.in)) {
03         int vogais = 0, consoantes = 0;
04         String catactere;
05         System.out.print("Digite uma frase ou palavra: ");
06         String frase = sr.nextLine();
07         for(int i=0; i<frase.length(); i++)
08         {
09             catactere = String.valueOf(frase.charAt(i));
10             if(catactere.matches("[a,e,i,o,u,A,E,I,O,U]"))
11                 ++vogais;
12             else if(catactere.matches("[a-zA-Z]"))
13                 ++consoantes;
14         }
15         System.out.println("Total de vogais: "+vogais);
16         System.out.println("Total de consoantes: "+consoantes);
17     }
18 }
```

No exemplo acima capturamos a frase digitada pelo usuário, linha 06, e com base no tamanho do texto capturado (frase.length) pegamos cada caractere, linha 09, é verificado com matches se o caractere capturado em questão é uma vogal, linha 10. Caso afirmativo, então é incrementada a variável inteira de nome vogais, linha 11; caso contrário, verifica se é uma letra, linha 12; caso afirmativo, é incrementada a variável inteira de nome consoantes, linha 13.

Ambos são verificados tanto minúsculo como maiúsculo; se não cair na vogal da linha 10, mas cair na expressão da linha 12, certamente será uma consoante; já que nenhuma vogal foi encontrada. Esta verificação é útil para desconsiderar vírgulas, pontos, números, etc. A saída do programa será algo como:

```
jshell> /open d:/rodrigo/java/DadosFrase2.java
jshell> main(null)
Digite uma frase ou palavra: Graveyard Keeper
Total de vogais: 6
Total de consoantes: 9
```

Exercícios com interface gráfica

Sempre que for criar uma nova classe neste tópico, lembre-se de clicar com o botão direito do mouse e no menu de contexto ir para new other... Lá você deverá expandir a pasta WindowBuilder > Swing Designer e escolher JFrame conforme o exemplo da imagem:

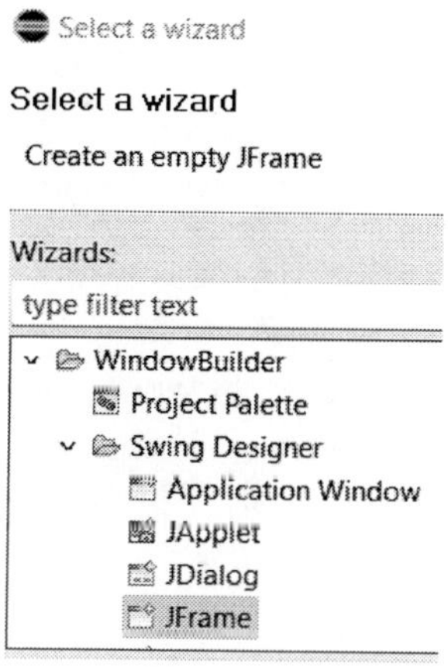

Os exercícios abaixo foram criados dentro do projeto de nome trabalhos, dentro do pacote trabalhos.resolvidos:

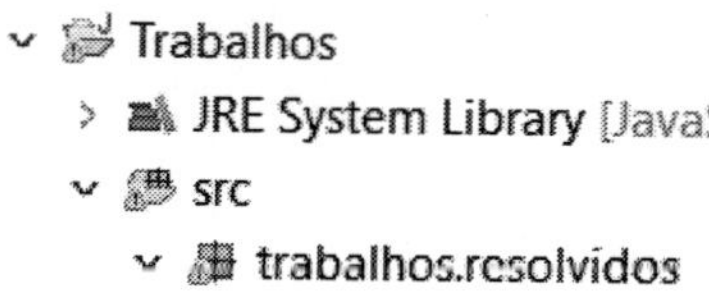

1. (ActionListener) Faça um programa onde o usuário informe a sua altura e o seu peso e calcule o IMC

   IMC = peso / altura²

   Dependendo do valor adquirido a resposta poderá ser:
   Menor que 18,5: Magreza
   Entre 18,5 e 24,9: Normal
   Entre 25,0 e 29,9: Sobrepeso
   Entre 30,0 e 39,9: Obesidade
   Maior que 39,9: Obesidade mórbida.

Etapas no Eclipse

a. Crie uma classe de nome IMC já com um JFrame embutido e dentro do projeto de nome trabalhos, atrelado ao pacote ao qual foi citado anteriormente.
b. Selecione a aba design e selecione contentPane; em propriedades altere o layout para GridBagLayout, conforme o exemplo:

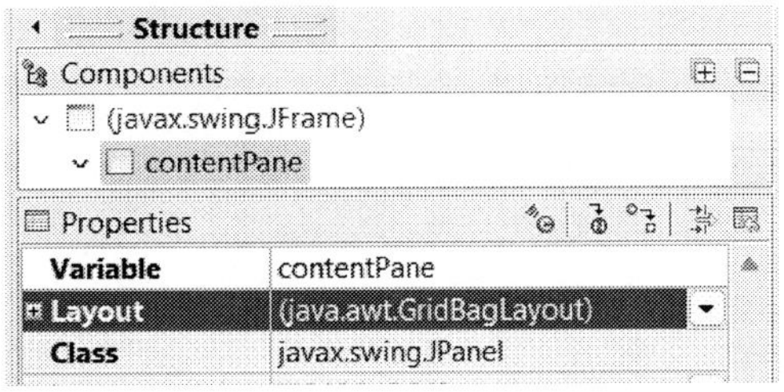

c. Clique no componente JLabel e clique em um dos quadrados demonstrados, depois clique em um JTextField para colocar ao lado desta label, repita este processo na próxima linha e finalize inserindo um botão, conforme o exemplo:

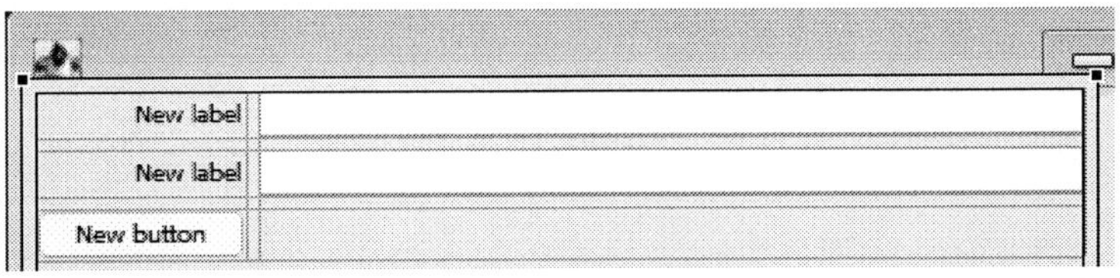

d. Selecione o botão que você inseriu, pode ser feito clicando na janela de exemplo ou pela janela de estruturas (Struture), que possui a hierarquia de componentes desta janela. Depois disso vá à janela de propriedades e expanda Constraints, e altere o gridwidth para dois:

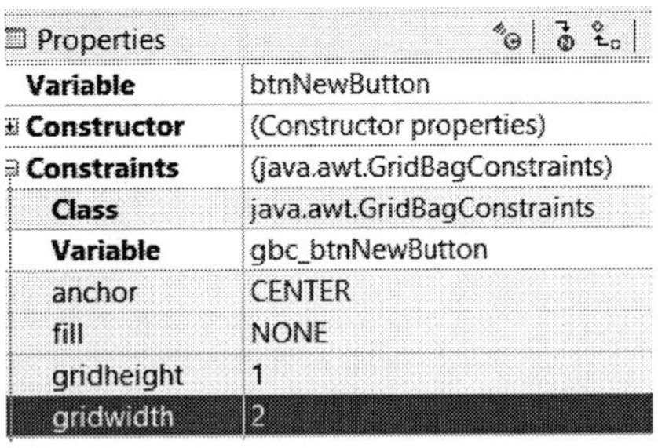

e. Desta forma o botão ficará centralizado. Selecione a janela e acrescente o título: Cálculo do IMC.
f. Altere o campo text das labels para altura e peso, respectivamente. Altere também este campo do botão para ok. Altere o primeiro nome dos objetos do tipo JTextField para altura e o segundo para peso. Pois iremos trabalhar com estes.
g. Se você selecionar a janela poderá estacionar o ponteiro do mouse em uma de suas bordas e redimensionar a janela, simplesmente clicando e arrastando:

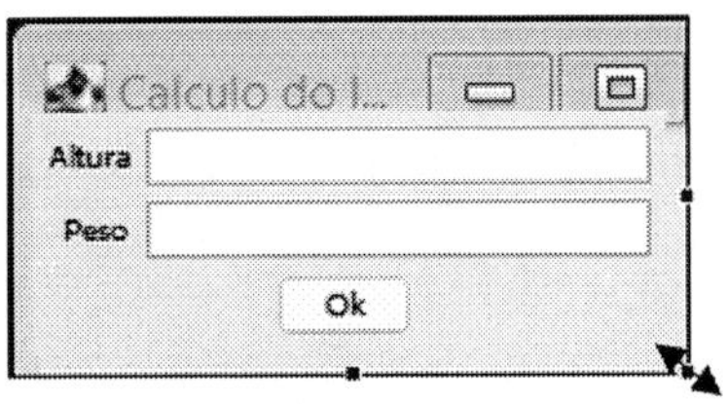

h. Volte para a janela source e lá no final do código acrescente o seguinte código para o botão:

```
01 btnNewButton.addActionListener(e ->{
02        String resultado;
03        float altura = Float.parseFloat(this.altura.getText());
04        float peso = Float.parseFloat(this.peso.getText());
05        float total = peso/(altura*altura);
06        if(total>=18.5 && total<=24.9)
07                  resultado="normal";
08        else if(total>=25 && total<=29.9)
09                  resultado="sobrepeso";
10        else if(total>=30 && total<=39.9)
11                  resultado="obeso";
12        else
13                  resultado="obesidade mórbida";
14        JOptionPane.showMessageDialog(null, "Seu estado atual é: "+resultado);
15 });
```

Na linha 01 foi adicionado o ouvinte de evento ao botão; na linha 02 foi criada uma variável do tipo texto para guardar o resultado; linhas 03 e 04 variáveis do tipo flutuante para serem atribuídas aos dados que serão resgatados dos campos JTextField, que por terem o mesmo nome que as variáveis locais, foi utilizado o termo this; onde ao mesmo tempo é realizada uma conversão de texto para número de ponto flutuante do tipo float.

Depois de resgatados os valores são realizados os cálculos, linha 05, que será avaliado pelos operadores condicionais if/else; dependendo do intervalo que total tenha, um tipo de palavra será atribuído à variável resultado que esta será exibida numa caixa de diálogo da linha 14, junto com uma mensagem.

2. (ActionListener) Crie uma calculadora em Java que realize operações de soma, multiplicação, subtração e divisão, conforme o exemplo:

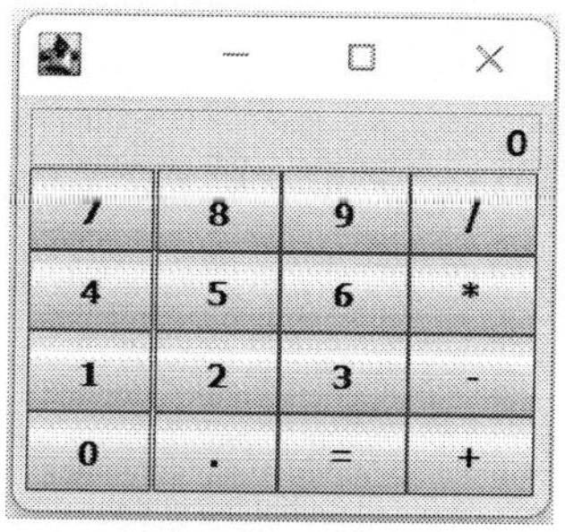

Etapas no Eclipse

a. Crie uma classe JFrame de nome Calculadora; dentro do projeto trabalhos, atrelado ao pacote que foi criado.

b. Vá à aba desing e altere o layout de ContentPane para BorderLayout.

c. Adicione um **JTextField** na parte norte deste layout e altere o nome deste objeto, pela janela de propriedades, para **campo**. E ainda na janela de propriedades altere a fonte para 14 o seu tamanho.

d. Adicione um JPanel no centro do BorderLayout.

e. Altere o layout deste JPanel para GridLayout de quatro linhas e quatro colunas. Para isso expanda o layout na janela de propriedades e o constructor, para definir o valor 4, para rows (linhas) e cols (colunas), conforme o exemplo da imagem:

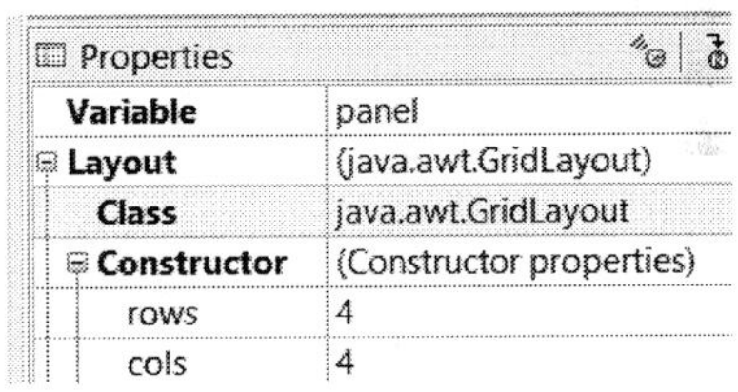

f. Depois clique no JButton e no local do JPanel, sem se importar com a distribuição dos botões, ao final ficará algo como:

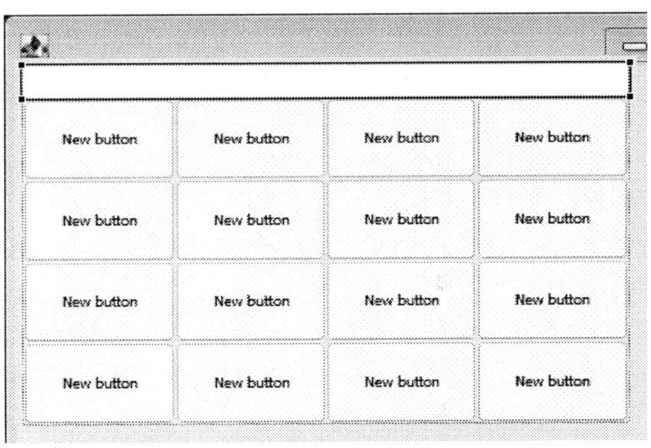

g. Voltando ao JTextField, desmarque editable para que o usuário não possa editar o conteúdo manualmente. Em horizontalAlign deixe como RIGHT e o texto inicial com o caractere zero (0).

h. Depois nomeie cada botão e diminua um pouco a janela, selecionando-a e com o ponteiro do mouse sobre uma das bordas, clicando e arrastando, como foi visto no exercício anterior, para ficar parecido com a imagem sugerida do exercício. Recomendo que aumente a fonte dos botões para 12 e deixe negritado.

i. Cada botão numérico terá o nome de seu objeto o termo bt acrescido do número, por exemplo, o número sete será bt7. Já o ponto, será btPonto, o de soma como btSoma, o de subtração como btSub, o de divisão como btDiv, o de multiplicação como btMulti e o de igual como btIgual.

j. Volte à janela Source e adicione o seguinte código:

```
//Variáveis globais
private String dadoTexto="0", operador="", novoOperador="";
private float f1, f2;
```

```
private boolean bool=false, calcula=true;
```

Como o próprio comentário já alerta, estas variáveis que irão nos auxiliar deverão ser declaradas no início da classe. Já o código abaixo deverá ser incluído no final do construtor da classe Calcula:

```
bt0.addActionListener(e -> atribui("0"));
bt1.addActionListener(e -> atribui("1"));
bt2.addActionListener(e -> atribui("2"));
bt3.addActionListener(e -> atribui("3"));
bt4.addActionListener(e -> atribui("4"));
bt5.addActionListener(e -> atribui("5"));
bt6.addActionListener(e -> atribui("6"));
bt7.addActionListener(e -> atribui("7"));
bt8.addActionListener(e -> atribui("8"));
bt9.addActionListener(e -> atribui("9"));
btPonto.addActionListener(e -> atribui("."));

btSoma.addActionListener(e -> calculo("+"));
btDiv.addActionListener(e -> calculo("/"));
btMulti.addActionListener(e -> calculo("*"));
btSub.addActionListener(e -> calculo("-"));
btIgual.addActionListener(e -> calculo("="));
```

As demais linhas de comando são os métodos que foram citados acima e utilizados pelos botões, por isso não deverão estar contidos no construtor da classe:

```
01  private void atribui(String valor) {
02          String dado = campo.getText();
03          if(bool) {
04                  bool=false;
05                  campo.setText(valor);
06                  dadoTexto="";
07          }
08          if(dado.equals("0") && !valor.equals("."))
09                  dadoTexto=valor;
10          else
11                  dadoTexto+=valor;
12          campo.setText(dadoTexto);
13  }
```

Todo botão de inserção de dados, como ponto ou números cai no método atribui. Onde pegamos o conteúdo atual presente em nosso JTextField, linha 02. A variável global booleana, linha 03, nos servirá para zerar o campo de texto quando o usuário inserir um novo valor, como fazem as calculadoras padrões.

Quando for verdadeiro entra no else, onde altera a variável booleana para falso, linha 04, e limpa o campo de texto atribuindo o dado que foi passado ao método, linha 05; como também limpa a variável de texto que está nos auxiliando para concatenar os novos números a serem incluídos.

Se o dado resgatado do campo de texto for zero e o valor passado ao método for diferente de ponto, então deveremos substituir o zero (0), presente no campo de texto, pelo número que foi passado a função, linha 09; do contrário é uma atribuição.

Este caso ocorrerá quando for ponto ou o dado resgatado do campo de texto for diferente de zero; pois para entrar no else uma das condições do if da linha 08 deverá ser falso. No final atribuímos ao campo o dado atualizado, linha 12.

```
15    private void calculo(String tipo) {
16            float f = Float.parseFloat(campo.getText());
17            if(operador=="" && !tipo.equals("="))
18                    operador=tipo;
19            else if(!tipo.equals("=")){
20                    novoOperador=tipo;
21                    calcula=true;
22            }else if(tipo.equals("="))
23                    calcula=true;
24            if(!dadoTexto.equals("0"))
25            {
26                    bool=true;
27                    if(f1==0)
28                            f1 = f;
29                    else if(f2==0 && calcula)
30                            f2 = f;
31                    if(f1!=0 && f2!=0 && !operador.isEmpty())
32                    {
33                            f1 = switch(operador) {
34                                    case "+" -> f1 + f2;
35                                    case "-" -> f1 - f2;
36                                    case "*" -> f1 * f2;
37                                    case "/" -> f1 / f2;
38                                    default -> f1;
39                            };
40                            campo.setText(""+f1);
41                            f2=0;
42                            if(!novoOperador.isEmpty())
43                                    operador = novoOperador;
44                            if(tipo.equals("=")) {
45                                    calcula=false;
46                                    operador="";
47                                    novoOperador="";
48                            }
49                    }
50            }
51    }
52 } //Fechamento da classe Calcula
```

Já o método calculo(), ele logo de cara pega o que foi inserido no campo de texto e o converte para um valor de ponto flutuante, linha 16. Verifica se a variável que guarda o tipo de operação a ser realizada ainda está vazia e o que foi passado ao método seja diferente de igual, linha 17. Caso afirmativo, pega o operador passado e guarda na variável operador, linha 18.

Do contrário, se a variável "operador" não estiver vazia, verifica que não é o botão de igual, linha 19; se for verdadeiro então, neste caso, é outro operador que deverá ser guardado, linha 20, e solicitamos o cálculo; para isso tornamos a variável booleana cálculo como verdadeira, linha 21. Isso ocorre quando o usuário digita números e fica apenas clicando nos operadores de soma, subtração, divisão ou multiplicação, sem utilizar o botão de igual. E o último else if da linha 22 é quando o operador passado ao método é o símbolo de igual; neste caso o cálculo também deverá ser realizado, linha 23.

Se a String responsável em guardar os dados do campo de texto não estiver com o seu valor padrão, ou seja, há algum número inserido no campo de texto; então é configurada a variável booleana da linha 26 como true. Isso fará com que o campo de texto seja zerado ao inserir um novo número.

Nas linhas seguintes utilizaremos as variáveis globais do tipo float f1 e f2; verificando na linha 27 se f1 ainda está vazio; caso afirmativo, pegamos o número da linha 16 e atribuímos a f1, linha 28; do contrário, se f1 não está vazio então verificamos se f2 está vazio e se é para calcular, linha 29; caso afirmativo, atribuímos o valor de "f" a f2, linha 30.

Para a realização dos cálculos, três critérios deverão ser atendidos, as variáveis f1, f2 e que guarda o operador não deverão estar vazias; caso atenda a estes critérios então é realizado um estudo de caso com o operador, através de switch, linha 33. Que dependendo do que foi passado serão retornados a soma, subtração, multiplicação, divisão de f1 com f2. Do contrário, o default, retornará só o valor de f1; como sabemos, é obrigatória a presença de default neste tipo de estrutura e por isso coloquei algo, como o próprio f1.

O campo de texto é atualizado com o cálculo realizado e atribuído a f1, linha 40; onde é realizada a concatenação com aspas duplas, para forçar a conversão do número para texto. Após os cálculos zeramos f2, linha 41; é verificado se há um operador em pendência, se tiver atribuímos a variável operador, linha 43; do contrário, se foi só o símbolo de igual tornamos a variável booleana de nome calcula como falso e zeramos os dados das outras variáveis, linhas 45 a 47.

Tornar o operador booleano como falso se faz necessário, pois do contrário, se você clicar em alguns números e depois clicar em soma e novamente clicar em alguns números e clicar no igual, fará com que pegue o resultado desta soma e realize outra operação automaticamente quando você clicar em algum botão que possui os operadores, para evitar isso é que a variável booleana de nome calcula deverá ser falso, quando o símbolo de igual for utilizado.

3. (ItemListener) Faça um programa que o usuário informe uma temperatura e através de uma lista de seleção informe as temperaturas de Celsius, Kelvin e Fahrenheit.

De -> Para	Fórmula
Kelvin -> Celsius	C = K – 273
Kelvin -> Fahrenheit	F = (K – 273).1,8 + 32
Celsius -> Kelvin	K = C + 273
Celsius -> Fahrenheit	F = C.1,8 + 32
Fahrenheit -> Celsius	C = (F-32)/1,8
Fahrenheit -> Kelvin	K = (F-32).5/9 + 273

Etapas no Eclipse

a. Deixe o padrão do layout como GridBagLayout.

b. Acrescente uma JLabel e altere o texto (text) para informe uma temperatura. Na janela de propriedades expanda constraints e altere o anchor para WEST.

c. Clique em um JTextField e clique na janela e altere o nome deste objeto para temperatura.

d. Acrescente uma lista de seleção (JComboBox) e altere o nome deste objeto para tipo; além disso, ainda na janela de propriedades expanda constraints e altere gridwidth para dois, para ocupar duas colunas.

e. Em model de JComboBox acrescente as seguintes opções: Informe a escala dessas temperaturas, Celsius, Kelvin, Fahrenheit. Conforme o exemplo da imagem:

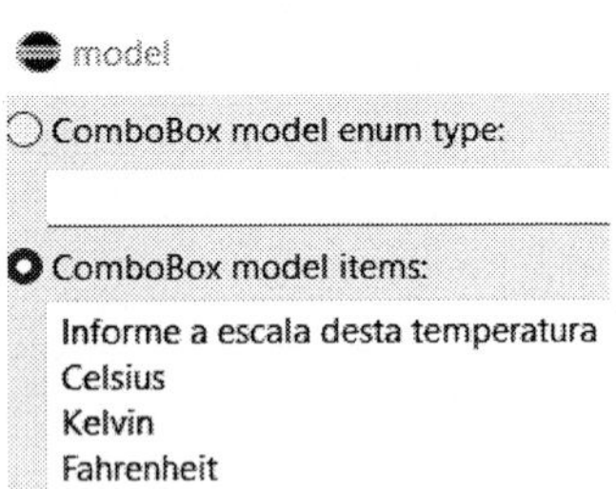

f. Adicione outra JLabel e altere o nome deste objeto para resultado e o conteúdo do texto (text) para resultado.

g. Na janela de propriedades desta última label, expanda constraints e altere gridwidth para dois, para ocupar duas colunas. E o anchor para WEST.

h. Selecione a janela e redimensione manualmente a sua altura e largura para ficar parecido com o exemplo:

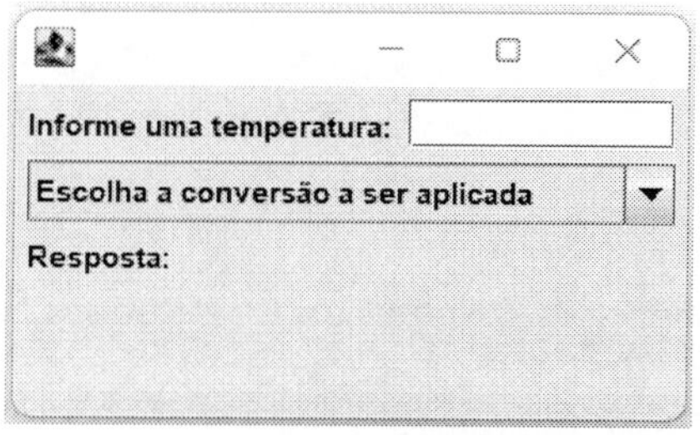

i. Declare a JLabel resultado como uma variável global, ou seja, fora do método construtor da classe. Pois esta JLabel será utilizada em mais de um método.
private JLabel resultado = **new JLabel**("Resposta:");

j. Lembre-se de adicionar um ouvinte de evento ao JComboBox:
tipo.**addItemListener**(e -> **exibeResultado**(e));

k. No exemplo acima irá chamar o método exibeResultado(), cuja a estrutura é:

```
01 private void exibeResultado(ItemEvent e) {
02     float valor = Float.parseFloat(temperatura.getText());
03     float c = 0, k = 0, f = 0;
04     JComboBox cb = (JComboBox) e.getSource();
05     String op = (String)cb.getSelectedItem();
06     if(op.equals("Celsius")){
07             c = valor;
08             k = c + 273;
09             f = c * 1.8f + 32;
10     }else if(op.equals("Kelvin")){
11             k = valor;
12             c = k - 273;
13             f = (k - 273)* 1.8f + 32;
14     }else if(op.equals("Fahrenheit")){
15             f = valor;
16             c = (f-32)/1.8f;
17             k = (f-32)*5/9 + 273;
18     }
19     String resposta = "<html>Resposta:<br>Celsius...: "+c+"<br>Kelvin....: "+k+"<br>Fahrenheit: "+f+"</html>";
20     resultado.setText(resposta);
21 }
```

Na linha 02 é resgatado o valor presente no campo e convertido para um dado do tipo flutuante e atribuída a variável valor; na linha 04 é pego o componente JComboBox, através do método getSource(), que retorna um objeto que é convertido para JComboBox. Com este componente em mãos é resgatado o texto referente ao item selecionado e atribuída a variável "op", linha 05.

Com este conteúdo em mãos é verificado na linha 06 se é referente a Celsius; caso afirmativo, então temos o valor de Celsius e por isso é atribuído diretamente o valor resgatado à variável "c", linha 07. E com base no que está descrito na tabela de conversão do exercício são realizadas as operações nas linhas 08 e 09, para obter as temperaturas de kelvin e fahrenheit.

De forma semelhante ocorre com os demais; onde verifica se o valor resgatado do campo JTextField é Kelvin, linha 10; com base no texto do item selecionado que foi resgatado da linha 05; caso afirmativo, então já temos a temperatura Kelvin, linha 07, falta agora saber as demais; cálculos estes realizados com base na tabela de conversão do exercício.

Ao final é criada uma String com formatação HTML, junto com os valores das variáveis, linha 19, para ser incluída esta String ao componente JLabel de nome resultado, linha 20. A saída do programa será algo como:

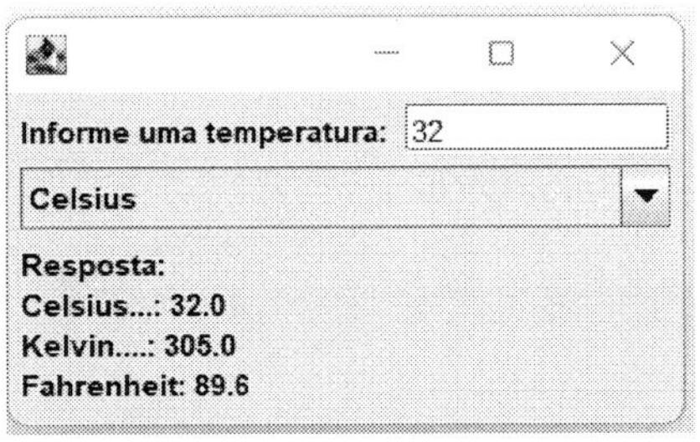

4. (KeyListener) Crie um contêiner com uma label, que ao clicar no sinal de mais (+) aumente a fonte deste texto e com o sinal de menos (–) diminua.

Etapas no Eclipse

a. Só adicione uma JLabel com algum texto.

b. Dentro do código, faça com que sua classe implemente o keyListener:

public class RedimensionaTexto **extends** JFrame **implements** KeyListener

c. Remova a JLabel que foi criada dentro do método e a declare fora do método para que ela se torne uma variável global:

private JLabel texto = **new JLabel**("<html><p style='width:280px; text-align:center;'>É com esforço que se planta algo a ser colhido.</p></html>");
private int tamanho=10;

O texto está contido numa formatação HTML, o que permite utilizar estilização inline de CSS; podemos, por exemplo, limitar a largura máxima que este texto poderá ocupar; com isso ao aumentar o texto e este ultrapassar o limite de 280 pixels, que foi o limite de largura imposto, fará com que uma quebra de linha ocorra. Ainda foi estilizado para que o texto seja centralizado.

Com relação à variável global tamanho de valor inicial 10, nos servirá para definir o tamanho inicial da fonte, como também utilizá-la para aumentar ou diminuir o tamanho da fonte da nossa JLabel.

d. Dentro do construtor da classe defina o tipo de fonte, formatação e o tamanho, com base no valor inicial da nossa variável global inteira de nome tamanho. Ex:
texto.**setFont**(**new Font**("Tahoma", Font.PLAIN, tamanho));

e. Não esqueça também de acrescentar o ouvinte de evento no final do método construtor:

```
addKeyListener(this);
```

f. Dos métodos declarados, o único que será utilizado será keyPressed que possuirá a seguinte estrutura:

```
01 @Override
02 public void keyPressed(KeyEvent e) {
03     if(e.getKeyChar()=='+')
04         tamanho+=2;
05     else if(e.getKeyChar()=='-' && tamanho>2)
06         tamanho-=2;
07     texto.setFont(new Font("Tahoma", Font.PLAIN, tamanho));
08 }
```

Como pode perceber se for pressionado o sinal de "+" do teclado, linha 03, fará com que o valor da variável tamanho seja acrescido de dois, linha 04; se for o sinal de menos será subtraído dois ao valor atual de tamanho; contando que o valor de tamanho seja maior do que dois, linha 05, para não sumir completamente o texto na janela. Onde na linha 07 repete a mesma formatação, só passando o novo valor de tamanho. A saída do programa será algo como:

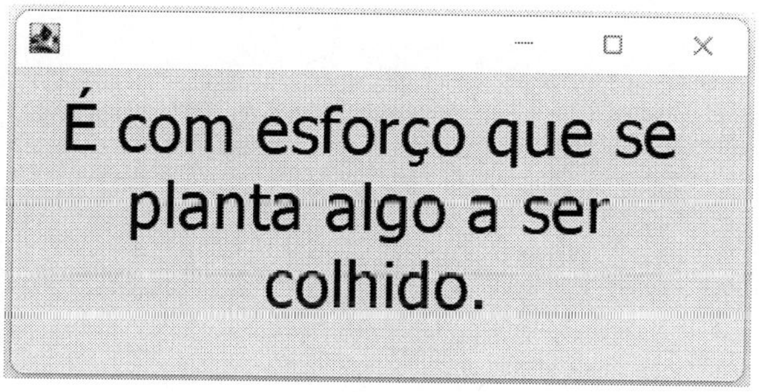

Referências

Banco De Dados e Interface Gráfica C/C++ Direto ao Ponto, Rodrigo Córdula, Ed. Ciência Moderna 2021.

https://docs.oracle.com/en/java/javase/18/gctuning/other-considerations.html#GUID-9E3E5371-20F5-4B70-A003-9D7851B115AF, acessado em: 25/01/2022.

https://docs.oracle.com/en/java/javase/18/jshell/commands.html#GUID-34165A38-E6D0-459D-9947-4DEA9845A71A, acessado em: 25/01/2022.

https://docs.oracle.com/en/java/javase/18/jshell/editing.html#GUID-EA504020-D68D-4396-B67C-32C6736894BE, acessado em: 25/01/2022.

https://docs.oracle.com/en/java/javase/18/jshell/external-code.html#GUID-BF9E7C33-27FE-4D9D-82BD-FDAC8DF1D527, acessado em: 25/01/2022.

https://docs.oracle.com/en/java/javase/18/jshell/snippets.html#GUID-63DBC3E7-6EF2-498D-8638-94867ED10F76, acessado em: 25/01/2022.

https://www.ebiografia.com/pessoas_mais_inteligentes_do_mundo/, acessado em: 27/01/2022.

http://www.miglayout.com/QuickStart.pdf, acessado em: 28/01/2022.

https://doc.formdev.com/jgoodies-forms/com/jgoodies/forms/factories/CC.html, acessado em: 03/02/2022.

https://doc.formdev.com/jgoodies-forms/com/jgoodies/forms/layout/FormLayout.html, acessado em: 03/02/2022.

https://doc.formdev.com/jgoodies-forms/com/jgoodies/forms/layout/ColumnSpec.html, acessado em: 04/02/2022.

https://doc.formdev.com/jgoodies-forms/com/jgoodies/forms/layout/RowSpec.html, acessado em: 04/02/2022.

https://doc.formdev.com/jgoodies-forms/com/jgoodies/forms/layout/ConstantSize.html, acessado em: 07/02/2022.

https://docs.oracle.com/en/cloud/saas/human-resources/22a/oapff/array-variables.html, acessado em: 10/02/2022

https://docs.oracle.com/en/java/javase/18/docs/api/java.base/java/text/MessageFormat.html, acessado em: 13/02/2022.

https://docs.oracle.com/en/java/javase/18/docs/api/java.base/java/lang/StringBuilder.html, acessado em: 15/02/2022.

https://docs.oracle.com/en/java/javase/18/docs/api/java.base/java/text/NumberFormat.html, acessado em: 17/02/2022.

https://docs.oracle.com/en/java/javase/18/docs/api/java.base/java/util/Scanner.html, acessado em: 17/02/2022.

https://docs.oracle.com/en/java/javase/18/docs/api/java.base/java/util/Formatter.html, acessado em: 19/02/2022.

https://docs.oracle.com/en/java/javase/18/docs/api/java.base/java/lang/String.html, acessado em: 19/02/2022.

https://docs.oracle.com/en/java/javase/18/docs/api/java.base/java/util/regex/Pattern.html, acessado em: 20/02/2022.

https://docs.oracle.com/en/java/javase/18/docs/api/java.base/java/lang/ArithmeticException.html, acessado em: 02/03/2022.

https://docs.oracle.com/en/java/javase/18/docs/api/java.base/java/lang/ArrayIndexOutOfBoundsException.html, acessado em: 02/03/2022.

https://docs.oracle.com/en/java/javase/18/docs/api/java.base/java/lang/ClassNotFoundException.html, acessado em: 02/03/2022.

https://docs.oracle.com/en/java/javase/18/docs/api/java.base/java/io/FileNotFoundException.html, acessado em: 05/03/2022.

https://docs.oracle.com/en/java/javase/18/docs/api/java.base/java/io/IOException.html, acessado em: 05/03/2022.

https://docs.oracle.com/en/java/javase/18/docs/api/java.base/java/util/InputMismatchException.html, acessado em: 08/03/2022.

https://docs.oracle.com/en/java/javase/18/docs/api/java.base/java/lang/InterruptedException.html, acessado em: 08/03/2022.

https://docs.oracle.com/en/java/javase/18/docs/api/java.base/java/util/NoSuchElementException.html, acessado em: 08/03/2022.

https://docs.oracle.com/en/java/javase/18/docs/api/java.base/java/lang/NoSuchFieldException.html, acessado em: 15/03/2022.

https://docs.oracle.com/en/java/javase/18/docs/api/java.base/java/lang/NoSuchMethodException.html, acessado em: 15/03/2022.

https://docs.oracle.com/en/java/javase/18/docs/api/java.base/java/lang/NullPointerException.html, acessado em: 15/03/2022.

https://docs.oracle.com/en/java/javase/18/docs/api/java.base/java/lang/NumberFormatException.html, acessado em: 20/03/2022.

https://docs.oracle.com/en/java/javase/18/docs/api/java.base/java/lang/RuntimeException.html, acessado em: 20/03/2022.

https://docs.oracle.com/en/java/javase/18/docs/api/java.base/java/lang/StringIndexOutOfBoundsException.html, acessado em: 20/03/2022.

https://docs.oracle.com/en/java/javase/18/docs/api/java.base/java/io/File.html, acessado em: 26/03/2022.

https://docs.oracle.com/en/java/javase/18/docs/api/java.base/java/io/FileWriter.html, acessado em: 26/03/2022.

https://docs.oracle.com/en/java/javase/18/docs/api/java.base/java/util/Collection.html, acessado em: 04/04/2022.

https://docs.oracle.com/en/java/javase/18/docs/api/java.base/java/util/Collections.html, acessado em: 04/04/2022.

https://docs.oracle.com/en/java/javase/18/docs/api/java.base/java/util/List.html, acessado em: 04/04/2022.

https://docs.oracle.com/en/java/javase/18/docs/api/java.base/java/util/ArrayList.html, acessado em: 14/04/2022.

https://docs.oracle.com/en/java/javase/18/docs/api/java.base/java/util/LinkedList.html, acessado em: 14/04/2022.

https://docs.oracle.com/en/java/javase/18/docs/api/java.base/java/util/Vector.html, acessado em: 14/04/2022.

https://docs.oracle.com/en/java/javase/18/docs/api/java.base/java/util/HashMap.html, acessado em: 29/04/2022.

https://docs.oracle.com/en/java/javase/18/docs/api/java.base/java/util/TreeMap.html, acessado em: 29/04/2022.

https://docs.oracle.com/en/java/javase/18/docs/api/java.base/java/util/LinkedHashMap.html, acessado em: 29/04/2022.

https://docs.oracle.com/en/java/javase/18/docs/api/java.base/java/util/Hashtable.html, acessado em: 29/04/2022.

https://docs.oracle.com/en/java/javase/18/docs/api/java.base/java/lang/Iterable.html, acessado em: 08/05/2022.

https://docs.oracle.com/en/java/javase/18/docs/api/java.base/java/util/stream/Stream.html, acessado em: 08/05/2022.

https://docs.oracle.com/en/java/javase/18/docs/api/java.base/java/lang/String.html, acessado em: 08/05/2022.

https://docs.oracle.com/en/java/javase/18/docs/api/java.base/java/lang/Runnable.html, acessado em: 11/05/2022.

https://docs.oracle.com/en/java/javase/18/docs/api/java.base/java/time/LocalDate.html, acessado em: 15/05/2022.

https://docs.oracle.com/en/java/javase/18/docs/api/java.base/java/time/format/DateTimeFormatter.html, acessado em: 15/05/2022.

https://docs.oracle.com/en/java/javase/18/docs/api/java.base/java/time/format/ResolverStyle.html, acessado em: 22/05/2022.

https://docs.oracle.com/en/java/javase/18/docs/api/java.base/java/time/format/DateTimeParseException.html, acessado em: 22/05/2022.

https://docs.oracle.com/en/java/javase/18/docs/api/java.base/java/time/temporal/ChronoUnit.html, acessado em: 22/05/2022.

https://docs.oracle.com/en/java/javase/18/docs/api/java.desktop/java/awt/event/ItemListener.html, acessado em: 01/06/2022.

https://docs.oracle.com/en/java/javase/18/docs/api/java.desktop/java/awt/event/ItemEvent.html, acessado em: 01/06/2022.

https://docs.oracle.com/en/java/javase/18/docs/api/java.desktop/javax/swing/JTable.PrintMode.html, acessado em: 02/06/2022.

https://docs.oracle.com/en/java/javase/18/docs/api/java.desktop/javax/swing/event/ListSelectionListener.html, acessado em: 04/06/2022.

https://docs.oracle.com/en/java/javase/18/docs/api/java.desktop/javax/swing/event/ListSelectionEvent.html, acessado em: 04/06/2022.

https://docs.oracle.com/en/java/javase/18/docs/api/java.desktop/javax/swing/JTable.html, acessado em: 07/06/2022.

https://docs.oracle.com/en/java/javase/18/docs/api/java.desktop/javax/swing/ListSelectionModel.html, acessado em: 08/06/2022.

https://docs.oracle.com/en/java/javase/18/docs/api/java.desktop/javax/swing/JFrame.html, acessado em: 08/06/2022.

https://docs.oracle.com/en/java/javase/18/docs/api/java.desktop/javax/swing/ImageIcon.html, acessado em: 08/06/2022.

https://docs.oracle.com/en/java/javase/18/docs/api/java.desktop/java/awt/Toolkit.html, acessado em: 11/06/2022.

https://docs.oracle.com/en/java/javase/18/docs/api/java.desktop/java/awt/Dimension.html, acessado em: 11/06/2022.

https://docs.oracle.com/en/java/javase/18/docs/api/java.desktop/java/awt/EventQueue.html, acessado em: 13/06/2022.

https://docs.oracle.com/en/java/javase/18/docs/api/java.desktop/javax/swing/border/EmptyBorder.html, acessado em: 13/06/2022.

https://docs.oracle.com/en/java/javase/18/docs/api/java.desktop/javax/swing/JPanel.html, acessado em: 14/06/2022.

https://docs.oracle.com/en/java/javase/18/docs/api/java.desktop/javax/swing/JButton.html, acessado em: 14/06/2022.

https://docs.oracle.com/en/java/javase/18/docs/api/java.desktop/java/awt/BorderLayout.html, acessado em: 17/06/2022.

https://docs.oracle.com/en/java/javase/18/docs/api/java.desktop/java/awt/FlowLayout.html, acessado em: 17/06/2022.

https://docs.oracle.com/en/java/javase/18/docs/api/java.desktop/java/awt/GridLayout.html, acessado em: 20/06/2022.

https://docs.oracle.com/en/java/javase/18/docs/api/java.desktop/java/awt/CardLayout.html, acessado em: 20/06/2022.

https://docs.oracle.com/en/java/javase/18/docs/api/java.desktop/javax/swing/JComboBox.html, acessado em: 24/06/2022.

https://docs.oracle.com/en/java/javase/18/docs/api/java.desktop/java/awt/GridBagLayout.html, acessado em: 24/06/2022.

https://docs.oracle.com/en/java/javase/18/docs/api/java.desktop/java/awt/GridBagConstraints.html, acessado em: 24/06/2022.

https://docs.oracle.com/en/java/javase/18/docs/api/java.desktop/javax/swing/BoxLayout.html, acessado em: 30/06/2022.

https://docs.oracle.com/en/java/javase/18/docs/api/java.desktop/javax/swing/BorderFactory.html, acessado em: 30/06/2022.

https://docs.oracle.com/en/java/javase/18/docs/api/java.desktop/javax/swing/GroupLayout.html, acessado em: 02/07/2022.

https://docs.oracle.com/en/java/javase/18/docs/api/java.desktop/javax/swing/GroupLayout.Alignment.html, acessado em: 02/07/2022.

https://docs.oracle.com/en/java/javase/18/docs/api/java.desktop/javax/swing/GroupLayout.Group.html, acessado em: 03/07/2022.

https://docs.oracle.com/en/java/javase/18/docs/api/java.desktop/java/awt/event/package-summary.html, acessado em: 03/07/2022.

https://docs.oracle.com/en/java/javase/18/docs/api/java.desktop/javax/swing/JSplitPane.html, acessado em: 06/07/2022.

https://docs.oracle.com/en/java/javase/18/docs/api/java.desktop/javax/swing/JToolBar.html, acessado em: 07/07/2022.

https://docs.oracle.com/en/java/javase/18/docs/api/java.desktop/javax/swing/JDesktopPane.html, acessado em: 08/07/2022.

https://docs.oracle.com/en/java/javase/18/docs/api/java.desktop/javax/swing/JScrollPane.html, acessado em: 08/07/2022.

https://docs.oracle.com/en/java/javase/18/docs/api/java.desktop/javax/swing/JTabbedPane.html, acessado em: 08/07/2022.

https://docs.oracle.com/en/java/javase/18/docs/api/java.desktop/javax/swing/JLayeredPane.html, acessado em: 10/07/2022.

https://docs.oracle.com/en/java/javase/18/docs/api/java.desktop/javax/swing/JInternalFrame.html, acessado em: 13/07/2022.

https://docs.oracle.com/en/java/javase/18/docs/api/java.desktop/javax/swing/JEditorPane.html, acessado em: 18/07/2022.

https://docs.oracle.com/en/java/javase/18/docs/api/java.desktop/java/awt/event/MouseEvent.html, acessado em: 21/07/2022.

https://docs.oracle.com/en/java/javase/18/docs/api/java.desktop/java/awt/event/KeyEvent.html, acessado em: 22/07/2022.

https://docs.oracle.com/en/java/javase/18/docs/api/java.desktop/javax/swing/JFormattedTextField.html, acessado em: 22/07/2022.

https://docs.oracle.com/en/java/javase/18/docs/api/java.desktop/javax/swing/JLabel.html, acessado em: 22/07/2022.

https://docs.oracle.com/en/java/javase/18/docs/api/java.desktop/javax/swing/JList.html, acessado em: 24/07/2022.

https://docs.oracle.com/en/java/javase/18/docs/api/java.desktop/javax/swing/JPasswordField.html, acessado em: 24/07/2022.

https://docs.oracle.com/en/java/javase/18/docs/api/java.desktop/javax/swing/JProgressBar.html, acessado em: 26/07/2022.

https://docs.oracle.com/en/java/javase/18/docs/api/java.desktop/javax/swing/JRadioButton.html, acessado em: 26/07/2022.

https://docs.oracle.com/en/java/javase/18/docs/api/java.desktop/javax/swing/JScrollBar.html, acessado em: 01/08/2022.

https://docs.oracle.com/en/java/javase/18/docs/api/java.desktop/javax/swing/JSeparator.html, acessado em: 01/08/2022.

https://docs.oracle.com/en/java/javase/18/docs/api/java.desktop/javax/swing/JSlider.html, acessado em: 06/08/2022.

https://docs.oracle.com/en/java/javase/18/docs/api/java.desktop/javax/swing/JSpinner.html, acessado em: 06/08/2022.

https://docs.oracle.com/en/java/javase/18/docs/api/java.desktop/javax/swing/JTable.html, acessado em: 06/08/2022.

https://docs.oracle.com/en/java/javase/18/docs/api/java.desktop/javax/swing/JTextArea.html, acessado em: 08/08/2022.

https://docs.oracle.com/en/java/javase/18/docs/api/java.desktop/javax/swing/JTextField.html, acessado em: 08/08/2022.

https://docs.oracle.com/en/java/javase/18/docs/api/java.desktop/javax/swing/JTextPane.html, acessado em: 11/08/2022.

https://docs.oracle.com/en/java/javase/18/docs/api/java.desktop/javax/swing/JToggleButton.html, acessado em: 15/08/2022.

https://docs.oracle.com/en/java/javase/18/docs/api/java.desktop/javax/swing/JTree.html, acessado em: 15/08/2022.

https://docs.oracle.com/en/java/javase/18/docs/api/java.desktop/java/awt/event/ActionEvent.html, acessado em: 17/08/2022.

https://docs.oracle.com/en/java/javase/18/docs/api/java.desktop/javax/swing/event/ChangeListener.html , acessado em: 17/08/2022.

https://docs.oracle.com/en/java/javase/18/docs/api/java.desktop/javax/swing/event/ChangeEvent.html, acessado em: 17/08/2022.

https://docs.oracle.com/en/java/javase/18/docs/api/java.desktop/java/awt/event/FocusListener.html, acessado em: 23/08/2022.

https://docs.oracle.com/en/java/javase/18/docs/api/java.desktop/java/awt/event/FocusEvent.html, acessado em: 23/08/2022.

https://docs.oracle.com/en/java/javase/18/docs/api/java.desktop/javax/swing/event/HyperlinkListener.html, acessado em: 25/08/2022.

https://docs.oracle.com/en/java/javase/18/docs/api/java.desktop/javax/swing/event/HyperlinkEvent.html, acessado em: 25/08/2022.

https://docs.oracle.com/en/java/javase/18/docs/api/java.desktop/java/awt/event/KeyListener.html, acessado em: 05/09/2022.

https://docs.oracle.com/en/java/javase/18/docs/api/java.desktop/java/awt/event/KeyEvent.html, acessado em: 05/09/2022.

https://docs.oracle.com/en/java/javase/18/docs/api/java.desktop/java/awt/event/MouseListener.html, acessado em: 09/09/2022.

https://docs.oracle.com/en/java/javase/18/docs/api/java.desktop/java/awt/event/MouseEvent.html, acessado em: 09/09/2022.

https://docs.oracle.com/en/java/javase/18/docs/api/java.desktop/java/awt/event/MouseMotionListener.html, acessado em: 09/09/2022.

https://docs.oracle.com/en/java/javase/18/docs/api/java.desktop/java/awt/event/MouseWheelListener.html, acessado em: 10/09/2022.

https://docs.oracle.com/en/java/javase/18/docs/api/java.desktop/java/awt/event/MouseWheelEvent.html, acessado em: 10/09/2022.

https://docs.oracle.com/en/java/javase/18/docs/api/java.desktop/java/awt/event/WindowListener.html, acessado em: 11/09/2022.

https://docs.oracle.com/en/java/javase/18/docs/api/java.desktop/java/awt/event/WindowEvent.html, acessado em: 11/09/2022.

https://docs.oracle.com/en/java/javase/18/docs/api/java.desktop/javax/swing/JOptionPane.html, acessado em: 14/09/2022.

https://docs.oracle.com/en/java/javase/18/docs/api/java.desktop/javax/swing/text/Style.html, acessado em: 16/09/2022.

https://docs.oracle.com/en/java/javase/18/docs/api/java.desktop/javax/swing/text/StyleConstants.html, acessado em: 16/09/2022.

https://docs.oracle.com/en/java/javase/18/docs/api/java.desktop/javax/swing/text/Document.html, acessado em: 16/09/2022.

https://docs.oracle.com/en/java/javase/18/docs/api/java.desktop/javax/swing/SpinnerListModel.html, acessado em: 18/09/2022.

https://docs.oracle.com/en/java/javase/18/docs/api/java.sql/java/sql/package-summary.html, acessado em: 24/09/2022.

https://docs.oracle.com/en/java/javase/18/docs/api/java.sql/java/sql/DriverManager.html, acessado em: 02/10/2022.

https://docs.oracle.com/en/java/javase/18/docs/api/java.sql/java/sql/Connection.html, acessado em: 02/10/2022.

https://docs.oracle.com/en/java/javase/18/docs/api/java.sql/java/sql/Statement.html, acessado em: 02/10/2022.

https://docs.oracle.com/en/java/javase/18/docs/api/java.sql/java/sql/ResultSet.html, acessado em: 03/10/2022.

https://docs.oracle.com/en/java/javase/18/docs/api/java.sql/java/sql/ResultSetMetaData.html, acessado em: 03/10/2022.

https://docs.oracle.com/en/java/javase/18/language/switch-expressions.html, acessado em: 08/10/2022.

https://docs.oracle.com/javase/tutorial/essential/exceptions/tryResourceClose.html, acessado em: 08/10/2022.

https://docs.oracle.com/javase/tutorial/java/concepts/interface.html, acessado em: 10/10/2022.

https://docs.oracle.com/javase/tutorial/java/data/manipstrings.html, acessado em: 13/10/2022.

https://docs.oracle.com/javase/tutorial/java/data/strings.html, acessado em: 13/10/2022.

https://docs.oracle.com/javase/tutorial/java/generics/types.html, acessado em: 17/10/2022.

https://docs.oracle.com/javase/tutorial/java/IandI/abstract.html, acessado em: 17/10/2022.

https://docs.oracle.com/javase/tutorial/java/javaOO/accesscontrol.html, acessado em: 21/10/2022.

https://docs.oracle.com/javase/tutorial/java/javaOO/lambdaexpressions.html, acessado em: 26/10/2022.

https://docs.oracle.com/javase/tutorial/java/javaOO/thiskey.html, acessado em: 29/10/2022.

https://docs.oracle.com/javase/tutorial/java/nutsandbolts/arrays.html, acessado em: 29/10/2022.

https://docs.oracle.com/javase/tutorial/java/nutsandbolts/operators.html, acessado em: 29/10/2022.

https://docs.oracle.com/javase/tutorial/uiswing/layout/card.html, acessado em: 01/11/2022

https://docs.oracle.com/javase/tutorial/uiswing/layout/groupExample.html, acessado em: 01/11/2022.

https://docs.oracle.com/javase/tutorial/uiswing/layout/none.html, acessado em: 01/11/2022.

https://www.oracle.com/br/corporate/features/understanding-java-9-modules.html, acessado em: 02/11/2022.

https://docs.oracle.com/en/java/javase/18/docs/api/java.desktop/javax/swing/JFileChooser.html, acessado em: 27/11/2022

https://docs.oracle.com/en/java/javase/18/docs/api/java.desktop/javax/swing/filechooser/FileNameExtensionFilter.html, acessado em: 27/11/2022

Impressão e acabamento
Gráfica da Editora Ciência Moderna Ltda.
Tel: (21) 2201-6662